地方物流与供应链系列报告

广东省物流业发展报告

GUANGDONG LOGISTICS DEVELOPMENT REPORT

（2020—2021）

主 编 广东省现代物流研究院

GUANGDONG PROVINCIAL INSTITUTE OF MODERN LOGISTICS

中国财富出版社有限公司

图书在版编目（CIP）数据

广东省物流业发展报告.2020—2021/广东省现代物流研究院主编.—北京：中国财富出版社有限公司，2021.10

（地方物流与供应链系列报告）

ISBN 978-7-5047-7552-8

Ⅰ.①广… Ⅱ.①广… Ⅲ.①物流—经济发展—研究报告—广东—2020—2021 Ⅳ.①F259.276.5

中国版本图书馆CIP数据核字（2021）第208483号

策划编辑 王 靖　　责任编辑 白 昕 晏 青
责任印制 梁 凡　　责任校对 卓闪闪　　责任发行 敬 东

出版发行 中国财富出版社有限公司
社　　址 北京市丰台区南四环西路188号5区20楼　　邮政编码 100070
电　　话 010-52227588转2098（发行部）　　010-52227588转321（总编室）
010-52227566（24小时读者服务）　　010-52227588转305（质检部）
网　　址 http://www.cfpress.com.cn　　排　　版 宝蕾元
经　　销 新华书店　　印　　刷 北京九州迅驰传媒文化有限公司
书　　号 ISBN 978-7-5047-7552-8/F·3360
开　　本 787mm×1092mm 1/16　　版　　次 2021年11月第1版
印　　张 22.5　彩　页 4　　印　　次 2021年11月第1次印刷
字　　数 501千字　　定　　价 180.00元

广东省物流业发展报告（2020—2021）

编　委　会

广东省粤港澳大湾区交通物流发展促进会（以下简称促进会）是广东省交通运输厅主管的，由广东省内有关从事交通运输、物流行业和投融资业务的企业、物流与供应链研究机构、相关社会团体，主要利用社会资源自愿举办、从事非营利性社会服务活动的社会组织。

促进会成立大会于2021年9月28日在广东大厦举行，其筹备、申办得到了广东省人民政府领导的关心和广东省交通运输厅的指导与支持。促进会的成立，将有效推动广东与港澳地区交通物流融合，发掘并满足粤港澳大湾区发展创新的特色需求，促进粤港澳大湾区交通物流高质量发展。促进会作为推动粤港澳大湾区交通物流业发展的高水平、跨行业、开放式的平台，坚持“政府引导，内联外拓，融合创新，合作共赢”的原则，主要工作聚焦于国内外交通物流与供应链交流合作，宣贯政府政策法规，反馈企业、民生呼声，推动交通物流、供应链管理前沿理论的研究和技术创新，做粤港澳大湾区交通物流信息技术的主要提供者及交通物流业高端人才培养的重要摇篮。

粤港澳大湾区发展规划纲要

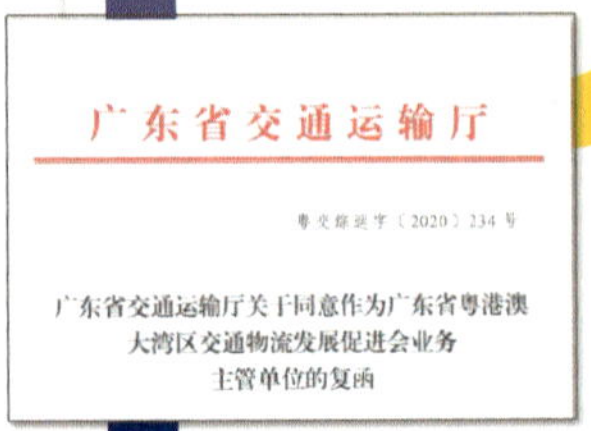

广东省交通运输厅

粤交综函字〔2020〕234号

广东省交通运输厅关于同意作为广东省粤港澳大湾区交通物流发展促进会业务主管单位的复函

广东省粤港澳大湾区交通物流发展促进会暨第一次会员大会集体照

广东省物流业发展报告（2020—2021）

编写人员及支持单位

主　　编：翁兴根　曾亮兵

副 主 编：陈海权　龙东升

编辑部主任：吴乐燕　张艳平

主要成员：王俊柳　朱佳蕾　陈梓博　李玉玲　张嘉桀
樊鸿钰　杜尚霖　吴诗一　马　文　刘瑞瑞
胡文玥　廖　蕾　何碧莹　叶　莲　曾　欢

支持单位：广东省商务厅
广东省交通运输厅
广东省工业和信息化厅
广东省各地级以上市商务主管部门
广东省各地级以上市交通主管部门

前　言

2020 年，面对严峻复杂的国际形势、艰巨繁重的国内改革发展稳定任务，特别是新冠肺炎疫情的严重冲击，广东全面贯彻党中央、国务院决策部署，坚定不移贯彻新发展理念，认真落实“1 +1 +9”工作部署，决胜全面建成小康社会取得决定性成就，“十三五”规划主要目标任务顺利完成，高质量发展迈出坚实步伐，为开启全面建设社会主义现代化新征程奠定坚实基础。根据《2020 年广东省国民经济和社会发展统计公报》数据，2020 年广东实现地区生产总值（初步核算数）110760.94 亿元，比上年增长 2.3%。在疫情防控的过程中，广东省物流行业经历了整体规模下滑到稳步复苏，最终实现平稳发展。根据广东省统计局数据，2020 年全年广东省货物运输总量 356896 万吨，较上年下降 4.8%，降幅比前三季度收窄 3.4 个百分点；货物运输周转量 27575.11 亿吨公里，较上年下降 0.2%，降幅比前三季度收窄 3.6 个百分点；港口货物吞吐量完成 202226 万吨，较上年增长 5.4%，增幅比前三季度提高 1.7 个百分点，其中 12 月增长 10.7%。根据广东省邮政管理局数据，2020 年，广东省快递服务企业业务量累计完成 220.8 亿件，较上年增长 31.4%；业务收入累计完成 2182.5 亿元，较上年增长 18.1%。

2020 年，广东省相关部门出台了若干引导行业规范化、规模化发展的政策文件，例如，广东省交通运输厅 2 月发布了《广东省交通运输厅 国家税务总局广东省税务局关于网络平台道路货物运输经营管理的实施细则》，4 月印发了《广东省交通运输厅关于进一步加强网约出租汽车管理的指导意见》；广东省商务厅 4 月印发了《广东省加快发展流通促进商业消费政策措施》等。广东省紧跟国家物流高质量发展战略要求，积极建设国家物流枢纽、国家骨干冷链物流基地、高品质创新型国际航空枢纽、公共型冷链物流基础设施骨干网等项目。现广州、深圳、佛山三个城市共申报建设 4 个国家物流枢纽，枢纽经济将加速发展；东莞入选国家骨干冷链物流基地建设名单；深圳市作为交通强国试点城市，正加速打造高品质创新型国际航空枢纽；广东供销公共型农产品冷链物流基础设施骨干网建设全面铺开；共有 14 家企业获得“广东省网络平台道路货物运输经营线上服务能力”运营资质。总体来说，2020 年受新冠肺炎疫情影响，国内国际形势复杂多变，广东省物流行业受到较大冲击，但经受住了考验，快速进行调整，率先恢复正增长，对整个国民经济的恢复发展起到基础保障的作用。

本书自 2010 年公开出版第一辑以来，一直致力于为读者总结和反映广东省物流业发展实际情况、广东省物流业发展最新动态、广东省物流业发展最新模式、广东省物流业发展先进理念和做法等信息，积极顺应新的发展形势、紧抓热点，使报告题材和内容更加丰富、新颖，更符合广大读者的需求，是读者全面、深入了解广东省物流业发展的重要读物。

本书的编写得到了广东省商务厅、广东省交通运输厅、各地级以上市商务主管部门和各地级以上市交通主管部门等的大力支持，在此致以衷心的感谢！

由于时间和精力有限，书中难免存在错漏之处，恳请各位读者批评指正，也欢迎各位读者提出宝贵意见和建议。

编　者

2021 年 7 月

目　录

第一部分　综合与专题

第二部分　区域发展

附录

第一部分
综合与专题

我国物流业 2020 年发展回顾与 2021 年展望*

2020 年是全面建成小康社会决胜之年和“十三五”规划收官之年，我国物流业遭遇新冠肺炎疫情严重冲击与复杂国际形势严峻挑战。全行业紧跟党中央决策部署，统筹推进抗击疫情与现代物流体系建设工作，取得了不同寻常的成绩。当前，“十四五”规划以及 2035 年远景目标蓝图徐徐展开，需要谋划发展战略，明确发展方位，构建现代物流体系，迈向建设物流强国新征程。

一、积极投身抗疫工作

2020 年新年伊始，新冠肺炎疫情来势汹汹，迅速蔓延，党中央领导全国人民展开了一场波澜壮阔的抗疫斗争，物流行业紧急行动起来，积极投身抗疫工作，争当“先行官”，维护“生命线”，为抗疫保供、复工复产作出了重要贡献。

（一）保通保畅，冲锋在前

新冠肺炎疫情暴发初期，多地“封城断路”，物流运行严重受阻。中国物流与采购联合会积极响应党中央号召，向全国物流行业发布《中国物流与采购联合会关于做好新型冠状病毒肺炎防控工作的紧急倡议》。广大物流企业争当逆行者，全力驰援打赢武汉保卫战、湖北保卫战。有关部门委托中国物流与采购联合会提供疫情防控和生活物资应急运输保障重点物流企业名单，增强应急物流运力储备。物流企业纷纷组建应急运输车队，投身一线抗疫物资保供。多家骨干物流企业开通疫情防控物资绿色通道，航空货运企业增开抗疫物资全货机航班，一批国家物流枢纽、示范物流园区无偿开放应急仓储与中转服务，一批公路货运企业驰援雷神山医院建设，湖北物流企业协助武汉红十字会分发社会捐赠物资。全行业群策群力，为各地疫情防控物资提供物流服务，筑起了应急保供的“生命线”。

（二）复工复产，坚强后援

随着新冠肺炎疫情逐步得到控制，各部门及时出台一系列有效的保通保畅政策措施，坚持“一断三不断”，阶段性免收收费公路车辆通行费，设立应急转运中心，取消

* 供稿人：何黎明，中国物流与采购联合会会长，发表于《中国流通经济》2021 年第 3 期，有删改。

对货车通行和司机隔离的限制等，物流业从2020年2月下旬开始复苏。邮政快递业率先复工复产，到3月10日复工率达到92.5%。货运物流企业到2020年第二季度末复工率达到99.6%，陆续推出铁路“七快速”、公路“三不一优先”、水运“四优先”、航空货运“运贸对接”等举措。示范物流园区到2020年上半年基本全面复工复产，减免物流企业租金政策取得了切实有效的成果，区域物资调运配送保障供应。物流业保通保畅坚强有力，成为各行业复工复产的“先行官”。

（三）使命光荣，责任担当

行业社团组织勇担社会责任，配合有关部门带动行业加大物流保障力度，为打赢疫情防控阻击战奠定了坚实基础。中国物流与采购联合会密切联系企业，积极反映保通保畅和复工复产政策诉求，提出的政策建议被政府有关部门采纳，并转化为政策措施；制定《公路货运行业新型冠状病毒流行期间营运防控指南》和《新冠肺炎下骑手心理防护手册》等，帮助行业企业在新冠肺炎疫情期间规范防控措施；联合200多家物流企业、行业协会及有关单位共同发起《驰援疫情防控阻击战一线卡车司机的倡议书》；组织应急物资运输需求对接与援助，搭建信息平台完成超过数万项的全国运力调配；组织开展疫情援助捐款捐物活动，协助数千家爱心会员企业捐赠物资的对接落实。各地方行业协会纷纷成立抗疫应急办公室，密切联系企业，积极配合政府做好应急物流保障协调工作，涌现了一批先进典型。招商局集团“灾急送”应急物流志愿服务队等先进集体、湖北顺丰速运有限公司分部经理汪勇等先进个人受到党中央、国务院和中央军委表彰。九州通医药集团物流有限公司等230家企业被中国物流与采购联合会授予“全国物流行业抗疫先进企业”称号。

二、抗疫之年取得新进展

2020年，我国物流业经受住了前所未有的严峻挑战，逆势回升，取得了不俗的成绩。2020年2月中国物流业景气指数跌至历史最低点26.2%，第一季度社会物流总额同比降幅超过10%。面对严峻挑战，全行业奋起追赶。第二季度实现快速反弹，第三季度基本转正，全年呈现快速触底反弹态势。2020年全年实现社会物流总额300.1万亿元，同比增长3.5%；物流业总收入超过10万亿元，同比增长2.2%；全社会物流总费用与GDP比率为14.7%，与上年基本持平，物流市场运行基本恢复到正常水平。2020年12月中国物流业景气指数为56.9%，继续保持高位运行，公路物流、仓储、快递物流、电商物流等各项指数均处于扩张区间，物流业的强大韧性为我国经济运行率先由负转正作出了重要贡献。

（一）民生物流产业物流呈现新亮点

内需驱动的民生物流成为新冠肺炎疫情时期的增长亮点，助力强大国内市场发展。

无接触配送、社区电商物流、统仓统配等共同化、多频次的物流模式适应消费即时化、个性化、多样化需求转变。电商快递、冷链物流、即时配送等民生物流领域经受疫情考验仍保持较快增长。2020 年全年单位与居民物品物流总额同比增长 13.2%，超过社会物流总额增速近 10 个百分点。2020 年全国快递业务量超过 800 亿件，同比增长 30% 以上。冷链物流市场规模超过 3800 亿元，同比增长 10% 以上，冷链需求总量约 2.65 亿吨。

实体经济推动制造业等产业物流需求稳步增长。新冠肺炎疫情下，全球对中国商品的需求增长，2020 年 12 月我国外贸进出口规模为 3.2 万亿元，创下单月最高纪录。工业品物流需求稳步增长，依然是社会物流需求的主要来源。2020 年全年工业品物流总额同比增长 2.8%，其中高技术制造、装备制造等中高端制造物流需求全面回升，增速超过 10%。制造业服务化转型提速，带动制造业物流一体化、精益化、集成化发展，支撑实体经济稳定向好。进口物流需求增势良好，进口物流量同比增长 8.9%，增速比上年提高 4.7 个百分点，原油、钢材、农产品、机电产品等重要原材料和零部件进口量保持较快增长，大宗商品物流全力保供，有力保障生产供应与国内经济正常运转。

（二）国际物流保障能力开辟新路径

受贸易摩擦和新冠肺炎疫情冲击，国际供应链断链风险增加。新冠肺炎疫情暴发初期，国际客运飞机停飞，腹仓资源大幅缩减，国际航空货运短板凸显，严重影响国家防疫物资运输保供。随着新冠肺炎疫情在全球蔓延，境外港口压港严重，舱位紧张和空箱不足导致价格大幅上扬。党中央国务院及时决断，保产业链供应链稳定被纳入“六保”工作，交通运输部等部门共建国际物流工作专班，畅通国际物流大通道。航空货运全货机加开国际航线，中欧班列逆势增长。2020 年全年国际航线全货机起飞超过 3 万架次，中欧班列开行超过 1.2 万列，同比增速均超过 50%。航空货运枢纽、中欧班列集结中心、海外仓获得政策支持，快递物流企业加强航空货运枢纽规划建设，五地获批开建铁路集结中心，海外仓超过 1800 个，有力支撑产业链供应链安全稳定。

（三）物流企业分化调整显现新格局

受 2020 年年初新冠肺炎疫情影响，部分中小微物流企业因抗风险能力不足，生存困难甚至退出市场。一批骨干物流企业迎难而上，市场集中度有所提升。截至 2020 年年底，全国 A 级物流企业达到 6882 家，其中规模型 5A 级企业 367 家。2020 年中国物流企业 50 强物流业务收入合计 1.1 万亿元，占物流业总收入的 10.5%，进入门槛提高到 37.1 亿元，比 2019 年增加了 4.5 亿元。首批网络货运平台企业和供应链服务企业评估工作启动，星级冷链物流、星级车队逐步形成规模。电商快递、零担快运、合同物流、航空货运、国际航运、港口物流等细分市场集中度有所提高，涌现了一批规模型骨干物流企业。企业间进行多种形式的联盟合作、重组整合，共御新冠肺炎疫情风险，一批物流企业上市发展。传统物流企业逐步从物流提供商向物流整合商与供应链服务商转变，物流核心竞争力显著提升。

（四）数字化转型智能化改造迈开新步伐

新冠肺炎疫情加速行业数字化转型。2020 年全年实物商品网上零售额同比增长 14.8%，比上年提高 4.2 个百分点，占社会消费品零售总额比例首超四分之一。传统企业积极向网上转移，带动传统物流向线上线下融合模式转变，全程数字化、在线化、可视化渐成趋势。头部物流企业加大智能化改造力度，物流机器人、无人机、无人仓、无人配送、无人驾驶卡车、无人码头等无人化物流模式走在世界前列。连接人、车、货、场的物流互联网正在加速形成，物流数据中台助力企业“上云用数赋智”（即云服务支持、大数据融合运用、智能化改造）。网络货运日均运单量可达 13 万单，车货匹配向承运经营转变。运力服务、装备租赁、能源管理、融资服务等互联网平台服务中小物流企业，助推中小物流企业数字化转型。物流业作为现代信息技术应用场景最多的服务业，迎来了数字化转型的加速期。

（五）现代供应链创新应用取得新进展

国际贸易摩擦和全球新冠肺炎疫情，对供应链弹性和柔性提出了更高的要求。全球产业格局深化调整，现代供应链出现短链、内生、协同、智能新局面。一些发达国家推动制造业回流计划，倒逼国内制造业向中高端延伸，提升国内配套能力。中间投入产品转向国内生产，缩短产业链供应链长度。国内市场消费能力提升，推动本土市场替代国际市场成为主要目标市场之一，产业链供应链靠近市场提升响应速度。供应链核心企业带动产业链上下游协同发展，与物流、采购、金融等服务业深化融合，助力模式创新与价值增值，拓展产业链供应链深度。数字供应链加快发展，现代信息技术广泛应用，结合智能制造实现大规模定制，提升产业链供应链运行速度。现代供应链创新与应用试点城市及企业创新驱动，供应链金融规范发展，在疫情防控阻击战中发挥重要作用。中国物流与采购联合会首批 A 级供应链服务企业出炉，引导供应链内部管理向供应链外部服务转变，创新企业增长范式。

（六）物流基础设施建设引入“新基建”

传统物流基础设施与物流“新基建”投入保持高位运行。2020 年全年完成交通固定资产投资 3.4 万亿元。全年投产铁路营业里程 4585 千米，新改（扩）建高速公路约 1.3 万千米，新设置智能快递箱超 40 万组。针对新冠肺炎疫情防控中暴露的物流短板，首批 17 个国家骨干冷链物流基地建设名单发布，农产品仓储保鲜冷链物流设施建设得到支持，国家冷链物流网络开始搭建。第三批示范物流园区工作组织开展，铁路专用线建设得到政策支持。国家物流枢纽再添新成员，第二批国家物流枢纽建设名单发布，22 个物流枢纽入选。国家物流枢纽联盟组建运行，两批共 45 家枢纽运营主体单位加入。智慧物流基础设施建设发力，智慧物流园区、智慧港口、智能仓储基地、数字仓库等一批“新基建”投入，促进“通道+枢纽+网络”的物流基础设施网络体系加快布局建设。

（七）行业基础工作得到新提高

物流标准化工作有新突破。自2003年9月全国物流标准化技术委员会成立以来，已制定发布国家标准77项、行业标准57项、团体标准23项，国际标准推进取得实质性突破。教育培训工作有新提升。目前，全国已有698个本科物流专业点和2000多个中高职物流专业点，5年培养物流专业毕业生近80万人。全国已有60万人参加物流、采购等职业能力等级培训与认证，高素质物流人才队伍成长壮大。统计信息工作取得新成绩。自2004年10月物流统计制度建立以来，已经形成中国及全球制造业采购经理指数（PMI）、社会物流统计指标体系、物流业景气指数、公路运价指数、仓储指数、电商指数、快递指数等指数系列。

（八）行业营商环境展现新风貌

面对新冠肺炎疫情冲击，党中央、国务院建立联防联控机制，各部门及时推出一系列保通保畅、援企稳岗、复工复产政策，助力物流企业纾困解难，轻装上阵。新冠肺炎疫情暴发带动电子政务、数字监管发力，各类政务服务网上办、在线办，便民利民。国务院办公厅转发国家发展和改革委员会、交通运输部提出的24条降低物流成本的政策措施，继续推动降低各项物流成本。安全、环保、技术等政策措施和标准规范陆续出台，引导强化行业合规发展，环保治理、超限超载、非法改装、货车通行等政策措施出台，努力营造公平竞争物流市场环境。

总体来看，2020年我国物流业经受住了严峻考验，顶住了冲击和挑战，取得了不凡业绩。但是，我们也要清醒地认识到，物流发展不平衡、不充分、不协调的问题依然存在，物流业整体发展水平和应对不确定因素的能力有待提高，国际物流、应急物流、绿色物流等方面尚有短板，在运行规模与质量方面表现为大而不强，与人民群众日益增长的美好生活需要和经济高质量发展的要求相比还存在一定差距，由物流大国向物流强国的转变任重道远。

三、新阶段物流业发展新方位

2021年既是“十四五”规划的开局之年，也是全面建设社会主义现代化国家新征程的起步之年。“十四五”时期，我国物流业发展仍将处于重要战略机遇期，但机遇和挑战都有新的发展变化，需要我们精准把握新发展阶段特点，认真贯彻新发展理念，支撑构建新发展格局，明确现代物流发展新方位。

把握新发展阶段特点，物流业在国民经济中的产业地位将进一步提升。《中共中央关于制定国民经济和社会发展第十四个五年规划和二〇三五年远景目标的建议》对物流发展、供应链创新高度重视，明确提出要构建现代物流体系。现代物流“十四五”规划即将出台，现代物流体系建设加紧谋划、科学布局，物流业在国民经济中的基础性、战略性、先导性作用将进一步巩固提升。

贯彻新发展理念，物流业高质量发展将聚焦提质降本增效。为实现更高质量、更有效率、更加公平、更可持续、更为安全的发展，必须贯彻新发展理念。新发展理念将贯穿物流业发展的全过程和各领域，指导物流业转变发展方式，推动质量变革、效率变革与动力变革，探索物流高质量发展的目标要求、实现路径与保障措施，全面推进物流大国向物流强国的转变。

构建新发展格局，物流业将成为畅通国内大循环、促进国内国际双循环的战略支点。中央财经委员会第八次会议研究指出，建设现代流通体系对构建新发展格局具有重要意义，并要求培育壮大具有国际竞争力的现代物流企业。畅通国内大循环，立足扩大内需战略基点，建设完善国内物流网络，培育壮大现代物流企业，支撑现代流通体系运行，将打通产业间、区域间、城乡间物流循环，带动枢纽经济成为新增长极，促进形成强大国内市场。促进国内国际双循环，立足国内市场，吸引全球资源要素集聚，加大国际物流补短板力度，打通国内外物流循环，打造自主可控、安全高效的产业链供应链，协同推进强大国内市场与贸易强国建设。

未来一段时期，我国经济长期向好的基本面不会改变，物流业平稳增长的态势不会改变。物流业发展方式、质量要求、治理能力提档升级，将全面迈入高质量发展新阶段。站在“两个一百年”奋斗目标的历史交汇点上，我们要以构建现代物流体系、建设物流强国为目标，以推动高质量发展为主题，以供给侧结构性改革为主线，认真谋划“十四五”以及2035年发展战略，高瞻远瞩把握行业趋势，脚踏实地做好当前工作，确保开好局，起好步。

（一）保障产业链供应链自主可控、安全高效

今后一段时期，全球产业链供应链将加快重构。新冠肺炎疫情的暴发暴露了国内国际供应链弹性不足、控制力偏弱的短板。供应链核心企业将更加关注物流等“卡脖子”环节，加强物流集中管理，寻找可替代物流解决方案，增强供应链弹性和可靠性，延伸供应链链长，提升产业链现代化水平。物流业将深度嵌入产业链供应链，助力产业链供应链稳链；将提升供应链一体化服务能力，促进产业链供应链补链；将创造物流服务供应链新价值，推动产业链供应链强链。自主可控的国际物流资源积累和服务能力将得到加强，提升产业链供应链国际竞争力，维护经济社会安全稳定。

（二）做强扩大内需战略支点

当前，内需已经并将长期成为我国经济增长的根本支撑。培育完整内需体系，有

利于激发我国超大规模市场优势，稳住经济增长基本盘。物流业作为连接生产与消费的重要环节，将成为扩大内需的战略支点。与居民生活和食品安全相关的即时物流、冷链物流、电商快递、城市配送等领域仍将保持较快增长；共同配送、仓配一体、逆向物流等服务模式将快速发展；配送中心、智能快递箱、前置仓、农村服务站点、海外仓等民生物流配套设施投入力度加大，消费物流服务网络与服务能力加快形成。

（三）推进物流业制造业深度融合

当前，我国作为世界第一制造大国，制造业智能化、服务化既是提升制造业质量效益的必然选择，也是构建现代产业体系的必由之路。物流业与制造业深度融合，将从简单的服务外包向供应链物流集成转变，通过内部挖掘降成本潜力，外部提升综合服务能力，增强产业链韧性；将从物流与制造空间脱节向制造业与物流业集群发展转变，发挥物流枢纽集聚和辐射作用，吸引区域和全球要素资源，带动区域经济转型升级；将从物流与制造资源分散向平台化、智能化、生态化转变，扩大企业边界，转变生产方式，优化资源配置，创造产业生态体系。工业互联网将带动物流互联网兴起，实现供应链全程在线化、数据化、智能化，助力智能制造创新发展，推动我国产业迈向全球价值链中高端。

（四）加速物流数字化转型

近年来，世界主要经济体正进入以数字化生产力为主要标志的全新历史阶段，我国以数字经济为代表的新动能加速孕育形成。传统物流企业数字化转型与新兴数字企业进入物流市场同步推进，物流商业模式和发展方式加快变革，拓展产业发展新空间。现代信息技术从销售物流向生产物流、采购物流全链条渗透，将助力物流业务在线化与流程可视化，增强全链条协同管理能力。数据和算法推动物流大数据应用，传统物流企业加速数字化、智能化、网络化转型，智慧物流模式将全方位提升管理效能。依托新型基础设施，数字物流中台全面发展，智能化改造提速，将带动传统物流企业向“云端”跃迁，上下游企业互联互通，中小物流企业加快“触网”，构建数字驱动、协同共享的智慧物流新生态，更好地实现与实体经济的融合发展。

（五）完善物流基础设施网络

中共十九大提出要加强物流基础设施网络建设，2020 年政府工作报告提出要重点支持“两新一重”（即新型基础设施、新型城镇化以及交通、水利等重大工程）建设，将加快传统基础设施与新型基础设施的融合。我国交通与物流基础设施投入加大，但城市群、都市圈、城乡间、区域间、国内外物流网络尚未全面形成，国家物流枢纽、区域物流园区、城市配送中心与城乡末端网点对接不畅，多层次、立体化、全覆盖的物流基础设施网络还有较大发展空间。随着物流设施网络与区域经济协同发展，物流基础设施补短板和锻长板将成为重要投资方向。5G 网络、人工智能、大数据、区块链等现代信息技术与物流基础设施融合，实现线上线下资源共享，互联高效、网络协同的智能物流骨干网有望形成，并成为现代化基础设施体系的重要组成部分。

（六）助力更高水平对外开放

今后一段时期，我国第一货物贸易大国的地位将更加巩固，国内国际双向投资与世界经济深度互动，吸引国际商品与要素资源集聚，离不开全球物流服务的保驾护航。国际航运、航空货运等助力打通国际大通道，中欧班列、陆海新通道等国际物流大通道将加快建设，带来更高水平、更大范围、更深层次的物流开放新局面。国际航空货运、铁路班列受新冠肺炎疫情刺激将进入快速发展期，并逐步与国内物流网络实现有效衔接和双向互动。国际快递、国际航运、国际班列服务商将加速向全程供应链物流整合商转变，提供供应链一体化解决方案。具有国际竞争力的现代物流企业日益增多，将跟随国内外大型货主企业“抱团出海”，立足国际物流枢纽建设，加强境内外物流节点与服务网络铺设，参与国际物流规则制定，在全球物流与供应链网络中发挥更大作用。

（七）挖掘区域协同发展潜力

近年来，区域发展协调性持续增强，中西部地区经济增速持续高于东部地区，相对差距逐步缩小。“双循环”新发展格局将推动我国经济发展空间结构深度调整，促进各类生产要素合理流动与有效集聚，带动物流区域布局协同发展，物流要素区域集中化、规模化趋势显现。中西部地区作为未来新型城镇化、新型工业化的主战场，物流资源将加速集中集聚，较快形成规模经济。东部地区物流设施现代化改造升级提速，物流布局与产业布局协同发展。粤港澳大湾区发展规划、“一带一路”倡议、长江三角洲一体化战略、京津冀协同发展、长江经济带发展战略等全面推进，将带动区域物流基础设施布局优化，区域覆盖全面、功能配套完善、技术水平先进的物流基础设施建设先行，将提升区域物流服务水平，释放枢纽经济红利，打造区域经济新增长极。

（八）补齐“三农”物流短板

当前，脱贫攻坚战取得决定性成就，“三农”工作重心转向全面推进乡村振兴，重点是解决农业质量效益和竞争力不高的问题。农业和农村物流作为农业产业化的重要支撑，具有很大的发展潜力。产地物流基础设施建设将得到重点支持，充分利用交通、供销、邮政、快递等存量资源，助力农村物流服务网络建设。县域经济农业规模化发展提速，农产品深加工和存储保鲜技术发力，提升农业产业化水平。销地批发市场加快转型升级，冷链、物流、加工、交易等多种功能叠加，提升农产品服务价值。产地直销、销地直采、农超对接等多种物流模式减少流通环节，打通农产品上行通道，将切实增加农民收入，有力推动乡村振兴。

（九）实现物流绿色可持续发展

我国在第75届联合国大会上提出，力争2030年前二氧化碳排放达到峰值，努力争取2060年前实现碳中和。这一减排承诺引发了国际社会的热烈反响，对持续改善环境治理提出了更高要求。物流业作为移动排放源集中的行业，环保治理压力将进一步加大，倒逼传统物流生产方式变革，绿色环保、清洁低碳成为发展新要求。绿色物流装备将得到全面推广，绿色包装、绿色运输、绿色仓储、绿色配送等绿色物流技术将加快普及应用。集装箱多式联运、托盘循环共用、甩挂（箱）运输、物流周转箱、逆向物流等绿色物流模式得到广泛支持，绿色物流质量标准将严格执行，一批绿色物流企业加快涌现，推动经济社会全面绿色化转型。

（十）不断优化营商环境

营造市场化、法治化、国际化营商环境是实现治理体系与治理能力现代化的内在要求。物流业营商环境将持续改善，充分激发市场主体活力。混合所有制改革在物流领域将进一步深化，探索做强做优做大国有物流资本。企业兼并重组和平台经济将更加规范，防范垄断与资本无序扩张。物流降本增效深入推进，简政放权、加强监管、优化服务改革进一步深化，数字化监管与治理兴起，跨部门协同共治深入推进，更好地发挥全国现代物流工作部际联席会议机制作用，推动行业综合协调与机制创新。标准、统计、教育、培训、信用等行业基础工作稳步推进，行业社团组织协同治理体制将发挥更大作用，维护社会公共利益和会员正当权益，推动社会治理现代化发展，高效规范、公平竞争的物流统一大市场将加快形成。

广东省物流业发展 2020 年回顾与 2021 年展望*

一、2020 年广东省经济发展总体情况

2020 年，面对严峻复杂的国际形势、艰巨繁重的国内改革稳定发展任务，特别是新冠肺炎疫情的严重冲击，广东全面贯彻党中央、国务院决策部署，坚定不移贯彻新发展理念，认真落实“1+1+9”工作部署，决胜全面建成小康社会取得决定性成就，“十三五”规划主要目标任务顺利完成，高质量发展迈出坚实步伐，为开启全面建设社会主义现代化新征程奠定坚实基础。

根据《2020 年广东省国民经济和社会发展统计公报》数据，2020 年广东实现地区生产总值（初步核算数）110760.94 亿元，比上年增长 2.3%（见图 1－1）。其中，第一产业增加值 4769.99 亿元，较上年增长 3.8%，对地区生产总值增长的贡献率为 6.4%；第二产业增加值 43450.17 亿元，较上年增长 1.8%，对地区生产总值增长的贡献率为 33.7%；第三产业增加值 62540.78 亿元，较上年增长 2.5%，对地区生产总值增长的贡献率为 59.9%。三次产业结构比重为 4.3∶39.2∶56.5，第三产业所占比重比上年提高 0.7 个百分点（见图 1－2）。新经济增加值 27862.23 亿元，较上年增长 3.0%，占地区生产总值的 25.2%。分区域看，珠三角核心区地区生产总值占全省比重为 80.8%，东翼、西翼、北部生态发展区分别占 6.4%，7.0%，5.8%（见表 1－1）。

图 1－1　2015—2020 年地区生产总值及增速

注：地区生产总值绝对数按现价计算，增长速度按可比价计算。

* 供稿人：吴乐燕，广东省现代物流研究院。

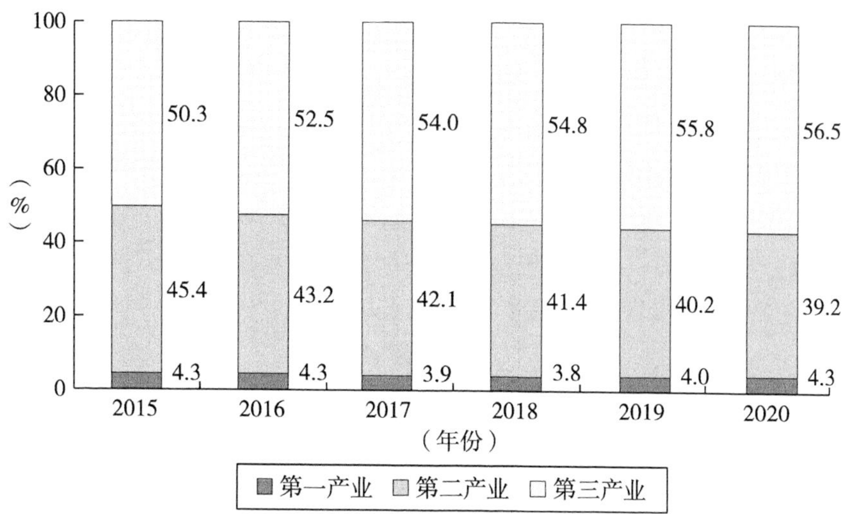

图 1－2　2015—2020 年三次产业结构

表 1－1　　　　　　　　2020 年分区域主要指标

区域	地区生产总值（亿元）	地区生产总值比上年增长（%）	规模以上工业增加值增长（%）	固定资产投资增长（%）	社会消费品零售总额增长（%）	地方一般公共预算收入增长（%）
珠三角核心区	89523.93	2.4	1.6	9.4	－6.1	2.7
东翼	7053.51	1.7	－1.7	－1.0	－8.8	3.4
西翼	7739.97	2.2	5.2	－0.5	－5.8	3.2
北部生态发展区	6443.54	2.8	3.5	4.5	－7.6	3.0

二、2020 年广东省物流业发展总体情况

（一）内外复杂形势背景下行业发挥基础保障作用

2020 年是物流业发展不平凡的一年。新冠肺炎疫情暴发以来，广大物流企业的生产经营受到很大影响，物流运输成本也相应增加，物流模式、物流方式倒逼改革创新。疫情防控之初，国家要求交通运输、快递等物流业加快复工复产，实现稳定发展。在全国统一指挥下，广东省高度重视物流相关行业的疫情防控工作，出台了《广东省园区复工复产新冠肺炎疫情防控工作指引》《广东省公共交通新冠肺炎疫情防控工作指引》《广东省物流行业恢复服务秩序新冠肺炎疫情防控工作指引》《广东省物流行业新冠肺炎疫情常态化防控工作指引》《广东省快递行业新冠肺炎疫情常态化防控工作指

引》等。2020年年初，面对疫情的严峻局势，广东省保障重点物资和生活必需物资的物流企业积极响应党和政府的号召，铁路、公路、港口、仓储、城市配送、食品冷链、医药物流、快递、进出口、货代等各领域物流企业形成了强大的供应链体系，全力保障能源、生活必需品、抗疫物资的采购、运输、配送，对整个疫情的防控起到了积极的支撑作用。2020年春节期间，广东省坚持开工的规模以上物流企业有1100多家，占比约23%。2020年3月底，广东省的快递、城市配送业务基本复产，规模以上物流企业复工总数达3000多家，总体复工复产率超过60%。全省物流行业率先恢复正增长，对国民经济的恢复发展起到基础保障的作用。

（二）物流行业总体实现平稳发展

2020年，在疫情防控的发展演变过程中，广东省物流行业经历了整体规模下滑到稳步复苏，最终实现平稳发展。从货物运输量看，根据广东省统计局数据，2020年全年广东省货物运输总量356896万吨，比上年下降4.8%，降幅比前三季度收窄3.4个百分点。货物运输周转量27575.11亿吨公里，较上年下降0.2%，降幅比前三季度收窄3.6个百分点。港口货物吞吐量完成202226万吨，较上年增长5.4%，增幅比前三季度提高1.7个百分点，其中12月增长10.7%。外贸货物吞吐量62588万吨，较上年增长2.9%；内贸货物吞吐量139638万吨，较上年增长6.6%。港口集装箱吞吐量6728.95万标准箱（TEU），较上年增长0.3%，12月增速实现由负转正。从物流规模看，根据广东省物流行业协会数据，2020年，广东省社会物流总费用与GDP的比率有所回落，全省社会物流总额达到29.68万亿元，占全国的9.89%。全省社会物流总费用为1.56万亿元，物流总费用占GDP比重为14.10%，物流费用规模增速进一步减缓。全省物流业增加值为9143.08亿元，物流业增加值占GDP比重为8.25%，物流业增加值占第三产业增加值比重为13.95%。从快递物流看，根据广东省邮政管理局数据，2020年，广东省快递服务企业业务量累计完成220.8亿件，较上年增长31.4%；业务收入累计完成2182.5亿元，较上年增长18.1%。其中，同城业务量累计完成33.6亿件，较上年增长14.7%；异地业务量累计完成176.6亿件，较上年增长35.0%；国际/港澳台业务量累计完成10.6亿件，较上年增长33.0%。

（三）受新冠肺炎疫情影响国际物流行情起伏变化

2020年上半年，新冠肺炎疫情全球蔓延，打乱了各国正常的生产生活节奏，给全球的产业链供应链带来了重大冲击，广东省航空物流、航运物流等国际物流业态也在复杂多变的国际形势下遭受了多重考验。经历了港口封锁、航班大幅度减少、运输通道中断、产业链中断、货运量暴跌等巨大挑战。2020年1—6月，广东省货物进出口总额呈现下降趋势，但是降幅逐月收窄，上半年，广东完成货物进出口总额3.06万亿元，同比下降7.1%，降幅比第一季度收窄4.7个百分点。6月，广东进出口总额增速在经历了5个月负增长的情况下首次回到正增长区间，同比增长0.8%，其中出口同比下降1.8%，进口同比增长4.9%。在国家一系列稳外贸利好政策及全球制造业重启背景下，国际货运行业在2020年下半年逆势增长，出现集装箱全球分布不均、集装箱出口运价大幅上涨、多航线爆舱、国内港口集装箱紧缺的情况。广东深圳港、南沙港、湛江港等港口码头都纷纷出现了“缺箱少柜”“一柜难求”的状况，尤其是用于外贸出口较多的40英尺大柜非常短缺，广州港南沙二期码头后方堆场4月初在场的空箱数量最高达15.4万TEU，12月空箱数量不足4万TEU。总体来看，2020年广东外贸业韧劲足、复苏速度加快，国际港口物流业也经受住了全球新冠肺炎疫情的考验，例如，深圳港外贸集装箱吞吐量占全港93%以上，上半年集装箱吞吐量同比下降10.8%，但下半年快速发展，全年完成货物吞吐量2.65亿吨，同比增长2.79%，集装箱吞吐量2654.79万TEU，同比增长3.02%。

（四）全国性物流枢纽网络建设有序开展

为加快构建“通道+枢纽+网络”的现代物流运作体系，促进形成以国内大循环为主体、国内国际双循环相互促进的新发展格局，国家高度重视能够在全国物流网络中发挥关键节点、重要平台和骨干枢纽作用的重大项目建设。广东省紧跟国家物流高质量发展战略要求，积极建设国家物流枢纽、国家骨干冷链物流基地、高品质创新型国际航空枢纽、公共型冷链物流基础设施骨干网等项目。2019年、2020年两批国家物流枢纽建设名单共有45个物流枢纽，广东入选的分别是广州港口型国家物流枢纽、深圳商贸服务型国家物流枢纽、佛山生产型国家物流枢纽、深圳空港型国家物流枢纽。枢纽的建设，将进一步夯实广东重要物流枢纽节点在全国乃至全球物流大通道中的作用，助力优化区域产业结构和空间布局。2020年，国家发展改革委发布了17个国家骨干冷链物流基地建设名单，其中东莞国家骨干冷链物流基地是广东唯一的代表，由增益冷链东莞港基地、江南农批基地和嘉速物流基地三个部分组成，总占地面积约510亩，总投资超25亿元，是东莞市重点扶持的民生工程之一，定位为以高端技术和完善的冷链供应链服务为特色的辐射粤港澳大湾区的冷链物流基地。深圳市为第一批开展交通强国试点工作的城市，2020年深圳市提出打造高品质创新型国际航空枢纽，正在加速完成新一轮扩建工程，打造专业高效的航空物流体系。2020年是广东供销公共型农产品冷链物流基础设施骨干网建设的第一年，广东举全省供销系统之力推进骨干网建设，全年开工建设的重点项目超过20个；江门市农产品冷链物流优势产区产业园是广东7大优势产区现代农业产业园之一，13个项目在2020年全部投入建设。

（五）民生物流板块成为投资热点

2020年，在新冠肺炎疫情暴发到有效防控、常态化防控的过程中，国内消费回暖带动了民生经济逆势增长，民生物流成为国内消费领域的一大热点，成为内需驱动的助力剂、稳定剂。广东省快递物流、冷链物流、医药物流、社区生鲜物流、即时配送等民生物流加速发展，经受住了疫情考验，实现了快速发展，为稳定物流业的整体发展作出了贡献。从快递物流看，广东省快递物流总体规模仍稳居全国第一位，随着快递产业向粤东西北延伸，快递区域结构发生了变化。2020 年，广东省快递服务企业业务量累计完成 220.8 亿件，较上年增长 31.4%；业务收入累计完成 2182.5 亿元，较上年增长 18.1%；其中，粤东地区的快递业务量增速最快，汕头、潮州、揭阳三个地市的同比增速均超过 60%。从冷链物流看，在政策指引及项目推动下，广东省冷链物流正朝着全面规模化、区域平衡化、结构合理化、环节全程化、过程标准化、环境友好化方向发展。广东省一些大型集团企业纷纷进入冷链物流板块，陆续开发冷链物流业务。例如，广州南沙国际冷链物流中心一期项目 6 月正式封顶，22.7 万吨冷库 2021 年将投入运营；玉湖集团在花都区花东镇规划 20 万吨冷链项目纳入 2020 年广东省重点建设项目。从医药物流看，2020 年全社会加强了对医药物流重要性的认识，广东省不断加强医药流通规范性、医药应急管理体系、医药物流安全性的建设。2020 年 6 月，广东省药监局公布了广东省开展第三方药品现代物流企业名单，共 17 家企业入选，促进药品流通现代化发展。从社区生鲜物流看，个性化和便利化的社区生鲜成为新冠肺炎疫情暴发以来居民消费的主要模式，不管是传统农业龙头企业，还是新零售电商企业，都在加快进入广东社区生鲜市场。例如，盒马鲜生在广东目前有 36 家门店、12 家关联仓库和加工企业；广州市钱大妈农产品有限公司在全国门店超过 3000 家，在广东省内布局超 1500 家门店；朴朴超市在广州市有前置仓 40 个。

（六）物流企业加速向平台化、智能化转型

在物流新技术加速研发应用的趋势下，物流行业积极应用新技术实现模式转变、效益增值。网络货运平台成为近年物流企业竞相发展的模式，2019 年 9 月，交通运输部、国家税务总局发布了《网络平台道路货物运输经营管理暂行办法》，标志着网络货运行业步入了一个全新的发展时代，为网络货运平台实现健康、有序发展奠定了坚实的基础。从网络货运平台的发展态势看，一部分传统物流企业借助一定的互联网能力进行内部平台化，一些平台技术强、网络效应强的互联网科技企业利用网络货运平台成为物流平台服务商。2020 年，广东省组织了两批“广东省网络平台道路货物运输经营线上服务能力”评审工作，全省共有 14 家企业获得运营资质，从企业类型看，多数是头部物流企业依托自身物流业务发展的物流平台向社会化演变，逐渐发展成为独立平台公司。从物流新技术、新设备的应用看，龙头物流企业加大了智慧物流设施设备的应用力度。广州港正加快建设粤港澳大湾区首个全自动化集装箱码头——广州港南沙四期工程，是一个无人自动化码头，是全球首例“单小车自动化岸桥、北斗卫星导航无人驾驶智能集卡、堆场水平码头布置港区自动化”模式。2020 年 8 月，顺丰联合航天时代电子研发的大型无人机试飞成功，大型无人机在物流场景下的应用将打通国

内干线与支线的航空物流新通道。针对疫情无接触防控要求，苏宁物流在快递“最后100米”服务领域推出“快递员上门＋智能快递柜＋生活帮＋无人配送”四种模式的共生格局。

（七）城市更新倒逼传统物流业转型升级

城市化快速发展时期，城市建设规模迅速扩张、建设速度飞速提升，中心城区的城市功能高度集中，带来了交通压力大、人口居住密集、城市卫生治理难等一系列“城市病”。随着城市拓展空间的日趋减少，2020年广东城市更新速度加快，广州、深圳、佛山、东莞、惠州等很多城市正在将物流功能向中心城区外延伸，布局在中心城区的传统货运市场要求加快转型升级或者向外迁移发展。广州白云区是广东省重点物流集聚区，区域内集聚的物流市场有近百个，物流园区整治提升工作是广州“实现老城市新活力”的重要举措。2019年白云区制定了《白云区物流园区整治提升三年行动计划（2019—2021年）》，力争到2021年年底，基本完成全区占地规模1万平方米以上78家物流园区的整治提升工作，具体按照“清理收储，改造升级，关停拆除”三种方式分类实施，其中清理收储66家，改造升级10家，关停拆除2家。2019年白云区共推动物流园区整治项目14个，2020年推动物流园区整治项目40个，一些传统货运企业利用场地优势、靠近中心城区优势，改变传统运输业务，积极发展成为冷链物流服务商、电商快递服务商或创新创业基地。2020年，林安物流利用自身优势积极主动融入政府发展规划，提出以“未来社区定位和龙科技创新谷启动区”，力争打造“互联网＋物流＋产业＋金融”的林安智慧产业小镇。

（八）物流业发展政策环境持续优化

国家政策方面，2020年，促进物流行业规范化、现代化、数字化发展的政策持续出台，行业发展政策环境不断优化。新冠肺炎疫情期间，国家和广东省各部门及时推出一系列保流通、保通道、援企稳岗、复工复产政策，推动交通运输、快递等物流业加快复工复产，实现稳定发展。国务院办公厅转发国家发展改革委、交通运输部《关于进一步降低物流成本的实施意见》，推动进一步降低物流成本、提升物流效率。国家发展改革委等14部门联合印发《推动物流业制造业深度融合创新发展实施方案》，进一步深入推动物流业制造业深度融合、创新发展，保持产业链供应链稳定。国务院办公厅转发了国家发展改革委等部门《关于加快推进快递包装绿色转型的意见》，进一步加强快递包装治理，推进快递包装绿色转型，引导快递行业高质量发展。面对突发疫情，国家各部门及时出台了一系列援企纾困特别是支持流通企业、物流企业发展的政策措施，就业政策、社保政策、财政政策、税收政策、金融政策、房租政策等均有具体支持措施。

省政策方面，广东省相关部门2020年出台了若干引导行业规范化、规模化发展的政策文件，例如，广东省交通运输厅2月发布了《广东省交通运输厅 国家税务总局广东省税务局关于网络平台道路货物运输经营管理的实施细则》，4月印发了《广东省交通运输厅关于进一步加强网约出租汽车管理的指导意见》；广东省商务厅4月印发了《广东省加快发展流通促进商业消费政策措施》等。

财政支持方面，广东省商务厅组织了对中央财政2020年服务业发展专项资金推动农商互联完善农产品供应链项目的审核工作，对全省43个农产品供应链项目进行了资金支持；广东省供销合作联社积极申请地方政府专项债建设农产品冷链基础设施；省级财政给予1.5亿元扶持资金对江门市农产品冷链物流优势产区产业园进行了支持引导。

三、当前广东省物流业发展存在的主要问题

（一）运输结构调整效果受客观因素影响

从广东省货运结构看，近年铁路货运量占比在2.0%左右，铁路货物周转量占比在1.0%左右，铁路运输在整个货运中的占比提升较为艰难。在运输结构调整政策的引导下，公路运输的占比有所下降，水路运输的占比逐渐提高，但是公转铁、公转水的效果甚微。与全国铁路运输对比看，广东省铁路运输在货物运输整体中未充分发挥作用，2020年，全国铁路货运量占货运总量的比重达到9.62%，全国铁路货物周转量占货物运输周转总量的比重达到15.45%，而广东省的对应数值远远小于全国平均占比数值，同时也小于山东（铁路货运量占比7.44%、铁路货物周转量占比15.15%）、江苏（铁路货运量占比2.38%、铁路货物周转量占比2.78%）。与全国水路运输对比看，虽然广东省沿海港口多、内河水系发达、内河航道多，但水运体系资源利用效率不足，2020年，广东省水路货运量占货物运输总量的比重为29.07%，小于江苏水路货运量占比（32.4%）。广东省推进货运运输结构调整成效难以显现，受两个客观因素影响较大，一是省内公路基础设施发达、公路网络体系健全，中小公路运输主体多，公路货运市场化程度高；二是内河水运规模及效能由于航道能力、业务协作等因素影响，制约了公转水、海水联运规模的扩大。2015—2020年不同货运方式货运量及货物周转量占比情况如表1－2所示。

表1－2　2015—2020年不同货运方式货运量及货物周转量占比情况　单位：%

货运方式	货运量占比					
	2015年	2016年	2017年	2018年	2019年	2020年
铁路	2.88	2.68	1.81	1.79	1.84	2.20
公路	73.18	72.24	72.12	71.71	71.58	64.77
水路	21.58	22.68	23.68	24.08	24.30	29.07
民航	0.04	0.04	0.04	0.05	0.05	0.07
管道	2.33	2.35	2.35	2.37	2.23	3.89

续 表

货运方式	货物周转量占比					
	2015 年	2016 年	2017 年	2018 年	2019 年	2020 年
铁路	1.73	1.15	0.93	0.94	1.02	1.01
公路	21.20	15.35	12.90	13.58	14.07	9.15
水路	75.50	82.43	85.17	84.40	83.84	88.50
民航	0.38	0.28	0.24	0.28	0.28	0.31
管道	1.19	0.79	0.75	0.80	0.78	1.02

（二）货物运输总体效率有待提升

从平均运距对比看，广东省公路、铁路的平均运距偏短，运输经济效益低。目前，广东省铁路平均运距 350 公里左右，低于全国、山东、江苏（680 公里、680 公里、480 公里）；广东省公路平均运距 120 公里左右，低于全国、山东、江苏（180 公里、250 公里、200 公里），如表 1-3 所示。从多式联运水平看，广东省集装箱海铁联运比例不到 1%，低于国家平均水平（2%），远低于国外 20% ~40% 的水平；大型国际化港口的海铁联运量仍然非常少，深圳港不到 20 万 TEU，广州港少于 5 万 TEU；多式联运枢纽场站衔接和转运能力弱，部分港口“港铁分离”，集疏港铁路未接入港口重点港区，博贺港铁路进港到码头还有 3 公里“断头路”，需要通过汽车短驳运输，存在“中间一公里”断带现象，运输组织化程度提高较难；由于铁路集装箱不像海运具有物权属性，无法实现海铁联运“一票到底”的全程物流服务。从市场化程度看，由于铁路运输管理市场化程度低，铁路运输规范条款较多，编组安排时间长，换装流程烦琐，影响公转铁、水转铁的运输时效。

表 1-3　　不同运输方式平均运距对比　　单位：公里

	广东	全国	山东	江苏
铁路	350	680	680	480
公路	120	180	250	200
水路	2400	1400	1100	150

（三）头部物流企业数量较少

从 A 级物流企业数量看，广东省 A 级物流企业数量规模总体小于浙江、江苏、湖北、福建等省份，2018 年浙江省 A 级物流企业数量已经近 900 家、江苏省近 700 家、湖北超 600 家。根据中国物流与采购联合会公布的数据，截至 2021 年 3 月，中国物流与采购联合会已向社会通告了 31 批共 7261 家 A 级物流企业，广东省共有 A 级物流企业 462 家，占全国比例 6. 36%；广东省 5A 级物流企业 38 家，4A 级 220 家，3A 级 181 家，2A 级 19 家，1A 级 4 家，区域集中在广州、深圳两地市，广州 126 家，深圳 250 家，广州、深圳数量占全省的比重高达 81. 39%，粤东西北地区企业数量较少、发展规模偏小。从上市物流企业规模看，广东省上市物流企业数量偏少、企业规模偏小，公开发布的数据显示，2020 年全国营业收入前 30 名的上市物流企业，广东省有 5 家，其中 4 家注册地是深圳，而江苏省共有 6 家企业；2020 年全国营业收入前 10 名的上市物流企业，广东省仅有顺丰控股 1 家（见图 1－3），其他企业都排名在 20 以后，而前 10 名上市物流企业中浙江省就占 4 个席位。从上市港口集团市值看，15 家上市港口集团 2021 年 5 月数据反映广东省港口集团企业的总体规模位于行业下游水平，最大的招商局港口集团市值也仅 274 亿元，排名第 5，远远低于上港集团（1108 亿元）、宁波港（640 亿元）、青岛港（407 亿元）；广州港的市值是 201 亿元，盐田港、珠海港的市值更小。

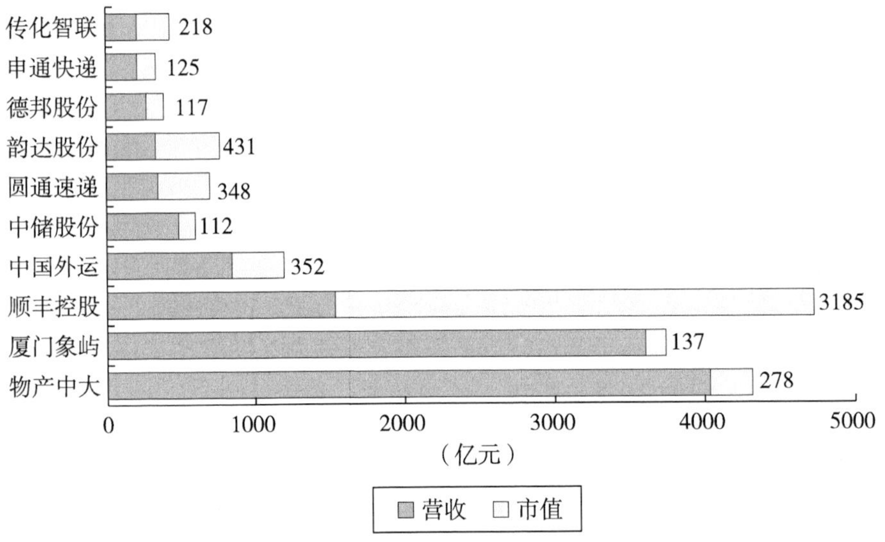

图 1－3　全国上市物流企业营业收入前 10 名

资料来源：上市公司公开财务年报。

（四）国际物流与供应链管理缺乏弹性

海运物流经历了 2020 年上半年市场的持续低迷，再到下半年舱位紧张和空箱不足导致海运运力供不应求的紧张局势，中国出口集装箱运价指数从 1 月的 939 跌落至 5 月的 836，又反弹至 12 月的 1446，反映我国国际物流与供应链管理面对突发的国际市场形势严重缺乏弹性，应对需求变化反应能力不足，国际物流产业链、供应链的组织协调能力差。广东省航运物流企业在全球新冠肺炎疫情影响下，也一度出现集装箱管理失调、调拨不及时、客户即时需求响应速度慢等情况，综合应急处理能力偏弱。

（五）冷链物流投资谨防出现过热现象

近年，政府在多个文件中都提出大力支持冷链物流基础设施的建设，随着生鲜农产品电商的兴起繁荣，冷链物流受到市场资本的青睐及企业的重视，冷链物流产业园、冷链库建设日渐趋热。在政策及市场的驱动下，一些大型集团企业纷纷进入冷链物流板块，越秀集团、玉湖集团、珠江投资集团等近年陆续开发冷链物流业务，投资建设冷链物流产业园。另外，供销系统近几年也在全省范围内积极布局冷链流通网络。这些大企业都是高资金投入，冷库建设规模也大，根据市场情况判断，待全省各类规划储备的冷链建设项目进入运营阶段，2022—2025 年广东省市场冷库供给面积将会出现迅速增长。面对有限的农产品冷链物流需求增长空间，几年后部分地区极有可能出现重复建设导致市场竞争激烈或冷库建设过剩情况。

四、促进广东省物流业发展的措施建议

（一）加快推进现代综合交通运输体系建设

2021 年是“十四五”时期的开局之年，要做好行业发展战略规划，引导交通运输业高质量发展，加快省综合立体交通网规划、综合交通运输体系发展“十四五”规划、综合运输服务“十四五”规划、港口布局规划等重点规划编制，完善全省综合客运枢纽和货运枢纽（物流园区）布局，开展多层次轨道交通互联互通研究、飞行服务站规划、货运物流枢纽布局研究等。深入贯彻落实《交通强国建设纲要》，对标交通运输现代化要求，对标世界一流湾区交通运输现代化水平，着力构建便捷高效协同有力的现代化高质量综合立体交通网络，打造世界一流的湾区综合交通运输体系。2021 年，重点深入推进《交通强国建设广东试点实施方案》各项试点任务，提升综合运输服务水平，做好创建国家公交都市建设示范城市验收工作。推进内河航运高质量发展，系统谋划内河航运与综合交通、产业布局的协调发展，加快补齐内河航运发展基础设施短板。

（二）引导企业数字化、规模化发展，提升综合竞争力

移动互联网、大数据、云计算、物联网、人工智能等新一代信息技术的蓬勃发展，迅速推动我国物流行业从人力密集走向技术密集，龙头物流企业之间已经发展成为以物流技术为核心的竞争关系，实现物流的自动化、可控化、智能化、信息化，为现代物流企业带来了更大的价值，提高了资源利用率和附加值。引导物流企业推动物流服务智能化、物流管理现代化、物流运输高效化，利用快速发展的物流信息技术促进物流行业加快与其他业态的融合发展，在多式联运方面加强统筹协调，让服务、管理、运输更加高效，更好地服务经济发展。发展流通新技术、新业态、新模式，推动构建

新型物流营运平台和信息平台，积极发展无人机（车）物流，支持无接触交易服务。鼓励支持头部航运物流企业、港口物流企业、商贸物流企业通过资本运作、兼并重组等方式发展壮大，形成本土超级大型物流企业集团，打造若干个在国际具有强竞争力的广东省属物流企业。

（二）以扩大内需为战略基点，提升民生物流发展水平

“构建以国内大循环为主体、国内国际双循环相互促进的新发展格局”是以国内大循环为主体的双循环，以国内大循环为主体就意味着要立足国内市场、坚持扩大内需这个战略基点，要依托强大的国内市场，着力贯通生产、分配、流通、消费各个环节。广东省提出建设新发展格局战略支点，要紧紧围绕畅通国内大循环，抓住当前内需消费市场稳定、规模增长的趋势，发挥全国第一商贸流通大省的资源优势，注重商贸流通、冷链物流、农村物流、快递物流、城市配送等民生物流快速稳定发展。打造国家物流枢纽和骨干冷链物流基地，提高物流效率，提升对服务供应链的重要支撑作用。大力推动快递物流、冷链物流体系高质量发展，完善城乡物流配送体系。支持物流运输组织形式和经营模式创新，鼓励生产、商贸等企业与物流企业联动，积极稳妥推进境外分销服务网络、物流配送中心等设施建设，提高国际供应链服务质量。

（四）以碳达峰、碳中和为目标，推动绿色物流可持续发展

对标国家“碳达峰、碳中和”的目标要求，引导推动物流业绿色发展，实现绿色交通、绿色快递、绿色货运。一是持续推进绿色交通发展。加快推广应用新能源营运车辆及 LNG 新能源动力船舶新（改）建工作，在重点区域高速公路服务区、客运枢纽等场站建设充电桩等。推进铁路专用线进港口、进矿区、进物流园，发展多式联运。通过深化铁路改革、引入碳交易机制、征收碳税等方式引导企业更多采用铁路运输方式，以减少能耗和排放。继续推进港口岸电建设和使用。深入推进船舶污染物接收转运处置工作。二是推进快递包装绿色转型。强化快递包装绿色治理，加强电商和快递规范管理，增加绿色产品供给，培育循环包装新型模式，加快建立与绿色理念相适应的法律、标准和政策体系，推进快递包装“绿色革命”。三是继续深入开展运输结构优化调整。加强铁水联运运输组织，推动重点港口集装箱铁水联运快速发展。继续实施国家、省级多式联运示范工程和国家城市绿色配送示范项目，持续优化物流组织模式，推动物流信息平台建设，促进货运节能减排。

（五）合理规划物流产业用地，保障行业空间发展需求

物流企业要规模化发展，产业发展载体扩容建设是必要条件，当前物流企业存在普遍用地成本高、产出无法与其他行业竞争、民生物流用地保障不足、基础空间无法保障、原有设施难以满足现代物流产业转型和新业态发展需求等问题。推动促进物流

行业规模化发展，要合理增加物流用地，推动不同产业用地类型合理转换。对规划的物流枢纽（园区）范围内的物流设施项目，优先纳入全市年度土地利用计划和供应计划予以保障。对属于物流仓储用地的，鼓励通过弹性年期出让、先租后让、租让结合等多种方式供地。支持在符合规划、不改变用途的前提下，对提高自有工业用地或仓储用地利用率、容积率并用于甲级仓储、智能分拨转运等物流设施建设的，不再增收土地价款。支持充分利用机场噪声区、交通枢纽周边碎片化边角地发展现代物流服务。提高物流项目用地强度，新建物流仓储用地容积率一般不低于2.0，研发总部类用地参照同等地区的商办用地确定容积率。鼓励中心城区物流园区、批发市场、旧厂房、旧仓库、工业标准厂房和商务楼宇等存量资源的改造提升，符合条件的地块纳入“三旧”改造标图建库范围，建设物流创新发展特色产业园。

广东省交通运输发展 2020 年回顾与 2021 年展望*

“十三五”时期，广东省深入贯彻习近平总书记对广东、对交通工作重要讲话和重要指示批示精神，认真落实省委、省政府和全国交通运输工作会议部署，加快推进交通强国先行示范省和先锋城市建设，取得了一系列的成绩。2020 年是“十三五”规划的收官之年，本文重点回顾总结“十三五”广东省交通运输工作，分析形势展望“十四五”交通运输发展趋势。

一、“十三五”期间广东省交通运输发展整体情况

“十三五”期间，广东省公路、水路交通建设完成投资超 8135 亿元，比“十二五”期间增长约 73%，2018 年、2019 年连续两年荣获国务院考核激励；公路水路客运量、货运量同比分别增长 11% 和 38%；行业生产安全事故总数、死亡人数持续“双降”，同比分别下降 34.64% 和 34.58%。综合交通骨架网络基本形成，广清、广州东环城际铁路在国内首开省方自主建设、自主运营城际铁路先河，港珠澳大桥、南沙大桥建成通车，广东高速公路在全国率先突破 1 万公里，通车里程连续 7 年位居全国第一；实现 100 人以上自然村通硬化路。

（一）交通基础设施建设实现跨越式发展

“十三五”期间，围绕补短板强弱项和适度超前发展持续发力，交通基础设施建设实现跨越式发展，综合交通基础设施网络支撑作用更加凸显。一是交通规划先行引领。科学编制全省综合立体交通网规划，出台省高速公路网规划、航道发展规划等专项规划，为交通强国、粤港澳大湾区和“一核一带一区”等战略提供有力支撑。二是铁路路网布局持续优化。铁路运营里程达 4869 公里，其中高速铁路 2065 公里，同比分别增加 849 公里、705 公里。全省 20 个地级以上市通高速铁路，初步形成以广州枢纽为中心，连通珠三角和粤东西北，辐射华东、中南、西南地区的放射型路网格局。城市轨道交通运营规模持续扩大，运营线路 31 条，运营里程 1021 公里。三是公路路网质量显著提升。公路通车里程 22.2 万公里，其中高速公路通车里程超 1 万公里，港珠澳大桥、南沙大桥、汕昆高速广东段等重大项目相继建成，深中通道、黄茅海通道等项目开工

* 资料来源：根据李静在 2021 年全省交通运输工作会议上的讲话整理。

建设。普通国、省道完成新改建和路面改造 7928 公里，技术等级和路况水平稳步提升。“四好农村路”建设成效显著，全省农村公路实现等级率 99.5%、铺装率 100%。四是航道港口提档升级。内河航道通航总里程 1.2 万公里，其中内河高等级航道 1380 公里、同比增加 483 公里。西江 3000 吨级、北江 1000 吨级等 13 个航道扩能升级项目总体完工，全省基本形成以西江干线和珠三角高等级航道为主的内河航道网。港口码头泊位 2289 个，其中亿吨大港 5 个，万吨级泊位 338 个，万吨级泊位同比增加 47 个。湛江港纳入西部陆海新通道总体规划。五是机场群地位更加凸显。全省共 8 座民航机场，广州、深圳两大机场跻身全球最繁忙大型机场行列，粤港澳大湾区世界级机场群加速构建。

（二）各种运输方式一体化衔接日趋顺畅

“十三五”期间，围绕做优做强交通运输现代服务业持续发力，各种运输方式一体化衔接日趋顺畅，交通运输服务提质增效降本成果丰硕。一是综合运输服务保障能力不断增强。全省公路水路货运量 190.3 亿吨，同比增加 52.2 亿吨；港口货物吞吐量 98.2 亿吨，集装箱吞吐量 3.19 亿标准箱，分别同比增加 21.4 亿吨、6585.6 万标准箱。铁路货物运输量 13.4 亿吨，货邮吞吐量 330 万吨。二是货运物流体系更加集约高效。运输结构不断调整优化，加快构建铁路、公路、水路和航空等有效衔接的综合交通运输体系，多式联运、甩挂运输、城市配送集约化取得积极进展。“公转铁”预计顺利完成国家下达的铁路货运量 9350 万吨目标。盐田港亚太—泛珠三角—欧洲国际集装箱多式联运工程等 4 个项目入选国家示范工程。全面完成粤藏公路运输三年援助合作任务，与黑龙江省深入开展交通物流对口合作。三是水运能力持续提升。全省港口共开通国际集装箱班轮航线 349 条，缔结友好港口 86 对。粤港澳大湾区水上高速客运航线增至 29 条。积极对接海南自贸港建设，完成琼州海峡北岸航运资源整合。四是高速公路运营服务水平显著提高。取消高速公路省界收费站，ETC 发行量位居全国第一。取消普通公路收费，实施多种形式的差异化收费政策，累计减免通行费 344 亿元。

（三）交通运输营商环境进一步优化

“十三五”期间，围绕治理体系和治理能力现代化建设持续发力，行业治理水平全面提升，交通运输营商环境进一步优化。一是法治交通建设进一步加强。《广东省农村公路条例》《琼州海峡轮渡运输管理规定》等颁布实施；“七五”普法工作圆满收官。二是重点领域全面深化改革。省级机构改革顺利完成，承担行政职能的事业单位改革全面完成；省、市、县三级公路管理体制改革取得积极进展，交通综合行政执法改革、公路养护体制改革等向纵深推进；交通运输投融资体制机制进一步完善，预算绩效管理改革深化推进。三是优化营商环境便民利民提速增效。取消省级行政权力事项 9 项，下放或委托至地市 37 项；实现政务服务事项标准化，国家、省、市、县“四级四同”；

分类推进25项涉企经营许可事项审批制度改革；推动“双随机、一公开”监管全覆盖、常态化。四是依法鼓励和引导行业各种新业态规范发展。全省机动车驾驶培训“一张网”监管模式改革走在全国前列；落实大件运输“一扇门”办理和“首站式”服务；道路货运车辆“三检合一”机构数量和检测量跃升全国第一位；水路运输领域在全国率先实行“容缺受理”办理许可业务和“承诺制”办理《船舶营业运输证》，在全国率先实现企业船舶过闸费全免。五是行业治理更加规范高效。编制“信用交通省”数据资源目录，数据存储总量达8.1亿条；加强交通建设资金监管，审计查出问题金额11.08亿元，提出审计建议8297条；行业扫黑除恶累计摸排移交涉黑恶线索787条，部署开展行业乱象整治行动40余项；大力开展非法营运、变相挂靠、危险货物运输、干线公路路域环境、高速公路违法广告标牌设施、非法码头、航道桥涵标、四类重点船舶等专项整治；全省高速公路、普通公路货车超限率同比分别下降80%、60%。

（四）交通运输发展方式转变不断向纵深拓展

“十三五”期间，围绕全面激发行业发展新优势持续发力，交通运输发展方式转变不断向纵深拓展，行业发展基础进一步夯实。一是科技引领作用更加凸显。依托港珠澳大桥、深中通道等重大工程开展技术攻关，获国家科学技术奖5项，参与制定行业标准、地方标准65项；完成“数字交通运输厅”建设的“1168”总体框架构建。二是智慧高速公路建设稳步推进。千吨级以上内河高等级航道实现电子航道图全覆盖；中国（小谷围）“互联网+交通运输”双创大赛规模与影响力进一步提升；交通工程建设项目双套制电子档案工作走在全国前列。三是绿色交通建设持续推进。新能源营运车辆总量达12.5万辆；北江大宗货物水路运输比重提升至50%，400总吨以上营运船舶水污染物设施设备改造100%完成；沿海港口岸电建设超额完成国家任务，内河港口岸电在全国率先实现省级全覆盖；建成惠清高速、珠海鹤港高速等部、省级绿色公路示范项目；176个服务区共新建充电桩837座，基本实现全省干线高速公路全覆盖；全国第一艘碳纤维高速客船和第一艘纯电动力货船在粤港澳大湾区投入运营。四是平安交通建设扎实推进。建立完善安全生产双重预防机制、安全生产责任制考核和“一票否决”制度。组织开展平安交通百日行动、道路运输安全综合治理、交通运输领域危险化学品安全综合治理，在建交通工程施工安全、水上交通安全、农村公路危桥、网络安全等专项整治行动；深化道路运输“驾驶员培训师”试点。

二、“十四五”时期广东省交通运输发展展望

（一）加快推进现代综合交通运输体系建设

一是建设现代化高质量综合立体交通网络。深入贯彻落实《交通强国建设纲要》，对标交通运输现代化要求，对标世界一流湾区交通运输现代化水平，着力构建便捷高

效协同有力的现代化高质量综合立体交通网络，打造世界一流的湾区综合交通运输体系。提升沿海通道、京港澳通道、珠江黄金水道等通道功能，加快完善北部生态发展区综合运输通道。加快广湛、广汕汕、梅龙、深南等高速铁路及揭惠、罗岑等普速铁路建设。稳步推进沈海高速、京港澳高速等拥堵路段改扩建，完善覆盖全面、普惠便捷的普通国省干线公路网。加快建成高效衔接的现代化内河航运体系，完善提升东江、西江、北江航运系统，重点推进东江等内河航道扩能升级工程。二是构建便捷顺畅的城市（群）交通网。推进干线铁路、城际铁路、市域（郊）铁路、城市轨道交通融合发展。完善粤港澳大湾区、汕潮揭都市圈、湛茂都市圈城际快速交通网络。加快粤港澳大湾区和粤东城际铁路建设。加快深中通道、黄茅海通道、狮子洋通道等重大跨江跨海工程建设，推进广深高速、机荷高速等干线扩容改造，持续推进珠三角地区跨界道路（公路）规划建设。三是打造高品质、高标准的农村交通基础设施网。高质量推动新时代"四好农村路"规划发展，优化调整高速公路、国省道干线公路连接工程；加快农村公路建设提档升级，实施县道改造升级和农村公路危桥持续集中整治；逐步推行镇通（建制）村至少一条四级双车道公路改造，实现县到镇（乡）通二级、镇到镇（乡）通三级公路。四是构筑多层级一体化的综合交通枢纽体系。加快建设广州、深圳国际性，汕头、湛江全国性，韶关、东莞、中山、惠州、佛山、江门、梅州、肇庆区域性综合枢纽城市。增强广州、深圳国际航运综合服务功能，提升珠三角港口群国际竞争力。强化广州、深圳国际航空枢纽功能，提升珠海、惠州机场服务能力。推进高速铁路、城际铁路、城市轨道交通等引入机场枢纽，进一步提升综合交通枢纽能级。

（二）着力提升交通运输供给效率和品质

一是推进出行服务快速化、便捷化。完善多层次城际出行服务体系，提升铁路和城市轨道交通服务水平。完善航空服务网络，提高航空服务能力和品质。优先发展城市公共交通，推进城乡客运服务一体化。提升综合客运枢纽服务水平，打造旅客联程运输系统。加大高速公路服务区、互通匝道、瓶颈路段的改扩建力度，从路网结构上解决节假日拥堵问题。二是打造结构完善的现代物流系统。稳步推进运输结构调整，推进大宗货物及中长距离货物运输向铁路和水路有序转移。重点推进柳州至广州、龙川至汕尾等货运铁路建设，加速提升京广、京九干线及其他既有普速铁路网的货运能力。推动东莞石龙、广州大田等多式联运型物流枢纽建设。统筹提升内河航道通过能力，构建经济高效的江海联运体系。完善城乡物流网络节点设施。三是加速新业态、新模式发展。深化交通与旅游融合发展，推动旅游公路、特色航道、邮轮游艇码头建设。加快快递扩容增效和数字化转型，壮大供应链服务、冷链快递、即时直递等新业态、新模式，推进末端公共服务平台建设。

（三）全力推进行业治理体系和治理能力现代化

一是建设法治政府部门。加快完善综合交通法规体系，深化交通运输综合行政执法改革，持续深化“放管服”改革，推进法治队伍“四化”建设。推动政府信息公开，健全行政决策机制。推进交通信用体系建设，加大信用承诺制实施力度。二是创新行业发展体制机制。完善广东省综合交通体系规划、建设和管理体制，统筹推进铁路、公路、水路等运输方式发展，加强各类运输方式衔接。建立健全省管铁路建设运营管理体制机制。完善高速公路独立桥隧的收费政策，研究高速公路收费期满处置方案。三是优化营商环境。健全市场治理规则，推进简政放权、破除区域壁垒，推动铁路、公路、水运市场化改革。引导社会资本积极参与交通发展，建立多元化交通投融资体系。完善行业备案机制，推进机动车维修、互联网年审、驾驶培训等业务利用“粤商通”一站式办理。

（四）筑牢交通运输发展基石

一是提升本质安全水平。坚持安全发展是交通运输行业的生命线。强化公路养护的基础性地位，建设“平安公路”，提升公路管养和安全服务水平，保障公路设施处于良好技术状况。开展“平安工地”建设，打造平安百年品质工程，推进交通基础设施精品建造和精细管理。持续开展公路、水路运输市场专项整治行动，净化交通运输市场环境。二是完善交通安全生产体系。落实企业主体责任，明确部门和属地监管责任，完善交通安全生产法规、管理制度和企业安全生产标准化管理体系。建立健全轨道交通、公路、机场、港口码头、车站等运行监控体系。推进完善源头治超等规章制度。三是强化交通应急救援能力。健全综合交通应急管理体制机制和预案体系，推动交通综合运行协调与应急指挥中心（TOCC）建设。加强应急救援专业装备、设施、队伍建设，提高防灾抗灾救灾能力。

（五）促进交通运输可持续发展

一是大力发展智慧交通。构建“一中心五主体”新型协同创新生态。打造多层次智能交通综合管理和动态交通信息服务体系。推动大数据、物联网、人工智能等新技术与交通运输行业深度融合。以港珠澳大桥智能运维、智慧公路试点示范总结评估为抓手，提升交通管理智慧化水平。以南沙自动驾驶测试基地建设、ETC 和 5G 高效融合的车路协同系统研发、全省高速公路 5G 网络覆盖为抓手，提升设施智慧化水平。加快建设智慧铁路。二是强化节能减排和污染防治。统筹铁路、公路、水路、空中通道资源集约利用。推进交通资源循环利用产业发展。加大清洁能源和新能源在运输装备中的应用。

三、2021 年广东省交通运输发展重点

（一）推进综合交通基础设施网络建设

一是完善行业发展战略规划。广东省委、省政府印发《关于贯彻落实〈交通强国建设纲要〉的实施意见》。加快省综合立体交通网规划、综合交通运输体系发展“十四五”规划、综合运输服务“十四五”规划、港口布局规划等重点规划编制。二是完善全省综合客运枢纽和货运枢纽（物流园区）布局。开展多层次轨道交通互联互通研究、飞行服务站规划、货运物流枢纽布局研究等。三是加快完善综合交通运输网络。深入推进《交通强国建设广东试点实施方案》各项试点任务。推进广湛、广汕汕等高铁和琶洲支线、广佛环线东环等城际铁路项目建设，佛莞城际广州南至望洪段和广佛环线南环项目开通运营，全省实现市市通高铁；新开工珠肇、广佛环城、深惠（深圳段）和粤东城际等 19 个省管铁路项目，推动铁路物流基地和铁路“进港入园”；大丰华高速丰顺至五华段、汕湛高速吴川支线等项目建成通车；加快推进深中通道、黄茅海通道等续建项目建设；新开工狮子洋通道等项目，重点推进莲花山通道、广深高速改扩建等项目前期工作；推进东江河源至石龙航道扩能升级、北江航道扩能升级上延等项目前期工作；加快广州港南沙港区四期工程、湛江港 30 万吨级航道改扩建工程等项目建设。四是强化基础设施管养服务。提升交通运输工程现代化管理水平，全面深入开展公路标准化体系和高速公路管理现代化体系研究。继续加快推进普通国省道低等级路段提档升级、瓶颈路段扩容提质。有序统筹开展“十四五”干线公路养护管理工作，建立“十四五”普通国省道建设项目库。推动农村公路提档升级，优化改造路网结构，加快推进通建制村单车道改双车道工程建设，实施农村公路桥梁安全保障整治、农村公路危桥改造和安全通道渡改桥工程。

（二）提高综合运输服务质量和效率

一是深化运输服务供给侧结构性改革。推动落实运输结构调整，推进多式联运发展，开展城市绿色货运配送示范工程建设。加快综合运输业务协同平台建设，持续深化全省联网售票，推进全国交通一卡通深化互通与便捷应用。推进粤港澳大湾区客运服务向数字化和“一码通行”发展。二是提升综合运输服务水平。做好创建国家公交都市建设示范城市验收工作。继续巩固乡镇和建制村 100% 通客车脱贫攻坚成果，完善农村物流网络节点体系建设。持续做好拥堵前 50 名收费站的治理工作，落实“一堵点一方案”，做好重大节假日保安全、保畅通、优服务工作。新（改）建高速公路及普通国省道服务区厕所 94 处。推进内河航运高质量发展。印发《广东推进内河航运高质量发展实施方案》，系统谋划内河航运与综合交通、产业布局的协调发展，加快补齐内河航运发展基础设施短板。

（三）加强行业现代治理能力建设

一是推进依法行政各项任务。加快研究制（修）订《广东省公共交通条例》《广东省水路运输管理条例》《广东省危险货物道路运输监督管理条例》《广东省高速公路运营管理办法》。加快研究制定省管铁路工程建设和建设市场监管办法。推动完成国家“跨省通办”第二批高频政务服务事项，实现“道路客运驾驶员从业资格证换证”跨省通办。推动部门内部双随机抽查规范化以及部门联合双随机抽查常态化。完善交通运输领域信用体系建设，不断扩大信用评价、信用承诺领域。二是规范交通运输市场秩序。加大公路运输市场整治力度，组织开展出租汽车、危险货物运输、营转非大客车营运专项执法整治。巩固全省货运乱象专项整治工作成果，强化治超联合执法和货运源头治理，加快推进普通公路治超非现场执法监测点建设。深化公路运输新业态从业群体专项治理，持续开展驾培行业违法乱象专项整治。加快研究广东内河高等级航道保护范围。完善扫黑除恶专项斗争常态化机制。

（四）加强平安交通建设

一是强化重点领域安全监管。深化完善交通运输安全体系，落实安全生产专项整治三年行动，紧盯关键时期重要领域，持续推动重点任务整治。加强在建工程项目施工安全防范，从组织、制度、技术、应急等方面对安全风险进行有效管控。加快建设“两客一危一重”车辆智能监管系统、道路运输安全风险感知系统，完善全省“电子运单”系统建设。持续深入推进普速铁路安全隐患治理，做好城市轨道交通运营保护区联防联控工作。加强航运枢纽大坝和通航建筑物运行安全监管。二是做好交通运输新冠肺炎疫情常态化防控工作。深入研判行业防控形势和特点，着力做好疫情防控的思想准备、物资准备、人员准备、机制准备，推动行业疫情防控常态化、长效化，坚决遏制疫情通过交通运输领域传播。

（五）推动智慧交通、绿色交通建设

一是积极推动智慧交通建设。培育建设广东省交通科技协同创新中心，支持指导行业科技平台和标准化技术委员会发展。开展新一代国家交通控制网和智慧公路试点省份建设工作总结评估，深入推进基于机荷高速的智慧高速体系创新。力争完成全省 5000 公里运营高速公路及全部在建高速公路 5G 基站的站址建设。推动南沙国家级自动驾驶与智慧交通示范区建设。推进高速公路视频云建设。加大货车 ETC 发行力度，推进 ETC 自由流预交易及 ETC 货车专用车道试点，拓展 ETC 在停车场、加油站等多场景应用。推进智慧铁路、智慧港口、智慧航道和智慧地铁车站建设。二是持续推进绿色交通发展。加快推广应用新能源营运车辆及 LNG 新能源动力船舶新（改）建工作。深入开展绿色公路建设推广应用。继续推进港口岸电建设和使用。深入推进船舶污染物接收转运处置工作。

广东省铁路货物运输发展2020年回顾与2021年展望*

一、2020年广东省铁路货物运输发展总体情况

（一）货运运输总量略有下降

2020年，广东省铁路货物运输总量（不含南宁局管辖部分）10462.3万吨，连续两年破一亿吨大关；由于受新冠肺炎疫情影响，比2019年减少485.1万吨，减幅4.4%。其中货物发送4371.0万吨，同比减少410.6万吨，减幅8.6%；货物到达6091.3万吨，同比减少74.4万吨，减幅1.2%。2019—2020年广东省合资（地方）公司铁路货物运量及增速如表1－4所示。

表1－4　　2019—2020年广东省合资（地方）公司铁路货物运量及增速　　单位：万吨

合资公司		发送量			到达量		
		2019年	2020年	同比增速	2019年	2020年	同比增速
广深公司	广坪段	686.8	705.0	2.6%	2403.5	2265.2	－5.8%
	广深段	937.1	811.5	－13.4%	412.4	509.8	23.6%
三茂公司		1120.2	992.2	－11.4%	1579.2	1617.4	2.4%
广梅汕公司		888.8	877.2	－1.3%	1008.3	841.5	－16.5%
平南公司		6.8	5.8	－14.7%	29.4	75.9	158.2%
广东地铁公司		79.4	81.6	2.8%	161.8	113.8	－29.7%
粤海公司		53.1	46.2	－13.0%	98.7	139.8	41.6%
广珠公司		930.8	747.6	－19.7%	189.3	227.7	20.3%
茂湛公司		78.7	99.8	26.8%	244.4	264.2	8.1%
赣韶公司		—	4.2	—	38.9	35.9	－7.7%
合计		4781.7	4371.0	－8.6%	6165.7	6091.3	－1.2%

资料来源：广铁集团。

* 供稿人：陈敏，中国铁路广州局集团有限公司货运部。

（二）扎实推进铁路货运基础设施建设，货运工作上新台阶

1. 货运能力有效提升

2020 年，完成湛江西（一期）、平湖南（一期）物流基地建设，新增发到运量 57.4 万吨，增城西电商区于年底竣工投产，加快推进大田（一期）、南沙港、黄圃、茂名东等物流基地建设，完成河头、龙川等个 14 货场短平快改造，进一步提升货运能力。

2. 全力加快推进信息系统建设

2020 年，货运营销大数据信息系统建设加快推进，目前已完成货运 KPI 监控、营销策划管理、货运班列开发、货运报表查询、营销写实（移动端）等功能模块的开发，并投入使用。基本实现了货运生产经营分析实时化、精准化、可视化，实现货运营销数据和货车追踪信息“掌上查询”，满足移动办公需要。

（三）深入推进货运增量行动，取得较好货运经营效益

坚持“黑白并重、黑白双增”策略，持续深化货运增量行动，全力开展货运增运补欠攻关，在遭受新冠肺炎疫情不利影响的情况下，取得了较好的货运经营效益。

1. 稳定基础货源

广铁集团在与大客户签订战略合作协议的基础上，实施大客户“运量、收入与运价优惠双互保”新模式，签订“一企一策”协议，有效稳定并提升基础货源。2020 年，广铁集团公司与韶钢、广州港等 24 家企业签订了大客户战略协议，同比增加 5 家，协议运量 6245 万吨，同比增加 460 万吨，增幅 8.0%；实际完成 6200 万吨，完成协议运量的 99.3%，占全集团总发送量的 62%。

2. 强力推进“公转铁”

围绕“调整运输结构、减少公路运输量、增加铁路运输量”的战略部署要求，广铁集团积极拜访、致函地方政府，大力协调韶关、深圳等地市出台集装箱、中欧班列补贴等政策，有效吸引公路货源转向铁路运输。2020 年，广铁集团“公转铁”运量实现 750 万吨。

3. 全力推进白货班列增量

2020 年，广东省新增开行棠溪至萧山、大朗至无锡西、三眼桥至中鼎物流园等 15 趟白货班列，进一步扩大铁路快捷运输网络。2020 年，广铁集团白货班列共开行 8025 列，同比增长 13.2%。

4. 全力推进集装箱增量

大力引导砂石、废钢铁、卷钢等适箱货源“散改集”，对成件怕湿包装、耗费人力装卸、仓库滞留暂存等货物“整改集”，提升运输效率和集装箱运量。2020 年，广铁集团共发送集装箱 1776 万吨，同比增加 468.5 万吨，增幅 36%。其中敞顶箱发送 731.5 万吨，同比增加 539.7 万吨，增幅 281.4%。

5. **全力推进国际班列增量**

广东省新增平湖南中欧班列始发站，新增大朗至霍尔果斯、大朗至二连、东莞至立陶宛维尔纽斯等中欧班列通道，进一步促进对外贸易发展。2020 年，广铁集团共开行中欧班列 702 列，同比增加 192 列、增幅 37.6%。

（四）深化“7S”安全管理体系建设，货运安全保持稳定

围绕货运“7S”安全管理体系建设，持续强化安全管理基础，抓实双重预防机制，大力推进科技创新，深入开展检查整治，完善专项卡控措施，不断提升货运安全管理水平和现场控制能力。2020 年，广东省铁路货运杜绝了货运责任危险货物运输、火灾、爆炸、毒害事故和一般 C 类及以上铁路交通事故，有 10 个月实现零超偏载。

1. **强化安全风险卡控**

针对出现的劳动安全突出问题，按“一场一策”制定货场内机动车和装卸机械作业隔离、防护措施，明确防护人员与货场内作业人员、管理人员之间的防控措施，强化人身安全联防互控。深刻吸取“9・2”三水西空重错装事故教训，对各集装箱办理站按照“一站一策”的原则，建立集装箱空重错装专项防控措施，确保各环节有自控、有互控。加强货物安检防控，将混装货物作业班列按照高、中、低划分风险等级，制定风险控制措施。

2. **强化隐患排查整治**

深入开展危险货物运输安全专项整治三年行动，2020 年共排查整治 128 个危险货物运输安全隐患。常态化开展超偏载治理工作，每日盯控，严格落实“三比对”制度，有效提升货车装载质量，实现了全年 10 个月零超偏载。持续开展安全生产大检查，对 14 个货运站段、43 个车间开展地毯式、麻雀解剖式检查，督促现场作业落标，将发现的问题纳入安全检查问题库，跟踪整改。

3. **强化科技保安全**

研发货运智能安检、集装箱平车 F－TR 锁装卸安全检测监控、自动化平过道安全防护等系统，并全部投入试用，切实加大成果转化和运用力度，促进货运安全管理“智能化”。同时，深入推进货检视频智能报警系统应用，优化货检作业流程，实现货检作业由“人检为主、机检为辅”向到达作业“机检为主、人检为辅”、出发作业“人检为主、人机结合”的成功转化。

二、2021 年广东省铁路货物运输发展展望

（一）增强服务能力，实现提质增效

1. **推进“硬件”提质，促进货运上量增收**

力争 2021 年大田（一期）、湛江西（二期）、南沙港、黄圃等物流基地建成投产，

形成增量。加快推进铁路专用线建设，2021 年力争南海一汽 - 大众、中科炼化、河源电厂专用线投产。

2. 推进“软件”升级，提升客户服务体验

按照“智慧广铁”发展规划，深化与华为的合作，倾力打造智慧货场，创新场站管理和货运服务。同时，运用大数据技术，开发、推广“广货通”微信小程序，拓展货车全流程追踪、运输方案推送和班列在线评价等增值服务，探索数字化、精准营销，提升客户服务体验。

（二）强化货运安全管理，确保货运安全稳定

1. 深化夯实基础建设，推进管理规范化

一是做好货运“7S”安全管理体系建设延续工作。对近三年货运“7S”安全管理体系建设情况进行全面总结分析，固化好的做法，形成一套完整的货运安全管理体系，实现货运安全持续稳定。二是继续抓好货运专业第二个安全优质标准线建设五年计划的推进实施，按时间节点稳步推进，不断提升货运安全管理、设备质量管理、队伍素质、现场作业、生产生活设施管理和环境管控等工作质量。三是深化标准化、规范化建设。进一步完善货运站段标准化、规范化建设评价指标和评比方式，优化评价体系。

2. 落实双重预防，狠抓闭环管理

一是抓好风险管控，将安全风险管控纳入相关管理岗位职责，将管控要求细化到相关岗位的《岗位作业指导书》，通过管理层日常履职落责、作业层按标作业，实现安全风险全员全过程有效管控。二是着重抓好闭环管理。定期梳理安全检查问题库，对整改情况“回头看”；同时各货运站段对照问题库自查，防范同类问题发生。三是抓好惯性问题整治。定期梳理安全检查问题，建立惯性问题清单，组织制订解决措施。四是提高统计分析效果。对问题库进一步细分，梳理各类隐患在不同单位、车间、班组的发生频次，掌握高频率隐患及分布，找准薄弱环节及薄弱单位，对症下药，实现风险研判精准、隐患整治有效。

3. 盯住安全关键，强化专业管理

一是持续加强对货运关键环节的把控。坚持不懈抓好危险货物、安检查危、装卸、货检、装载加固、集装箱、超限超重等货运安全关键。二是找准难点、重点、弱点，加强专业指导。对基础薄弱单位、车间，加强专业指导和帮促。三是加强专用线交接检查安全管控。主动上门服务，加强对专用线企业运输员和装卸工组的业务指导和安全培训。四是加强装卸业务外包安全监管。完善对承包企业作业过程的监督检查、装卸质量验收制度和动态评价机制，进一步提升装卸业务外包管理水平和作业质量。

4. 持续科技创新，深化物防技防

一是推进货运智能安检系统、平过道自动化安全防护系统、集装箱平车 F - TR 锁装卸安全监测监控系统等科技项目成果转化，分阶段推广应用，提高安全保障能力和

作业效率。二是推进在货运中心建设智能监控数据中心，实现对各站点生产全过程和安全关键点的实时监控、大数据分析，大幅提升安全保障和生产组织能力。

（三）强化经营管理，促进货运增运增收

1. 以发展铁水联运为重点，推动基础运量新增长

一是深化路地合作助推“公转铁”。加强与地方政府、行业协会的沟通联系，准确把握地方推进运输结构调整、促进“国内国际双循环”、扩大内需的新政策、新措施、新规划等内容，及时制订铁路应对物流市场变化的方案与措施。重点是进一步对接地方政府，积极争取各地拿出专项资金对“公转铁”托运人进行补助，并加快企业专用线建设，加大对铁路的政策扶持。2021 年，力争完成“公转铁”运量 750 万吨。二是深化路企合作提升“铁运比”。坚持合作共赢，继续加强与大型企业的战略合作，用协议锁定基础运量，并在运力保障、价格政策方面向战略客户倾斜，引导战略合作客户进一步提升铁路运输占比。2021 年力争战略合作协议运量达到 6300 万吨，同比增加 55 万吨。三是深化路港合作着力“增运量”。继续加强与港口的密切合作，提升铁路疏港能力，实现港口运量的逐年递增。联合装车能力尚有富余的高栏港、广州港、阳江港、惠州港，着重挖掘公路疏港货源，用好用足港口装车能力，不断提高铁路疏港运量占比。2021 年力争完成铁水联运 3400 万吨，同比增加 190 万吨。

2. 以集装箱多式联运为抓手，抢抓扩大内需新机遇

一是持续发展白货班列。充分利用广东地区白货产品体量大、市场广的优势，深入开展市场营销，不断挖掘新货源、开发新项目，在确保 50 余趟既有班列稳定开行的基础上，开发平湖南、增城西、大田等站发华东、江西和西南等地区的货源，提升铁路白货运量和效益。二是创新发展集装箱运输。加强“散改集”等集装箱货源的市场开发，拓展粤北发往珠三角地区的石料，大亚湾发往河源、惠州地区的煤炭等运输项目，力争 2021 年“散改集”增量 200 万吨。加大力度推广使用集装箱汽车架、钢座架、35 吨卷钢敞顶箱、干散货水泥箱等新型装载装备，不断创新集装箱运输新产品。利用集团公司与广州港成立合资公司、与盐田港集团建立战略合作关系等契机，不断优化铁路和港口、船公司合作的营商环境，共同开发海铁（水）联运在广东、湖南、海南等地区市场。三是稳步发展中欧班列。充分利用国际集装箱海运能力紧张、铁路口岸能力释放、国际班列开行计划批复率高的时机，加强中欧班列运输组织，稳步提升石龙、大朗中欧班列开行数量，推动平湖南中欧班列常态化开行，力争 2021 年中欧（亚）班列开行数量同比增长 14%。四是积极发展商品车运输。联合中铁特货公司，加强对商品车主机厂和物流商的营销攻关，重点深化与广汽集团的合作，力争铁路份额由 10% 上升至 12%。预计广铁集团 2021 年商品车发送 72 万台，同比增长 3% 以上。

3. 以灵活运价策略为手段，积聚市场竞争新优势

一是优化大宗货源“一企一策”运价方案。为大客户量身定制运价方案，吸引湖

南、江西部分地区大宗货源经广东港口运输，压缩湖南地区钢企“海进江”运量。同时，进一步优化“运量、收入与运价优惠双互保”模式，锁定大宗基础货源。二是深度挖掘“两高一远”货源。灵活运用市场化定价策略，吸引新增白货货源。通过实施分品类、分去向差异化的价格策略，统筹考虑市场、运量、收入、利润的关系，实施不同的价格方案，深入挖掘高运价、高附加值和长运距货源。三是提升运价管理应对市场能力。理顺整车、集装箱间，20 英尺、40 英尺集装箱间，班列与普通运输产品间比价关系，利用价格杠杆优化运输资源配置。

广东省水路货物运输发展2020年回顾与2021年展望*

一、2020年广东省水路货物运输发展总体情况

（一）水路货物运输经历下降后稳步复苏

2020年，受新冠肺炎疫情影响，广东水路货运总量规模缩减，其中上半年缩减明显，下半年开始逐步提升，全年呈稳步复苏态势。《2020年广东省国民经济和社会发展统计公报》数据显示，2020年广东省水路货物运输量为103759万吨，同比下降8.3%，下降幅度高于全省货物运输总量3.5个百分点，其中1—3月受疫情影响最严重，水路货物运输量比上年同期下降17.8%。在疫情得到控制、企业复工复产后，货运量开始逐步提升，7月水路货物运输量增速由负转正并保持较快增长，12月当月增速达17.3%，推动全年水路货运量基本恢复至上年同期水平。2020年水路货物运输周转量完成24404.83亿吨公里，其中1—6月比上年同期下降6.7%，7月周转量开始逐步提升，全年下降0.1%，基本保持与上年一致。2020年水路货物运输量占全省货物运输量的29.1%，较上年同期增长4.8个百分点，水路货物运输周转量占全部货物运输周转量的88.5%，对全年全省货物运输复苏贡献较大。

（二）水路货运体系推动产业发展

2020年，广东省加快推进水路货运航道建设，已形成沿海、内河分功能、分层次的航道发展格局。其中，沿海航道初步形成了以进港航道为主，与沿海各个港区相适应的布局，是对外物资交流的主通道；内河航道以西江干流和珠江三角洲“三纵三横三线”为骨干，是珠江三角洲港口群的主要集疏运通道。同时，广东推动航道布局与产业布局协同发展，依托水运发展优势，吸引大批临港产业落户和发展，促进沿海、沿江经济带的形成；依托沿海港口的运输优势，沿海地区发展了一批电厂、炼油厂、炼钢厂；依托内河水运的优势，沿江地区逐步成为水泥、建材、石化、食品饮料等产业的集聚地。

---

* 供稿人：陈梓博，广东省现代物流研究院。

（三）港口基建投资规模扩大

根据广东省交通运输厅快报数据，2020 年广东省完成公路水路交通投资超 2000 亿元，创历史新高，在港航建设方面投入大，基建项目多。“十三五”期间，广东省新增万吨级泊位 47 个，万吨级及以上泊位预计达到 338 个；西江 3000 吨级、北江 1000 吨级等 13 个航道扩能升级项目总体完工，新增内河高等级航道 483 公里，港口码头泊位 2289 个，其中亿吨大港 5 个，万吨级泊位 338 个、同比增加 47 个。广东省率先在全国实现内河港口岸电省级全覆盖，投入运营全国第一艘碳纤维高速客船和第一艘纯电动力货船。航线全面覆盖世界各个国家的主要港口，与“一带一路”沿线国家缔结友好港口 86 对，每周有 349 艘国际集装箱运输班轮靠泊。广州港深水航道拓宽工程全线正式投入使用，实现 10 万吨级与 15 万吨级船舶对向通航。

（四）港口生产保持平稳增长

根据《2020 年广东运输邮电生产运行情况分析》，2020 年广东省完成港口货物吞吐量 20.22 亿吨，同比增长 5.4%，增速高于全国 1.1%，其中沿海、内河分别完成港口货物吞吐量 17.58 亿吨、2.64 亿吨，同比分别增长 4.7%、10.4%。从主要港口看，广州港完成货物吞吐量 6.36 亿吨，同比增长 5.0%；深圳港完成货物吞吐量 2.65 亿吨，同比增长 2.8%，广州港、深圳港港口货物吞吐量在全国分别居第 4 位、第 16 位。港口集装箱吞吐量全年实现扭负为正，单月增速逐渐攀升。2020 年全省完成港口集装箱吞吐量 6728.95 万 TEU，同比增长 0.3%，从 6 月起连续 7 个月实现正增长，9 月和 10 月增速分别达到 10.0%、10.9%。深圳港、广州港分别完成集装箱吞吐量 2654.79 万 TEU 和 2350.53 万 TEU，在全国分别居第 3 位、第 4 位。

（五）港口智能化改造按下“快进键”

2020 年，广东省切实推进港口智能化改造，港口智能化不断取得新成果。广州港集团与上海振华重工、广州联通、华为公司共同成立智慧港口 5G 应用联创工作室，搭建 5G 智慧港口应用场景、4G/5G 兼容网络等，推动 5G 新基建创新点在港口的灵活应用，形成 5G 时代智慧港口建设的广州方案。该方案通过 5G 技术与港区数字化建设深度融合，将 5G 真正切入港区各生产环节，将实现批量 IGV 集卡自动驾驶、大型港机设备远程精准控制、AI 智能理货、AR 智能远程查验及安全监管、无人车（机）远程自动巡检等多项 5G 智慧港口实际应用，助力广州港南沙港区建成全数字化、智能化、无人化的湾区示范性港口。广东首个智慧型内外贸内河码头江门高新港竣工落成。江门高新港先后与港务公司合作建成了视频监控、车辆电子闸门、电子围栏、人脸识别和员工通道等多个智能信息化管理系统，成为粤港澳大湾区国际化物流运输大网络的重要支点和粤港澳大湾区西翼物流枢纽平台，对于扩展江门产业发展空间、降低企业运输成本、缓解交通压力、促进港口与城市协调发展都有着重大的作用。

（六）全球港口枢纽地位巩固提升

2020年，广州港、深圳港等全球港口枢纽的规模持续扩大，港口国际地位不断提升。广州港港航发展基础进一步筑牢，集疏运体系不断完善，智慧绿色平安港航建设水平不断提升，港航发展活力进一步释放，对外交流合作不断加强，国际大港地位稳步提升。《广州市港务局2020年工作总结和下一步工作计划》数据显示，2020年广州港货物吞吐量6.36亿吨，其中内贸4.9亿吨；集装箱吞吐量2350.5万TEU，其中内贸1445万TEU；外贸集装箱吞吐量首次突破900万TEU，达到905万TEU，同比增长3.61%。广州2020年新华·波罗的海国际航运发展指数排名全球第13位。《2021年深圳交通运输工作报告》数据显示，深圳港全年集装箱吞吐量达2655万TEU、货物吞吐量2.65亿吨，在全球六大集装箱港口中排名第四、增速排名第二。深圳港总体规划（2035年）获批。深圳港成为华南地区超大型集装箱船泊首选港、全球第四大集装箱枢纽港，被评为“全国服务最优集装箱港”，拥有国际班轮航线241条，通达100多个国家和地区300多个港口，与热那亚等26个港口建立友好港关系，全球2万标准箱以上集装箱船泊全部靠泊过深圳港。蛇口邮轮母港开港运营，成为全国第四大邮轮母港，盐田码头获评“亚洲最佳码头”。

二、2020年广东省水路货物运输发展存在的主要问题

（一）水路货运通道与产业发展新变化不适应

目前广东省产业布局主要集中地为珠江三角洲，水路货运通道是围绕珠江三角洲主要产业集聚地打造的。随着经济的不断发展，全省的产业布局不断产生新的调整变化，广东自2019年开始计划在粤东、粤西沿海集中布局一批重大产业项目，大力发展临港化工、海工装备、海洋生物、海上风电等产业，推进南海油气开采，支持汕头临港经济区、汕尾高新区、阳江滨海新区、湛江东海岛、茂名石化基地、潮州凤泉湖高新区、揭阳大南海石化工业区等建设。粤东、粤西沿海产业的发展，需要配套相适应的水路货运通道，现阶段水路货运主要航道集中在珠江三角洲地区，粤东、粤西沿海地区的航道发展较慢，与珠江三角洲航道的联通能力薄弱，不利于产业的进一步发展。

（二）部分内河港口建设发展滞后

目前广东省已建成西江高等级航道网、北江高等级航道网和珠江三角洲高等级航道网，但内河航道内新建的规模化、专业化港区较少，码头呈现“小、散、乱”的特点，大部分现有码头泊位设施水平较为落后，配套设施不完整，港口产业带动能力较弱，整体建设滞后于航道发展。港口建设的滞后，影响了水路运输与公路运输、铁路

运输的顺畅衔接，制约了水路运输的发展。

（三）水路货运通道发展保障不足

一是现阶段广东省航道发展资源受到挤压或破坏的情况加剧，跨越航道铺设光缆或管道、建设桥梁及其他建筑物或构筑物等，严重制约了航道的扩能升级；二是在临近航道的位置围垦，设置各种渔网、鱼栅、网箱的情况屡见不鲜，致使航行条件日益恶化。航道建设发展空间与国土空间、生态环境规划相互衔接、协调发展的规划不够完善，航道的线性连通和可持续发展难以保障。

（四）水路货运通道建设和养护经费不足

沿海港口进港航道建设以地市财政和国家投入为主，由当地港口管理部门负责。受地市财力制约，沿海港口进港航道特别是东、西两翼沿海港口群的进港航道建设滞后，沿海港口进港航道现有投入资金难以满足今后沿海航道深水化建设和养护需要。航道投资总体相对较少，不能完全满足构建全省内河高等级航道网的资金需求。同时，随着航道等级和通航能力的提高，需继续加大航道养护投入，才能确保航道养护质量和水平。

（五）港口建设现代化水平有待提高

《国家综合立体交通网规划纲要》提出，目前我国高质量、高效率的港口枢纽体系建设滞后，水运在国家综合交通运输体系和物流体系中“内引外联”的综合枢纽作用尚未得到充分发挥，综合服务水平有待提高。广东省部分港口部分设施建设达到了高质量发展的要求，但还有很多基础设施设备落后，港口建设的现代化水平仍旧不够高，港口仍需要继续向智能、绿色、安全、高效的现代化服务方向发展，航道建设、养护、管理、服务的现代化水平仍需要进一步提升，才能建成畅通、高效、平安、绿色的现代化水运体系。

三、促进广东省水路货物运输发展的措施建议

（一）加强水路通道建设的顶层设计

水路运输在高效、平安、绿色的现代综合交通体系中的作用不可替代，在发展水路货运通道的时候需要加强顶层设计，不断结合地方的水路运输发展规划和交通规划，充分考虑地理位置、道路交通特性和社会需求等因素，切实为水路运输通道建设保驾护航。

（二）加快推进水路货物运输智慧化建设

加快构建智慧货物航道“一中心两网络三平台 N 可扩展的运调管养服场景”，其中

“一中心”指大数据中心，“两网络”指感知终端网和通信网，“三平台”指电子航道图支撑平台、航道综合运行监测平台、航道通一体化服务平台，“N 可扩展的运调管养服场景”指重点建设船闸联合调度系统、桥梁净高监测及防撞预警系统等应用服务系统。在完善内河电子航道图基础上，开展沿海电子航道图建设，布设沿海实体或虚拟航标。推动航道服务信息化、管理现代化，提高水路货物运输效率，促进水路货运服务能力和服务水平再上新台阶。

（三）加强水路货物运输通道养护

一是保障全省航道养护的资金投入。加强航道巡查、测量、养护、应急抢通和航标、整治建筑物等航道设施专业化管理的资金投入，加强养护设施建设，及时购买养护装备，合理推进阶梯枢纽通航统一调度和航道养护市场化，确保全省航道的通畅。二是提升全省航道养护管理水平。明确各类航道等公共基础设施的管理养护职责，建立运转高效的通航建筑物管理体制，优化全省航标灯设置，优化全省航道站点布局，调整航道养护船舶配备，提高日常航道养护管理的效率。三是加强航道治理。不定时对航道进行突击检查，打击非法设置各种渔网、鱼栅、网箱的行为，保护航道安全。

（四）推进水路货运绿色发展

一是积极贯彻生态环保理念。将生态环保理念融入航道的规划建设和养护全过程，使航道建设与周围景观、建筑物相协调。积极推进航道建设中的生态护岸、生态修复等工程建设。按生态航道标准推进东江航道扩能升级，使东江等航道扩能升级与供水、生态、防洪、渔业等相协调。二是开展绿色港口建设。让绿色发展贯穿规划、建设和运营全过程，加快建设资源利用集约高效、生态环境清洁友好、运输组织科学合理的绿色港口。合理选点规划建设区域性航道水上绿色综合服务区，规划航道水上绿色综合服务区。积极开展以 LNG、电能等新能源、清洁能源为动力的船舶试点应用和岸电推广应用。三是完善江海联运体系。大力发展多式联运等绿色运输模式，推进广东省水路货运绿色发展。

（五）加快港口现代化建设

一是继续推进自动化码头、智慧管理平台等重点现代化项目建设，深化 5G、北斗卫星导航系统、物联网等在港口的应用。二是支持应用集装箱船边直提、抵港直装作业模式，完善组织协调机制，减少港口作业组织环节，优化通航安全保障机制，提高港口航道通航效率。三是通过资本运作、项目合作、混合所有制改革等方式，推进全省沿海港口及相关资源整合，加强河海港口资源综合开发、集约利用。

广东省航空物流发展 2020 年回顾与 2021 年展望*

2020 年，新冠肺炎疫情重创全球经济。国际货币基金组织（IMF）2020 年 10 月发布的《世界经济展望》预测 2020 年全球经济将萎缩 4.4%，相当于 2009 年跌幅的 7 倍，为 20 世纪 30 年代大萧条以来最严重的衰退。截至 2020 年年底，全球经济面临的危机远未结束，复苏前景不容乐观。

2020 年，新冠肺炎疫情对全球航空运输业造成沉重打击，航空客、货运输业务均出现大幅下滑，航空企业亏损严重。根据国际航空运输协会（IATA）《全球航空业经济监测》数据，2020 年，全球航空旅客运输量为 17.95 亿人次，同比下降 60.5%，较上年减少 27.48 亿人次，全年旅客周转量同比下降 66.3%。在货运方面，2020 年全球航空货物运输量为 5420 万吨，同比下降 11.6%，货物周转量同比下降 11.5%，降幅均小于客运市场。

随着 2020 年下半年经济逐步复苏，对全球许多航空公司来说，航空货运相比客运恢复更快，是航空公司重要的收入来源。

一、2020 年我国航空物流发展总体情况

2020 年新冠肺炎疫情暴发后，全球航空运输业受到剧烈冲击，客运航班锐减，腹舱运力随之剧减。但由于我国疫情得到有效控制，各项政策效果逐渐显现，且国际医疗防护物资、新冠肺炎疫苗等航空运输需求剧增，航空货运市场逐渐回归均衡、恢复常态。航空货运通达性基本保持稳定，我国与 50 个国家的 106 个境外航点保持定期货运航班飞行来往。

（一）运输周转量情况

2020 年，我国航空公司运输总周转量降幅超过三成，货邮运输量呈现两位数下滑。全行业完成运输总周转量 798.5 亿吨公里，比上年下降 38.3%（见图 1 - 4）。国内航线完成运输总周转量 587.67 亿吨公里，比上年下降 29.2%，其中，港澳台航线完成 3.19 亿吨公里，比上年下降 81.1%；国际航线完成运输总周转量 210.83 亿吨公里，比上年下降 54.5%。

---

* 供稿人：万青，广州民航职业技术学院。

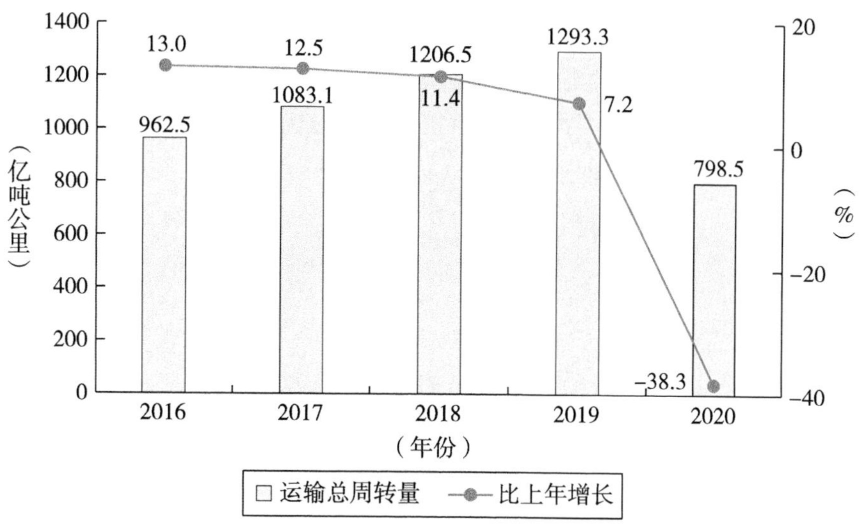

图 1-4　2016—2020 年中国民航运输总周转量

资料来源：中国民航局。

（二）货邮周转量情况

2020 年，全行业完成货邮周转量 240.2 亿吨公里，比上年下降 8.7%（见图 1-5）。国内航线完成货邮周转量 67.87 亿吨公里，比上年下降 13.6%，其中，港澳台航线完成 2.07 亿吨公里，比上年下降 26.4%；国际航线完成货邮周转量 172.33 亿吨公里，比上年下降 6.7%。整体上，国际货运市场表现好于国内。

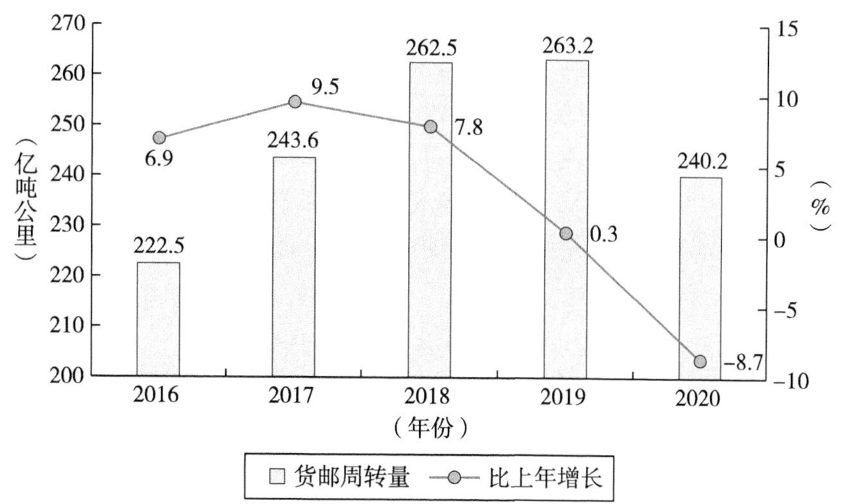

图 1-5　2016—2020 年中国民航货邮周转量

资料来源：中国民航局。

（三）货邮运输量情况

新冠肺炎疫情之下，民航局出台了多项政策措施提升航空货运能力，包括建立了货运物流绿色通道，出台简化货运航线航班审批、鼓励“客改货”航班等政策，使我国国际航空货运能力得到快速提升，有力支持了国际供应链“保通保运保供”。2020年，航空货运市场出现较大幅度的下降，但降幅远低于客运市场。全年全行业共完成货邮运输量676.6万吨，同比下降10.2%（见图1－6）。

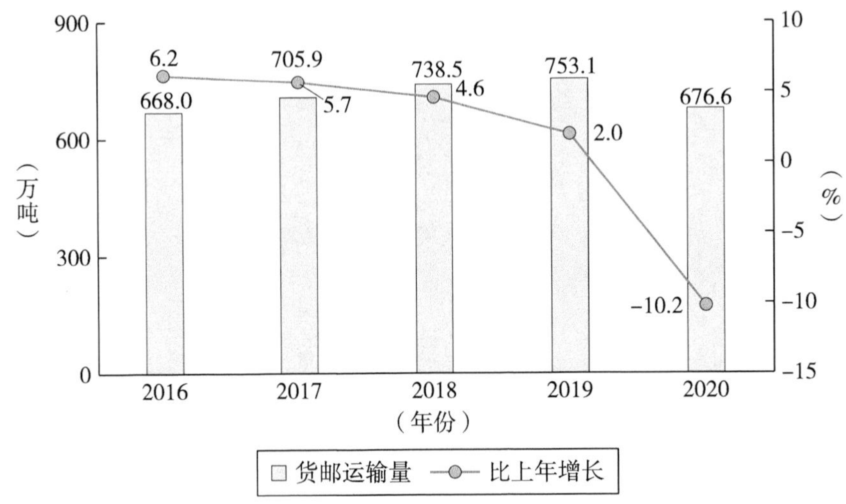

图1－6　2016—2020年中国民航货邮运输量

资料来源：中国民航局。

（四）货邮吞吐量情况

2020年，全国民航运输机场完成货邮吞吐量1607.5万吨，比上年下降6.0%（见图1－7）。其中，东部地区完成货邮吞吐量1168.41万吨，比上年下降6.2%；中部地区完成货邮吞吐量137.18万吨，比上年增长10.0%；西部地区完成货邮吞吐量251.96万吨，比上年下降9.7%；东北地区完成货邮吞吐量49.94万吨，比上年下降17.3%。数据可见我国航空货运市场逐渐回归均衡、恢复常态，通达性基本保持稳定。2020年中国民航运输机场货邮吞吐量（按地区分布），如图1－8所示。

2020年，全国各机场中，年货邮吞吐量10000吨以上的机场有59个，与2019年持平。北京、上海和广州三大城市机场货邮吞吐量占全部境内机场货邮吞吐量的44.0%，占比较上年下降2.5个百分点。其中广东省全年货邮吞吐量排名全国第二，仅次于上海，较2019年下降1.8%，增速排名全国第13。货邮吞吐量增速最快的是河北省，同比增速达58.9%（见表1－5）。中部地区航空货邮量的持续增长，表明中部地区航空货运持续强劲的发展后劲，货运基础建设的投入颇见成效。

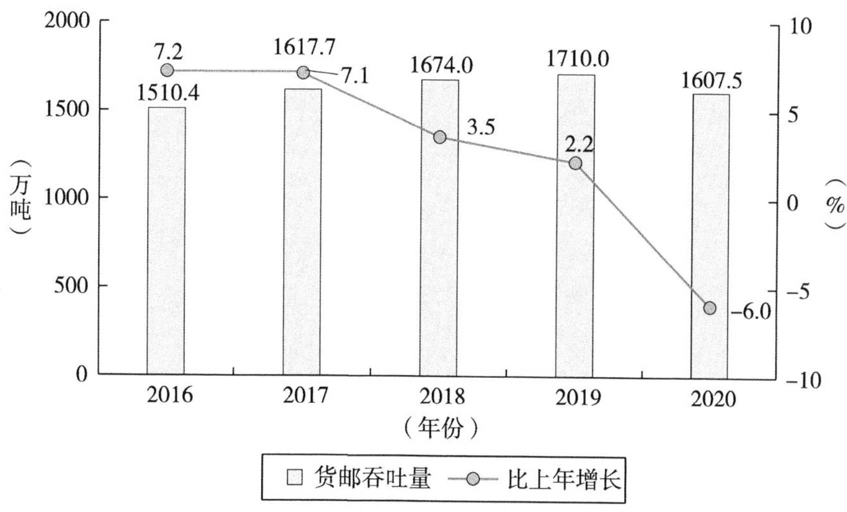

图 1－7　2016—2020 年中国民航货邮吞吐量

资料来源：中国民航局。

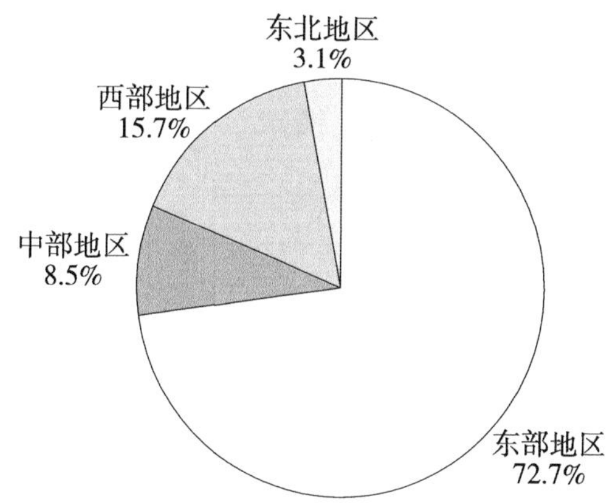

图 1－8　2020 年中国民航运输机场货邮吞吐量（按地区分布）

资料来源：中国民航局。

表 1－5　2020 年全国各省（区、市）货邮吞吐量及同比增速　单位：万吨

地区	增速排名	货邮吞吐量			地区	增速排名	货邮吞吐量		
		2020 年	2019 年	同比增速（%）			2020 年	2019 年	同比增速（%）
全国合计		1607.5	1710.0	－6.0	湖南	5	19.5	17.9	8.9
河北	1	8.9	5.6	58.9	西藏	6	4.7	4.4	6.8
江西	2	18.7	13.0	43.8	江苏	7	67.1	64.2	4.5
河南	3	64.1	52.4	22.3	重庆	8	41.3	41.3	0.0
浙江	4	101.9	90.0	13.2	安徽	9	9.3	9.3	0.0

续 表

地区	增速排名	货邮吞吐量			地区	增速排名	货邮吞吐量		
		2020 年	2019 年	同比增速（%）			2020 年	2019 年	同比增速（%）
陕西	10	39.2	39.3	-0.3	宁夏	21	5.3	6.2	-14.5
上海	11	402.5	405.8	-0.8	黑龙江	22	11.6	14.1	-17.7
甘肃	12	7.5	7.6	-1.3	天津	23	18.5	22.6	-18.1
广东	13	323.9	329.8	-1.8	辽宁	24	29.6	36.8	-19.6
山东	14	47.6	48.7	-2.3	广西	25	13.5	16.8	-19.6
青海	15	4.6	4.7	-2.1	云南	26	36.9	46.3	-20.3
贵州	16	11.8	12.7	-7.1	内蒙古	27	6.5	8.2	-20.7
四川	17	64.6	69.9	-7.6	海南	28	21.5	27.6	-22.1
吉林	18	8.7	9.5	-8.4	湖北	29	19.7	25.3	-22.1
福建	19	47.7	53.8	-11.3	新疆	30	16.1	21.7	-25.8
山西	20	5.9	6.7	-11.9	北京	31	128.8	197.8	-34.9

二、2020 年广东省航空物流发展情况

（一）广东省航空物流发展整体情况

受新冠肺炎疫情的困扰，广东省各行业均受到较大冲击，复苏程度参差不齐。得益于广东地方经济的复苏和强劲增长，到2020年，广州白云机场连续28个月航班放行正常率超过80%，根据中国民航局公布的数据，广州白云国际机场的旅客吞吐量达到4376.8万人次，问鼎全球第一，成为全球最繁忙机场。在全球疫情暴发的特殊情况下，较同年美国亚特兰大机场多80多万人次，不仅打破了亚特兰大机场长达20年来排名全球第一的局面，也意味着广州在建设国际航空枢纽过程中，国内国际双循环的具体成效初显，广东的经济发展韧性凸显。

1. 货邮吞吐量情况

2020年全省机场货邮吞吐量323.9万吨，全省机场平均同比跌幅1.8%，相对于2015年全省机场货邮吞吐量260.1万吨，净增63.8万吨。由于新冠肺炎疫情期间北京首都机场货邮通达能力受限，广州白云机场、深圳宝安机场在全国航空物流枢纽的排名提升，机场货邮吞吐量分别达到第二位和第三位，同样广州、深圳两大机场继续保持着全省重要航空物流枢纽的地位。全国航空货邮吞吐量第一名仍是上海浦东机场，吞吐量超过排名第二的广州白云机场一倍多，广东机场与第一名的差距仍然很大（见表1-6）。

表 1－6　　2020 年我国民航货邮吞吐量前十排名

机场	货邮吞吐量			
	名次	2020 年（万吨）	2019 年（万吨）	同比增速（%）
上海/浦东	1	368.7	363.4	1.5
广州/白云	2	175.9	192.0	-8.4
深圳/宝安	3	139.9	128.3	9.0
北京/首都	4	121.0	195.5	-38.1
杭州/萧山	5	80.2	69.0	16.2
郑州/新郑	6	63.9	52.2	22.4
成都/双流	7	61.9	67.2	-7.9
重庆/江北	8	41.1	41.1	0.0
南京/禄口	9	38.9	37.5	3.7
西安/咸阳	10	37.6	38.2	-1.6

资料来源：中国民航局。

2020 年，广东省内各机场受新冠肺炎疫情影响，客货吞吐量全面下滑，仅深圳宝安机场货邮吞吐量有所增加，惠州平潭机场货邮吞吐量与 2019 年持平（见表 1－7）。疫情对航空运输的影响十分显著，以广州白云机场为例，虽然旅客吞吐量位居全球第一，但不足 2019 年的 60%，降幅达 40.4%，以国际航班为主；佛山和珠海机场的旅客吞吐量都下降超过 40%；佛山机场基本停运货邮。

表 1－7　　2020 年广东省民航机场货邮吞吐量排名

机场	货邮吞吐量			
	名次	2020 年（吨）	2019 年（吨）	同比增速（%）
合计		3238911.7	3297533.4	-1.8
广州/白云	2	1759281.2	1919926.9	-8.4
深圳/宝安	3	1398782.5	1283385.6	9.0
珠海/金湾	45	38357.8	50989.4	-24.8
揭阳/潮汕	47	27661.9	27810.9	-0.5
惠州/平潭	61	8931.6	8915.7	0.2
湛江/吴川	68	5747.1	6062.0	-5.2
梅州/梅县	171	143.9	157.1	-8.4
佛山/沙堤	214	5.7	285.8	-98.0

注：名次指全国机场 2020 年数据的排名。
资料来源：中国民航局。

2. **机场航班起降架次情况**

机场航班起降架次是反映机场运输能力的重要指标。2020 年，广东省民航机场起降架次达到 85.9 万，与 2019 年相比，全省各机场共减少近 21.3 万架次，运力平均下降 19.9%（见表 1-8），对比全国运力平均下降 22.4%，广东省运力好于全国水平。

表 1-8　　2020 年广东省民航机场起降架次排名

机场	起降架次			
	名次	2020 年（架次）	2019 年（架次）	同比增速（%）
合计		858520	1071501	-19.9
广州/白云	1	373421	491249	-24.0
深圳/宝安	3	320348	370180	-13.5
珠海/金湾	45	66450	88989	-25.3
揭阳/潮汕	57	44517	55905	-20.4
惠州/平潭	75	25478	30933	-17.6
湛江/吴川	88	18007	20251	-11.1
梅州/梅县	146	5825	8243	-29.3
佛山/沙堤	164	4474	5751	-22.2

注：名次指在 2020 年全国机场中的排名。

资料来源：中国民航局。

3. **机场建设情况**

2020 年是我国“十三五”规划的收官之年。在“十三五”期间，广东省机场建设取得了优异的成绩，广州白云机场 T2 航站楼投入使用，惠州平潭机场扩容扩建和 4E 级揭阳潮汕机场飞行区扩建项目建成，广州白云机场三期扩建、深圳宝安机场扩建、珠海金湾机场改扩建、湛江吴川机场迁建、韶关丹霞机场军民合用等开工建设，佛山新机场、惠州千万级干线机场扩建等前期工作取得积极进展，全省民用运输机场旅客和货邮吞吐能力提升。

（二）粤港澳大湾区航空物流发展情况

粤港澳大湾区航空物流的参与机场包括香港机场、澳门机场和广东省内 5 个机场，其中旅客吞吐量 1000 万级以上机场 3 个。湾区航空物流运营企业包括国泰、南航等驻地综合航空公司和其他分子公司，顺丰、FedEx、UPS 和 DHL 等国内外货运航空公司和分子公司，以及机场地面专业服务供应商等，是全球航空物流活动非常活跃的地区。

根据民航局发布的《2020 年民航机场生产统计公报》，全国四大机场群完成全年航空货邮运输量的 70% 以上。粤港澳大湾区机场群中珠三角九市完成货邮吞吐量 320.5 万吨，较上年下降 1.8%，排名中国四大机场群第二（见表 1-9）。

表 1－9　　2020 年国内四大机场群航空货邮运输量

机场群	货邮运输量（万吨）	较上年增长（%）
长三角机场群	580.9	2.0
粤港澳大湾区（珠三角九市）机场群	320.5	－1.8
京津冀机场群	156.1	－30.9
成渝机场群	105.3	－4.9

资料来源：中国民航局。

香港机场管理局 2021 年 1 月 15 日公布的香港国际机场 2020 年航空交通数据显示，受新冠肺炎疫情影响，2020 年，香港国际机场完成货邮吞吐量 450 万吨，同比减少 7.0%，但货运量仍位居全球第一。货运航班飞机起降量同比增长 18.3%。香港机场的航空物流长期以来“直达货少、转运货多”，比较依靠珠三角地区的揽货功能。2020 年，货运结构有所改变，其中进口和出口货运量增幅持续强劲，分别同比增长 18%、8%，转口货运量则因客机腹舱的载货容量短缺而显著下降。粤港澳大湾区机场群（珠三角九市、香港、澳门）货邮运输总量远超国内货运量最大的长三角机场群。

三、2021 年广东省航空物流发展展望

（一）加速形成国内外双循环的新发展格局

2021 年，我国经济运行将逐步恢复常态，我国民航整体运输生产将呈现加快复苏态势，但在国外新冠肺炎疫情形势依然严峻，国内疫情局部反弹风险仍然存在的背景下，整体业务量恢复到疫情前水平仍存在较大难度。

加速形成以国内大循环为主体、国内国际双循环相互促进的新发展格局是我国民航 2021 年发展的总基调，也是广东省机场发展的重要方向。面对航空货运运力不足、货运地面设施设备的保障不足、货运市场资源和运营资源整合不足等诸多困难，抓住国际货运市场迅速复苏的机遇，利用粤港澳大湾区对外开放的天然优势，在“十四五”规划的开局之年，广东省航空物流领域有望抓好顶层设计上台阶，加强国际航空货运能力建设和国际货运网络建设，确保货运量恢复至疫前水平的 90%，同步国内航空货运发展速度。

（二）促进以机场群为特征的航空货运协同发展

粤港澳大湾区航空货运集散能力强且对外开放的优势明显，而各机场发展不平衡的特点也非常突出。航空货运的发展需要良好的通关环境、便捷的地面交通、高效的操作流程、丰富的口岸功能资质，以及顺畅的空空、空陆、空铁、空海等多式联运渠道，丰富的航线网络，有竞争力的价格以及与之相配套的土地、税收扶持政策也缺一不可。

以机场群为特征的航空货运协同发展，被认为是航空货运发展的必由之路。大型机场有航线网络的优势，中小型机场有可建立操作流程的便捷优势，协同发展各取所长，是广东地区航空货运“1 +1 >2”的解决途径。通过完善航线网络，2021 年，珠海、揭阳、惠州以及湛江新机场等逐步建设成为区域航空枢纽，提升国内航线通达水平。

（三）加快补齐航空货运基础短板

截至 2020 年 3 月，我国拥有的全货机数量约占我国民航飞机总数的 4. 5%。新冠肺炎疫情期间，中国民航长期以来“重客轻货”的后果凸显。2021 年，国家层面积极弥补航空货运基础设施投入不足，推动建设客货并重的航空枢纽及以货运为主的机场等举措，无疑将成为促进航空物流发展新的增长点。

从广东省内航空货运基础建设而言，优化完善广州白云机场、深圳宝安机场货运设施布局和运行环境，统筹客机腹舱带货和全货机运输发展，成为 2021 年的重点工作之一；推动珠海、揭阳、湛江、惠州等机场提升货运能力，共同编织多层次的航空货运网络，建设空港型国家物流枢纽，继续建设以机场群发展为特征的航空物流运输体系，是 2021 年提升广东省航空货运能力的抓手。

依据民航局要求，2021 年广东省民航企业将围绕促进航空货运发展，从优化机场设施、完善货物运输服务、推动信息互联互通、发展货运中转业务等方面，打造形成自主可控、安全高效的航空物流体系，全面推进航空物流综合保障能力提升试点工作。

（四）探索通用航空货运，发展无人机物流

我国无人机产业发展较快，尤其受新冠肺炎疫情倒逼，在无人机物流方面开展了不同场景的探索。我国正推动大型货运无人机的研发和应用，探索发展大型无人货机在支线机场和通用机场之间的物流服务；加强中小型无人机在交通不便的偏远地区的应用，拓展城乡无人机物流服务；发展城市场景的无人机物流配送网络。

广东省将利用省内无人机生产和应用的优质资源，支持发展无人机物流等新业态航空物流模式，先行先试，拓展无人机、无人车的城市配送应用场景。

2021 年注定是非凡的一年，是国家在国内外环境显著变化下砥砺前行的关键之年，更是“十四五”规划的开局之年。发展和安全是现代化民航强国建设的必然要求，也是广东省航空物流发展的主旋律。2021 年，广东省航空物流将沿着“十四五”规划的方向，做好开局工作。

广东省快递物流发展2020年回顾与2021年展望*

一、2020年广东省快递物流发展总体情况

（一）邮政快递业发展质效稳步提升

2020年，广东省邮政快递业统筹推进新冠肺炎疫情防控和服务经济社会的各项工作，发展质效稳步提升，实现安全平稳健康发展，全省邮政业务总量累计完成5807.8亿元，同比增长31.9%，业务收入累计完成2401.5亿元，同比增长15.8%；快递业务量累计完成220.8亿件，同比增长31.4%，占全国比重达26.5%，快递业务收入累计完成2182.5亿元，同比增长18.1%，占全国比重达24.8%，快递年业务量、业务收入分别首次突破200亿件和2000亿元。广州市、深圳市、揭阳市、东莞市快递业务量位居全国前十，快递第一大省地位得到进一步巩固。

（二）国内异地快递业务量比重提升

2020年，广东省快递服务企业完成业务量中，同城业务量累计完成33.6亿件，同比增长14.7%；异地业务量累计完成176.6亿件，同比增长35.0%；国际/港澳台业务量累计完成10.6亿件，同比增长33.0%。从全省快递业务量结构占比来看，国内同城、国内异地、国际/港澳台快递业务量分别占全省快递业务量的15.2%、80.0%和4.8%，与2019年相比，同城快递业务量的比重下降2.2个百分点；异地快递业务量的比重上升2.2个百分点；国际/港澳台业务量的比重上升0.1个百分点。

（三）快递业务量区域结构进一步优化

2020年，珠三角、粤东、粤西、粤北地区快递业务量比重分别为79.0%、19.4%、1.0%、0.6%，业务收入比重分别为86.2%、11.5%、1.1%、1.1%（因四舍五入加和不等于100%）。与上年同期相比，珠三角地区快递业务量比重下降了4.1个百分点，快递业务收入比重下降了1.9个百分点；粤东地区快递业务量比重上升了4.1个百分点，快递业务收入比重上升了1.8个百分点；粤西地区快递业务量比重上升了0.1个百

* 供稿人：胡文玥，广东省现代物流研究院。

分点，快递业务收入比重持平；粤北地区快递业务量比重下降了0.1个百分点，快递业务收入比重持平。2020年广东省各地市快递行业发展情况如表1－10所示。

表1－10　　2020年广东省各地市快递行业发展情况

地区	快递业务量			快递业务收入		
	本年累计（万件）	排名	同比增长（%）	本年累计（万元）	排名	同比增长（%）
广州市	761578.08	1	19.99	6940744.24	1	9.22
深圳市	537243.13	2	27.41	6572042.45	2	17.07
珠海市	12400.72	12	15.11	199974.32	10	19.95
汕头市	142129.22	5	69.58	829269.55	6	56.54
佛山市	95458.22	6	38.12	1222686.60	5	29.52
韶关市	2286.35	20	13.07	40135.71	20	19.32
河源市	2552.98	19	29.69	51868.14	19	24.09
梅州市	4391.21	17	4.64	64640.51	17	15.08
惠州市	38722.28	9	18.87	428496.66	8	13.36
汕尾市	7803.62	14	31.21	82356.41	14	23.16
东莞市	211687.31	4	29.86	2501700.09	3	20.59
中山市	60996.25	7	36.97	645544.37	7	34.18
江门市	12678.36	11	28.32	180280.46	11	20.18
阳江市	11207.10	13	78.46	78589.56	16	15.04
湛江市	5502.88	15	16.80	79357.78	15	14.55
茂名市	5208.48	16	36.33	82570.65	13	42.15
肇庆市	12760.84	10	28.33	128018.37	12	1.50
清远市	3471.25	18	12.97	62348.92	18	22.79
潮州市	44387.24	8	96.06	227515.44	9	49.85
揭阳市	234698.06	3	61.76	1379514.57	4	32.43
云浮市	1015.94	21	17.98	27283.50	21	26.58
广东省	2208179.52	—	31.39	21824938.30	—	18.11

（四）邮政服务产业链进一步延伸

2020年，广东省邮政更加注重行业的畅通循环作用，继续深化产业链开发，推动跨专业协同发展，将服务范围融入社会生产、流通、分配、消费各环节，以物流带动商品流、生产流，推动产业互联网发展，探索快递业发展新格局，如广州邮政积极探索政务、汽车、医疗、种养、教育、服装、电商、公交八大广州地区强势产业链开发，强化产业链开发组织，同时注重内部板块协同和外部上下游融合推动，找准产业切入点，推动产业链开发模式相关配套机制的建设，创建差异化特色。2020 年 6 月，广东邮政与广药集团正式签订战略合作协议，发挥各自的专业能力优势，在寄递、物流、仓储、金融、集邮等众多业务领域合作更加深入。

（五）邮政快递业公共服务能力不断提升

"十三五"时期，全省邮政快递业改革发展迈上了新的台阶，行业服务质量不断提升，治理体系和治理能力持续优化，服务经济社会发展作用不断增强，快递业务量、快递业务收入稳居全国首位，已经成为全国最具活力的寄递市场，包裹快递量超过了美国等发达国家，对全国增长贡献率近 30%，邮政快递第一大省地位得到了进一步巩固。2020 年，围绕服务粤港澳大湾区、深圳先行示范区"双区驱动"，广州、深圳"双城联动"和"一核一带一区"建设，广东省邮政快递业采取一系列行之有效的举措，"两进一出"工程、三大攻坚战等重点工作扎实推进，取得显著成效，新增社会就业 2.4 万人，承载超过 4.6 万亿元商品货值流通，有力支撑了"广货网上行""广货全球行"和全国邮政业总体规模的持续增长，为全国邮政快递业高质量发展和广东"六稳""六保"工作作出了积极贡献。

（六）"两进一出"工程取得阶段性成果

2020 年，国家邮政局在浙江、江西、广东、重庆开展"两进一出"综合试点（"快递进村""快递进厂""快递出海"），要求试点省（市）为全国提供服务模式和样板，发挥示范引领作用。作为试点省市之一，广东省成立了专项领导机构和工作专班，加强上下沟通对接，强化跨部门协同。广东省邮政管理局会同相关省直部门就快递业"两进一出"工程的目标任务、具体措施、实施步骤、政策保障等进行研究并提出意见，在充分沟通论证的基础上，牵头起草了开展快递业"两进一出"工程试点有关政策文件。进一步明确试点工作思路和方式，即在珠三角城市全面推进"两进一出"工程，广州、深圳、佛山、东莞侧重推进"快递进厂""快递出海"，珠海、汕头、江门、中山、湛江、揭阳侧重推进"快递出海"，粤东西北的山区城市侧重推进"快递进村"，分区分类试点探索不同模式。同年，广东省邮政管理局出台《广东省"快递进村"三年行动方案（2020—2022 年）》，明确"快递进村"路线图，鼓励邮政快递企业"抱团进村"，主动融入地方经济发展，实现快递与现代农业、先进制造业融合发展。

（七）邮政快递业服务乡村振兴战略成效显著

广东省邮政持续发挥多板块的协同优势，抓住商流、物流、资金流"三流合一"的优势，为处于农村的新型农业经营主体解决"融资难""销售难""物流难"等问题。快递企业不断完善升级生鲜配送方案，通过全程冷链、多式联运、区块链溯源、包装创新等方式，不断提升牛羊肉、冷水鱼、杨梅、樱桃、荔枝等特色农产品服务能力，农产品快递业务量增长明显，为脱贫攻坚、特色农业发展和制造业转型升级作出了积极贡献。在国家邮政局公布的60个“2020年快递服务现代农业金牌项目”中，广东省茂名荔枝、梅州金柚项目入围。以梅州金柚为例，梅州快递业主要品牌精准对接现代农业需求，不断优化服务模式，确保农产品卖得出、供得上、运得优，快递费用普遍下降10%以上，其中邮政、京广快递费下降幅度达20%，京东下降11%。仅蜜柚旺季，梅州市快递业共为柚农节省物流费用约1200万元，实现“柚果省内流通次日达”比率达到80%。据统计，2020年，梅州柚寄递业务量突破千万件、承载重量超17万吨，快递服务梅州柚总产值13.6亿元，助力贫困农户增收3600万元。

二、广东省快递物流发展存在的主要问题

（一）邮政快递业发展不平衡

近年来，广东省邮政业特别是快递业发展快、变化大、赋能强，但由于行业发展跨度较大，市场刚性需求较强，各方面政策供给和生产要素供给未能及时跟上，在城乡之间、珠三角与粤东西北区域之间、各业务板块之间普遍存在发展不协调、不平衡问题。快递企业总部、枢纽与末端服务网点的运输服务能力差异较大，末端服务水平和质量仍然有待提高。

（二）快递业竞争加剧

由于市场高度重合，业务趋同和服务同质化，不正当竞争现象频现，快递行业加速“内卷”。近年来快递行业利润持续挤压，快递价格与成本倒挂的情况普遍存在，并且随着更多资本入局，如极兔快递、京东旗下众邮快递、顺丰旗下丰网速运三家新加盟制快递加入，将继续搅动市场的价格，激烈的价格战暂未看到缓和的迹象，导致快递行业陷入了生存危机，基层快递网点倒闭、退出的情况频现，网点波动频繁、快递从业者收入下降、服务时效受损等问题频发。

（三）快递物流企业国际寄递体系尚不健全

国际物流因为复杂性、跨国性等特征对快递物流企业提出了更多、更高、更专业的要求。目前，广东省快递企业的国际化水平非常有限，存在着国际网络不健全、服务能力不适应、产品体系不完善等问题。相对于国际上的先进快递企业，广东省快递企业的国际业务份额低、起步较晚，在海外运营规模小，如2020年广东省快递服务企业的国际/港澳台快递业务量仅占全部业务量的4.8%，国内市场与国际市场之间存在失衡，广东作为快递大省，距离快递强省还有一定差距。

（四）邮政快递行业安全生产基础相对薄弱

邮政快递行业安全生产基础薄弱主要体现在从业人员安全生产的意识较淡，相关企业安全生产的操作还不够规范，特别是末端网点风险日益凸显，如寄递普遍存在实名制收寄执行不严格、收件验视不到位、专业检测仪器不足、智能快递柜寄件存在漏洞、新业态领域存在监管盲区、国际寄递能力欠缺、配送车辆使用不规范等问题，需要进一步强化行业安全生产工作。

（五）快递物流智能化水平有待提升

快递物流涉及多种类的海量产品运输，参与主体涉及生产企业、贸易企业、物流企业、消费者等，涉及环节包括揽件、分拣、运输、仓储、派送等，若想实现智慧快递物流，需要打造高效率全面的智能化快递物流体系。虽然目前广东省快递物流行业中的领先企业在智能化方面已经取得了一定成绩，智能快递箱、自动化分拣系统、拣选机器人、快递无人机等已经初步得到应用，但就行业整体水平而言，受制于基础数据不完善、部分快递企业投资较少且对应领域有限等因素，无法产生大范围的生产率溢出效应，快递物流产业仍处于智慧化转型的起步阶段。

三、促进广东省快递物流发展的措施建议

（一）科学规划“十四五”期间发展任务

面对新阶段、新形势、新任务、新挑战，需要准确把握广东“双区驱动”“双城联动”和“一核一带一区”的发展规划，在打造新发展格局战略支点中找准邮政快递业的发展定位，认真谋划好“十四五”时期乃至之后十年的工作，做好与地方总体规划和重点专项规划的衔接，提升规划编制科学化水平，增强工作前瞻性和主动性，以“两进一出”工程为抓手，加强行业基础设施和基础能力建设，强化人才支撑保障，推动广东省邮政快递业实现高质量发展。

（二）完善高质量的邮政业民生服务体系

一是准确把握邮政业公益性、基础性、商业性的多重属性，强化邮政快递网络基础设施的布局统筹。形成支持农村和边远地区发展的长效机制，创新邮政公共服务提供方式，支持社会力量增加公共服务供给。二是完善农产品供应链体系，发展本地化物流，支持鼓励中大型快递物流企业与本地企业联合发展镇村级农村物流网络体系，整合村级各类服务站点，推动物流服务和农村生活综合服务中心、益农服务站等功能融合，畅通农产品上行通道，因地制宜加快推进“快递进村”。三是完善快递行业创业就业政策，支持围绕“互联网 + 服务业 + 寄递”创新创业，发挥行业优势，鼓励围绕

邮政快递返乡创业就业，推广“寄递＋农村电商＋农特产品＋农户”产业扶贫模式。

（三）完善高效能的邮政业国际寄递体系

通过推动邮政快递业主动融入广东开放“大平台”、经贸“大网络”、湾区“大市场”，更加有力促进跨境寄递业务高质量发展。一是用好国际快递业务（代理）许可审批权限，加强与海关、商务等部门的协作，促进优化国际邮件互换局布局和国际快件监管中心建设。二是强化资源整合，加强与港澳邮政快递业交流合作，在服务好国内市场的前提下，将国内战略布局作为优势，再进行跨境业务的延伸拓展，培育更具竞争力的国际寄递企业，主动参与经济全球化的进程。三是扩大广东省邮政行业高水平对外开放，打造更多的跨境寄递通道平台，全面融入广东省自由贸易试验区、跨境电商综合试验区、综合保税区等开放前沿实践。

（四）完善多方位的邮政业安全生产体系

重视邮政业安全生产工作，确保行业稳定发展。一是加强安全生产基础建设，做好安全生产专项整治三年行动有关工作，抓好安全生产规范化建设，严格落实安全培训制度和安全宣教引导工作，大力提升从业人员安全意识和行为自觉性。二是持续推进快递末端车辆规范化管理，联合属地交警开展专项整治行动，着力规范行业末端服务车辆上路通行管理，建立健全工作机制，继续深化行业末端服务车辆通行信息化管理建设。三是深化寄递安全综合治理，强化落实“三项制度”，规范协议用户管理，加快推进安检机联网应用和重点部位、关键环节智能安检设备应用，持续开展禁寄物品的寄递管控。四是强化行业应急管理能力体系建设，加强预警预测和指挥调度，提升风险研判和应急处置能力，稳步推进行业应急管理体系建设，强化应急救援队伍建设。

（五）加快推进快递物流企业智能化转型升级

以加快建立快递物流数据采集和交换共享机制为先手，加快推动快递物流企业的基础设施数字化转型，加大智能设备配置力度，推进行业、企业以共性技术为突破，通过联合攻关的方式解决行业人工智能发展的关键共性技术和工程难题，加强科技成果转化。以人才和法律法规为保障，充分发挥企业作为技术创新决策、研发投入、科研组织和成果转化的主体作用，培育一批核心技术能力突出、集成创新能力强的创新型领军企业和复合型高端人才。

广东省冷链物流发展2020年回顾与2021年展望*

一、2020年广东省冷链物流发展总体情况

（一）冷链物流市场需求旺盛

一是农产品产业对冷链物流需求巨大。2020年，广东蔬菜产量3706.46万吨，同比增长5.1%；园林水果产量1757.52万吨，同比增长6.9%。全年猪牛羊禽肉产量393.82万吨，占全国总产量的5.2%；其中，禽肉产量195.27万吨，同比增长10.8%，占全国总产量8.3%；年末生猪存栏1767.27万头，同比增长32.5%。全年水产品产量880.32万吨，比上年增长1.6%，占全国总产量13.5%，其中，淡水产品427.02万吨，同比增长3.9%。广东省丰富多样的农产品为冷链产业的发展奠定了坚实基础，同时冷链物流有效保障了民生和畅通全球的生鲜食品流通，提升农产品质量。按果蔬、肉类、水产品来区分，冷链流通率分别在20%、30%、35%左右，全省农产品冷链物流市场规模约1500万吨。二是居民消费升级提高了对冷链物流的需求。2020年，广东实现地区生产总值110760.94亿元，比上年增长2.3%。全年全省居民人均可支配收入41029元，是全国居民人均可支配收入的1.3倍，比上年增长5.2%。在限额以上批发和零售业商品零售额中，粮油、食品、饮料、烟酒类比上年增长8.0%。随着经济的发展和居民生活水平的提高，生鲜电商、社区团购、网红带货等成为新消费的主战场，冷链物流随着新消费的升级将会得到进一步的发展助力。

（二）行业政策环境不断优化

2020年，由于新冠肺炎疫情等一系列突发事件的影响，政府对于冷链物流发展的重视程度不断加深，出台了一系列政策措施支持冷链物流行业的发展。2020年4月，广东省发展和改革委员会等部门印发的《广东省关于促进农村消费的若干措施》指出，要大力推动农村冷链物流补短板建设，支持打造广东供销公共型农产品冷链物流基础设施骨干网。支持符合规定的冷链物流项目申报地方政府专项债。2020年6月，广东省政府批准同意《广东供销公共型农产品冷链物流基础设施骨干网建设总体方案》并

---

* 供稿人：刘瑞瑞，广东省现代物流研究院。

召开骨干网建设工作会议，要求各市县党委政府和有关部门要充分认识到冷链物流骨干网是中央和省委、省政府的重要决策部署，围绕广东特色优势农产品，贯通重要农产品产地预冷、冷链运输、销区冷储、冷链配送等环节，推进农产品出村进城，保障重要农产品有效供给，引领带动农产品冷链物流高质量发展的主干力量。《农业农村部广东省人民政府共同推进广东乡村振兴战略实施2020年度工作要点》文件指出，建设农产品仓储保鲜冷链物流等设施，推进广东供销公共型农产品冷链物流基础设施骨干网建设。

（三）项目投资力度不断加码

随着国家乡村振兴等发展战略的实施，冷链物流产业发展越来越受到重视，2020年以来，冷链物流项目的投资力度加大。广东省财政厅发布了《广东省财政厅关于下达2020年城乡冷链和国家物流枢纽建设项目第一批中央基建投资预算（拨款）的通知》，下达给广州市2020年城乡冷链和国家物流枢纽建设项目第一批中央基建投资2500万元的资金支持。《广东供销公共型农产品冷链物流基础设施骨干网建设总体方案》提出，到2022年，骨干网运营管理的冷库容量达到160万吨左右，新增冷藏车2000辆以上、移动预冷装置1000台以上；按照建设总体规划，冷链物流基础设施骨干网在3年内将完成总投资170亿元。2020年6月广州南沙国际冷链项目建成，计划于2021年年初投产；项目规划投资35亿元、建设仓容46万吨，是全国最大临港冷链仓库群及综合性冷链物流分拨基地，建成后将深度辐射华南、珠三角地区及粤港澳大湾区城市群，打造以南沙国际物流中心为“冷链母港”的全链条冷链物流格局。

（四）行业标准化建设逐步完善

新冠肺炎疫情促使冷链物流规范发展，冷链物流市场监管趋严，标准化体系建设逐步完善。国务院、海关总署、交通运输部先后针对进口冷链食品出台多项法规和指南要求，搭建全国进口冷链食品追溯监管平台。2020年9月11日，国家卫生健康委员会和国家市场监督管理总局联合发布《食品安全国家标准 食品冷链物流卫生规范》，规范食品冷链流程以及相关人员卫生等，这是目前我国食品冷链物流领域首个强制性国家标准。广州“建码”全链条监管冷链食品，不断加强对进口冷链食品的风险防控，对494个进口冷冻肉制品、水产品市场完成“建码”，全市储存进口冷冻食品的冷库上报率已达100%，已登录系统冷库867个，上报入库单数13618条、出库单数21513条。

（五）技术赋能推动效率提升

随着互联网、大数据、区块链等技术在冷链物流行业的应用，冷链物流行业发展效率不断提升。技术赋能冷链物流全链条的趋势进一步显著，冷链物流已经逐渐向智能化、科技化、自动化方向转型升级，多数冷链物流企业也越来越重视对冷链技术的资金投入。苏宁冷链在温控、保鲜、包装、运输、仓储、配送等各个环节加入新科技、新理念，体现了无人化、自动化的产业布局优势，有效降低经营成本，扩大盈利空间。同时，随着消费升级，终端消费者对产品提出了更高的要求，这将进一步推动冷链物流全环节运作升级。而冷链技术的应用，将在加快货品周转效率、增强全链监控追溯能力、提升物流活性、优化供应链结构、减低全链成本方面发挥巨大作用。

二、广东省冷链物流发展存在的主要问题

（一）冷链物流供需结构不平衡

随着消费结构升级和消费模式的创新，叠加新冠肺炎疫情防控所需，以及生鲜电商、新零售、新餐饮等新业态推动，冷链物流市场需求不断增加。但冷链物流供给水平与市场需求不平衡问题较为突出，根据中国供销合作网发布的《关于广东农产品冷链物流发展的专题调研报告》数据，广东省冷库总容量仅有 560 万吨，从冷库类型来看，低温库所占比率较高，保鲜库较少；肉类冷库较多，果蔬类冷库较少；存储型冷库多，大型现代化仓配一体化冷库少。冷链物流偏于销地，珠三角地区冷链相对发达；粤东西北地区发展落后，冷库资源少，专业从事第三方冷链物流的企业较少。根据中国供销合作网数据，广州、深圳、佛山的冷库容量共 205 万吨，约占全省库容量的 36.6%，而大型专业冷链物流企业也集中在这三个地市。虽然各级政府高度重视冷链流通体系的建设，但运用市场化手段推动的冷链物流骨干网络还未形成，冷链体系层次不分明，上下游延伸覆盖面不够等问题制约着冷链物流行业的发展。

（二）与现代农业、现代服务业的要求仍有较大的差距

近年来，在相关政策的支持和相关产业带动下，广东省冷链物流业有了较快的发展，但仍处于起步阶段，存在总体规模小、专业化水平低、信息化水平不高等短板，与现代农业、现代服务业的要求有较大的差距，主要体现在以下三个方面。一是农产品冷链运输体系尚未形成。大部分生鲜农产品仍处于常温状态下流通。据统计，目前约有 90% 的肉类、80% 的水产品、大部分果蔬、部分奶制品均未得到冷链保障。二是基础设施总体比较落后，专用装备较为缺乏，特殊专业冷库数量不足，装卸设备不配套。三是技术和管理水平相对薄弱，相当一部分冷链物流企业信息化投入少、应用水平低，管理模式粗放，无法做到精细化、智能化管理，冷链物流的质量和效率低。

（三）冷链物流产业链缺乏核心企业带动

目前，大部分地区冷链物流市场的集中程度较低，同质竞争严重，冷链物流系统中缺乏具有强大市场领导力量的核心企业。企业实力不足，缺少资金和动力发展冷链，

从而难以带动上下游经营主体进入可靠的冷链物流产业链，缺乏对整个行业的资源进行把控及应用的能力，没有发挥出冷链市场的规模效应。由此，冷链物流产业链的集中度不能得到有效提高，且市场分散、冷链运输体系不完备导致冷链物流行业的运行效率低下。

三、促进广东省冷链物流发展的措施建议

（一）提升冷链物流供给水平

加快冷链基础设施建设，按照公共型、基础性要求，结合特色农产品和农产品物流关键节点，投资布局大型现代化仓配一体化冷库设施，建设枢纽性区域中心仓，提高大宗农产品标准化冷链仓储保鲜能力。同时推动主要农产品全产业链标准化生产、加工、流通、配送，培育区域性优势农产品产销综合体，实行按标生产、按标流通，创新农产品分选、包装、贮藏等加工流通技术设备，提升农产品分选和初深加工、品牌运营水平，加快形成农产品供应链。

（二）加快冷链物流网络建设

加快冷链物流网络建设，扩大骨干网络覆盖面。合理规划冷链物流网络的区位和功能布局，延伸冷链物流上下游覆盖面，尤其是推动网络向基层末梢延伸覆盖。布局不同类型、规模、性质的冷链骨干体系，要考虑冷链两端末梢需求，完善冷链网络的“毛细血管”建设。同时要加大对冷链物流行业的政策支持，考虑到冷链物流网络建设的公益性，需让渡部分市场利益。支持解决项目建设用地，特别是田头冷链物流设施建设，支持运用氢能源、电能源冷链配送车等。

（三）规划建设生鲜冷链速配平台

生鲜电商是近几年异军突起的冷链细分领域之一，未来还将保持蓬勃发展态势。建议在全省规划建设一批生鲜冷链速配平台，以公共型冷链物流基地、批发市场冷库等为载体，以服务城区终端消费群体为目标，建立线上交易、线下体验、流通加工、分拨配送、金融支持等一体化的集约式冷链配送模式，满足区域内零售网点、餐馆饭店、机关企事业单位的消费需求。

（四）积极培育大型专业化冷链物流企业

加强精准招商，引进国内外知名冷链物流企业和具有整合冷链资源能力的大型企业，加快培育以现代数字技术为支撑，连接主要产销地的跨区域生鲜供应链龙头企业。同时支持本地冷链企业做大做强，增强冷链竞争能力。

（五）提升冷链人才供给能力

一是加强高端人才引进。利用广东省人才政策，加大力度引进具有国际供应链管理经验的供应链采购、仓储、物流运输、金融服务等高端人才，加快融入全球供应链管理体系，推动冷链物流上下游链条的贯通。二是完善冷链人才教育体系。以高校为依托，建立冷链物流技术研究与应用人才培养体系，推进职业院校冷链物流专业群建设，促进冷链物流专业教育错位发展，形成分类合理的职业人才培养体系。三是加强冷链供应链管理应用培训。相关部门及行业协会共同研究制订供应链高端管理人才培训方案，重点培训冷链基本知识、操作规程和流程，提升供应链采购、供应链物流和供应链金融等管理能力。

广东省农村物流发展 2020 年回顾与 2021 年展望*

一、2020 年广东省农村物流发展总体情况

（一）农村物流产业基础良好

农村物流的发展推动农副产品上行，全省丰富的农副产品资源和产业基础也是农村物流发展的产业基础。2020 年，全省粮食作物播种面积 3307.03 万亩，比上年增长 2.0%；糖蔗种植面积 205.18 万亩，同比下降 7.0%；油料种植面积 532.93 万亩，同比增长 2.0%；蔬菜种植面积 2045.35 万亩，同比增长 3.3%；中草药种植面积 79.57 万亩，同比增长 8.7%。全年粮食产量 1267.56 万吨，比上年增长 2.2%；糖蔗产量 1176.25 万吨，同比下降 5.3%；油料产量 113.52 万吨，同比增长 3.0%；蔬菜产量 3706.46 万吨，同比增长 5.1%；园林水果产量 1757.52 万吨，同比增长 6.9%；茶叶产量 12.82 万吨，同比增长 15.7%。全年猪牛羊禽肉产量 393.82 万吨，比上年下降 2.6%。其中，猪肉产量 192.42 万吨，同比下降 13.3%；禽肉产量 195.27 万吨，同比增长 10.8%。全年水产品产量 880.32 万吨，比上年增长 1.6%，其中，海水产品 453.29 万吨，同比下降 0.5%；淡水产品 427.02 万吨，同比增长 3.9%。

（二）基础设施建设推进农村物流发展

农村公路的建设优化了物流车辆的通行环境，提高了农村物流的运输效率；村级公共服务中心的建设融合了物流快递服务功能，提升了农村物流的服务水平。2020 年，乡村振兴战略加速推进，农村面貌正在发生显著变化。落实五级书记抓乡村振兴，实施“头雁工程”，加大投入力度，“3 年取得重大进展”目标全面实现。大力开展“千村示范、万村整治”，人居环境明显改善。加快补齐基础设施短板，村级公共服务中心、集中供水、无害化户厕、垃圾收运处理体系实现全覆盖，新建改建“四好农村路”6.3 万公里，率先实现 20 户以上自然村全部通百兆光纤。

---

* 供稿人：张艳平，广东亚太经济指数研究中心。

（三）农村新型经营主体持续壮大

富民兴村产业加快发展，形成一批岭南特色优势农产品基地，创建14个国家级、161个省级现代农业产业园。各类农业新型经营主体蓬勃发展，形成67家国家级农业龙头企业。2020年，新增省重点农业龙头企业174家，省重点农业龙头企业共1183家，新增省级示范家庭农场251家，全省依法登记注册农民合作社数量达5.1万家。广大农村呈现良好发展态势。

（四）农村电商规模化发展

近年，随着农村物流的不断发展，农村快递网络覆盖面不断扩大，目前已实现全省快递物流网点乡镇全覆盖，快递物流网络的发展与农村电商的发展相辅相成。阿里研究院发布的《1%的改变——2020中国淘宝村研究报告》数据显示，截至2020年9月，全国28个省（自治区、直辖市）共发现5425个淘宝村，较2019年增加1115个，广东省淘宝村数量排名全国第二，达到1025个，其中，交易规模超过1亿元的淘宝村有234个。亿元交易规模淘宝村的大量出现，反映淘宝村近年来朝着产业化和集约化的方向发展。广东省淘宝镇数量达到225个，排名全国第三，其中，交易规模在3亿元以上的淘宝镇数量达到119个，排名全国第二。

（五）农村消费升级带动农村物流

随着农村居民人均可支配收入的增长，农村地区消费能力不断升级，进而带动农村物流的发展。2020年，全省居民人均可支配收入41029元，比上年增长5.2%。其中，农村居民人均可支配收入20143元，同比增长7.0%；全省居民人均消费支出28492元，比上年下降1.7%，其中，农村居民人均消费支出17132元，同比增长1.1%。全省居民恩格尔系数为33.8%，比上年上升1.5个百分点；其中城镇为32.2%，农村为40.8%。全省居民人均住房建筑面积40.89平方米，其中城镇为37.35平方米，农村为48.92平方米。

（六）政策环境持续优化

2020年4月，广东省发展和改革委员会等部门联合印发的《广东省关于促进农村消费的若干措施》文件指出，大力推动农村冷链物流补短板建设，支持打造广东供销公共型农产品冷链物流基础设施骨干网。2020年5月，广东省委办公厅、省政府办公厅印发《广东省贯彻落实〈数字乡村发展战略纲要〉的实施意见》提出，培育形成一批特色农村电商典型企业，基本形成乡村智慧物流配送体系。推动农村物流配送体系规模化、专业化、信息化。深化电子商务进农村综合示范，完善农村电商公共服务体系，持续助力农村产品上行。2020年6月，广东省政府批准了《广东供销公共型农产品冷链物流基础设施骨干网建设总体方案》并召开骨干网建设工作会议，要求推进农产品出村进城，保障重要农产品有效供给，引领带动农产品冷链物流高质量发展的主干力量。《农业农村部 广东省人民政府共同推进广东乡村振兴战略实施2020年度工作要点》文件指出，建设物流配送中心、专业批发市场、农产品仓储保鲜冷链物流、稻谷烘干机械化等设施和一批直接服务农户、新型农业经营主体的田头市场，推进广东供销公共型农产品冷链物流基础设施骨干网建设。

二、广东省农村物流发展存在的问题

（一）冷链物流制约生鲜农产品上行

从农产品冷链产品结构来看，主要分为水果、蔬菜、肉类和水产品四大类。根据中物联冷链委数据，当前我国果蔬、肉类、水产品的冷藏运输率分别为35%、57%、69%，而发达国家平均冷藏运输率高达90%以上。目前，广东省多数地区农产品产地缺乏规范的冷链企业、冷链运输“断链”问题突出、运输高损耗等，造成生鲜农产品冷链物流服务水平普遍低于发达国家，生鲜农产品上行困难重重。

（二）部分地区农村物流阻碍农村电商的发展

广东省部分地区农村物流由于基础薄弱、产业链条长、中间环节多，长期处于粗放式发展。加上交通运输、农业、供销、邮政等各部门间政策缺乏协同机制，尚未整合形成合力，导致农村物流资源整合利用不足，流通效率不高，物流成本居高不下。传统农村物流的灵活性和时效性不足，已经不适应农村电商，特别是生鲜农产品电商快速、即时的配送需求，成为发展农村电商的短板和痛点。

（三）农村快递业务量小而分散

农村地区快递业务量大部分来自农村电商销售产品和农村居民网购产品的配送。当前政府大力推动快递下乡，农村快递市场也有发展潜力，但由于农村快递用户地址分散，快递配送不方便，且目前主要网购人群为45岁以下的农村居民，购买频次不高，同时，大部分农村居民尚未形成网购的消费习惯也导致快递业务量上不去。因此，当前农村的快递业务量并不大。农村快递季节性较强。农村快递最多的时候是暑假、寒假、春节前后以及大促销，平日都是淡季；电商网站的促销活动除了“双11”“双12”对人们影响比较大之外，其他的促销活动农村居民并不很感兴趣。另外，大部分农村地区农村电商发展较慢，也导致农村快递业务规模上不来。

（四）部分地区农村物流生产组织水平仍然较低

部分地区农村物流主体基本上是分散的农户、不完善的合作组织和数量少、规模小的龙头企业，层次低、离散性高、联合性差、组织化程度低、设备设施差、技术条件落后、各自为政、缺乏竞争力，农村物流渠道缺乏整合。

三、促进广东省农村物流发展的措施建议

（一）推进农产品冷链物流发展

优化全省冷链物流网络布局，加强粤东西北地区农产品主产区预冷库、重要物流节点冷链仓储设施建设。改善冷链运输车辆装备配置，推广具有多温区功能的冷链运输车辆以及移动式冷柜、便携式冷藏箱等末端冷链设备，推动农产品全程冷链物流发展。鼓励建设低耗节能型冷库，提高农产品产地预冷、保鲜加工与包装技术水平。以建设冷链物流骨干网为契机，继续整合电商、冷链等企业资源，优化供应链，畅通主渠道，推动生鲜农副产品的上行。

（二）推动农村物流模式创新

鼓励探索农商互联模式，推进产供销一体化发展。支持专业大户、家庭农场、农民合作社、农业龙头企业开展规模化经营，推动开展标准化、精准化生产。探索产销对接模式，推动发展长期稳定的合作关系。整合村级各类服务站点，推动物流服务和农村生活综合服务中心、益农服务站等功能融合，保障物流末端的可持续经营。探索定时、定点、定线配送模式，鼓励大型电子商务、快递物流企业与本地中小商贸流通、物流企业进行商业合作，整合线路网点，实现定时、定点、定线统一配送。

（三）提升农村电商物流服务水平

整合商贸物流快递资源，开展共同配送，在区域节点建设仓储物流中心，提升物流信息化水平，发展智慧物流，提高配送时效，形成“布局合理、双向高效、种类丰富、服务便利”的农村电商物流服务体系。因地制宜，探索本地电商物流发展新模式。同时，做好相关标准的制定和应用推广工作，促进流通标准化、包装标准化、绿色化和循环利用。搭建县乡村三级电商物流信息管理系统，实现信息共享。推进实现“工业品下行、农产品上行”的双向信息化物流，实现农村智慧物流。

（四）加强农村物流协调管理

加强各部门物流职能的统筹整合，建立由商务、发改、交通运输、财政、自然资源、农业农村、供销、邮政等部门共同参与的农村物流工作协调机制，形成工作合力，加强对农村物流相关规划制定、物流园区建设、重大项目建设、资金运用等方面工作的统筹协调，打破部门壁垒，推进信息共享，提升农村物流管理效果。

广东省跨境物流发展 2020 年回顾与 2021 年展望*

一、2020 年广东省跨境物流发展总体情况

（一）总体规模快速增长

由于 2020 年跨境电商业态抵御新冠肺炎疫情风险能力突出，带动跨境物流发展取得新突破。跨境电商进出口规模高速增长，据海关数据，2020 年 1—10 月，广东省跨境电商进出口同比大幅增长 25.1%；2020 年全省保税物流进出口额达 1.1 万亿元，同比增长 6.4%。跨境物流规模快速增长，据广东省统计局数据，2020 年全省民航货物周转量同比增长 3.5%；港口货物吞吐量同比增长 5.4%，增幅比前三个季度提高 1.7 个百分点，其中外贸货物吞吐量同比增长 2.9%。港口集装箱吞吐量同比增长 0.3%，增速实现由负转正。此外，截至 2020 年 12 月，在广东 7 个直属海关关区中，有 3 个已开展跨境电商 B2B 出口试点。

（二）跨境企业积极布局海外仓

海外仓作为跨境物流的重要基础设施，能够提前将货物运至销售市场所在地进行仓储、分拣、包装、配送，有助于降低疫情期间人员接触、货物滞留海关的风险，因此企业纷纷加快了海外仓的建设步伐。2020 年，全国跨境电商海外仓超过 1800 个，同比增长超过 80%，面积超过了 1200 万平方米。截至 2020 年年底，广东省内已有深圳市易可达科技有限公司（美国新泽西州仓）、深圳市易达云科技有限公司（美国洛杉矶仓）、深圳市飞鸟国际跨境电商综合服务有限公司（英国曼彻斯特仓）3 个省级公共海外仓和广东高捷航运物流有限公司香港仓，依托信息化系统管理，帮助外贸经营主体完成国内集货、出口退税、国际运输和清关、海外仓储管理及目的国（地区）配送的全程跨境物流。

（三）跨境电商中欧班列创新发展

2020 年，广东省首设跨境电商中欧班列，班列经新疆阿拉山口口岸出境，预计

---

* 供稿人：李玉玲，广东亚太经济指数研究中心。

16 天抵达匈牙利布达佩斯，货物清关完毕后将被分拨至欧洲各个国家。“湾区号”跨境电商中欧班列采用“9610”申报模式，实现跨境电商货物以清单推送方式申报，简化了海关编码、减少了资料需求，提高了通关时效、降低了企业通关成本，有效地推动了企业跨境电商业务的发展。自 2020 年 8 月首趟发车以来，“湾区号”中欧班列市场需求十分旺盛，目前已实现至德国及匈牙利的两条线路常态化运行。2020 年，广东开行中欧班列 262 趟，其中，广州、深圳和东莞均已开通，“铁 - 公 - 水”跨境联运国际物流大通道已成功打通，通过中欧班列，货物可从中亚运至广州后再转运到东南亚。

（四）跨境物流发展载体不断增加

综合保税区、跨境电商综合试验区、跨境电商产业园等都是跨境物流运输发展的重要载体，在后疫情时代，跨境电商综合试验区、产业园区对于进一步拓展企业的订单来源、跨境电商物流运输等都起到明显的促进作用。2020 年，汕头综合保税区、广州黄埔综合保税区、深圳坪山综合保税区、梅州综合保税区、广州南沙综合保税区、湛江综合保税区 6 个综合保税区先后获国务院批准设立，其中，梅州综合保税区是广东首个内陆型综合保税区。截至 2020 年年底，广东共有 16 个海关特殊监管区域（位居全国第二），其中 11 个为综合保税区（位居全国第三）。2020 年，广东省新增梅州、惠州、中山、江门、湛江、茂名、肇庆 7 个跨境电子商务综合试验区，至此，全省跨境电子商务综合试验区总数增至 13 个，位居全国第一。据海关总署广东分署统计，2020 年，广东综合保税区和其他类型特殊区域进出口总额 8486.2 亿元，占全省的 12.0%，同比增长 5.0%。

（五）通关环境持续优化

跨境物流的通关环境得到优化，广东省内多个口岸已试点进口“船边直提”和出口“抵港直装”，提出“无感通关”模式。进口“船边直提”模式下，进口集装箱从卸船到出闸的时间，由原先通关时间 4 ~ 6 小时缩减至 5 ~ 8 分钟；出口“抵港直装”模式下，出口货物可从工厂到码头直接上船出口。深圳海关搭建了物流企业一对一平台，同时与深圳机场、中国邮政集团公司、顺丰速运、UPS 公司等物流企业建立协调平台，及时充分掌握物流企业运力情况及通关保障诉求，构建有效的协作机制。此外，建立 1 小时内审单、1 小时内查验、4 小时内整体通关的“1 + 1 + 4”工作时限机制，利用“视频连线 + 实时沟通”方式，帮助企业理解和使用新政策，加速跨境电商进出口生产要素的通关流动。广州跨境电商公共服务平台首创电商出口退货功能，企业可以通过平台向海关发出跨境电商出口退货商品申请，结合线下作业，实现快速查验通关放行，有效降低企业出口退货难度。

二、广东省跨境物流发展存在的主要问题

（一）跨境物流运输风险管控能力有待加强

目前，跨境物流主要由集货揽收、境内/外报关、国际运输、目的国清关和境内/外配送等环节组成，涉及的物流环节和办理手续复杂，对运输中转耗费的时长极为敏感。叠加2020年新冠肺炎疫情影响，境外疫情迟迟未能得到有效控制，聚集性疫情反复，B2B或B2C货物被滞留在海关边境、运输中转时长增加和退货等风险大大提升，亟须提前布局，监控和预测货物仓储情况及运输周期，来降低外部因素对跨境物流的冲击和影响。

（二）跨境物流成本压力有所加剧

2020年，海运物流成本持续上涨、出口集装箱短缺等问题集中爆发导致企业跨境物流成本大幅度提升，对企业经营造成较大压力。据上海市航运交易所数据，2020年1月中国出口集装箱综合运价指数平均值为927.91点，但由于疫情致使国际海运出口集装箱回流缓慢，国内出口集装箱缺口较大，2020年12月中国出口集装箱综合运价指数一路上扬至平均值1446.08点，较1月累计上涨55.8%，其中欧洲、北美航线的运价均居高不下，对企业出口成本压力和出口价格竞争力均造成影响。

（三）海外仓与国外电商平台难以信息共享

疫情下，企业布局、搭建、共享海外仓及其服务平台成为主流选择。在企业选择海外仓及其服务平台时，合理的信息系统和软硬件技术成为关键的影响因素，持续提升的海外仓服务水平及其平台技术不仅有助于实现海外库存信息、配送信息、营销信息自动化和智能化，还有利于对接当地的电商平台，快速拓展市场，成为“本土化”经营的重要渠道。而国外的电商巨头亚马逊和eBay数据技术已经成熟，并形成了一定的垄断，仓储、运输、配送等数据交换条件较高，国内的自主海外仓平台与国外的电商平台数据对接和信息交换条件尚有差距，难以与当地电商平台共享国际市场的客户资源和流量资源。

三、促进广东省跨境物流发展的措施建议

（一）提升跨境物流风险管控能力

引导企业通过“湾区号”中欧班列、边境口岸接驳运输、快船运输、客机改货机等方式开展跨境电商业务，保障国际物流畅通；降低企业仓储物流成本，通过对进口仓库提供租金补贴、优化企业仓储用地布局及配置等减少企业仓储物流成本；支持符

合要求的企业以保险保证担保形式开展关税担保，进一步减轻企业流动资金压力。

（二）培育推广优质公共海外仓

加快培育优质的公共海外仓并向全省示范推广。在综合考虑企业出口销售市场及原材料采购市场等地理位置、仓库资源丰富程度、时效性、经济性、税收优惠政策及当地人力资源等因素后，遴选培育优质合理的海外公共仓，并比对国外市场的政策、技术、进出口条件、增值服务等标准，利用海外仓前置优势，引导海外公共仓将品牌“本土化”、搭建新型渠道、创新开发产品等，提升海外公共仓的国际市场竞争力。

（三）扶持中小企业用好跨境电商平台

疫情当前，中小企业尤其是传统贸易型企业受到的影响较大，仅通过原有线下交易模式吸引客户已经不适用于疫情防控常态化和境外疫情高发的情况，需要加快中小企业进行跨境电商新模式、新业态的转型和应用，用足用好跨境电商综合服务平台及配套物流服务进行跨境业务数字化交易，提升全省中小企业跨境电商及物流综合应用能力和竞争力。

（四）推进 RCEP 跨境电商专项物流发展

把握 RCEP 的机遇，以及其他多双边自贸谈判的优势，加快发展面向 RCEP 及相关自由贸易市场的专项物流发展，促进跨境通关便利化，加强企业海外仓智能化建设，优化提升物流服务质量，加强疫情防控常态化下不同企业进出口航空及海运运输保障和促进 RCEP 地区跨境物流制度标准化、一体化等。

广东省绿色物流发展 2020 年回顾与 2021 年展望*

一、2020 年广东省绿色物流发展总体情况

（一）绿色物流相关政策陆续出台

2020 年，广东省深入贯彻习近平生态文明思想，各部门落实省委、省政府关于打好污染防治攻坚战、打赢蓝天保卫战的部署要求，印发多个政策文件，从集约资源、绿色运输、绿色仓储等物流作业环节和物流管理全过程，推进绿色物流发展。《广东省交通运输厅 国家税务总局广东省税务局关于印发网络平台道路货物运输经营管理的实施细则的通知》（粤交〔2020〕2 号）出台，对网络货运经营管理提出了实施细则，鼓励网络货运经营者与实体产业合作，共同推进供应链创新发展，实现降本增效，对于整合现有资源、优化资源配置、减少资源浪费有推动作用。广东省交通运输厅印发《绿色交通三年行动计划 2020 年工作任务》，明确 2020 年度绿色交通三大重点工作任务为柴油货车污染防治、运输结构调整优化和绿色交通标准体系建设。广东省发展改革委、广东省生态环境厅联合印发《关于进一步加强塑料污染治理的实施意见》，强调进一步加强塑料污染治理，在绿色物流模式、快递业绿色包装治理等方面提出具体任务。广东省政府办公厅印发《广东省推进新型基础设施建设三年实施方案（2020—2022 年）》，提出推进智慧物流工程，加强数字物流基础设施建设，支持骨干物流园区智慧化“互联互通”工程，促进信息匹配、交易撮合、资源协同；推进智慧环保工程，加强再生资源回收体系建设，推广逆向物流回收等模式。广东省发展改革委等 7 个部门联合印发《广东省加快氢燃料电池汽车产业发展实施方案》，提出加快开发形成全系列氢燃料电池物流车，并以重载运营货车、中远程物流车等为重点，加快氢燃料电池汽车在物流业中规模化推广应用，支持大型物流园区建设加氢站，加快推动绿色运输发展。《广东省航道发展规划（2020—2035 年）》出台，对航运绿色发展提出了任务、要求。

（二）机动车大气污染防治工作继续推进

政府方面。全省各级公安交管部门通过推动出台新能源汽车优惠便民政策、深化

---

* 供稿人：朱佳蕾，广东省现代物流研究院。

落实“放管服”改革、加强机动车尾气排放情况审核把关等工作，从源头上减少机动车排气污染，推动大气污染综合防治。各级公安机关落实“放管服”改革，规范、便利办理新能源汽车登记，部分地市车管部门开设专门窗口，增设绿色通道，为新能源汽车登记上牌提供更优质的服务。各地市实行新能源汽车差异化管理，其中，深圳出台新能源纯电动物流车通行优惠政策和新能源汽车临时停车优惠政策，深圳、江门等地出台了促进新能源汽车充电基础设施建设的政策措施。严把机动车尾气排放情况审核关，在办理新车注册登记、外地车辆转入登记时，各级公安机关严格执行广东省现阶段机动车尾气排放标准。在办理车辆转出时，各地车管所在机动车登记系统中提前核查转入地排放标准，对不达标的不予办理转出。各地公安交管部门在核发定期检验合格标志时，严格审核机动车安全技术检验机构出具的检验报告，对未经尾气排放检验或者该项目检验不合格的，不予核发安全技术检验合格标志。

企业方面。各大新能源汽车生产厂家及上下游供应链不断加大投入，提高新能源汽车技术水平和产能。2020 年，广东新能源整车规划产能 523 万辆、整车制造企业 2.47 万家，均位居全国第一。整车制造企业主要有汕头正道（100 万辆）、深圳宝能（85 万辆）、佛山一汽 - 大众（60 万辆）、珠海银隆（51 万辆）、广州宝能（50 万辆）、广汽丰田（40 万辆）、广汽新能源（40 万辆）等。2020 年，全省新能源汽车动力锂电池产能位居全国第二，仅次于江苏省，产品包括磷酸铁锂动力锂电池与三元动力锂电池。产能主要分布在深圳、惠州、珠海、肇庆、佛山、东莞六个地级市，其中深圳市新能源汽车动力锂电池产能位居全省第一，主要生产企业是深圳市比亚迪锂电池有限公司、深圳市比克动力电池有限公司等。

（三）快递包装绿色化发展进程持续加快

一是包装产业绿色化。目前，我国快递包装绿色产品认证体系已基本建立，部分认证机构取得了快递包装绿色产品认证资质，快递包装生产企业积极踊跃提出产品绿色认证申请。我国有超过 45.5 万家经营范围含“环保”的包装相关企业，占比近三成。地域分布方面，主要分布在广东、江苏和浙江 3 个省份，其中广东省的环保包装相关企业数量最多，超过 9.5 万家，占比近 21%。二是包装模式绿色化。快递企业从提高寄递服务质量、效率和节约成本的角度出发，不断研发绿色包装模式。作为全国物流行业绿色行动标杆，菜鸟联手天猫超市、零售通平台推广原箱发货和回收纸箱发货，实现 70% 的包裹发货不再用新纸箱；2020 年“双 11”期间，联合 500 多个品牌，开展原箱或无胶带纸箱发货，减少使用胶带长度超 8600 万米；自主研发“智能切箱算法”，通过人工智能深度学习的算法系统自动推荐最优的装箱方案，避免“过度包装”，平均减少 15% 的包材使用，仅在菜鸟仓内，2020 年就“瘦身”了 5.3 亿个包裹；在数万个菜鸟驿站和快递网点铺设绿色回收箱，通过“回箱计划”推动快递纸箱、塑料包材分类回收、二次利用，每年预计可以循环再利用上亿个快递纸箱。

（四）绿色港口建设取得显著成效

省内港口码头在建设发展中践行绿色发展，绿色港口建设取得显著成效。广州港持续加大环保投入，全力推进绿色港区建设，大力推进船舶岸电建设，实现港作船舶100%使用岸电，自主研发滚装船装卸汽车理货信息系统、综合物流智能管理平台等科技项目，满足低碳环保新要求，新建集装箱自动化码头，港口设施电力驱动，成为节能环保新亮点，广州港集团于2020年3月被认定为"广州市清洁生产"企业。珠海港旗下各码头共配备35个岸电桩，覆盖27个泊位，通过岸电建设，减少船舶停泊港口时用于发电的重油消耗，进而显著减少碳排放量、硫化物和氮氧化物等大气污染物；改用电力及混合动力驱动式轮胎起重机，引进LNG车和LNG双燃料船舶，大力推进基础设施升级和清洁能源应用。惠州港荃湾港区煤炭码头建成全国首个大型绿色环保示范公用煤炭码头，通过采取一系列新技术、新工艺，实现绿色环保与煤炭运输共生。码头建设全亚洲最大的环保条形封闭煤仓，可堆放50吨煤，实现煤炭出入仓全封闭作业；作为绿色港口建设的先行者，码头岸电设施采用高/低压变频两种上船方式，满足煤炭码头1号、2号泊位散货船靠泊作业的供电需求，全面实行船舶"油改电"，让码头告别柴油味，减少船舶排放的硫化物及氮氢化物等污染物给港口环境带来的影响。

（五）物流组织模式不断优化升级

为进一步优化物流组织模式，推动物流信息平台建设，促进货运节能减排，广东省交通运输厅开展了两批具备网络平台道路货运经营线上服务能力企业的评审工作，广东重运宝科技有限公司、广东一站网络科技有限公司等14家企业先后通过审核。其中，广东重运宝科技有限公司通过建设网络货运平台，将物流业务辐射至全国150多个城市，司机找货时间缩短2.13天，平均为货主节省32%的成本，每年减少碳排放890万吨，降低货运风险72%。广东一站网络科技有限公司建设以互联网信息技术为核心、线下标准化运营为基点的货运物流发展模式，整合供应链上下游货物、车辆、司机等社会优质资源，为用户提供便捷、可靠、高效、透明的线上、线下一体化公路运输服务，促进物流资源高效匹配及便捷运转。

（六）生态环境质量明显改善

2020年，广东生态环境质量明显改善。全省21个地级以上市中，20个市二氧化硫、二氧化氮、可吸入颗粒物、细颗粒物、臭氧、一氧化氮六项污染物年评价浓度均达到二级标准。各城市环境空气质量达标天数比率（AQI达标率）在88.0%~98.9%，平均为95.5%，较2019年上升5.8个百分点。全省PM2.5平均浓度低至22微克/立方米，优于世界卫生组织第二阶段目标（25微克/立方米），较2014年的38微克/立方米下降了42%，创有监测数据以来历史最好成绩；全省臭氧浓度138微克/立方米，较

2019 年下降 12.7%，实现 5 年来 PM2.5 与臭氧首次同步下降；劣 V 类国考断面全面消除，污染防治攻坚战取得显著成效。

二、广东省绿色物流发展存在的主要问题

（一）污染防治攻坚存在区域差距

与运输生产息息相关的臭氧和二氧化氮污染相对突出，大气环境质量还不够稳定，区域间空气质量还存在差距。2020 年，珠三角地区 AQI 达标率平均为 92.9%，首要污染物为臭氧（占首要污染物的比率为 68.7%），其次为二氧化氮（占 14.2%）和 PM2.5（占 9.7%）。粤东西北地区 AQI 达标率平均为 97.4%，首要污染物为臭氧（占首要污染物的比率为 70.3%），其次为 PM2.5（占 20.8%）和 PM10（占 7.4%）。

（二）铁路多式联运发展相对滞后

党中央、国务院关于推进运输结构调整的决策部署提出，要以推进大宗货物运输“公转铁、公转水”为主攻方向，加快建设现代综合交通运输体系。广东水运发达，铁路运输发展相对缓慢，铁路多式联运发展相对滞后。一是铁路货运在运输体系中的作用发挥不足。目前，铁路货物运输量仅占广东省货物运输总量的 2.2%，明显低于全国总体水平（2019 年 9.2%），远低于欧美发达国家水平，部分港口大宗货物汽车疏港现象仍然十分突出，铁路运输低能耗、低排放、高运量的优势没有得到充分发挥。二是铁路运输集装箱化水平较低。2020 年全省铁路集装箱发送 67.19 万标准箱，铁路集装箱装车数 33.47 万辆，铁路集装箱占全部装车数的 23.1%，远低于发达国家水平。集装箱铁水联运量占全省港口集装箱吞吐量比率不足 1%，低于全国主要港口铁水联运比率。

（三）快递物流绿色化工作待加强

我国快递业包装总量庞大、种类繁多、增长迅速，包装废弃物对环境造成的影响不容忽视。经初步估算，我国快递业每年消耗的纸类废弃物超过 900 万吨、塑料废弃物约 180 万吨，并呈快速增长趋势。2020 年，广东省快递业务量完成 220.8 亿件，占全国（833.6 亿件）的 26.49%，居全国首位。快递绿色包装量大，快递“过度包装”涉及包装生产企业、电商平台和商家、消费者、快递企业等多个主体，包装环保化需各方共同努力。目前，大部分快递包装生产企业、快递企业都积极推行快递绿色模式，但部分电商平台和商家为追求快递低成本，“过度包装”的现象依旧比比皆是。电商、快递企业推广的“循环漂流箱”模式也阻力重重。加强快递绿色包装标准化、减量化、循环化工作，支持妥善处理快递包装污染问题，已成为行业转型升级、产业可持续发展的内在要求。

（四）新能源物流车推广面临挑战

目前，我国的物流成本占 GDP 的 15% 左右，整个物流行业燃油物流车存量超过 2000 万辆，新能源物流车市场渗透率不到 2%，与巨大的市场潜力不相称。主要面临以下问题。一是很多地区对新能源物流车的路权没有明确规定。目前很多地区新能源物流车在城区通行和尾号限行方面的规定与燃油物流车完全一样，没有任何通行优势，直接影响了企业置换和购买新能源物流车的积极性。二是充电基础设施不完善。目前珠三角地区充电基础设施已经比较成熟，但在粤东西北地区，充电桩数量少，且主要分布在中心城区或高速路服务区内，主要满足乘用车充电，难以满足物流车辆电池带电量多、充电频繁的需求。三是新能源物流车不够成熟。目前动力电池能量密度仍然较低，为 120～140Wh/kg，以城市物流常用的 4.5 吨轻卡为例，电池包电量 80 多度，重量近 700 千克，仅能达到 200 公里续航里程，无法满足长途运输的需求。虽然珠三角地区全年温度均适宜新能源车辆续航，但粤北地区冬季温度较低，电池性能将会大幅度下降，续航里程减少，充电时间延长，影响车辆使用效率。

三、促进广东绿色物流发展的措施建议

（一）加快推进交通运输结构调整

以碳达峰为牵引，加大交通领域二氧化碳排放控制力度。持续深化运输结构调整。将铁路多式联运、水路多式联运作为交通运输行业推进供给侧结构改革的重要抓手，强化不同运输方式的衔接协调、提高集装箱多式联运组合效率和整体效益、提升运输服务能力和现代物流发展水平，打造绿色高效的现代物流系统，推动绿色低碳交通发展。推进建设低碳园区，引导建设绿色智慧货运枢纽（物流园区）等多式联运设施，提供跨方式、跨区域的全程物流信息服务，推进枢纽间资源共享共用。发挥节能环保的绿色铁路优势，构建以铁路为主体的绿色低碳经济货运网络体系，推动大宗货物和中长途货物运输向铁路转移，引导适宜货源通过铁路运输，促进运输结构深度调整，降低社会物流成本。

（二）推进绿色物流设施设备建设完善

加强绿色低碳交通运输体系建设，推广新能源车辆应用，加快新能源运输装备应用，逐渐淘汰高能耗、高排放的老旧交通运输设备，推进充电设施、岸电设施等新能源基础设施建设。建立绿色低碳货运体系，推进绿色货运和现代物流业的发展。加速推进新能源基础设施布局，完善新能源充电设施布局，引导在城市群等重点高速公路服务区建设超快充、大功率电动汽车充电设施。推动新能源在港口和导助航设施等领域应用，结合广东“数字政府”改革，加快推进智慧航道建设，不断提升管理效率和

服务质量，确保内河航运安全高效有序运行，支持省内大型港区打造“氢能绿色零碳港口”。进一步推广新技术、新模式在充电设施领域应用，完善加强新能源充电设备布局规划，提升新能源车辆充电保障能力。

（三）加强绿色标准化建设及精细化管理

健全标准化工作管理制度体系，规范标准制修订流程，推动先进成熟适用的绿色技术创新成果向标准转化。结合绿色公路建设、港口岸电建设、新能源车推广等已有的成熟技术和经验，在公路、水路建设和运输服务等领域，推进绿色技术、绿色服务和绿色评价等绿色交通系列标准的研究制定。从绿色运输、绿色包装、绿色流通加工等物流作业环节，全方位推进绿色物流建设发展，从环境保护和节约资源出发，改进物流体系，在推动正向物流环节绿色化的同时，推进供应链上的逆向物流体系的绿色化。

（四）推进快递物流绿色包装治理体系建设

一是大力培育新业态、新模式。邮政快递网点和主要品牌企业要建立绿色包装推广应用机制，引导消费者使用绿色包装或减量包装。以连锁商超、大型集贸市场、物流仓储、电商快递等为重点，推动企业通过设备租赁、融资租赁等方式，积极推广可循环、可折叠包装产品和物流配送器具。鼓励企业采用股权合作、共同注资等方式，建设可循环包装跨平台运营体系。鼓励企业使用商品和物流一体化包装，建设可循环物流配送器具回收体系。二是完善支撑保障体系。建立健全电商、快递、外卖等新兴领域企业绿色管理和评价指标体系，鼓励第三方机构开展各类绿色认证。加大对绿色包装研发生产、绿色物流和配送体系建设、专业化智能化回收设施投放运营等重点项目的支持力度。

第二部分 区域发展

珠三角地区

广州市物流业发展2020年回顾与2021年展望*

一、2020年广州市物流业发展总体情况

（一）物流产业规模稳步增长

2020年，在新冠肺炎疫情冲击下，广州市经济复苏态势稳定，社会物流总需求加速恢复，广州市物流行业整体规模稳步增长。2020年，广州市GDP达25019.11亿元，同比增长2.7%；2020年广州市总计完成社会货运量9.25亿吨，快递业务量76.16亿件，位居全国前列；广州社会物流总额60653.46亿元，同比增长3.31%，相比上年同期下降5.46个百分点；物流业增加值2134.70亿元，同比下降2.2%，占GDP比重为8.53%，相比上年同期下降0.71个百分点；社会物流总费用3407.60亿元，同比下降1.9%，占GDP比重为13.62%，相比上年同期下降1.08个百分点。

（二）物流运输效率持续提升

广州市物流效率持续提升，物流业加快转向高质量发展。试点企业的标准化托盘普及率达到90%，带动全市标准化托盘普及率达到50%，装卸作业效率由每车平均2小时提高至平均0.4小时；2020年疫情期间，广州海关创新推出“整板收运、快速分流”快捷通关模式，实现进口整体通关时间从24.38小时压缩到12.53小时，出口整体通关时间从1.54小时压缩到0.87小时，通关效率大幅提高，物流效率持续提升。

（三）综合交通枢纽功能全面增强

2020年，广州市铁路、公路、水路、航空货运全面发展，综合交通枢纽功能全面增强，物流中心地位持续提高。2020年，全市完成社会货运量9.25亿吨，同比下降

---

* 供稿单位：广州市交通运输局。整理人：樊鸿钰，广东亚太电子商务研究院。

4. 8%。同时，广州市 2020 年度快递业务量 76. 16 亿件，居全国城市第二位。公路货运量为 4. 70 亿吨，同比下降 2. 6%；广州白云国际机场完成货邮吞吐量 175. 95 万吨，居全国第 2 位；广州港完成集装箱吞吐量 2351 万标准箱、货物吞吐量 6. 36 亿吨，同比分别增长 1. 20%、2. 60%。在新华·波罗的海国际航运中心发展指数中，广州排名跃升至第 13 位；全市完成铁路货运量 1793 万吨，开行中欧班列 106 列，不断拓展“一带一路”沿线国家和地区铁路贸易通道，位居全国前列。此外，广州港物流枢纽入选首批港口型国家物流枢纽示范工程。

（四）物流基础设施日趋完善

2020 年，广州市交通物流基础设施建设日趋完善，提升物流行业运行组织效率。广州白云国际机场二期扩建工程建成投产，形成 4 个货站、3 条跑道、2 个快递中心和 1 个国际邮件互换局的物流设施布局。水路货运辐射能力增强，航线通达 230 多个通航点，其中国际及地区通航点 95 个；南沙港区三期工程、广州港深水航道拓宽工程建成投产，拥有码头泊位 807 个，累计开通航线 217 条，其中国际班轮航线 120 条，通达全球 400 多个港口；江海联运驳船航线全面覆盖珠江—西江内河港口，水运网络布局更趋完善。铁路公路网络进一步完善，建成广石铁路、北三环高速等项目，铁路运营里程达 357 公里、高速公路通车里程达 1126 公里，形成辐射全国的运输网络。城乡配送体系建设成效显著，全市邮件集中及区域处理中心 14 个、邮路 483 条，全面覆盖行政村。

（五）现代物流市场主体集聚壮大

2020 年，广州市现代物流市场主体集聚发展壮大，物流运输综合竞争能力显著增强。广州市现代物流增势良好，规模以上多式联运、供应链管理两大新兴行业持续保持快速增长势头，实现营业收入同比分别增长 36. 3% 和 29. 6%。广州积极搭建“政府 + 协会 + 企业”联动平台，深入推进物流业供给侧结构性改革、无车承运人试点、城市绿色货运示范工程、供应链创新与应用试点、流通领域现代供应链体系建设试点。依托汽车制造及后市场、快消品、生物医药、电子商务等产业优势，培育出一批专业化、平台化物流供应链企业，为建设现代流通体系奠定基础。吸引多个世界 50 强物流企业在广州设大区分部或亚太转运中心，国内知名物流企业均将广州作为运营基地，形成多元化企业发展格局。

二、广州市物流业发展存在的主要问题

（一）综合交通治理能力有待提升

广州市综合交通治理能力有待提升，安全保障体系仍需进一步完善。一是货运、

物流车辆运行过程中存在面包车改装、客车改货车、超载等违法违规行为，导致道路交通安全隐患增加。二是农村地区目前道路建设基础薄弱，乡村人口交通安全意识相对淡薄，一定程度上导致目前农村地区交通事故多发。三是“五类车”交通事故高发，尤其是外围地区更加严重，严重扰乱城市道路交通秩序，严重危害市民生命安全。四是目前缺乏对外市车辆有效的管控措施与管理政策，当前交通事故中外地车占比较高。

（二）物流集聚区空间布局有待优化

广州市物流枢纽空间布局有待优化。一是物流园区与交通枢纽、产业功能区布局衔接不够、融合发展不足，广州市当前的物流园区多为自发形成，集中在白云、南沙及黄埔南部等区域，呈现“大集聚、小分散”的布局特点，远离铁路、港口枢纽。二是缺少大型综合城市物流配送基地，物流配送节点未依据产业、商业、居民集聚区进行规划布局，造成大量迂回运输、过远运输，降低物流配送效率。三是枢纽经济发展规模效应尚未形成，以枢纽为中心的高度复合、集聚型开发的模式有待铺开，枢纽、物流园区和产业基地的衔接明显不足。

（三）物流设施建设存在落地难题

广州市物流仓储用地集约化使用水平较低，交通物流设施建设落地难度较大。一是土地利用粗放低效，全市现存物流仓储用地共计5480万平方米，建筑面积2232万平方米，平均开发强度为0.41，仅为国际先进城市的1/5。二是用地集约化水平偏低，“小、散、乱”物流园区偏多，呈现“星星多、月亮少”的发展局面，小于1公顷的地块数量占到65%以上，在占用大量优质物流用地的同时，所带来的产能和税收却较少。三是重大交通物流枢纽用地需求难以有效满足，如“十三五”时期，在建的广州铁路集装箱中心站（大田）、建成的增城西站周边物流园区存在基本被农田包围①、综合开发建设用地指标难以落实的问题，周边配套基础设施、物流园区及产业基地建设难以同步实施，枢纽平台综合带动作用无从发挥。

（四）多式联运发展仍有提高空间

广州多式联运发展仍有提高空间。一方面，当前缺少有影响力的物流和供应链行业服务平台，运输企业、货站、货代、口岸查验等多个节点之间信息“串联”不畅。另一方面，空地联运、海铁联运、空铁联运、公铁联运有待进一步加强。此外国际班列无法满足需求，中欧班列当前仍处于起步阶段，广州中欧班列目前只有大朗货站组织开行；国际班列开行班次远低于成都、重庆、郑州等城市，且尚未开通东南亚方向的班列。

① 集装箱中心站周边涉及基本农田1091公顷、增城西站周边涉及基本农田275公顷。

（五）龙头企业带动聚集效应不足

广州市现代物流企业集聚效应没有很好凸显，龙头企业带动效应有待进一步提升。截至2020年年底，广州A级以上物流企业121家（其中5A级物流企业15家），全国50强物流企业在广州设置总部的仅1家（广东省航运集团有限公司），世界50强物流企业均未在广州设置大区总部。航空物流、航运物流上下游企业协作松散，整体协同性不足，尚未形成协同发展的产业联盟，未能充分发挥国际航空、国际航运枢纽及本市龙头企业在稳定货源、加强供应链管理、行业标准制定、协同推动产业整体发展中的作用。

（六）社会物流费用占比偏高

广州市社会物流成本较高，物流对实体经济“降本增效”作用未能充分发挥，同时，广州物流业存在发展不充分的问题。2020年，广州社会物流费用占GDP比率为13.62%，高于发达国家物流成本水平，成为流通领域难解的“顽疾”。同时广州物流业存在发展不充分问题，目前广州物流开发强度仅为0.42，低于发达国家水平，此外物流行业税收产出率仅为180元每平方米，低于许多行业。从广州物流费用成本构成分析，交通运输单价相对较低，下浮空间小，但存在物流用地成本高、高质量仓库少、仓储设施空置率高等问题，物流保管费用和管理费用较高，降本增效仍有较大空间。

三、促进广州市物流发展的措施建议

（一）推进公路货运行业治理

组织各区交通运输部门加快完成重型货车安装使用智能视频监控报警装置工作，充分应用智能监控平台加强对重型车辆、驾驶员运输过程进行安全监管；进一步规范货运车辆动态监控管理，继续推进普运重型货车动态监控违规行为治理，各区交通运输部门监管主体责任、企业动态监控管理主体责任落实更到位；开展常压液体危险货物罐车专项治理，加强罐式车辆罐体检测和维护管理，保障危化品运输本质安全；应用信息化管理手段，提升货运行业从业人员规范化管理水平。

（二）增强本地物流辐射能力

通过提升物流通道水平，增强国际辐射能力和区域协作能力。提升航空通道水平，开拓国际航班，支持开通和加密全天候物流航班，鼓励拓展现有货运航线，依托粤港澳大湾区世界级机场群，提升广州国际枢纽机场航空货运国际竞争力，推动粤港澳三地航空货运方面优势互补、资源共享。提升航运通道水平，开拓国际集装箱班轮航线，加强与全球枢纽港合作；加强规划、海关、检验检疫、铁路、公路以及其他相关部门的密切配合和相关支持，推进内陆无水港及运输通道建立；开通湾区水上货运巴士，通过推动驳船和港口公司建立合作联盟，整合内外贸同船、进出口同船、驳船水运中转和内贸跨境运输等多种水路运输模式，强化对中南、西南地区辐射。提升铁路通道水平，推动开行高铁货运专列，发挥高铁全天候、不受天气影响、批量运输、准时抵达的中长途运输优势；积极拓展海铁联运“五定班列”，最大限度方便客户调度安排；推动中欧班列常态化运行，释放广州物流和贸易通道潜能。

（三）优化区域物流枢纽布局

通过推进特大型、大型物流枢纽建设项目，优化当前物流枢纽布局。推进广州东部公铁联运枢纽（广州国际物流产业枢纽）、广州铁路集装箱中心站（大田物流枢纽）、白云物流枢纽等物流枢纽建设；加快广州空港物流枢纽、南沙港物流枢纽等物流枢纽国土空间规划和用地报批工作，统筹安排交通基础设施和物流用地，逐步形成围绕广深港澳科技创新产业走廊为主的产业发展带、珠江口水道等“5＋10＋N”物流枢纽布局，继续推进广州空港、南沙海港、东部公铁联运枢纽等的建设工作。推动交通与物流融合，将物流园区建设规划和高快速路规划有机结合，结合高速公路服务区自身特色和条件，扩展物流供应链服务等功能，实现物流园区与相关通道的无缝衔接，实现园区内货物接驳转运顺畅、物流与产业融合，推动现代物流园区实现在园区内即可进行货物接驳转运，实现大货车不进城区，减少道路交通安全隐患。

（四）推动道路货运集约发展

积极培育壮大物流企业，支持建设与综合交通、制造业融合的基础性、功能性、具有明显公益属性的现代物流和供应链公共服务平台，协同推进交通枢纽、物流园区与先进制造业、商务服务业深度融合发展；梳理广州市规模以上物流企业清单，加强与企业间的沟通协调，发挥行业组织桥梁作用，组织发动规模以上物流企业申报或升级国家5A、4A级物流企业。引导小微货运企业开展联盟合作，鼓励道路运输企业根据业务场景细分组建港口集配联盟、铁路集散联盟、专线运输联盟、冷链运输联盟、托盘共享联盟等，建立联盟发展机制和业务开展规则，切实发挥联盟企业合作、政企合作互动平台作用，推动多方交流合作、信息互联互通。支持行业协会、企业联盟研究推广挂车互换标准协议，创新普通货车租赁、挂车共享、长途接驳甩挂、集装单元化等专业运输模式，提升本土物流业产业服务质量和综合竞争力。

（五）推进货物运输结构调整

加强与周边地市间的区域协同联动，稳步推进运输结构调整优化，引导大宗货物及中长距离运输“公转铁”“公转水”发展，全力推进铁路专用线建设，加快水运基础设施建设，加快推进多式联运枢纽站场和集疏运体系建设。继续推动传统公路货运站场（物流园区）清理疏解，通过分类指引，加强对已清理物流园区的土地利用，通过转型升级，满足城市生产生活和产业配套的物流需求。加快海铁联运、江海联运、内河铁水联运业务发展，补齐港口疏港公路等级低的短板，重点解决港口通达干线公路“最后一公里”问题；推动高铁快运、空铁联运业务，依托当前广州海陆空立体交通的发展趋势，以及粤港澳大湾区的发展背景提出门户提升战略，逐步提高区域交通服务能力，打造“航空＋高铁”快速货运系统。

（六）加快物流园区整治提升

按照“疏堵结合、有序衔接”的思路，采取“市区联动”的方法，合力推进整治工作，推进完成“三年行动计划”工作总任务——城区62家物流园区整治提升，重点推动白云区“西部科技走廊”、大源片区等重点区域传统物流园区的整治提升，实现主城区范围传统低效货运站场物流园区有效有序疏解，实施交通物流融合规划，新建一批国家物流枢纽和核心物流园区节点，实现广州市物流园区布局重构。

深圳市物流业发展2020年回顾与2021年展望*

一、2020年深圳市物流业发展总体情况

（一）物流行业发展实现稳定恢复

从行业规模看，2020年深圳市实现物流业增加值2766.67亿元，占全市GDP的比重为10%，比上年增长1.3%，比“十三五”期初增长39.41%。2020年，深圳市累计实现社会物流总额5.3万亿元，同比增长3%。全年货物运输总量41469.27万吨，其中铁路货运量126.54万吨、公路货运量32962.61万吨、水路货运量8243.38万吨和民航货运量136.74万吨；货物运输周转量达2015.25亿吨公里。从行业效率看，2020年深圳市社会物流总费用为3125.61亿元，同比增长0.06%，增速较2019年同期下降0.3个百分点，全年物流成本增长有所放缓，物流效率持续改善。从行业实物量看，2020年深圳港累计完成货物吞吐量26506万吨，同比增长2.79%，集装箱吞吐量2655万TEU，位居全球第四，其中外贸集装箱吞吐量占全国的15%。积极拓展内陆货源腹地，内贸集装箱吞吐量、海铁联运集装箱吞吐量均实现两位数增长。深圳宝安国际机场货邮吞吐量为139.87万吨，全国排名提升至第三位；货运量逆势增长9%，增速居全国百万吨级机场首位。

（二）联通全球枢纽功能进一步提升

物流基础设施方面，深圳目前已建成六大物流园区、22处公路货运站、31处快递分拨中心、11处商超配送中心和若干仓储设施，总用地规模约34平方千米，其中机场、港口码头和铁路等对外货运设施、公路货站和配送中心等城市内部物流设施用地18平方千米，企业仓库、保税仓库等传统物流仓储用地16平方千米。物流园区主要围绕港口、机场、铁路等综合交通枢纽布局，除笋岗—清水河定位为城市配送和物流总部基地外，其余五大物流园区均面向区域和国际物流服务。其中在港口航运方面，紧抓跨境电商逆势崛起的市场机遇，于2020年6月开通第一条跨境电商海运快线，仅耗时12天就可完成从深圳抵达洛杉矶的运输任务，成为华南地区连接美国西岸最快的海

* 供稿单位：深圳市交通运输局。整理人：樊鸿钰，广东亚太电子商务研究院。

运航线；全年共开通11条跨境电商航线，是华南地区最大的跨境电商进出口门户；坚持“深水战略”，持续推进深水泊位和深水航道建设和维护工作；完成“盐田—惠州组合港”和“蛇口—顺德组合港”试点工作，积极开展盐田港区东作业区项目、西部港区出海航道二期工程建设前期工作。在航空运输方面，开通加密了12条国际货运航线，覆盖欧、美、澳、亚、非五大洲，是全国第一个实现海、陆、空联运和采用过境运输方式的国际空港；引进6家国内外知名航司，国际货运航点增至25个，货运航司及航点数均创历史新高。国际货量达46万吨，同比增长30.8%；国际及地区货量占比达到36.7%，同比增长4.7%。先后获得运输资产保护协会（TAPA）设施安保标准（TAPA FSR）A级认证、进口肉类指定监管场地资质等资质认证，推动特殊货物保障认证资质实现全覆盖。

（三）交通物流产业集群竞争力增强

2020年，深圳共有综合物流、供应链服务、仓储、运输配送、货运代理等类型物流企业约8万家，并发展和培育了一批在全国乃至全球范围内具有竞争力的物流企业，其中，市重点物流企业超100家，物流供应链上市企业市值超3000亿元，占全国同行业的30%以上。新业态、新模式也不断涌现，联合发布“空港+保税+会展”新业态组合模式，深圳海关为该模式国际展品通关设计“集成式”一站服务和“驻场式”一站服务，为有效解决不同阶段国际展品快速通关问题及大型国际展会的引进和落地制订了解决方案，进一步优化航空物流生态；开通跨境电商一般出口（9610）、B2B出口（9710）、出口海外仓（9810）和网购保税进口（1210）业务，形成“空运+保税电商”新格局，这一跨境电商新业态相比常规的“海淘”，能够让消费者更快收到自己购买的进口商品，同时能有效降低电商企业经营成本；顺丰供应链“一盘货”服务模式、招商路凯托盘循环共用、共速达社区共享冰箱等物流创新业态不断涌现，推动深圳市物流发展迈上新台阶。

（四）国际物流通道保持稳定畅通

为拓展深圳地区国际物流通道，减少新冠肺炎疫情对中欧跨国物流的负面影响，深圳海关开展从海陆联运、陆铁联运、内外贸联运、国际中转集拼等监管模式改革创新，力促首列“湾区号”中欧班列于2020年8月启航，“湾区号”中欧班列自开通以来，取得了显著成绩。2020年，“湾区号”共开行26列出口班列和1列进口班列，累计运输电子设备、医用物资等货物合计2502 TEU，总货值约1.18亿美元；顺利保障国际临时包机和客改货航班近3000班，涉及75家航司和45个国家，累计运输保障防疫物资4.5万吨；组建全省地市储备量最大的应急运力队伍，有运输车468辆，运输物资1.7万吨；承担深港跨境运输服务保障工作领导小组办公室相关工作，20天内完成粤港跨境货物运输GPS安装11042件；统筹推进空箱回调、合理放单、打击恶意刷单等工作，协调解决疫情期间码头交提柜车拥堵问题。

（五）物流运输结构明显优化完善

2020 年，深圳市货物运输结构明显优化，水路承担的大宗货物运输量显著提高，集装箱多式联运量大幅增长。2020 年，完成集装箱海铁联运量 18.10 万 TEU，较 2017 年同期增长 46.80%；集装箱水水中转 740.48 万 TEU，占集装箱吞吐量的比率为 27.89%。多式联运货运量 22.9 万 TEU，同比增长 12.4%，其中五条示范线路完成货运量 14.3 万 TEU，同比增长 29%。盐田港亚太—泛珠三角—欧洲国际集装箱多式联运示范工程、顺丰铁联多式联运平台示范工程分别入选第二批、第三批多式联运示范工程项目名单，其中，顺丰铁联多式联运平台示范工程接取送达平台上线企业总计 85 家，服务站点总计 350 个，集装箱总量 23.6 万 TEU，总货量为 499.5 万吨，交易总额 3.7 亿元。

（六）绿色智慧物流发展再上新台阶

深圳已通过全国首批综合运输服务示范城市验收，积极推进首批绿色货运配送示范工程创建及验收工作。2020 年，深圳在 5G 建设方面率先迈出第一步，实现 5G 独立组网全覆盖，进入 5G 时代，截至 2020 年 8 月，深圳 5G 基站已累计建成超过 4.5 万个，基站密度国内第一，成为全球 5G 第一城，为深圳市智慧物流发展再添新动能。同年，深圳率先出台并实施纯电动物流车运营资助政策，鼓励新能源车市场化、规模化运营，全市新能源物流车推广应用规模超过 8.1 万辆，是全国新能源物流车保有量最大的城市。除此之外，2020 年，深圳市加快推进建设一批服务于生鲜冷链、水产品、果蔬等民生物资的配送设施，全市加快建设智能快件箱，日均派件量及投递率均有提高，"最后一公里"的配送能力不断提升。

二、深圳市物流业发展存在的主要问题

（一）土地资源明显不足

一是仓储用地供应紧缺。深圳的新增土地供应日益趋紧，2011—2020 年的十年间，深圳共出让工业用地 300 余宗，出让总建筑面积 3539.5 万平方米，其中仓储用地总占地面积仅为 120 万平方米，年均出让占地面积仅为 12 万平方米；而近年来出让的仓储用地中有近半地块实际用途为产业园区开发及批发市场，相比之下，同为土地供不应求的一线城市，上海的工业用地近十年来的出让量为 11546 万平方米，为深圳同期体量的 3 倍有余。二是地块功能性调整导致物流用地面积减少。近年来，深圳仓储用地 W1 类调整为 W0 类现象较多，原有的保税区、物流园区功能因城市改造正不断转型，多数转为商业功能，导致物流功能用地实际减少。三是外溢趋向明显，仓储用地削减，使得仓储物流需求难以规模化增长。在长期供不应求的情况下，不少仓储企业及仓储

需求方转战东莞、惠州、佛山等具有价格优势的周边城市，深圳市仓储需求外溢趋向明显。四是由于用地不足，航空货运、港口堆场也存在物流用地明显不足的问题，保税仓储规模偏小、范围有限，无法满足高端物流服务的需要。

（二）新型物流设施数量紧缺

深圳现有高标仓占全市仓库面积不足30%，单层仓库占比78%，据仲量联行评估咨询服务部统计数据显示，截至2021年第一季度，深圳的非保税高标库存量不到100万平方米，而同期东莞的非保税高标库存量超过200万平方米；冷链仓库容量仅有50万吨，冷冻库、冷藏库、常温库“三库合一”较少，制冷标准也难以达到，冷链仓储设施匮乏。

（三）用工短缺现象普遍存在

一是供需不匹配。随着网络的发展，“宅经济”及“懒人经济”不断凸显，同时，新冠肺炎疫情为物流电商行业发展带来了新的契机。2020年的调研数据显示，超过一半的人频繁地使用线上购物，使得网上购物及送货上门的需求量大增，以战疫为契机，许多物流企业和网络电商得到迅速发展，对物流行业人员需求增大，但受疫情影响，许多相关从业人员选择在家乡就业发展，供需缺口进一步增大。二是存在结构性矛盾。首先，当今物流业越来越向着数字化、智慧化发展，不断使用新技术及智慧物流设备，加强使用及推广无接触配送，保障了目前的物流效率随着产业供应链、电商物流等新业态快速发展，这背后需要大量的专业人才、复合型人才，但由于薪资待遇不及金融、信息技术等行业，对人才的吸引力有限；其次，司机、装卸工、分拣员等岗位普遍存在缺失的情况，深圳市生活成本不断上涨，部分相关人员选择流动到生活成本较低的地区，且因就业门槛低、工作强度大等原因，从业人员流动性较大，给企业带来了一系列“用工难”“用工荒”问题。

三、促进深圳市物流业发展的措施与建议

（一）建设中欧班列国际物流大通道

积极推动“湾区号”深圳中欧班列开行，探索开行深圳至荷兰鹿特丹、英国伦敦的“湾区号”出口班列，开通欧盟至深圳进口班列。对有中欧贸易往来的企业开展重点帮扶，选择优质企业实施AEO培育，为企业提供多项便利措施。尽快对国际邮件、跨境电商、冷链、带电产品等班列新业态产品建立铁路通关机制，形成高效、常态化的海关和检验检疫监管制度。扶持中欧班列平台发展，探索以仓促运、以贸养运、以园区养运的创新路径，以中欧班列为支点，搭建中欧、中亚联运及贸易一体化的平台，运用线上互联网科技平台实现包括中欧班列的运营、产业园的运营、海外仓储的运营

与管理、商品贸易的运营以及供应链金融的连通。推动开展国际中转集拼业务，打造连通东盟—粤港澳大湾区—中亚—欧洲的中欧班列国际中转枢纽，为深圳及粤港澳大湾区架起连通欧洲及丝绸之路经济带沿线国家稳定畅通的国际物流“钢铁桥梁”。

（二）落实物流产业扶持发展举措

深入把握行业需求，认真落实物流产业资助政策，制定完善新一轮扶持政策，计划增设相应资助项目，并针对行业不同业态对企业进行分类，充分引导物流企业强化服务实体经济能力，加强政府对相关物流枢纽项目的直接投资，充分发挥政府资金的引领作用。以建设国内最佳的国际性航运产业基金为目标，设立深圳航运基金，凝聚国内和国际航运金融资本力量，以国际化视野、规范和创新性的资本运作，参与全国和全球航运市场的资源配置和资产布局。加强物流企业与制造业的深度融合，鼓励物流企业与汽车、医药、电子等制造业深度融合，进行服务转型升级，培养总承包和定制化的服务能力，建设基于制造业的供应链物流服务平台；鼓励物流企业与制造企业共建互惠性联盟关系，重点推广制造业供应链物流一体化集成服务、点到点的“线边物流”服务及长效协议物流服务；引导快递等第三方物流企业发挥专业优势，积极介入前端进厂服务，承接制造企业在原材料采购、仓储等方面服务，提供系统化、一体化供应链服务。

（三）推动综合物流枢纽建设发展

按照“十四五”规划的要求，基于《深圳市现代物流场站规划》和《深圳市现代物流体系建设策略》，打造畅通双循环的全球交通枢纽。一是精细化提升机场、港口、铁路、公路等对外基础设施服务能力和服务水平，强化与惠州机场战略协同，推动惠州机场建设粤港澳大湾区东部干线机场，完善深圳与惠州机场的交通联系，切实发挥深圳第二机场作用，推进盐田港东作业区、深汕高铁、组合港体系等一批重点工程建设。二是构造现代物流体系，大力发展智慧物流、保税物流、冷链物流等物流形式，加快建设现代物流体系，打造国家综合物流枢纽节点，继续巩固现代物流业支柱产业地位，推进物流行业提质增效。三是畅通城市内部循环，开展城市配送网络体系及运营模式研究，重点明确深圳市新一轮物流基础设施开发运营思路及实施路径，推动构建“7个对外物流枢纽+30个城市物流转运中心+N个社区物流配送站”的三级物流场站体系，建设多层次、多模式、多功能、多业态的全球物流枢纽城市。四是充分发挥深圳港市场化运作优势，把握进口商机，建设特色产品枢纽港，拓展航线布局，吸引冻品、水果、木材等特色产品集聚深圳港。

（四）打造绿色智慧港口高质量标杆

一是继续推进绿色港口建设，结合中央提出的碳中和目标，推进系统构建能源

（Energy）管理、环境（Environmental）管理的“2E”绿色港口建设体系，继续保持岸电全国领先地位，积极推广 LNG、电力等清洁能源在港口机械及船舶方面的应用，打造清洁能源使用率最高的全国港口标杆。二是积极探索应用新技术，创新应用“能量回馈”技术，选用节能灯具，实现“绿色照明”全面覆盖，“现场照明”远程集控，按需开启、及时关闭，淘汰落后机电设备，替换高效设备，有效降低能耗。三是构筑以港口为核心的智慧生态圈，加快建设深圳港航数据中心，打造全面感知、广泛互联、高度共享、自主装卸、全方位可视、智能管控、智能决策、深度协同的全国一流智慧港口生态圈，提升港区装备智能化水平，大力推进物联网、云计算、大数据等新一代信息技术在港口的应用，支持港口企业科技创新，依托深圳市发达的人工智能、大数据、物联网、5G 产业和基础设施，形成一个高科技密集应用的综合场景，为多种多样的 5G 应用创新提供实践场所，为深圳乃至全国 5G、人工智能、云计算、大数据、物联网等产业带来难得的发展机遇，同时提升深圳港口的核心竞争力。

（五）拓展粤港澳大湾区组合港体系

促进港城协调，扩大港口用地规划。继续推进“盐田—惠州组合港”和“蛇口—顺德组合港”建设工作，通过综合运用区块链、大数据、人工智能、云计算等技术，创新构建粤港澳大湾区通关物流平台，打通湾区五大直属海关之间的互联、互通、互认，是湾区首个贯通港口、海关、物流、企业、银行、保险等互联共享的区块链网络，通过优化海关监管流程，实现了城际港口间的物流协同和无缝衔接，在功能组合、船舶装卸、数据协同、港口合作的基础上，实现了“双港合一”，建立核心港口物流数据标准和平台，精简货物通关流程，打造智慧港口、智慧监管、智慧贸易和智慧金融产品模块，助力产业转型升级，深化以深圳港为核心的粤港澳大湾区组合港体系建设工作，扩大组合港覆盖范围，复制“盐田—惠州组合港”和“蛇口—顺德组合港”模式，力争覆盖粤港澳大湾区主要城市，推动开展内陆组合港通关一体化工作。

珠海市物流业发展2020年回顾与2021年展望*

一、2020年珠海市物流业发展总体情况

（一）物流业发展受到新冠肺炎疫情影响

2020年，珠海市物流活动未受到新冠肺炎疫情太大影响，物流收入保持较快增长速度。据珠海市统计公报数据，珠海市交通运输、仓储和邮政业实现增加值60.63亿元，比上年增长13.9%，较2019年增速提高4.8个百分点；货物运输总量8293.97万吨，同比下降15.8%；全年规模以上港口完成货物吞吐量13367万吨，同比下降3.4%，其中内贸货物吞吐量9908万吨，同比下降8.5%，外贸货物吞吐量3459万吨，同比增长14.8%。港口集装箱吞吐量184万标准箱，同比下降28.1%。邮电、快递业务总量逆势增长，全年完成邮电业务总量406.58亿元（电信业务总量按2015年不变价计算，邮政业务总量按2010年不变价计算），同比增长28.2%。其中，邮政业务总量45.50亿元，同比增长71.4%；快递业务量12400.72万件，同比增长15.1%；快递业务收入20.00亿元，同比增长20.0%；电信业务总量361.08亿元，同比增长24.0%。

（二）港珠澳交通设施持续完善

目前，珠海交通基础设施建设成效显著，港珠澳大桥使珠海市成为粤港澳大湾区中唯一与港澳陆路相连的城市，极大地提升了三地人员、生产资料的流动效率。例如从香港国际机场、葵涌货柜码头到珠海，由原来4小时以上的陆路车程，分别缩减至仅需45分钟和75分钟，物流成本大幅度缩减，为港珠澳三地物流业合作提供了重要的新“通道”。高栏港是珠江口西岸唯一的深水港，是国家综合交通运输体系重要枢纽，通过西江航运可与西南地区广大腹地相连。目前，珠海市港口共有61条集装箱班轮航线稳定运营，其中国际航线24条（内支线10条）、国内沿海航线8条、西江航线29条。广珠货运铁路作为高栏港疏港大通道，将珠海市接入国家铁路网，使珠海成为珠三角通往粤西乃至大西南地区的铁路门户。珠海机场现有航线136条，抵达国内80个城市。

---

* 供稿单位：珠海市商务局、珠海市交通运输局。整理人：李玉玲，广东亚太经济指数研究中心。

（三）跨境电商企业实力较强

截至2020年年底，珠海市纳入跨境电商统计的企业有43家，其中亿元级规模的17家，十亿元级规模的1家。珠海市已有1300多家企业通过天猫海外平台（B2C海外市场）、800多家企业通过阿里巴巴国际站（B2B海外市场）开展跨境电商交易。珠海市企业在亚马逊平台销售总额列全国前20名。港珠澳供应链有限公司目前在全市打造区域性国际分拨中心，已在西域码头和洪湾码头建成全国首个国际贸易多元一体仓库，在跨境工业区建成珠海市首个集跨境贸易电子商务（9610）、保税跨境贸易电子商务（1210）为一体的跨境电商一体化基地。

（四）农业冷链龙头企业发展加速

珠海市高度重视农业龙头企业的引导和培育工作，将农业龙头企业培育纳入《关于对标三年取得重大进展硬任务扎实推动乡村振兴的工作方案》的重要内容和目标。目前，珠海市有三级农业龙头企业32家，从业人员6500多人，带动3万多农户增收。农村经营主体不断发展壮大，通过“公司+农户”“合作社+农户”等集成生产模式，集合分散的农户产能，开展标准化生产，统一包销并进行规模化运输，在一定程度上解决了冷链物流成本过高和网络渠道不畅问题，大大提升了冷链物流的发展质量和水平。

（五）绿色货运配送稳步推进

2020年，珠海市大力推进绿色货运配送示范工程建设。一是研究制定现代物流业发展相关政策措施，营造良好的绿色货运发展环境，先后出台了《珠海市人民政府办公室关于加快现代物流业发展的实施意见》《珠海市关于加快现代物流业发展的政策措施》《珠海市关于加快现代物流业发展工作方案》《珠海市鼓励航运物流业发展实施办法》等政策文件，对推动珠海市现代物流业绿色发展提出了明确的要求。二是持续推进邮政业绿色包装治理，珠海市邮政管理局采取多项针对性措施，积极推进实施邮政行业生态环保“9792”工程。三是加快新能源车辆推广应用，一方面制定适合珠海市新能源物流车辆购置补贴的办法，另一方面加强新能源汽车的推广，举办多场新能源货运汽车推广应用座谈会和珠海绿色新能源监管与运营平台解决方案座谈会。

（六）加大多式联运建设投资

截至2020年，珠海市已滚动投入1500多亿元开展“交通大会战”，以港珠澳大桥为龙头，以铁路、口岸、机场、港口为支撑的现代综合交通枢纽格局初显，搭建起了江—海—公—铁—空立体集疏运体系。香港机场第三跑道建设和深中通道建设离最终完成还有一段时间，这构成了港珠澳大桥建成通车后珠海市现代物流业发展乘势而上的一个重要“窗口期”。通过发挥政府投资的示范带动作用，引导各类社会资本加大对公铁、铁水、空陆等不同运输方式的转运场站和“不落地”装卸设施等的投入力度，提高一体化转运衔接能力和货物快速换装便捷性，破解制约物流整体运作效率提升的瓶颈。

二、珠海市物流业发展存在的主要问题

（一）铁路物流设施比例不高

珠海市现有重点物流基础设施包括铁路型、口岸保税型、港口型和公路型。其中铁路型物流基础设施主要包括广珠铁路珠海西站物流中心（一期）；口岸保税型物流基础设施主要包括珠海保税区、珠澳跨境工业区珠海园区；港口型物流基础设施主要包括汇通物流园、华南纸浆物流分拨中心；公路型物流基础设施主要包括德昌顺智慧物流园、上冲物流园、南屏物流园、百安物流园、日通物流园、广通仓储物流园、南光物流通宇配送中心等。物流设施以公路和港口、口岸型为主，铁路型物流基础设施整体比例不高。

（二）物流企业规模整体偏小

截至2020年，珠海市共有各类从事物流相关业务的企业近2000家，规模以上企业（交通运输、仓储和邮政类）180余家。其中，5A级物流企业2家，4A级物流企业6家，3A级物流企业6家，3A级以上的企业占比不足1%，规模以上企业占比不足10%，物流企业规模整体偏小，服务水平有待提高，对优秀龙头企业发展的扶持力度有待加强。

（三）冷链物流发展有待完善

一方面，目前港珠澳大桥暂未开设冻肉、水果等进口商品指定监管场地，相关查验配套设施有待进一步完善，对珠海市冷链进出口物流业务造成较大影响；另一方面，医药冷链具有客户黏性大、门槛高、成本高的特点。医药冷库的建设需要符合GSP、GMP认证规范，一直是医药行业健康快速发展的重点建设和监管项目之一。新版GSP对于医药冷库仓储温湿度实时监测以及冷链物流运输等方面均提出了更高的要求。珠海市医疗流通企业以小仓为主，大致上符合常规药品储存的要求，但技术仍然较为落后，医药企业需要根据自身经营的品种对仓库进行冷库设施改造，技术水平有待提升。

三、促进珠海市物流业发展的措施建议

（一）加强交通基础设施的建设

加快香海大桥、金海公路大桥、兴业快线等重大道路交通工程建设。完善港口集疏运通道，推动高栏港疏港铁路专用线二期工程建设，加快连通珠海机场的港珠澳大桥西延线建设，增强区域辐射能力。建设一体化多式联运设施，实现各种运输方式的无缝链接。推进珠海机场改扩建、机场综合交通枢纽、莲洲通用机场二期扩建工程，

推动开通珠海机场国际口岸和国际航线。

（二）推广海铁联运的成熟模式

持续推广海铁联运的成熟模式。近年来珠海港物流大力发展多式联运业务，已开通 26 条海铁联运通道线路。其中，港捷联运是珠海港集团实施多式联运战略的重要平台，在海铁联运领域取得显著的成果。自集团成立以来，充分发挥铁路直达港区和位于西江主出海口的双通道联运优势，深化与沿铁、沿江的广铁集团、船公司、货代公司合作，并通过沿线设立无水港的方式拓展西江流域及湘南地区货源，陆续开通覆盖湖南、云南、贵州等地的海铁联运通道。未来建议以此为基础积极推广类似的海铁联运发展模式，以实现粤港澳大湾区货物海陆运输的无缝对接和协同发展。

（三）推动珠港机场协同发展

充分发挥香港机场国际航线和珠海机场国内航线的各自优势。出口方面，通过珠海机场对国内货物进行集聚，货物空运至珠海，再通过港珠澳大桥陆运至香港机场出口；进口方面，由香港机场对来自世界各地的货物进行集聚，再通过港珠澳大桥陆运至珠海机场，最后分拨到国内，以此构建两地空港物流体系，竞合实现共赢。

（四）加快冷链物流布局发展

进一步完善冷链物流设施、冷链物流发展布局，争取形成布局合理、高效畅通、技术先进、衔接有序、全程可追溯的现代冷链物流体系。积极为港珠澳大桥货物口岸申请进境食用水生动物、进境冰鲜水产品、进口水果、进口肉类等进口商品指定监管场地，促进珠海市冷链物流发展。

（五）加快供港澳农产品园区建设

利用内地农产品产业发展优势和珠海地缘优势机遇，加快推进供港澳鲜活农产品快速通关园区的建设。通过管理模式创新、安全检测体系建设、海关监管系统建设、产品溯源体系建设、信息化体系建设以及企业诚信体系建设，将珠海市鲜活农产品快速通关园区打造成粤港澳大湾区供港澳农产品基地，拉动珠海市及国内名优农产品产业发展，保障香港、澳门市场农产品安全供应。

（六）推进跨境电商综试区建设

利用珠海的区位、政策优势，大力引进跨境电商项目。深化与阿里巴巴、京东等知名平台合作，引导外贸企业应用“互联网 + 外贸”模式，进一步开拓海外市场。推动港珠澳大桥珠海口岸、西域码头建设跨境电商监管作业场所，进一步拓展跨境电商一般出口业务通道。

佛山市物流业发展 2020 年回顾与 2021 年展望*

一、2020 年佛山市物流业发展总体情况

（一）物流业发展平稳有序

2020 年，佛山市占地面积 10 万平方米及以上的物流园区达 11 家，排名全省第二，达到规模的园区数量仅次于广州（12 家）。全市 11 家物流园区中，已运营 7 家、在建 3 家、规划建设 1 家，园区类型涵盖商贸物流、生产服务型、货运枢纽型、跨境电商、物流仓储、装卸搬运和仓储业、综合服务类等多种类型。2020 年，佛山市公路和水路运输方式完成货运量 23779 万吨，比上年增长 0.4%。其中公路运输 19502 万吨，同比增长 0.2%；水路运输 4277 万吨，同比增长 1.3%。完成货物周转量 238.96 亿吨公里，同比增长 4.5%。其中公路运输 142.14 亿吨公里，同比增长 3.6%；水路运输 96.82 亿吨公里，同比增长 5.8%。全年主要港口完成货物吞吐量 9284.68 万吨，比上年下降 3.7%，其中港口集装箱吞吐量 404.97 万 TEU，同比下降 8.8%。截至 2020 年年底，佛山市在册营运货车约 3.98 万辆（其中氢能营运货车 442 辆，冷链营运货车 69 辆），总吨位 57.9 万吨，车辆数和运力同比分别增加 2037 辆和 9.13 万吨，分别增加 5.39%、18.72%；货车平均吨位 14.52 吨/辆，比 2019 年的 12.89 吨/辆增长 12.6%，大型货车数量（4 吨以上）占比由 79.52% 上升到 88.26%；全市公路货运规模以上企业（自有佛山籍货车 30 台以上，总载重 250 吨位以上）数量由 2019 车的 248 家发展到 298 家，增加 20.16%，规模以上企业车辆总数 1.86 万辆、总运力 30.1 万吨，吨位占总运力 52.08%，车辆总数与运力比 2019 年分别增加 22.4%、25.8%。

（二）基础设施建设不断完善

2020 年，佛山市交通基础设施计划总投资 314.91 亿元（其中，省投资项目 10.48 亿元，佛山投资项目 304.43 亿元），全年实际完成投资 327 亿元，完成年度计划的 103.8%。一是高速公路项目建设加快。佛清从高速、佛江高速和顺至陈村段、广明高速二期工程建设完成；广佛肇高速佛山段二期建成通车。二是市级统筹路网项目建设

* 供稿单位：佛山市交通运输局。整理人：陈梓博，广东省现代物流研究院。

全力推进。一环西拓北环段完工通车，一环西拓南环段高明大桥至富龙大桥公路工程基本建成，番海大桥主桥贯通。三是“断头路”连通工作计划完美收官。2020 年佛山市计划打通的 20 条“断头路”全部打通。四是加强与广州及周边城市交通基础设施互联互通。海华大桥正式建成通车。五是着力实施“四好农村路”建设。结合佛山市“百里芳华”乡村振兴建设工作，五区完成 6 条“四好农村路”建设工作，累计里程约 41. 6 公里。顺德、南海、高明三地被评为广东省“四好农村路”省级示范县。六是加快推进码头项目建设。中石油高富油品码头扩建工程验收完成；高明高荷港码头工程、南海发电一厂码头扩建工程前期工作推进顺利。

（三）城市配送体系建设不断完善

2020 年佛山市大力支持城市货运体系建设。一是完成 2019 年度促进货运业装备提升资金复核。2019 年度符合佛山市促进货运业装备提升资金申请条件的规模运输企业和新增运力企业共 159 家，其中规模运输企业 58 家（公路运输企业 47 家，水路运输企业 11 家），新增运力企业 101 家（公路运输企业 95 家，水路运输企业 6 家），两项补贴资金合计 5793. 1409 万元。二是制定了《佛山市交通运输局 2020 年加强城乡物流配送基础设施建设专项扶持资金使用方案》，加快推进城乡物流基础设施一体化发展，引导城市配送试点企业实行规模化经营，降低成本，提高效率，推动城市配送行业发展；鼓励采用厢式货运车辆实施城市配送，逐步推行以新能源厢式货车为主的城市配送方式，减少对城市环境的影响。三是拟订《佛山市城市物流配送氢能源货运车辆扶持资金管理办法（征求意见稿）》，鼓励承担城市物流配送的运输、物流、快递企业使用氢能源货运车辆，以需求带动加氢站等配套设施的规划建设；逐步推行以氢能源货运车辆为主的城市物流配送，减少对城市环境的影响，提高资源的利用率。四是对加氢站建设给予大力补助，市级对加氢站单站的建站补贴金额高达 500 万元，为加氢站项目建设提供了强有力的支撑。五是试点帮扶，截至 2020 年，全市共评定 44 家智慧物流腾飞试点企业，通过联动机制帮扶企业发展。六是建设快递专用电动三轮车管理系统及配套服务项目，解决快递行业“最后一公里”车辆通行管理中存在的突出问题，推动快递行业更好地服务城市经济和社会发展。

（四）国家物流枢纽建设加快

2020 年，南海区的国际陆港开工建设。国际陆港是佛山国家物流枢纽的首期项目，项目占地面积约 200 亩，建筑面积约 26 万平方米，总投资约 15 亿元，建设期三年，计划第四年开始运营。项目运营后，预期每年将服务超过 2000 家本地制造业企业，进出口总额将达到 100 亿美元，跨境物流小包超 3000 万件，预期年纳税总额超 5000 万元。功能区分布包括枢纽总部大楼、国际快件监管中心、保税物流中心（B 型）、口岸查验区、物流信息交易中心及商业配套中心等。随着“1 个平台 +5 大功能分区”的建设，佛山国际陆港将积极推动多式联运物流发展，补强港口集疏运体系，推动中欧、中亚班列发展，实现国际快件、跨境电商、国际货运等通关及物流服务功能前置。同时依托跨境电商通关平台、产业供应链服务平台建设，带动并提升全市物流行业服务能力，推动全市物流业及电子商务行业集约化、规模化、专业化发展，补强服务贸易链条，推动产业集群发展壮大，助力佛山全市营商环境优化提升。

（五）冷链物流发展良好

2020 年，佛山市统计冷库 54 个，库容量达到 39 万吨，占全省总容量的 11.5%，从事农产品冷链物流的企业 55 家，年运输量上万吨的企业有 20 家。全市共有统一标识的“菜篮子”配送车辆约 110 辆、屠宰企业肉品配送车 390 辆。政府大力扶持优质粤菜食材农餐对接企业（配送企业或直营店）壮大发展，佛山市农业农村局认定了 20 家优质粤菜食材农餐对接企业，每个企业给予 10 万元的财政扶持，资金总额 200 万元，鼓励企业采购冷链储存、绿色运输等硬件设备，提升配送效率。

（六）快递物流增幅平稳

2020 年，佛山市快递业务量全年累计达到 9.55 亿件，同比增长 38.12%；业务收入全年累计达到 122.27 亿元，同比增长 29.52%。快递业务收入在行业中占比继续提升。快递业务收入占行业总收入的比重为 89.92%，比上年提高 4.1 个百分点。同城快递业务持续增长。全年同城快递业务量完成 1.32 亿件，同比增长 27.91%；实现业务收入 9.74 亿元，同比增长 16%。异地快递业务快速增长。全年异地快递业务量完成 8.04 亿件，同比增长 38.73%；实现业务收入 79.06 亿元，同比增长 26.16%。国际及港澳台快递业务增长较快。全年国际及港澳台快递业务量完成 1924.49 万件，同比增长 116.34%；实现业务收入 14.35 亿元，同比增长 82.45%。同城、异地、国际及港澳台快递业务量分别占全部快递业务量的 13.81%、84.18% 和 2.01%；业务收入分别占全部快递业务收入的 7.97%、64.66% 和 11.74%。2020 年佛山市快递业务量在全国排名第二十，快递业务收入在全国排名第十一。

二、佛山市物流业发展存在的主要问题

（一）物流业系统化发展不足

目前佛山市物流业整体系统性仍不够强，物流枢纽、物流园区、物流中心、配送中心、配送网点等组成的物流架构不够完整，对外输出的干线、城市内部的配送，这些节点的联系还存在许多薄弱的环节。物流业基础设施、数字网络、运营架构等虽然初步成型，但整个社会的物流流转尚存在诸多不合理的现象，物流园区限行、闲置浪费等情况时有发生，铁路等优质资源的合理利用还需要进一步发展。

（二）物流业信息化推进缓慢

相较于其他行业，物流业信息化推进缓慢。一是物流业整体的信息化工具应用较少，因为监管要求不严，大部分运输物流企业没有安装运输管理系统，仓储型企业更多以人工记录、人员经验为主运营；二是信息化的成本较高，引入一套系统的成本与企业收益差距过大，引入一套系统短期内所能够创造的收益较少，投资回收期较长，削弱了企业家信息化改造的兴趣与信心；三是整个社会目前尚未形成一个公共式的物流信息平台，主导佛山市大部分的物流资源，促使企业进行信息对接。

（三）货运配送站场等土地资源缺乏

物流站场等产业基础服务设施由于土地资源占用大，直接经济产出不明显，各属地政府普遍重视不足，规划衔接不够，引导性资金投入严重偏低，全市公路货运枢纽（站场）建设滞后，已建站场普遍规模小、配套设施不足，现有货运站场基本上以零担、配载功能为主，缺少延伸服务，难以支撑仓储配送、流通加工、信息整合、多式联运、甩挂运输等现代物流发展需要。

三、促进佛山市物流业发展的措施建议

（一）规划引领发展

一是着重谋划货运设施的规划布局，结合正在编制的《佛山市综合交通规划（2019—2035）》以及相关货运行业专项规划成果，规划初步提出了“8＋7”的货运枢纽体系思路，8个货运主枢纽包括机场、丹灶货运站等，7个货运辅枢纽包括南丰作业区、南鲲作业区等，为三级网络体系建设提供了良好的基础，并发挥了指引作用。二是根据《广东省农村物流建设发展规划（2018—2022年）》，指导各职能部门、各区按照规划补齐佛山市农村物流建设短板，推进农村物流服务体系建设，完善农村物流体系。三是制定《佛山市创建绿色货运配送示范城市相关指标任务分解方案（2021年）》并组织征集意见，修改完善后报请市政府印发实施。四是跟进落实好《佛山市新能源汽车产业发展规划（2018—2030年）》和《佛山市氢能源产业发展规划（2018—2030年）》，做好电动汽车充电基础设施“十四五”规划研究，为新能源运输工具做好配套。

（二）提升信息化水平

把加强物流综合信息平台建设作为推进商贸物流向现代物流迈进的突破口，重点扶持物流信息技术平台、科技网络平台等信息平台建设。积极引导物流企业加大信息化投入，规范业务流程，提高物流运作效率和服务水平。以提升物流信息化水平为契机，以“互联网＋”、大数据技术推动绿色高效智慧物流项目，打造智慧物流示范城市。

（三）推进多式联运建设

不断推进多式联运建设，完善物流信息共享平台。通过国家物流枢纽建设的契机，充分整合佛山市铁、公、水、空等多种运输资源，着力推进多式联运发展。协调统筹发展改革、交通运输等部门，探索多式联运运营模式，打破各种运输方式之间对接不畅通的局面，开发更多铁水联运等联运产品。

（四）加强物流用地保障

加强物流及相关建设项目用地与国土空间规划的衔接，在国土空间规划编制中，统筹城乡融合发展，充分考虑物流建设发展需求，在新增用地指标中，适当增加对物流仓储中心、冷链物流设施、物流站场等用地支持。加强符合国土空间规划的快递仓储、配送园区、分拨中心、智能快件箱等基础设施的用地保障。建立佛山市农村物流重点项目库，各级政府优先解决入库重点项目用地需求。

东莞市物流业发展2020年回顾与2021年展望*

一、2020年东莞市物流业发展总体情况

（一）物流行业发展稳中有进

2020年，东莞市完成货物运输总量17138.87万吨，比2019年下降1.6%，其中公路货物运输总量9647.38万吨，比2019年下降2.58%，水路货物运输总量7491.49万吨，比2019年下降0.43%。货物周转量528.77亿吨公里，其中，公路货物周转量78.88亿吨公里，比2019年提高15.99%，水路货物周转量449.89亿吨，比2019年提高20.56%。东莞港完成港口货物吞吐量1.99亿吨，比2019年增长0.25%。其中，外贸货物吞吐量完成3324.55万吨，同比减少6.02%；集装箱吞吐量完成379.63万TEU，同比减少6.21%，其中外贸集装箱吞吐量完成27.69万TEU，同比增长8.27%。此外，东莞快递服务企业业务量平稳增长，全年累计完成211687.31万件，同比增长29.86%；业务收入累计完成250.17亿元，同比增长20.59%。其中，同城业务量累计完成51329.44万件，同比增长4.00%；异地业务量累计完成144330.51万件，同比增长35.67%；国际/港澳台业务量累计完成16027.35万件，同比增长120.52%。

（二）货运企业发展稳中加固

截至2020年年底，东莞市共有货物运输经营业户8875户，其中普货企业3885家，普货个体户4873家，危运企业117家；共有营运货车30251辆，其中，道路普通货物运输车辆25232辆，危运车辆5019辆。东莞市共有港口码头企业73家（泊位142个），其中危货企业23家，普货企业49家，客运码头1家。港口拖轮经营企业2家。船舶港口服务、港口设施设备和机械租赁维修企业28家，港口理货业务经营人5家。2020年，东莞市水路运输企业共计50家。其中，普通货运企业47家，危运企业2家，客运企业1家。东莞市营业运输船舶共计364艘，载货量合计190.7万吨。

* 供稿单位：东莞市交通运输局。整理人：张嘉桀，广东亚太经济指数研究中心。

（三）多式联运建设稳步推进

一是“蛇口—石龙”湾区快线正式开通。该湾区快线将采用固定班轮点到点模式运营，并提供“天天班”服务，以最快速度完成货物在招商蛇口港与广东（石龙）铁路国际物流基地间的集港、疏港及多式联运转运作业。随着“蛇口—石龙”湾区快线开通，广东（石龙）铁路国际物流基地的中欧班列，与深圳西部港区丰富的航运物流网络得以贯通联动，形成海铁联运格局，共同打造出以深圳、东莞（石龙）为轴心的广东“一带一路”海陆多式联运物流大动脉。二是东莞中外运石龙码头改扩建工程稳步推进。东莞市 2020 年多式联运建设主要是东莞港内河港区石龙作业区东莞中外运石龙码头改扩建工程，码头改扩建工程使用岸线 500 米，建设 8 个 1000 吨级多用途泊位，设计年通过能力件杂货 192 万吨、集装箱 16. 8 万 TEU。其中一阶段工程规模为 3 个 1000 吨级泊位及护岸工程。一阶段于 2019 年 8 月 28 日正式开工，2021 年 3 月 30 日通过交工验收，2020 年实际完成业务规模 3949. 7 万元。

（四）推进城市货运绿色发展

东莞市交通局会同市公安、商务以及邮政管理部门对《东莞市城市配送车队组建工作方案》进行了修订，结合办理城市配送车辆通行证，深入推进东莞市物流快递领域车辆纯电动化工作，除冷链运输因车辆性能限制暂未要求使用新能源车辆外，其他办理城市配送车辆通行证的车辆须为纯电动或燃料电池等新能源厢式货车。截至 2020 年年底，东莞市 2 家企业共投入 591 辆纯电动城市配送车辆。此外，自 2020 年 12 月 1 日起，东莞市公安局发布最新货车限行规定。除了部分路段、特定时段外，东莞市范围内取消对核定载重量 5 吨（含）以下本省籍新能源号牌载货汽车的限行措施，以加强新能源汽车推广应用。

（五）物流立体通道加速构建

一是“空港中心”建设开端良好。协调香港有关部门，推动东莞市政府与香港机场管理局签订项目合作备忘录，共同推进空港中心项目建设。积极推动广州机场东莞货站增强揽货能力，全年国际货运量约 7000 吨，货值约 4 亿美元。二是中欧班列运营水平提升。争取了省政府的支持，将常平中欧班列纳入省财政补贴范围，并加大省内中欧班列财政补贴力度。东莞石龙站点开行省内春节后首趟中欧班列、华南地区首班运邮专列；常平中欧班列成功首发。全年共开行国际班列 132 列，集装箱 12500 标准箱，货值 77604 万美元。三是东莞港发展再上新台阶。推动虎门港综保区封关运作，全年进出园区货值为 1365. 2 亿元，同比增长 6. 3%。该综保区全面实行免费申报，覆盖东莞市所有口岸。目前使用企业达 1. 68 万家，累计单证总申报量突破 500 万票，位居全省第四。

二、东莞市物流业发展存在的主要问题

（一）集约化、规范化水平有待提高

道路货运单车经营准入门槛相对较低，从业人员综合素质相对较差，管理理念、方式和方法相对更加落后，行业“小、散、弱”的情况依然存在。因此，如何引导道路货运单车经营业户更好地落实管理主体责任，提升经营业户管理的科学性、规范性和可操作性，仍是一个亟待解决的重要课题。

（二）水路运输受疫情冲击较为显著

受新冠肺炎疫情影响，东莞市水路运输受到的冲击主要体现在以下三方面。一是东莞市两条客运港澳航线一直处于停航状态。二是水路运输企业停航时间变长、业务量减少。三是国际疫情严峻，国际航线运输转内贸运输船舶增加。

三、促进东莞市物流业发展的措施建议

（一）多举措推动水运物流高质量发展

一是加快推动东莞港集团“东莞—香港”空港快线项目，支持东莞港集团驳船公司做好航线开通工作，进一步扩大本地运输市场。二是支持水路运输企业加大力度投放新运力，参考周边城市做法，研究制定新增船舶运力财政资金奖励政策，吸引东莞商家在外地注册经营的船舶将运力迁回东莞。三是积极搭建港口航运融合发展交流平台，引导东莞市港口企业、水运企业加强业务合作，努力推进“莞货莞运”。

（二）加速保障本地物流基础设施升级

一是加快升级港口和车检场。加快推进东莞港玖龙纸业码头（2 个 5 万吨级）、同舟石化码头二期（5 万吨级）、中远船务造船项目配套码头建设，争取建设更多直航通道。创新国际贸易“单一窗口”服务功能，对接东莞市市政务数据平台。盘活三大口岸车检场资源，加快升级建设车检场无水港堆场。二是继续推进东莞港内河港区石龙作业区东莞中外运石龙码头改扩建工程二阶段前期准备工作，协助建设单位尽快开工建设，继续提升多式联运功能，为广大腹地的大宗货物运输提供水水中转和铁水联运功能，并实现与各种运输组织方式的有效衔接。三是积极建设供应链平台。加快供应链创新与应用，加快推动符合条件的重点企业获批供应链金融平台创新试点资格。加快建设全球电子元器件供应链平台、国家智能物流骨干网华南核心节点项目、阿里巴巴跨境零售出口全球服务中心等重点供应链项目。

（三）加快推广科技创新，增强新活力

一是支持“互联网+”高效物流发展。鼓励东莞市货运企业抓住机遇加快流通体系的创新发展，增强供应链管理服务功能，从传统运输、商贸物流企业向供应链上下游延伸，积极拓展融资租赁、流通保理、管理咨询等新兴业务，为东莞流通发展注入新活力。二是全面提升道路货物运输安全科技保障水平。全面推进东莞市重型货车完成智能视频监控报警装置的安装。综合采取人防和技防相结合的方式，切实减少驾驶员疲劳驾驶、行车接打手机等安全隐患，有效遏制和减少重特大事故的发生。

（四）支持新业态、新模式的发展

一是推动保税物流快速发展。推动虎门港综保区创新发展，加快发展保税展销、保税维修、融资租赁、服务贸易等新业务、新模式。完善综保区维修检测业务监管，支持智能终端龙头企业开展区内保税维修业务。积极争取国家支持，增设保税物流中心（B型）。二是加快探索“海空联运”。积极争取上级部门的大力支持和指导，加强与香港建设方的沟通对接，推动“空港中心”项目落地运行。拓宽“湾区快线”，全面串联珠江内河水系与香港港、深圳港、广州港等枢纽港之间的物流通道。三是加快提升国际班列运能。加大对国际班列的扶持力度，进一步提高陆路货物通关效率并降低通关成本，支持货源向运行较好的枢纽集结，支持利用中欧班列扩大进出口。加快推动石龙、常平中欧班列增加班次密度，完善国际班列冷链物流配套设施。

中山市物流业发展2020年回顾与2021年展望*

一、2020年中山市物流业发展总体情况

《2020年中山市政府工作报告》中提出，要抢抓“双区驱动”（粤港澳大湾区和深圳建设中国特色社会主义先行示范区）重大战略机遇，大力推进城市环湾布局、向东发展，全力打造国际化、现代化创新型城市。随着深中通道、南中高速、中开高速、深茂铁路等一批重大交通基础设施项目加快建设，中山市立体交通网络体系日臻完善。中山市作为粤港澳大湾区西翼综合交通枢纽城市、深中一体化发展的受益者，将迎来历史性发展机遇。在中山市重振虎威加快高质量崛起的道路上，现代物流业将成为珠江两岸产业对接，推动中山市快速融入粤港澳大湾区建设的重要环节。

（一）物流业整体运行状况良好

2020年中山市物流业整体运行稳中有进。一方面，交通运输、仓储和邮政业在新冠肺炎疫情冲击下保持平稳增长。2020年，中山市交通运输、仓储和邮政业增加值52.66亿元，比上年增长0.6%。全年货物周转量74.55亿吨公里，比上年增长2.5%。中山市邮政业务收入（不包括邮政储蓄银行直接营业收入）累计完成69.82亿元，同比增长29.80%；业务总量累计完成127.37亿元，同比增长31.01%。另一方面，交通基础设施建设扎实推进。公路总里程达2935公里，南沙港铁路、深中通道等一批重大交通项目开工建设，黄圃快线、北二环主线等一批快速路建成通车，打通26条“瓶颈路”，完成一批市政道路升级改造。

（二）现代物流政策规划不断完善

中山市于2020年先后印发了《中山市加快商贸新业态发展行动计划（2019—2023年）》《中山市建设现代服务业发展高地行动及方案（2020—2022年）》和《中山市完善促进消费体制机制实施方案（2020—2022年）》，为推动物流高质量发展提供了指引和支持。其中，《中山市加快商贸新业态发展行动计划（2019—2023年）》着力培育物流新兴业态发展。行动计划指出，加大对仓储、电商、邮政、快递等企业支持力度，

* 供稿单位：中山市商务局，中山市交通运输局。整理人：张嘉槃，广东亚太经济指数研究中心。

引导企业采取多种方式共建共用社会化配送中心，推广集中式仓储、自动化分拣、统一配送等模式发展。《中山市建设现代服务业发展高地行动及方案（2020—2022年）》则聚焦现代物流业冷链物流和智慧物流两大关键领域以提升中山市物流服务业发展水平。冷链物流方面，方案提到要加强农产品食品冷链流通体系建设，支持并合理配置公共冷库建设，支持冷链设施设备投入，发展多温层共同配送。智慧物流方面，方案则强调了推动物流技术创新对建设现代物流的意义，如加速推广物联网感知技术，推进大数据、云计算和人工智能技术应用，提高物流设施设备机械化、自动化、标准化水平，促进智慧物流、共享物流、智慧供应链发展。

（三）资金扶持力度持续加大

为培育和发展一批规模大、市场竞争力强、经济效益好的物流龙头企业，引导物流企业做优、做强、做精，2020年中山市印发了《中山市商务发展专项资金（促进物流发展项目）实施细则》，为物流企业转型升级提供实实在在的资金支持。实施细则支持方向涵盖了智慧物流、冷链物流、物流标准化、农村物流网点等现代物流发展的关键领域，覆盖了新建或改造机械化智能化立体仓库、新建或改造公共冷库、提升物流标准化水平、流通领域供应链体系建设、农村物流标准运营网点建设等现代物流发展亟须重点突破的领域。

（四）物流平台建设成效显著

2020年，中山市现代物流平台发展取得明显成效。以中山市黄圃园为例，2020年度主要从两个方面加速现代化物流业平台建设。一是重点发展多式联运特色突出的现代物流产业。通过加快规划建设南沙港铁路黄圃货运站场和国际铁路物流园等物流功能区域，形成“公、铁、水”多式联运的立体联运物流体系。二是引入现代化物流项目落地建设。加大招商引资力度，引进国内外知名物流企业、龙头电商企业等落户黄圃园，通过整体提高供应链、产业链水平，提升业务辐射能力，打造成珠江口西岸重要物流节点。截至2020年年底，黄圃园内已引入万纬中山物流园项目、丰树华南电商综合物流园项目及京东中山电子商务产业园和运营结算中心项目等。此外，一批重大物流项目顺利落地，顺丰中山电商产业园项目已成功签约并投入建设，EMS珠三角区域（中山）邮件处理中心（二期）落地建设，投资5亿元的华润万家物流配送中心项目已建成投入运营。

（五）冷链物流发展水平不断提高

一是食品加工冷链体系取得突破。以中山温氏晶宝食品有限公司为代表的大型肉制品生产企业，在原料获取、分割加工、冷藏运输、终端销售等环节实现了全程低温控制。二是冷链信息化水平不断提高。以中山苏宁、大南北冷链为代表的第三方冷链配送企业，采用先进的仓储管理模式，应用条形码、WMS、温度检测系统等，信息化程度高。三是冷链体系智能化水平不断提高。以广东赛斐迩物流科技有限公司为代表的智能装备制造企业，开发了冷库作业的“堆垛机＋穿梭车＋智能控制”集成系统，大大提高了冷链仓储作业效率。此外，卫星定位、全程监控、可追溯等技术也在中山市的冷藏运输和配送环节得到推广应用。

（六）水路运输运力下降明显

受本地企业外迁，老旧船舶拆解，淘汰高耗能、高排放老旧运输船舶等因素影响，中山市水路运力下降明显。截至2020年12月，中山市营运货运船舶为81艘，营运货运船舶数量连续两年减少。受此影响，中山市水路运输总周转量同比下降。2020年中山市水路货运量1222.31万吨，同比下降7.50%；水路货物周转量125831.57万吨公里，同比下降4.13%，其中，内河货运量714.37万吨，同比增长2.38%，内河货物周转量65653.99万吨公里，同比下降4.47%，远洋货运量507.94万吨，同比下降11.83%。

二、中山市物流业发展存在的主要问题

（一）龙头企业尚需培育

中山市物流企业以中小型为主，目前仍缺少具有标志性的大型商品集散地，缺少具有区域影响力的大型物流枢纽，导致为现代物流运输服务的能力不足，为跨地域的现代物流服务、为国际物流运输服务的能力严重不足。

（二）货运企业集约化程度低

货运行业经营结构不合理，运输效率低下，主要表现为经营主体多、规模小、分布散、能力弱，缺乏市场竞争力。货运企业大多从事普通货运，技术含量低，专业从事集装箱、零担、大件、冷藏等专业化运输的企业相当少。货运市场信用体系、行业运行监测体系仍未完善，中小型企业缺乏信息化、智能化技术支撑，多式联运、甩挂运输等运输模式推进缓慢。

（三）站场式物流园区亟待转型

中山市初期形成的货运站场式物流园，如东升宏昌物流园、黄圃马新物流园等，存在空间利用低效、货运组织模式低端、信息化手段缺乏等劣势，难以适应当前产业发展组织模式，亟须进行智慧物流软硬件设施升级改造，并向智能化物流集聚园区转型。

（四）交通基础设施不完善，连接不充分

高速公路与地方公路，铁路与水路，货运站场（物流园区）与铁路、港口、产业园区无法有效连接，货运站场（物流园区）集聚区与产业集群缺乏有机联系，存在“最后一公里”问题，多式联运存在衔接困难。

三、促进中山市物流业发展的措施建议

（一）高标准定位物流发展规划

“十四五”时期是我国深化交通运输供给侧结构性改革，推进物流“降本增效”，推动智慧物流发展的重要阶段。未来中山市应坚持以习近平新时代中国特色社会主义思想为指导，全面贯彻中共十九大和十九届二中、十九届三中、十九届四中、十九届五中全会精神以及中央经济工作会议精神，结合中山市物流业发展现状，按照整合资源、优化结构、可持续发展的思路，结合《广东省现代物流业发展规划（2016—2020年）》《中山市“十三五”现代物流业发展规划》《中山市服务业发展“十三五”规划》《中山市农村物流建设发展规划 2018—2022》等相关规划，针对中山市社会经济发展情况、制造业发展状况、服务业特征和未来发展路径，编制《中山市现代物流业发展“十四五”规划》。

（二）加强培育壮大流通主体

一是开展物流园区提升工程。引进和培育一批技术先进、功能强大、管理领先的物流园区和第三方物流企业。同时，加快改造中山市现有的物流园区，按照节约、集约用地的原则，整合提升传统运输企业发展效能，加快整合与合理布局重点物流园区，为中山市产业转型发展奠定基础。二是培育大货企成为产业集成商、供应链管理商。多方共建共享“一流三网”——货运订单流、用户资源网络、计算机信息网络和供应链资源网络，完善信用、支付、金融等配套服务体系，以及企业等级、绿色运输等评价指标体系。三是推进实施先进运输模式。要充分利用“互联网 +”等新业态、新模式，促进“多、小、散、弱”的货运资源集约整合。要通过鼓励发展大车队运营、挂车租赁共享、长途接驳甩挂、多式联运、甩挂运输、无车承运等新模式，进一步优化市场主体结构，培育扶持龙头企业，提升货运组织化程度和集约化水平。

（三）推动物流提效降费工作

一是推动物流信息化、标准化建设，鼓励企业引入或建立信息化系统，实施物流设备信息化，实现采购、仓储、运输、分拣、配送等业务流程信息化。二是推动高标仓项目建设，实现物流作业的全面机械化和自动化，提高货物周转效率，降低库内运

营成本，有效提升企业供应链效能。三是构建电子商务物流服务平台和配送网络，吸引制造商、电子商务运营企业及快递公司进驻，提升物流配送效率和专业化服务水平，为中山市制造业转型升级提供有力支撑。四是深入推进货运领域“放管服”改革、推动新旧动能接续转换、加快车辆装备升级改造、改善货运市场从业环境、提升货运市场治理能力等重点任务和政策措施，切实采取有效措施把物流企业的成本降下来，效率和质量提上去。

（四）加快推进绿色物流建设

加快转变资源利用方式，鼓励应用低能耗、低排放运输工具和节能型绿色仓储设施。优化运输结构，合理配置各类运输方式，提高铁路和水路运输比重，加强全过程节约管理，提高利用效率和效益。大力发展回收物流，鼓励生产者、再生资源回收利用企业联合开展废旧产品回收。坚持严格节约用地管理制度，保护有限土地资源。

（五）进一步强化智慧物流建设

加快企业物流信息系统建设，发挥核心物流企业整合能力，打通物流信息链，实现物流信息全程可追踪。促进物流信息资源共享与交互，引导和推动物流企业应用智慧化仓储技术、智能化装备，提升企业数字化、自动化、智能化水平，包括智能识别、搬运、存储、分拣相关的软件和硬件设备（如高架立体仓库、高速分拣系统、输送带系统等组成的智能仓储基本骨架；由叉车、AGV、自动码垛机器人、穿梭车、拣选机器人、货到人机器人、3D 视觉识别等组成的各种自动化设备系统）。规划设计物流中心时，注重软件目标，以通过数据仿真工具清楚掌握物流中心运转及产能状况，鼓励将各种物流中的工具资产、车辆、箱体、托盘等逐渐转化为拥有联网、计算、学习能力的智能装备。

江门市物流业发展2020年回顾与2021年展望*

一、2020年江门市物流业发展总体情况

（一）物流业运行缓中趋稳

根据《2020年江门市国民经济和社会发展统计公报》，2020年，江门市全年水陆货运量17921万吨，比上年下降3.2%；货物周转量158.20亿吨公里，下降5.5%。港口货物吞吐量10698万吨，增长56.6%。

（二）交通基础设施加快建设

江门市交通基础设施“硬联通”实现了历史性跨越。2020年，江门市完成交通投资908.5亿元，是“十二五”时期的近3倍。江湛铁路通车，珠西综合交通枢纽江门站建成投入使用，江门接入全国高速铁路网。新增高速公路通车里程207公里，总里程达591公里。广中江高速、江罗高速、高恩高速、开春高速、江门大道三江以北段等一大批高、快速路建成通车。

沿海经济带上江海门户加快建设。交通投资完成220亿元。珠西综合交通枢纽江门站建成运营，成为省内第四大铁路客运枢纽，深江铁路、珠肇高铁江门至珠三角枢纽机场段动工建设。中开高速罗坑互通至凤山互通段、开春高速、开阳高速扩建建成通车，沈海高速江门段实现全线双向八车道贯通，江门大道三江至南门大桥段左幅试通车。黄茅海跨海通道和银洲湖高速全线开工，中江高速扩建启动建设。华南地区最大的内河智慧码头——江门高新港投入使用，崖门出海航道二期工程启动建设。

（三）快递业务快速增长

根据《2020年江门市邮政行业发展统计公报》，2020年，江门市全年快递服务企业业务量完成12678.36万件，同比增长28.32%；快递业务收入完成18.03亿元，同比增长20.18%。快递业务收入在行业中占比继续上升。快递业务收入占行业总收入的比重为71.72%，比上年提高3.72个百分点。同城快递业务小幅增长。全年同城快递

* 供稿单位：江门市交通运输局。整理人：杜尚霖，广东省物流与供应链学会。

业务量完成 2278.89 万件，同比增长 17.30%；实现业务收入 1.64 亿元，同比增长 6.62%。异地快递业务快速增长。全年异地快递业务量完成 10219.20 万件，同比增长 31.57%；实现业务收入 9.64 亿元，同比增长 19.04%。国际/港澳台快递业务持续增长。全年国际/港澳台快递业务量完成 180.27 万件，同比增长 5.87%；实现业务收入 3.22 亿元，同比增长 25.17%。异地快递业务占比提升。同城、异地、国际/港澳台快递业务量占总业务量比率分别为 17.97%、80.61% 和 1.42%，业务收入占总业务收入的比率分别为 9.09%、53.48% 和 17.84%。快递与包裹服务品牌集中度指数 CR8 为 84.38。

（四）道路运输行业安全监管全面加强

江门市积极推进全市道路运输行业安全监管措施。一是组织道路运输企业 495 名“两类人员”通过安全生产知识和管理能力考试。二是严格按照要求，完成全市 1947 辆“两客一危”车辆智能视频监控报警装置安装工作，并完成监控数据接入省平台。三是推进全市 77 家危运企业 100% 使用电子运单管理运输任务，并加强对未使用电子运单企业的监管，确保危运企业规范使用电子运单。四是进一步完善机动车驾驶培训监管机制，印发加强驾培行业学时监管工作的通知，规范培训行为。五是组织道路运输行业日常安全监督检查。

二、江门市物流业发展的主要问题

（一）道路运输行业总体发展质量不高

江门市道路货物运输行业呈现“多”“小”“散”“弱”的特点，行业集中度低，行业利润率不高，资产质量不高，整体不受资本市场偏爱，江门市道路运输行业企业仅有 1 家上市公司（在新三板上市，且主要收入是物流管理而非道路运输）。同时在“互联网 +”、智慧城市、智能交通大背景下，行业智慧化发展水平不高，从业人员年龄结构整体偏大，行业未来发展面临一定的不确定性，推进道路运输行业高质量发展的任务较为繁重。运输服务新业态仅限于网约车、共享单车等，道路运输新业态发展不足。

（二）货运行业分布较为分散

江门市货运行业集中度较低，有 50 辆车以上的货运业户共计 32 户、共有车辆 2555 辆，占全市比重分别为 0.58%、16.46%；有 10 ~ 50 辆车的业户 227 户、共有车辆 4257 辆，占全市比重分别为 4.13%、27.42%；10 辆车以下的业户 5237 户、共有车辆 8713 辆，占全市比重分别为 95.29%、56.12%。按标记吨位分，江门市货运车辆中，重型货车 11978 辆、占比 77.15%，中型货车 3194 辆、占比 20.57%，小型货车

353 辆、占比 2.28%，重型货车占比较高。

（三）行业安全监管能力滞后于行业发展要求

江门市行业生产安全事故偶有发生，行业风险尚未得到稳妥有效化解，主要表现有以下几点。一是从业人员安全意识相对不高，道路运输行业从业人员年龄结构老化、文化教育水平不高，违法违规驾驶行为不能完全杜绝。二是企业管理人员整体专业水平不高，尤其是危运企业专职安全管理人员和主要负责人，缺乏具备一定危化品知识背景的管理人员，管理能力和管理要求错位现象较为严重。三是专业化监管能力不足，江门市交通运输部门专业化监管力量相对不足，且社会化第三方专业监管服务力量不足，对监管效能有一定影响。

（四）道路运输服务不适应行业发展要求

2020 年，江门市积极推行网上年审、“三检合一”、行政审批告知承诺制等改革。但服务便利化水平离行业发展要求还有一定差距。一是网上年审办理业务数量不多，不少营运车主委托检测站或维修厂办理年审，同时网上年审宣传不够广泛，导致网上年审占比不高。二是道路运输服务个性化、定制化、信息化水平离美好出行的要求还有距离。三是道路运输行业智能化服务发展水平不高，无人驾驶技术在道路运输和公共交通领域目前均无企业探索应用。

三、促进江门市物流业发展的措施建议

（一）积极融入粤港澳大湾区建设

深度融入“一核一带一区”区域发展格局。抓住“双区”建设重大历史机遇，深化与粤港澳大湾区城市的对接合作，全面参与珠江口西岸都市圈建设。充分挖掘地处“一核一带一区”中“核”和“带”交汇点的优势，建设粤港澳大湾区综合交通枢纽城市。

（二）加快调整交通物流运输结构

构建内联外通立体交通网络，积极融入轨道上的粤港澳大湾区。强化江门站始发功能，先期开行江门到中西部主要省会城市始发车。启动江门站东广场规划建设，进一步优化江门站公交、客运配套。加快深江铁路、珠肇高铁江门至珠三角枢纽机场段、南沙港铁路及客运改造项目建设，推动珠肇高铁江门至珠海段动工建设，构建深南高铁通道，启动广佛江珠城际铁路广州芳村至江门段项目前期工作。探索 TOD 模式，推进城市轨道交通规划建设，织密高快速路网。加快中开高速江门段起点至双水互通段、黄茅海跨海通道、银洲湖高速、中江高速扩建（含外海至睦洲支线）等项目建设，推

动江鹤高速扩建和国道 G240 新会段、台山段改扩建工程于 2021 年上半年动工，抓好国道 G325 鹤山址山至开平塘口段等国省道改扩建及大中修工作。推进南海至新会高速、广台高速开平至台山段、斗恩高速、省道 S272 线建设路扩建工程以及连接珠三角枢纽机场的道路前期工作，谋划大广海湾旅游高速专线。完成五邑路扩建，加快会港大道建设。推进港口航道及通用航空规划建设。加快崖门出海航道二期工程建设，推动广海湾进港航道及防波堤工程前期工作，提升台山川岛陆岛交通能力，加快《江门港总体规划》修编。加速规划建设台山、恩平通用机场。

（三）推进现代流通体系建设

完善现代综合运输体系，优化流通网络布局，培育壮大流通主体。谋划建设江门高新港码头二期。加快珠西物流中心建设，推动港口及航运资源整合，探索与深圳蛇口港、盐田港等港口组建“组合港”，加快建设资质及功能齐全的万吨级码头，形成多式联运和多港联动的大物流格局。充分挖掘城乡消费潜力，完善县、镇、村三级物流体系和乡村物流服务站点建设，发展农村电商。

（四）持续提高道路运输行业服务水平

一是持续推进道路运输领域便民服务改革，进一步推广道路运输政务服务网上办理。二是探索行政审批服务改革，降低道路运输行业行政门槛和行政壁垒，让制度改革红利助推行业发展。三是持续推进营运货车“三检合一”改革、推进机动车检测维修示范站建设，助力行业绿色发展、降本增效。

惠州市物流业发展 2020 年回顾与 2021 年展望*

一、2020 年惠州市物流业发展总体情况

（一）物流业发展受到疫情影响

2020 年，受新冠肺炎疫情影响，惠州市物流业发展总体较为稳定，但货物运输有一定程度的下滑。2020 年，惠州市交通运输、仓储和邮政业实现增加值 76.91 亿元，交通运输、仓储及邮政业全年固定资产投资增长速度达 45.4%。全年公路货物运输量 7757.0 万吨，下降 20.1%。水路货物运输量 13629 万吨，下降 11.2%。全市港口货物吞吐量完成 9636.40 万吨，比上年增长 7.6%。

（二）基础设施建设日趋完善

一是公路建设稳步推进。截至 2020 年，惠州新增高速公路通车里程 264 公里，通车总里程达 851 公里，位居全省第 2，改扩建国省道 193 公里，完成镇通行政村公路窄路面拓宽 623 公里、村道路面硬化 236 公里、“畅返不畅”路面修复 243 公里、危桥改造 66 座，建设“四好农村路”3200 公里。二是空港建设起步腾飞。机场路二期工程、供油工程已全面完工，新航油库投入使用。截至 2020 年年底，共开通 47 条航线，旅客吞吐量位居全国第 55，相比 2019 年提升 8 位。通航北京、上海、成都、杭州、重庆、武汉、天津、南京、昆明、哈尔滨等国内 39 个城市，省会城市覆盖率高达 80%。航班起降达 18000 架次，完成货邮吞吐量 9000 万吨。三是海港建设有序推动。新投产 6 个万吨级以上泊位，沿海港口生产性码头泊位增加到 52 个，其中万吨级以上深水泊位 29 个（含 2 个 30 万吨级和 2 个 15 万吨级泊位），总吞吐能力达 1.087 亿吨，集装箱年通过能力 94 万 TEU。2019 年，惠州港货物吞吐量达到 1.087 亿吨，其中内河货物吞吐量 1570.85 万吨，沿海货物吞吐量达 9700 万吨，集装箱吞吐量 40 万 TEU；全年进出港船舶达 47083 艘次，其中 15 万吨及以上超大型油轮进出港达 280 艘次。

---

* 供稿单位：惠州市商务局。整理人：杜尚霖，广东省物流与供应链学会。

（三）重点物流园区快速成长

目前，惠州市正常运营大型物流园区有6家，在建项目2家，规划项目1家，物流园区总占地面积463.85万平方米，总投资约50亿元。2020年11月28日开工建设粤港澳大湾区（广东·惠州）绿色农产品生产供应基地项目（省重点项目），总投资50亿元，建设粤港澳大湾区规模最大的绿色农产品加工供应基地、农产品应急储备保障中心、新型农产品供应链服务基地、农产品物流大数据中心和线上新媒体电商平台。

（四）邮政邮路长度快速增长

惠州市邮政邮路总条数63条，其中二级干线进口邮路2条、市内转趟邮路13条、支线邮路13条、农村邮路35条。邮路总长度（单程）4973公里，其中二级干线邮路单程248公里、转趟邮路单程334公里、支线邮路单程791公里、农村邮路3600公里。全市邮政农村投递路线243条，比上年减少56条；农村投递路线长度（单程）17010公里，比上年增加1669公里。全市邮政城市投递路线201条，比上年减少49条；城市投递路线长度（单程）14070公里，比上年增加2521公里。全市快递服务网路条数1761条；快递服务网路长度（单程）260923.7公里。

（五）冷链物流建设加快推进

合生创展集团有限公司和广东珠江投资管理集团有限公司将在惠东投资建设“合生－珠江国际智慧冷链交易基地”，构建具有国际竞争力的现代数字应用产业体系，建设现代化基础设施体系，提供现代化安全的供应链服务粤港澳大湾区及东南亚等地区；惠东县伦信农业有限公司冷链物流配送中心建成，实现了原产地农产品冷链物流配送，提高了惠东县的农产品流通效率。仲恺保税物流中心（B型）正在推进申报中，同时正积极引进宝湾物流、世维仓储等物流企业进驻，并计划引进专业化的冷链物流公司，使物流基础设施及运作方式衔接更加顺畅，物流园区网络体系布局要更加合理，将多式联运、甩挂运输、共同配送等现代物流运作方式结合起来。2020年，惠州大亚湾富利冷藏有限公司结合经营理念和发展战略，启动冷链建设二期工程，进一步完善冷链物流基础设施，提高冷链技术和管理水平，为大亚湾区及周边地区肉类、水产品、农产品等提供优质冷链物流服务。

（六）全面实行危运电子运单制度管理

以电子运单等信息化手段强化企业安全生产主体责任的落实。惠州市83家危运企业、1102辆危运车辆100%接入电子运单系统，1025辆危运车辆已使用运单管理（部分车辆因老旧待报废、停运等暂未使用），覆盖率为100%。同时加强对未按规定每日完成电子运单使用的企业进行严格管理，责令限期整改，对道路运输企业的危险货物运输车辆电子运单使用情况进行专项督查、路检路查等，发现车辆漏填、错填电子运单问题的，及时督促企业改正。推动建立电子运单使用情况与危运运力投入挂钩机制，对运力明显过剩的地区引导企业合理、有序参与市场经营，依托电子运单监管平台提升行业精细化管理水平，确保电子运单运用到实处，发挥实效。

二、惠州市物流业发展存在的主要问题

（一）缺乏有效的协调工作机制

政府的物流管理部门之间没有建立有效的协调工作机制，惠州市的物流缺乏综合的管理。在现代化生产条件下，物流是一体化的经济运行过程，运输、仓储、包装、装卸、配送、流通加工等各个环节存在互相制约、互相影响的内在联系。然而，惠州市物流业缺乏一体化、系统化思考，缺乏综合的管理，现代物流业没有总体战略规划，缺乏系统的近期、中期规划，造成物流业的无序发展，各种物流方式失衡，铁路货运量过低，集装箱运量占比不合理。传统的物流管理体制已严重制约了在全社会范围内对物流进行统筹规划和对物流资源进行整合。

（二）物流公共信息存在壁垒

随着信息技术的发展，物流信息系统日益成为惠州市物流发展的“瓶颈”。物流信息资源的整合能力，是需求企业考察物流供应商的主要因素。目前，惠州市尚未建立市级物流公共信息平台，物流供给市场的信息化程度偏低，不能满足客户需要。惠州市大部分物流企业规模小，难以投入资金进行信息系统建设，只有个别物流企业拥有物流信息系统，而这些企业也只能拘于各自企业内部，独自建造自己企业的信息平台，整个惠州市的物流信息平台尚未建立，导致物流信息不能共享、物流资源难以整合、物流服务效率低下、服务水平不高。企业无法掌握行业发展现状和运行情况，也无法为政府决策提供可靠依据。

（三）第三方物流薄弱

随着企业生产资料的获取规模与产品营销范围的日益扩大，惠州市的部分企业已将物流业务交给第三方物流企业代理。惠州市的国有、私营、个体物流企业蓬勃发展，但企业物流的社会化程度不高，第三方物流薄弱。目前，还没有一家物流企业能为生产企业提供全方位的物流服务。物流企业小、散、弱，服务内容多数停留在仓储、运输、搬运上，缺乏高水平和能提供完善的综合性物流服务的现代物流企业，从而导致物流产业缺乏核心企业有效带动，整体水平难以提高。

三、促进惠州市物流业发展的措施建议

（一）全面推进“丰”字交通主框架建设

围绕五年建成“丰”字交通主框架目标，统筹谋划、分步实施。加快建设惠州1号公路（惠州湾高速），启动跨东江、跨西枝江大桥及大亚湾至白花段等控制性工程建设，建成惠城先行段。加快推进连通深圳的东西轴线（惠坪高速）、连通广州的沿江轴线（惠州至增城高速）前期工作。加快构建“五横五纵”快速路及五条联络线，推进深莞惠红色干线改建工程一期项目，动工建设国道G355线龙门油田至永汉段改建工程。

（二）打造对外大连通枢纽门户

加快形成半小时快速通达粤港澳大湾区核心城市的轨道交通网，建成赣深高铁惠州段及惠州北站；抓好广汕高铁惠州段建设，动工建设惠城南站及配套项目，推进莞惠城际北延线建设。完善“九横八纵三加密”高速公路网，建成韶新高速惠州段、广惠高速金龙互通，加快推进惠龙高速、深汕西高速改扩建工程，2021年上半年开工建设惠东环稔平半岛高速。按照深圳第二机场功能推进惠州千万级干线机场建设，启动飞行区扩建工程。

（三）完善便捷化市域路网体系

深入推进道路“畅通工程”，加快中心城区“两环十射”市政道路快速化改造，推进鹅城大桥、湖山大桥、南山快速路，建成演达二路东段等市政道路，推进堵点整治。实施国省干线等级提升工程，动工建设国道G236线惠东紫金交界至高潭公梅段，推动县区之间快速通达。加快打通一批产业园区连接路、瓶颈路，畅通“最后一公里”。

（四）积极发展供应链管理服务

逐步完善物流园区公共信息平台建设，提高物流信息的收集、处理和服务能力，构筑现代化全程物流网络。加快发展“物联网”和智能物流，推动物流业和金融业融合发展。加快整合电子口岸大通关服务平台，建立一体化的货物出入境处理网络系统。提升信息资源及时性和精准性，积极构建由上游供应商、制造企业、仓储配送企业、渠道企业等组成的供应链网络，积极发展供应链管理服务。

（五）大力推进现代物流体系建设

坚持软硬并举，打通运输大动脉、畅通微循环，加快建设适应“双循环”新发展格局的现代流通体系，努力实现物畅其流、货达全球。依托惠州机场、惠州港、京九铁路，谋划布局商贸生产服务现代物流产业园。推进粤港澳大湾区绿色农产品生产供

应基地建设，打造产供销一体化的农产品集散中心。加快培育智慧供应链生态圈，抓好顺丰粤东智慧供应链科技创新总部等项目建设。加强铁路货运站场连接通道、专用线等基础设施建设，推进多式联运发展，提升物流综合效率。完善成品油流通体系布局，加快加油站、充电站桩建设。完善航空物流网络，加快推进空港经济区建设。推动惠州机场与深圳机场货运联运，航空货物吞吐量突破万吨。加快惠州港扩能升级，动工扩建荃湾、东联、碧甲航道。推进惠州港与盐田港联动发展，更好支持深圳建设全球海洋中心城市。

肇庆市物流业发展2020年回顾与2021年展望*

一、2020年肇庆市物流业发展总体情况

（一）物流业总体发展速度放缓

2020年，肇庆市物流业发展速度放缓，据《2020年肇庆市国民经济和社会发展统计公报》数据，全年交通运输、仓储和邮政业实现增加值68.62亿元，比上年增长2.3%，增速较2019年收窄4.5个百分点。全年完成货物运输总量8096万吨，比上年下降6.9%，完成货物运输周转量67.78亿吨公里，比上年下降5.6%。

（二）公路货运发展规模稳定

2020年，肇庆市完成公路货运量6803万吨，货物周转量43.54亿吨公里，同比分别增长0.9%、0.0%，平均运距64公里，单吨位产能为1.2。因受新冠肺炎疫情影响，上半年货运市场大环境较差，货源不稳定，加上大量外地营运车辆来肇庆运输，车多货少，上半年货运量累计增速较低；下半年大部分企业恢复生产活动后，第三季度货车运力和吨位增长较快，货运量也在逐步提升。

（三）港口货物吞吐量快速增长

2020年，肇庆市水路货运量1292万吨，水路货物周转量24.24亿吨公里，分别同比下降33.9%、14.2%。2020年受新冠肺炎疫情影响，经济发展下行，珠三角地区货源减少，是肇庆市2020年水运企业货运量减少的主要原因。同时，随着货运的平均距离不断增长，出现了货物周转量的下降幅度小于货运量下降幅度的情况。2020年，肇庆市完成港口货物吞吐量4789.14万吨，同比增长18.0%，集装箱吞吐量达到57.60万标准箱，同比下降13.9%。肇庆市港口货物吞吐量增速高于全省平均水平。主要是2020年肇庆市大量矿建材料运往珠三角地区，大量广西原材料经肇庆市港口过驳到珠三角及其他地区，拉动了港口吞吐量的提升。

---

* 供稿单位：肇庆市交通运输局。整理人：李玉玲，广东亚太经济指数研究中心。

（四）邮政快递业务规模持续扩大

2020 年，肇庆市邮政行业业务总量累计完成 31.78 亿元，同比增长 34.03%，业务收入（不包括邮政储蓄银行直接营业收入）累计完成 17.92 亿元，同比增长 3.8%；其中快递服务企业快递业务量（肇庆收件量）达到 12760.84 万件，同比增长 28.33%；快递业务收入 12.8 亿元，同比增长 1.5%；快递业务投递量（肇庆派件量）达到 19933.08 万件，同比增长 58.29%。肇庆市平均每一营业网点服务面积为 22 平方千米；平均每一营业网点服务人口为 0.67 万人。邮政城区每日平均投递 2 次，农村每周平均投递 5 次。

（五）铁路货运增速表现亮眼

肇庆市铁路货运站场有肇庆站（货场面积 31500 平方米）、大沙站（货场面积 9688 平方米），铁路货物运输分为整车、零担、集装箱三种，肇庆市发送货物以集装箱为主，到达品类以钢材、矿产、化肥、食盐、集装箱等为主。2020 年肇庆市完成铁路货运量 43.8 万吨，同比增长 65%；完成铁路货物周转量 65540.29 万吨公里，同比增长 65%。近三年来，铁路货运量增速保持较高水平，主要有两方面原因：一方面，原从阳春发往肇庆市的部分钢材从 2018 年 12 月开始由公路运输改为铁路运输，2019 年钢材到货量增长至 16 万吨，2020 年钢材到货量增长至 18 万吨；另一方面，随着国家环保“散改集”政策的不断实施，铁路集装箱运输的环保优势进一步体现出来，集装箱货物从 2019 年的 1.5 万吨激增至 2020 年的 16.5 万吨。

二、肇庆市物流业发展存在的主要问题

（一）本地籍车辆货物运输竞争力较弱

肇庆市货运企业更多呈现分散、独自发展的态势，竞争力相对不强，不少外地籍货运车辆活跃于肇庆市大宗货源、重点项目、重要工程建设运输市场中，给监管、执法带来难度，也造成经济统计数据和税收的流失。经对肇庆市大型货主单位初步摸查，全市 51 家在产陶瓷企业原材料运输车队（由原材料供应方提供）中肇庆本地的 37 家，肇庆以外的 14 家，陶瓷产品运输车队（由购买方自行联系）中肇庆本地的 20 家，肇庆以外的 31 家。产量较大的陶瓷企业中，肇庆市将军陶瓷有限公司反映其公司产品的肇庆本地车与外地车承运比例约为2∶8，广东萨米特陶瓷有限公司约为 4∶6；唯品会（肇庆）公司每日 22 台承运车辆（除顺丰外，顺丰数据暂不掌握）中，肇庆本地车辆仅有 2 台。

（二）肇庆市船舶建造成本相对较高

与广西相比，肇庆市船舶建造成本较高。广东（CCS）、广西（ZC）两地船舶检验

机构分属中央和地方，其执检法律规范一致但执行尺度不一，如广西船舶建造使用普通钢材，而在广东，CCS 严格要求使用船用钢板，导致广东水运企业建造新船的成本远高于广西水运企业，例如一艘 3400 吨的内河普通散货船，在广东建造费用约 730 万元，在广西只需约 570 万元，相差 160 万元。同时，由于在广西建造船舶入户广东困难和必须在广西当地申请贷款等原因，相关船舶建成后多入籍广西水运企业，水路运输经济数据随之纳入广西统计。据不完全统计，肇庆市水运企业选择在广西新建并入籍的船舶达数十艘之多。由于广西船舶建造成本低，在运营成本和价格上竞争力较强，在水运市场产生了劣币驱逐良币的现象。

（三）邮政快递“最后一公里”有待打通

一是农村快递网络设施建设不完善，农产品的寄递业务量不大，未能促进肇庆市农产品大规模走出去；二是城区邮政快递电动三轮车不能合法通行。据了解，全省 21 个地级市只剩肇庆市不能合法通行邮政快递电动三轮车，末端投递不畅通，增加了企业投入成本。

（四）港口发展缺乏高水平企业进驻

港口发展规模较小、布局分散，缺乏有实力的港口运营企业进驻。肇庆港与广西梧州港、贵港港、南宁港在发展水平和主要货种方面较为相似，存在一定的竞争，主要优势在于到港船舶吨级更大，且没有跨河水利枢纽的影响。但肇庆市港区规模普遍较小、布局过于分散，深水泊位和专业化泊位吞吐能力不足，港口路域纵深偏小，亟待有规模的港口运营企业进驻推动港口资源整合发展。同时受肇庆市腹地经济发展影响，缺少本地大宗货源，对临港工业和现代物流业发展带动作业不够。

三、促进肇庆市物流业发展的措施建议

（一）引导本地货运企业发展壮大

引导扶持本地货运企业发展壮大。建立货运行业协会，鼓励企业间通过兼并、收购、入股等方式做强、做大，推动货运信息资源共享、风险共担，培育壮大本地运输团队。在扶持小微企业的同时，在税收返还、货物承运等方面对规模以上运输企业出台更多优惠措施，如研究对肇庆市重大项目、重大工程的承运单位提高准入门槛，要求是具有一定规模、拥有一定数量货运车辆的货运企业。同时，积极引导肇庆市大型货主单位、工程建设项目在同等条件下优先考虑选择肇庆本地车牌车辆承运。

（二）建立肇货肇运、肇船肇造机制

出台扶持水运产业发展的系列政策，积极营造肇货肇运、肇船肇造的氛围和体制

机制。一方面，政府引导，统筹辖区港口水运企业成立肇庆市港口水运发展协会，抱团取暖、集约发展，推动肇庆本地水运企业与肇庆大宗水路货物企业建立战略合作伙伴关系，使肇庆本地水运企业承接本地水路货物的市场份额不断增长、竞争能力整体提升。另一方面，建议市政府对本地水运企业新增自有运力的给予缴税返还奖励，例如，可考虑市级连续5年新增自有运力的奖励当年缴税金额的10%，县（区）连续5年新增自有运力的奖励当年缴税金额的40%。同时，可利用土地、岸线等资源依法依规设立地方融资平台，引导金融机构增加对水运的信贷投放，加强对水运发展的金融支持。

（三）出台促进邮政业快速发展的政策

出台《促进肇庆市邮政业高质量发展的指导意见》，该意见已由邮政管理部门拟定初稿，征求相关部门意见后，报请市政府印发。加大对农村物流基础设施建设的投入，整合交通资源，深入开展交邮融合。建议市公安交警部门尽快出台允许邮政快递电动三轮车上路通行的相关政策。

（四）加强跨界揽抢快件的打击力度

研究设立市邮政业安全中心和县级监管机构，支持邮政监管队伍履职能力建设。进一步强化邮政管理、公安、交通运输等部门对跨界揽抢快件等行为的联合打击力度，防止邮政市场低端竞争、无序竞争。

（五）引入战略投资开发港口资源

引进具有先进港口建设、管理、运营经验的战略投资者，科学、合理且有导向性地整合和保护港口资源，统筹港口布局，引导产业聚集，加快临港产业发展，推动肇庆市形成分工合理、功能明确，集约化、规模化、专业化的港口发展新格局。

（六）发展铁路货运新业态、新模式

在保证既有优质项目的基础上，支持铁路货运部门大力发展35吨敞顶箱运输、铁水联运、公转铁项目，充分运用铁路运输政策，制定有效竞争策略，设计优化运输方案，全力争取回流铁路运输。研究出台扶持政策，对港口、企业进行财政补贴，降低水铁联运成本，进一步促进肇庆市运输结构调整。

粤东地区

汕头市物流业发展2020年回顾与2021年展望*

一、2020年汕头市物流业发展总体情况

（一）物流业发展规模不断扩大

根据《2020年汕头国民经济和社会发展统计公报》，2020年汕头市交通运输、仓储和邮政业实现增加值60.57亿元，比上年增长19.6%。一是货运量小幅增长。2020年汕头市货物运输总量7705.23万吨，比上年增长1.6%，其中，公路货运量7130.61万吨，同比增长1.8%。货物运输周转量78.59亿吨公里，同比增长4.2%，其中，公路货物周转量48.66亿吨公里（按全国专项调查口径），同比增长5.6%。二是港口货物吞吐量平稳增长。2020年汕头市港口完成货物吞吐量3351.09万吨，比上年增长6.2%，其中，港口集装箱吞吐量159.38万标准箱，增长18.0%，增幅名列广东省第一，港口的服务能力、区域影响力、竞争力迈上新台阶。三是邮政业务增势显著。2020年汕头市邮政业务总量（含快递）289.23亿元，增长74.0%；邮政业务收入（不包括邮政储蓄银行直接营业收入）88.36亿元，增长53.2%；快递业务收入完成82.93亿元，同比增长56.54%。

（二）铁路基础设施逐步完善

汕头市境内运营的货运铁路只有广梅汕铁路，境内线路长11.3公里，设一个货运站（汕头北站）。汕头北站共设到发线5条、正线2条、调车线5条，龙湖至汕头间为双线自动闭塞电气化区段，设1个主货场与6条专用线（段管线）。目前在原来的基础上规划建设广梅汕铁路汕头站至广澳港区铁路，该项目规划线路长约17公里，投资估算约34亿元，预计2021年年底启动建设。

* 供稿单位：汕头市交通运输局。整理人：刘瑞瑞，广东省现代物流研究院。

（三）水路货运项目取得新进展

建设规模为 2 个 10 万吨级及 1 个 1 万吨级集装箱泊位的广澳港区二期工程，顺利通过竣工验收。目前，广澳港区已建成投入运营码头 9 个，码头最大吨级分别为集装箱 10 万吨级、石化 5 万吨级，随着改造后的广澳起步工程、一期和二期的整体运作，广澳港区年设计通过能力将达到 200 万标准箱，成为粤东地区码头等级最高、设备设施最先进、功能最齐全的专业集装箱码头。此外，汕头市支持开通近洋国际集装箱班轮航线，促进新增连接粤港澳大湾区相关港口的航线，不断拓宽业务网络覆盖面，引导货源逐步向广澳港区集聚。2020 年新增的外贸航线有 2 条，内贸航线有 2 条。

（四）物流中心资源集聚效应增强

汕头市是交通运输部规划的国家公路运输枢纽承载城市之一，规划建设 7 个公路货运站（物流中心），已投入运营的有 4 个。汕头广澳国际集装箱物流中心基本建成并投入营运，该项目总占地面积 22.91 万平方米（343 亩），建筑面积 15.618 万平方米，设计货物作业处理能力 120 万吨/年，计划总投资 42933 万元，苏宁粤东物流总部已入驻该物流中心经营。已建成的汕头泰山物流中心占地 164 亩，总投资 1.2 亿元，2016 年 4 月建成投入营运，2017 年 7 月完成信息系统建设，2020 年进出货物量 61 万吨。物流中心的建设运营将进一步加强汕头市物流资源的高效集聚。

（五）冷链物流网络开始布局

近年来汕头市持续扩大现代农业版图，积极布局冷链物流网络，不断引进重点项目建设。2020 年，汕头市新增两个冷链物流重点项目，一是汕头市粤东江南国际农产品交易中心建设项目，项目总投资 20 亿元，规划用地约 330 亩，建设集水果交易区、蔬菜交易区、粮油干货交易区、水产交易区、加工区、冻品交易区、物流区、冷库、检测中心、电商于一体的综合交易平台，2021 年年底将完成蔬菜交易区、多层交易区、冻库主体结构建设，办公楼主体结构建设完成至 60%。二是汕头天环冷链物流仓储项目，项目总投资 14.16 亿元，占地约 160 亩，总建筑面积约 35 万平方米，新建冷库、农产品仓储中心、冷冻食品交易广场、农产品南北货交易广场及办公场所，购置生产、办公等设备 793 台/套，2021 年年底完成至主体工程的 10 层。

二、2020 年汕头市物流业发展存在的主要问题

（一）物流设施网络供给薄弱

物流园区、货运枢纽等重大物流基础设施规划落地难，不利于产业转型升级、集约发展。存在住宅社区、商务楼宇、商业中心等城市末端物流设施建设不配套和快件

寄取、城市配送不便利等问题。港口物流集疏运结构不合理，公路集疏运比重过高，铁路与内河航运物流能力不足，多种运输方式转换衔接不畅，给城市交通和环境造成较大压力。

（二）缺乏竞争力强的龙头企业

中小型物流企业较多，“散、小、弱”问题突出。多数企业处于价值链低端，仓储、运输等物流传统业务较多，“互联网 + 物流”“互联网 + 物流金融”等高端业态发展不足。经营成本较高，融资渠道单一，路桥收费及油气费用负担偏重。

（三）物流信息化和标准化程度不高

物流信息化和标准化尚有短板，存在物流信息“孤岛”现象，现有的信息平台业务功能比较单一，物流信息的共享、驳接能力较差，尤其是跨平台、跨行业的对接能力很弱，信息互通共享整体水平不高，物流信息资源未能有效利用，制约了资源配置效率，增加了物流运行成本。物流信息技术应用水平和普及程度仍需提高。物流标准的实施力度需加强，在农产品物流、冷链、城市配送、快递、多式联运，以及跨区域物流标准化等方面需加强创新突破。

（四）物流发展体制机制环境存在不足

与国内先进城市相比，汕头市物流便利化水平仍有较大差距，物流发展环境需进一步优化。物流领域原有的部分政策等与产业发展实际不匹配，市场主导与政府作用的关系尚需进一步理顺。物流业发展中区域分割、部门分割现象仍存在，在信息互通、重大问题协商、重大项目推进、重大政策协同研究等方面需加强，推进物流业发展的统筹协调机制需要完善。物流信用体系建设滞后，需进一步强化公平公正、公开透明的物流市场秩序，保障物流消费者权益。

三、促进汕头市物流业发展的措施

（一）多种举措促进物流业成本降低

一是进一步简化行政审批手续为企业创造宽松外部环境。二是加快实施铁路运能提升、公路货运治理、水运系统升级、多式联运提速等行动。三是加强技术创新和应用，推进“技术性”降成本。发展“互联网 +”高效物流，推进货运新旧业态加快融合发展，推进货运车型标准化。四是强化管理和组织创新，推进“管理性”降成本。鼓励中小货运企业联盟发展，持续推进绿色配送示范工程建设，建立健全市场主体诚信档案、行业红黑名单制度和市场退出机制。

（二）推进物流资源化整合提升

一是推进各种运输方式的衔接规划，进一步提高市场集约化水平。二是鼓励服务单一的道路货运企业利用“互联网+”发展一体化管理服务，实现传统交通运输企业向现代物流企业转型。三是优化物流配送体系，优化物流基础服务网络，进行综合调整和统筹，完善运输衔接方式，统一规划各种不同的运输方式，进一步降低管理和运输成本，提高经济效益和社会效益。

（三）培育物流龙头企业发展

提升物流行业发展水平，需要尽快培育一批规模大、质量高、有品牌影响力，具有承接大枢纽、大平台运营能力的第三方龙头骨干物流企业。按照“扶优扶强”理念，扶持政策应向骨干物流龙头企业倾斜。出台物流企业的扶持政策，给予资金补贴和政策支持，将其纳入政府扶持企业名单等给予扶持。

（四）推进建立物流行业协调机制

通过建立推进现代物流业发展的综合协调机制，在赋予各部门职责的基础上，综合有关管理部门意见，邀请专家、学者和社会团体参加，为中、长期现代物流业发展建言献策，有效推动汕头市物流业高质量发展。

潮州市物流业发展2020年回顾与2021年展望*

一、2020年潮州市物流业发展总体情况

（一）物流业受到新冠肺炎疫情影响

根据《2020年潮州市国民经济和社会发展统计公报》，2020年，全市实现地区生产总值（初步核算数）1096.98亿元，比上年增长1.3%；三次产业结构比重为9.7∶47.3∶43.0。其中，第一产业增加值106.61亿元，增长4.4%，对地区生产总值增长的贡献率为6.9%；第二产业增加值519.11亿元，增长1.4%，对地区生产总值增长的贡献率为50.6%；第三产业增加值471.26亿元，增长0.6%，对地区生产总值增长的贡献率为42.5%。全年居民消费价格比上年上涨2.3%。全年社会消费品零售总额444.88亿元，比上年下降9.4%。全年货物进出口总额181.9亿元，比上年下降15.6%。其中，进口总额29.4亿元，同比下降15.6%；出口总额152.5亿元，同比下降15.6%。进出口差额（出口减进口）123.1亿元，比上年减少22.9亿元。全年货物运输量2795.36万吨，比上年下降0.8%；货物周转量168.69亿吨公里，下降8.8%。

（二）农村电商快速发展

根据阿里研究院2020年发布的淘宝镇、淘宝村名单，潮州市淘宝镇数量达到16个，比上年增加4个，数量位居广东省地市第6；淘宝村数量达到122个，比上年增加30个。目前，潮州市已形成陶瓷、电子、不锈钢等八大支柱产业，拥有国家级区域品牌和特色产业基地30多个，拥有省级以上名牌名标300多项，特色产业成为潮州电商发展的重要支撑。潮州市已有19个省定贫困村建立村级电商服务点。2020年5月26日，广东省农村电商工作推进会在饶平县召开。目前，饶平已拥有省级电子商务示范企业2家、大型物流配送中心3个、淘宝村6个；已建成县级电商服务中心1个、物流中心1个、培训中心1个、镇级电商站8个、村级电商服务站217个。随着农村电商的发展，潮州市各县区、各乡镇利用地方特色和资源，调动农村青年的积极性，通过农村电商带动乡村经济发展。在新冠肺炎疫情期间，饶平县推动“互联网+农业”深度

---

* 供稿单位：潮州市交通运输局。整理人：张艳平，广东亚太经济指数研究中心。

融合，将地方分散经营的农产品、农业生产资料与全国各地的农产品交易经销商连接起来，推动邮乐网、EMS极速鲜、京鲜坊、顺丰小当家、“一亩田”、拼多多等多家电商平台“抗疫助农”项目在饶平县落地。仅20多天时间，各大电商平台销售潮州柑达20万多斤，销售额达80多万元。

（三）邮政快递业务快速发展

据潮州市邮政管理局数据，2020年，邮政寄递服务业务量累计完成2907.57万件，同比增长30.92%；邮政寄递服务业务收入累计完成0.6亿元，同比增长21.58%。其中，包裹业务快速增长，全年包裹业务量完成22.74万件，同比增长120.56%。2020年，全市快递业务持续高速增长，增速较上年大幅提高。全年快递服务企业业务量完成44387.24万件，同比增长96.06%；快递业务收入完成22.75亿元，同比增长49.85%。快递业务收入在行业中占比继续提升，快递业务收入占行业总收入的比重为87.37%，比上年提高2.77个百分点。同城快递业务持续增长，全年同城快递业务量完成4147.96万件，同比增长97.94%；实现业务收入1.52亿元，同比增长25.77%。异地快递业务高速增长，全年异地快递业务量完成40194.64万件，同比增长96.27%；实现业务收入19.29亿元，同比增长52.83%。国际/港澳台快递业务有所下降，全年国际/港澳台快递业务量完成44.63万件，同比下降31.51%；实现业务收入0.41亿元，同比下降12.43%。异地快递业务占全部快递业务的比率较高，同城快递业务占比有所上升。同城、异地、国际/港澳台快递业务量占全部快递业务量比率分别为9.35%、90.56%和0.10%，业务收入占全部业务收入比率分别为6.69%、84.79%和1.82%。

（四）交通物流基础设施建设不断推进

过去五年，潮州市交通物流基础设施不断推进，取得了一系列成果。一是交通扩网全面提速。交通基础设施完成投资287亿元。潮惠、潮漳、大潮、潮汕环线4条高速公路建成通车，高速公路通车里程实现“翻两番”。广梅汕铁路增建二线，厦深联络线、梅汕客专相继通车，厦深铁路饶平站实现始发运营，铁路通车里程增长45.7%。绿榕西路、外环西路、北站二路以及如意大桥、潮州大桥等路桥项目完工通车，公路通车里程达5431公里，较“十二五”时期增长7.6%。二是基础建设全面加力。潮州港亚太通用码头一期工程、潮州港扩建货运码头工程竣工并投入运营，潮州港公用航道一期工程投入使用。“燃气一张网”运营管道近288公里，中心城区和潮安城区实现“成网供气”。电网建设完成投资55亿元。水利投资超60亿元，三江水系连通、引韩济饶等重大工程进展顺利。建设改造“四好农村路”1320公里、公路安防工程1389公里，农村公路里程达4600多公里。目前，全市已建成铁马货运场、潮安县彩塘镇和平货运场、饶平县惠和物流有限公司三大物流货运中心，构建了三条农村物流配送网络，着力构建覆盖县、乡、村三级的物流综合服务网络体系，共有43个乡镇农村物流服务站、630个村级服务点，已初步形成村物流网络节点体系，为打通物流配送“最后一公里”做出积极探索。

二、潮州市物流业发展存在的问题

（一）物流业整体发展水平不高

目前，潮州市交通与物流一体化发展水平低，运输组织方式落后，物流配送体系和基础服务网络不完善；运输生产组织化程度不高，管理手段较落后，实载率低，物流信息化、标准化程度不高。而且，受从业门槛低、运输成本增加及市场竞争不断加剧等影响，物流货运市场发展受限。

（二）物流管理水平偏低

一是政府职能部门间缺乏协同管理。普遍存在“多头参与、条块分割”的情况，相关部门对物流业务均有所涉及，部门之间既存在职责交叉，又存在信息壁垒，尚未设立统一推进物流工作的协调机构，影响物流业统筹规划和科学发展。二是行业内协同管理水平低。潮州市物流企业规模小、分散度高、经营模式简单，抗风险能力较低，缺乏供应链上下游企业间整体规划和整合，仓库、运输车辆等资源在淡季容易处于闲置耗能状态。

（三）交通运输缺乏有效联动

目前，潮州市公路、铁路、港口、物流园区等基础设施之间联动不足，没有形成高效的综合运输网路体系，运输结构有待优化。潮州市尚未建立市级物流公共信息平台，物流企业和工业企业、商贸企业等之间不能实现信息资源共享，信息化程度较低。物流企业的信息化建设发展较慢，与建立现代物流体系不匹配。冷链物流、工业物流、商贸物流、农产品物流等行业无法掌握行业发展现状和运行情况，也无法为政府决策提供可靠依据。

三、潮州市促进物流业发展的措施

（一）做好物流发展顶层规划

加强组织领导，科学编制物流业“十四五”发展规划，做好顶层设计，做好与地方总体规划和重点专项规划的衔接，提升规划编制科学化水平，提升工作前瞻性和主动性，提高物流流通效率和生产效率，构建现代物流体系。全面梳理国家和广东省有关推进现代物流体系的文件精神，切实把各项政策用好用活。加强统筹协调，形成现代物流业发展的有效合力，积极适应需求变化，推动物流与供应链、产业链、价值链创新融合发展。

提高物流信息化水平，构建有公信力的物流公共信息平台，实现信息共享，提高社会物流效率。强化责任落实，因地制宜完善扶持政策，为物流业发展提供良好环境。

（二）推进构建综合交通网络体系

实施交通强市战略，重点抓好建设工作，构建“江海陆空、互联互通”的立体综合交通体系，提升物流运转效率。推进建设汕漳高铁潮州段、宁波至东莞高速公路潮州东联络线项目、梅潮高速公路潮州段、大潮高速至潮州港金狮湾港区延长线等高速公路，加快融入粤港澳大湾区3小时经济圈。推进汕头澄海（南澳）至潮州潮安高速公路潮州段、潮汕大桥建设，加快构建汕潮揭都市圈半小时通勤圈。加快推进城市快速通道规划建设，加强市域内路网连接。推进仁沙路延长线等产业园区交通道路、S335线韩江大桥至X086线凤泉湖高新区路段景观升级改造工程，强化中心城区与重点平台、产业园区之间的交通联系。

（三）进一步推进农村物流设施建设

以邮政快递、商贸、供销、交通等领域现有物流设施为基础，以骨干企业为依托，加快县、乡、村三级交通枢纽节点物流基础设施建设，形成城乡互动、县乡村互联、畅通高效的物流网络体系。有效对接城市物流和农村物流及物流首末端“一公里”，高效畅通农村物流双向快捷通道。加快推进农村电子商务与快递物流协同发展，支持邮政、快递物流企业和龙头农电商企业深度合作，整合网点资源，拓展服务功能，提高快递物流网点覆盖率。鼓励和支持龙头农电商企业重点在推动农产品上行、工业品下行以及打通农村物流配送“最后一公里”方面加强与大型供应链企业的合作，发挥资源优势。支持物流企业拓展服务功能，提升服务能力，在配送中心建设、网点开发、车辆保障、物流服务等方面加大升级改造力度，满足差异化需求。支持建设公共型冷库和老旧冷库改造升级，提高农产品储藏、保鲜加工技术水平，提高农产品品质和附加值，提高老旧冷库可用性、安全性以及节能环保水平。

（四）进一步优化营商环境

围绕省市“数字政府”工作框架，完善一体化在线政务服务平台。深化行政审批制度改革，全面推行行政审批标准化，清理和规范各类行政许可等管理事项，进一步压缩项目审批期限，简化企业办事流程，着力提高市场主体的“出生率”“成活率”和“成才率”，深入推进“暖企行动”，畅通政企沟通渠道，推动政商“亲清”交往。打造推行“投资就到潮州来”的良好市场预期和社会认同，吸引大型物流企业来潮州投资建设物流项目。健全新型监管机制，加强公正监管，完善公开透明监管规则和标准体系，推进跨部门联合监管和“互联网+监管”。

揭阳市物流业发展2020年回顾与2021年展望*

一、2020年揭阳市物流发展总体情况

（一）物流行业平稳发展

2020年，揭阳市物流业呈平稳发展趋势，交通运输、仓储和邮政业实现增加值41.73亿元，同比增长13.4%。货物运输总量2422万吨，同比增长0.4%，其中公路货运量2384万吨，同比增长0.5%；货物运输周转量23.96亿吨公里，同比增长7.4%，其中公路货物运输周转量19.11亿吨公里，同比增长1.3%；港口货物吞吐量完成2369.77万吨，同比增长24.9%；邮电业务总量833.41亿元，同比增长44.5%，其中邮政业务总量（按2010年不变价计算）468.29亿元，同比增长64.2%。

（二）交通物流格局初步形成

近年来，揭阳市不断加快交通物流基础设施建设速度，目前初步形成海陆空立体交通物流大格局。潮惠高速、揭惠高速、汕湛高速穿境而过，境内县县通高速，全市高速公路密度达6.16公里/百平方公里，居粤东首位；厦深铁路让揭阳步入“高铁时代”，梅汕客专在市区设有揭阳站、揭阳机场站两个站点；揭阳潮汕机场从4D级升级为4E级，定期通航城市达到60多个，开通航线101条，其中国际航线6条，航空网络布局日益完善；全市建成运营各类港口泊位44个（其中10万吨级泊位3个），揭阳港扩大开放获国务院批准，中石油配套码头、前詹通用码头建设加快推进，港口成为经济发展新引擎。

（三）物流商贸集聚效应凸显

揭阳市抢抓“互联网+”发展机遇，打造了大军埔电商圈，军埔电商村获中国2020年“最美淘宝村”称号，是广东省唯一获此殊荣的乡村；锡场镇成为全省10个“互联网+电商”小镇之一；揭东区荣获广东县域电商创新奖。韵达、中通、圆通、易商、丰树等项目相继落户，现代物流业加速集聚。天虹购物中心、“美斯·朝启”文教

* 供稿人：刘瑞瑞，广东省现代物流研究院。

创客综合体建成运营，人气、商气不断汇聚。

（四）物流项目投资力度加大

揭阳市紧紧围绕广东省委、省政府对揭阳的发展定位，大力推进物流项目建设。一是培育跨境电商新业态，围绕稳外贸、稳外资，规划建设B型保税物流中心，加快培育跨境电商等新业态、新模式。二是推动综合物流园的建设，投资35620万元建设丰树揭东现代物流综合产业园，建设总用地面积68512平方米，总建筑面积137024平方米，项目建成后主要从事仓储服务，主要仓储种类为食品、日用品等。三是应急储备物流项目取得新进展，粮食储备加工物流平台建设项目二期已启动，项目建筑9栋，建筑层数为地上1～6层不等，总建筑面积25341.64平方米。

（五）快递业务持续快速增长

2020年，揭阳市全年快递服务企业业务量完成23.47亿件，同比增长61.76%；快递业务收入完成137.95亿元，同比增长32.43%。快递业务收入在行业中占比继续提升，快递业务收入占行业总收入的比重为96.44%，比上年提高0.42个百分点。同城快递业务快速增长。全年同城快递业务量完成1.47亿件，同比增长13.84%；实现业务收入7.76亿元，同比增长3.10%。异地快递业务快速增长，全年异地快递业务量完成22亿件，同比增长66.45%；实现业务收入121.78亿元，同比增长31.32%。国际及港澳台快递业务有所增长，全年国际及港澳台快递业务量完成18.49万件，同比增长16.63%；实现业务收入0.12亿元，同比下降7.82%。异地快递业务量占比较大。同城、异地、国际及港澳台快递业务量占全部比率分别为6.26%、93.73%和0.01%。国有、民营、外资企业业务收入占全部快递与包裹市场比重分别为0.12%、99.86%、0.02%。2020年，快递与包裹服务品牌集中度指数CR8为98.14。

二、揭阳市物流业发展存在的主要问题

（一）货运行业经营不规范

2020年，揭阳市部分地区出现货运乱象，市场主体如货运源头单位、货运企业和维修企业车辆非法改装、超限超载等违法行为时有发生，严重扰乱了货运市场的秩序和公平竞争，阻碍了货运行业的发展。

（二）外贸出口物流不畅

2020年，受到新冠肺炎疫情和外贸形势不利的影响，国际物流不畅、原料供应受阻，揭阳市外贸遇到了海运费用攀升、外贸空箱紧缺和舱位供应紧张等问题，现有设施无法满足外贸物流需求，而与其他资源的联动和协同模式尚未建立，单一模式发展受限。

（三）产地预冷设施薄弱

随着居民消费水平的提高，市场对农产品流通效率和质量的要求越来越高，农产品流通冷链需求凸显。揭阳市田头预冷设施建设不足，大型冷库少，农产品冷链设施基础薄弱、投资不平衡、供需不匹配等问题造成“最先一公里”品质难保障。

三、促进揭阳市物流业发展的措施建议

（一）加强行业监管和治理

以行业存在的问题为切入点，以巩固成效、完善制度为抓手，制定出台相应的解决方案，应用现代科技手段，持续、深入、彻底开展行业监管和治理，推动行业清源、优化营商环境，加快形成公平有序、良性竞争的行业市场。

（二）发展湾区“一港通”新模式

推进“江海联运”纵深改革，积极推动建立湾区港口群，进一步提升粤港澳大湾区贸易自由化、通关便利化水平，增强粤港澳大湾区港口群整体国际竞争力，大力发展湾区“一港通”新模式，强化港口和码头间的一体化操作，通过信息化手段实现监管模式的创新，全流程无纸化、系统化处理，进出口货物在内河码头完成通关手续，运抵南沙即可装船，实现经南沙港转运的进出口货物“7×24”小时快速通关。该模式不仅缩短通关和物流时间，还能充分利用港口资源，降低国际物流成本。

（三）完善冷链物流服务体系

依托揭阳港口和揭阳潮汕机场资源，以肉类、水产品、果蔬等食品冷链物流为重点，推动中心城区禽畜定点屠宰场及冷链仓储物流建设项目建成投产，提供冷冻冷藏、物流配送加工、商品展示等服务，推动揭阳港对接融入粤港澳大湾区世界级港口群。同时立足锡场镇、新亨镇交通优势，抓好圆通、韵达、京东等仓储物流项目建设，大力发展电商、商贸服务、现代物流等产业，打造揭阳电商物流中心。

汕尾市物流业 2020 年发展回顾与 2021 年展望*

一、2020 年汕尾市物流业发展总体情况

（一）全市经济运行稳中有升

经广东省统计局统一核算，2020 年汕尾市实现地区生产总值（初步核算数）1123.81 亿元，比上年增长 4.6%。其中，第一产业完成增加值 159.64 亿元，同比增长 4.1%，对地区生产总值增长的贡献率为 11.4%；第二产业完成增加值 408.26 亿元，同比增长 4.5%，对地区生产总值增长的贡献率为 40.3%；第三产业完成增加值 555.90 亿元，同比增长 4.8%，对地区生产总值增长的贡献率为 48.3%。三次产业比例为 14.2∶36.3∶49.5。全年居民消费价格总指数上涨 2.4%。

（二）物流业规模持续增长

根据汕尾市统计公报数据，2020 年，全市货物运输总量 2261 万吨，比上年增长 13.1%；货物运输周转量 20.58 亿吨公里，同比增长 11.6%。其中，公路货运量 2252 万吨，比上年增长 13.2%，公路货物运输周转量 20.38 亿吨公里，比上年增长 11.9%；水路货运量 8 万吨，水路货物运输周转量 0.2 亿吨公里；规模以上港口货物吞吐量 1295 万吨，同比下降 1.2%。全年完成邮电业务总量 186.0 亿元，比上年增长 31.9%。其中，邮政业务总量（按 2010 年不变价计算）17.89 亿元，同比增长 24.7%；电信业务总量（按 2015 年不变价计算）168.11 亿元，同比增长 32.7%。交通运输、仓储和邮政业增加值 19.29 亿元，同比增长 9.3%。

（三）交通基础设施建设不断完善

2020 年，汕尾市交通基础设施进一步完善。截至 2020 年年底，全市通车里程为 5785.181 公里（含深汕合作区 281.962 公里）。其中高速公路 3 条，235.903 公里（含深汕合作区 36.798 公里）；国道 4 条，330.177 公里（含深汕合作区 27.2 公里）；省道 7 条，382.72 公里（含深汕合作区 38.711 公里）；县道 20 条，331.594 公里；乡道

---

* 供稿单位：汕尾市交通运输局。整理人：张艳平，广东亚太经济指数研究中心。

2675.446 公里（含深汕合作区 108.925 公里）；村道 1829.341 公里（含深汕合作区 70.328 公里）。按等级分：高速公路 235.903 公里，一级公路 135.849 公里，二级公路 646.941 公里，三级公路 624.847 公里，四级公路 4141.641 公里。公路密度为 118.913 公里/百平方公里，全省排名第 12 位。实现全市建制村 100% 通硬化路、通客车，全市 100 人以上自然村全部实现通硬化路。

（四）快递业务快速增长

根据汕尾市邮政行业发展统计公报，2020 年，汕尾市全年快递服务企业业务量完成 7803.62 万件，同比增长 31.2%；快递业务收入完成 8.24 亿元，同比增长 23.2%。快递业务收入在行业中占比继续提升。快递业务收入占行业总收入的比重为 80.9%，比上年提高 2.7 个百分点。同城快递业务持续增长。全年同城快递业务量完成 884.70 万件，同比增长 19.5%；实现业务收入 0.52 亿元，同比增长 18.3%。异地快递业务稳步增长。全年异地快递业务量完成 6878.98 万件，同比增长 33.5%；实现业务收入 5.13 亿元，同比增长 24.9%。国际/港澳台快递业务明显下降。全年国际/港澳台快递业务量完成 39.94 万件，同比下降 25.8%；实现业务收入 0.22 亿元，同比下降 16.3%。异地业务占比提升。同城、异地、国际/港澳台快递业务量占全部的比率分别为 11.3%、88.2%、0.5%；业务收入占全部的比率分别为 6.3%、62.3%、2.6%。2020 年，快递与包裹服务品牌集中度指数 CR8 为 94.4。

（五）现代流通体系建设不断推进

汕尾市现有物流业发展总体虽较平稳，但货物流通以公路货运为主，港口发展较为迟缓，物流企业数量历年增长缓慢，多元化交通物流体系不发达，制约着汕尾市物流业发展。2020 年 12 月以来，汕尾市交通运输局正在加快编制汕尾市物流规划，以构建服务区域的集疏运网络和大物流格局为重要规划目标，明确构筑汕尾区域性物流中心的发展路径。按照汕尾市委财经委员会第四次会议关于“七个一”的工作部署，汕尾市交通运输局委托广东省建筑设计研究院有限公司开展了物流专项规划编制工作，已完成物流专项规划征求意见稿第一回的征求意见，正在抓紧开展后续修编工作，计划 2020 年年底完成编制；2021 年 2 月 18 日提请市政府成立了汕尾市物流产业发展领导小组，着手《汕尾市物流产业实施方案》编制工作。正加快开展物流专项规划修编工作，组织召开评审会议，同时选取编制单位开展汕尾市物流产业实施方案编制工作，制定汕尾市未来五年物流业高质量发展的实施方案。

二、汕尾市物流业发展存在的主要问题

（一）缺乏系统规划和支持政策

相对发达地区，汕尾市在物流园区规划建设、土地资源出让、税费减免、信息服

务及政策引导等方面，缺乏系统的政策及规划体系支持，导致物流行业发展受到一定程度的阻碍。

（二）外部经营软环境有待改善

受限于物流园区发展水平低下，货物集散功能无法形成，无统一的物流信息交流平台，导致物流企业与客户间信息不对称，货物组织协调不足，提高了车辆的空载率，成本居高不下；同时物流电子查询系统覆盖面较窄，货物跟踪困难，影响客户体验。

（三）物流行业整体规模尚未成型

一是货物运输总量及市场规模偏小。2020 年汕尾货运量仅有 2261 万吨（公路 2252 万吨，水路 8 万吨），这是制约汕尾市物流行业快速发展的首要因素，也影响了物流企业的技术更新，特别是在小量快速冷链物流运输上，技术改进动力明显不足。二是运输方式单一。全市企业主要的运输方式是公路运输，少数利用港口运输，无铁路货运和航空货运。三是运输覆盖范围小。全市无物流集散中心，且无长途货运，运送至省外或部分外市的货物要靠短途运输到广州、东莞、惠州、揭阳等物流集散中心再转运至目的地，造成运费增高。四是物流运输主体不足。全市与珠三角地区发达城市比较，经济总量小、货量小，物流流通量不大，现代大型物流货运企业投资汕尾物流业信心不足。

（四）物流发展配套“硬件”较为薄弱

一是铁路网络仅提供客运服务，尚未具备货运功能。龙川至汕尾铁路虽然列入国家《中长期铁路网规划》和《广东省综合交通运输体系发展“十三五”规划》，但省级以上层面工作至今未启动，主要原因是龙川至汕尾铁路为汕尾港后方运输通道，汕尾新港建设直接制约龙川至汕尾铁路线路走向和建设时序。二是公路运输区域性交通通道以东西向交通为主，暂未形成网络。北向公路通而不畅，公路运输便利程度不高，增加公路运输时间、费用成本。三是港口吞吐能力不强。港口泊位虽多，但绝大多数均为小吨位泊位，港区条件差，船舶的通行能力较弱；同时与陆上交通衔接不足，在广东众多港口中的发展相对落后。四是农村物流基础设施建设较为落后。农村公路里程有待提升、高质量公路较少、有些公路仍是单行道、公路建设年代较久等，致使维修频率高，运输较为不畅，物流效率过低，导致物流成本高企。五是缺少物流园区进行一体化的管理和规模化的运作，无法满足区域物流需求。六是冷链物流基础设施发展能力难以支撑当前要求较高的冷链物流运输服务水平，不能有效满足当前农产品、海产品等经营发展需求。

三、促进汕尾市物流业发展的措施建议

（一）强化物流产业发展政策研究，创新产业发展政策

贯彻落实《国务院办公厅转发国家发展改革委交通运输部关于进一步降低物流成本实施意见的通知》（国办发〔2020〕10 号）及广东省有关物流产业发展的政策文件，参照深圳、广州、佛山等地政策举措，对汕尾市已出台的政策进行认真梳理，进一步优化和细化实施办法，加大政府扶持物流产业发展力度，研究制定符合汕尾市实际发展情况的税收、土地、投融资、物流业发展补助，以及促进物流车辆便利通行、支持农产品运输等方面的扶持政策，并指导企业加大物流业发展技术创新力度，不断提高物流企业“引进来”的吸引力和“走出去”的竞争力。

（二）加快物流配套设施建设，夯实企业经营“硬基础”

1. 构建完善的物流基础设施

坚持供给侧结构性改革这条主线，不断补齐物流基础设施短板，降低企业经营流通成本，培育经济社会发展新动能。一是加快完善公铁货运通道，拓宽横纵向陆路流通大通道，为运输方式多元化提供基础条件。实施“铁路入港、铁路入园”工程，加强入港铁路专用线等基础设施短板建设，重点推进龙汕铁路前期工作对接汕尾新港区，谋划陆丰港区疏港铁路，尽快建成填补汕尾市货运干线铁路空缺，实现铁路货运场站与港口码头、后方堆场等无缝衔接。二是组合港口拓展区域物流，衔接公铁设施发挥多式联运优势，降低货物流通成本。加强与珠三角地区统筹合作，利用汕尾港有利区位条件及资源优势，依托深圳港的国际影响力，通过组合深圳港，加强参与珠三角核心港口群的合作，加快与深圳盐田港合作共建国际物流港口，优化整合汕尾新港区和陆丰港区，大力推进红海湾新港区货运码头、陆丰港区货运码头工程建设，汕尾港和深圳港进行联动，拓展区域物流，进一步扩大港口市场的腹地范围，推动区域物流产业的发展。

2. 规划建设重点物流园区

建议依托汕尾高铁站点、高速公路出入口、国省干线及港口的优势，整合汕尾市物流网点，通过功能整合、技术创新、规模运作，培育区域性陆港联运中心、区域性大宗物资集散平台以及以服务汕尾市为主的地方性物流配送中心。加快汕尾市海丰县珠宝交易物流中心、陆河县新河工业区物流园等物流中心等项目规划建设步伐；加快汕尾市物流专项规划编制，推进汕尾市商贸物流园区、海丰县快递物流园区等项目的规划建设，提升物流的集约化水平，降低流通成本，提高供应链整体效率；结合红草产业园区、星都经济开发区等大型现代产业园区的建设，推动现代产业园区的物流配套工程建设，为产业园区仓储、加工、运输等环节服务。

3. 建设城乡物流网络节点体系

围绕“四好农村路”和交通现代化、物流配送网点建设，解决物流发展的“最后一公里”突出问题。一是推进公共末端工程建设，鼓励企业通过整合利用现有商业、邮政便民服务等设施加强快递末端服务平台建设，开展多种形式的投递合作，推广快件箱等智能投递设施，解决快递进社区、校区、办公区等难题。二是加快推进农村物流网络节点建设，提升农村物流运营效率和服务水平。综合利用农村客运站、商贸供销、邮政快递等服务设施，拓展物流服务功能，构建“多站合一”的县、乡、村三级物流网络。积极推广农村客运班车小件快运的服务模式，有条件地区推广农村物流“货运班线”模式，探索农产品“产、运、销”一体化物流运作模式。实施城乡交通一体化推进行动，促进农产品“进城”、工业品“下乡”双向物流畅通。三是依托“十四五”推行的通建制村单车道改双车道工程，使大型货车能够直达农贸产品生产基地及集散点。如陆河县在推动创建“四好农村路”示范县中，大力建设农村产业路，提升农村公路通行能力，有力提升青梅从产地出运便捷程度，降低物流成本。

4. 支持发展冷链物流

加快印发实施《汕尾市冷链发展布局规划指引》，依托规划将汕尾市冷链布局发展成为服务粤港澳大湾区、粤东西北的大型区域冷链物流枢纽中心。结合汕尾市冷链产业现状、冷链物流未来需求及各县（市、区）对冷链物流产业的实际需求，未来将主要着力推动汕尾（马宫）渔港项目、汕尾江楠农产品物流园、陆丰市农产品产地冷链物流基地、陆河县畜牧屠宰及冷链物流基地、红海湾经济开发区海产品交易服务中心、华侨管理区冷链物流基地等项目建设。

（三）搭建信息平台，提升物流企业发展“软实力”

1. 推动物流信息化建设

推动建设先进、高效的信息化体系，借助物联网、传感网等网络技术，加快现代化物流业的公共平台建设，加强信息互通、资源共享，构建一个现代高效安全的信息网络平台和物流管理平台。整合全市各级物流节点，统筹各类物流管理主体、基础设施和物流信息，依托物流总部和物流研发产业职能，建设汕尾市现代化物流综合服务与信息管理中心，争取成为广东省南方现代物流公共信息平台的二级节点，实现市域的物流产业管理与服务集成。

2. 着力发展智慧物流产业

贯彻落实新发展理念，实施创新驱动发展战略，加大物流业信息技术基础研究和应用基础研究投入力度，以信息技术推动汕尾市物流企业发展，培育和提升物流行业转型升级新动能与新势能。充分运用“互联网＋”理念，梳理物流信息资源，应用大数据、云计算、物联网技术，构建高效的物流公共信息平台。

（四）培育物流主体，拓展物流行业发展新业态

1. 整合物流资源，提升物流企业服务水平

通过完善物流网点布局，整合物流资源，发展第三方物流。推进传统仓储企业向物流配送基地、第三方物流企业转化，对物流行业进行资源整合，促进产业优化升级，培育具有竞争力的物流企业，发展第三方物流，引进各类现代化物流理念和物流技术，进一步提升物流企业服务水平。

2. 加强物流产业招商引资工作，积极引入先进物流企业

实施大企业和大集团带动战略，将现代物流产业的引入作为全市招商引资的重点工作内容，加快引进一批国内国际大型物流企业，积极引进现代物流龙头企业，发展第三方、第四方物流和服务外包，带动汕尾市物流产业的转型升级。

3. 积极推动物流产业区域合作，促进物流企业联盟发展

以深汕合作区建设为契机，强化汕尾市与珠三角地区，尤其是深圳市的区域合作，在政府层面创建现代物流产业发展的区域合作机制，推动珠三角发达地区的现代物流企业引入，与强化以区域合作为基础的物流企业联盟建设，引导、鼓励珠三角大型现代物流企业进行区域性的物流服务功能分工，推进跨区域储运物流服务在汕尾市域开展。探索与深圳、惠州等大型港口成立汕尾无水港物流经营模式，提高通关时效，降低物流成本。

（五）建立行业协会，营造良性物流企业发展环境

在汕尾市快递协会的基础上，引导大型物流企业、零担货运企业等参与组建汕尾市现代物流行业协会。充分发挥行业协会在政府和企业之间的桥梁和纽带作用，增强行业协会在物流规划制订、政策建议、市场行为规范、统计与信息、技术合作、人才培训、咨询等方面的服务作用，通过物流行业协会的自律和调解功能，促进汕尾市物流产业诚信体系建设，推动小、散物流企业结盟抱团发展。

（六）拓宽建设渠道，保障物流配套设施落实落地

建议由地方龙头企业牵头开展物流园区及园区配套设施、信息化管理系统建设，并对园区后期运营及信息化平台进行统一管理、维护。通过整合物流资源，落实物流产业仓储、加工、运输、信息互通等环节保障，推进传统物流企业向物流配送基地转化，促进产业优化升级。

粤西地区

湛江市物流业发展 2020 年回顾与 2021 年展望*

一、2020 年湛江市物流业发展总体情况

（一）公路货运发展平稳有序

2020 年，湛江市公路货运总体情况良好。道路普通货物运输经营业户 8322 家，营运货车保有量 16806 辆，其中企业 327 家，车辆保有量 4440 辆，占道路普通货运车辆总数的 26.4%。普通货运个体运输户 7995 家，车辆保有量 12366 辆，占道路普通货运车辆总数的 73.6%。集装箱运输业户总数 129 家，其中个体户 46 家。普通货运车辆（含挂车）保有量 100 辆及以上企业 1 家，50（含）~99 辆的企业 15 家，10（含）~49 辆的企业 105 家，9 辆及以下的企业 206 家。道路危险货物运输企业 24 家，其中经营性企业 23 家，非经营性企业 1 家，车辆保有量 50（含）~99 辆的企业 2 家，10（含）~49 辆的企业 13 家，5（含）~9 辆的企业 9 家。处于从业状态的普通货运人员 1.36 万人，处于从业状态的危运人员 566 人。全市营运普通货车总吨位 382768 吨，其中重型货车（总质量 12 吨及以上）有 13804 辆，总吨位 236079 吨，中型货车（总质量 4.5 ~ 12 吨）有 3002 辆，总吨位 146689 吨。集装箱车数量与总吨位分别为 1644 辆、57787 吨。2020 年，湛江市货物运输总量 2.37 亿吨，比上年下降 8.8%。其中，铁路运输 0.35 亿吨，同比增长 2.1%；公路运输 1.45 亿吨，同比下降 9.2%；水路运输 0.41 亿吨，同比下降 21.4%；管道运输 0.15 亿吨，同比增长 19.4%。全市港口货物吞吐量 23391.17 万吨，同比增长 8.4%。港口集装箱吞吐量 122.53 万标准箱，同比增长 9.9%。

（二）港口运输总量稳步增长

2020 年，湛江市港口完成货物吞吐量 2.3391 亿吨，同比增加 1822 万吨，增长

* 供稿单位：湛江市交通运输局。整理人：陈梓博，广东省现代物流研究院。

8.4%；滚装汽车吞吐量352万辆，同比增加16万辆，增长4.8%；集装箱吞吐量122.5万TEU，同比增加11万TEU，增长9.9%。港口完成金属矿石、煤炭、石油、粮食四类重点物资吞吐量1.2414亿吨，同比增加1095万吨，增长9.7%，其中金属矿石吞吐量完成5955万吨，同比增加297万吨，增长5.2%，铁矿石表现突出，2020年吞吐量完成5906万吨，同比增加433万吨，增长7.9%。煤炭吞吐量完成2896万吨，同比增加224万吨，增长8.4%。石油吞吐量完成3174万吨，同比增加303万吨，增长10.6%。粮食吞吐量完成389万吨，同比增加65万吨，增长20.1%。

（三）交通枢纽建设不断加强

2020年，湛江市公路总里程2.244万千米。其中，国道3条629.689千米，省道20条1539.316千米，县道1022.675千米，乡道7891.46千米，村道11361.71千米。按行政等级分，省级以上（干线）公路2169.005千米，占总里程9.66%；县级以上公路3191.68千米，占总里程14.22%；乡级以上公路11083.14千米，占总里程49.38%。按技术等级分，等级公路22443.766千米，占总里程99.99%；等级公路中，一级公路555.032千米，占总里程2.47%；二级公路1351.371千米，占总里程6.02%；三级公路1201.854千米，占总里程5.35%；四级公路18920.577千米，占总里程84.3%。按路面类型分，高级路面22368.773千米，占总里程99.66%；次高级路面67.59千米，占总里程0.3%；未铺装路面8.487千米，占总里程0.04%。全市各级公路晴雨通车里程22444.85千米，占总里程100%。全市各级公路可绿化里程22379.93千米，占总里程99.71%；已绿化里程7820.949千米，占总里程34.84%，占可绿化里程34.95%。全市121个乡镇（街道）1788个行政村全部通砼或油路，乡级以上公路高级、次高级路面铺装率99.92%。全市黑色路面里程960.353千米，黑色路面铺装率为4.28%，其中乡级以上公路黑色路面943.015千米，黑色路面铺装率42.02%。湛江境内省管高速公路里程414.932千米。

（四）铁路运输取得新成效

2020年，湛江铁路运输取得新成效。全年铁路货物发送量3160.28万吨，同比增长4.6%，完成货物到达量967.55万吨，同比增长27.81%。此外，广湛高铁项目、深湛铁路湛江吴川机场支线及预埋结构项目、东海岛铁路客货共线项目、合湛高铁项目、湛海高铁项目、湛江西（货）站货场改扩建二期工程项目、湛江西（货）站货场物流基地项目、黎湛铁路玉林至湛江段升级改造项目等15个工程加速推进。

（五）快递物流逐步增长

2020年，湛江市快递物流业务逐步增长。全年快递服务企业业务量完成5502.88万件，同比增长16.80%，快递业务收入完成7.94亿元，同比增长14.55%。快递业务收入在行业中占比小幅提升，快递业务收入占行业总收入比重为43.36%，比上年提高1.33个百分点。同城快递业务小幅增长。全年同城快递业务量完成790.61万件，同比增长19.21%；实现业务收入0.64亿元，同比增长11.49%。异地快递业务小幅增长。全年异地快递业务量完成4706.72万件，同比增长17.64%；实现业务收入4.53亿元，同比增长11.43%。国际及港澳台快递业务大幅下降，全年国际及港澳台快递业务量完成5.55万件，同比下降99.31%；实现业务收入0.15亿元，同比增长7.68%。同城、异地、国际/港澳台快递业务量分别占全部快递业务量的14.37%、85.53%和0.10%；业务收入分别占全部快递收入的8.11%、57.08%和1.90%。2020年，快递与包裹服务品牌集中度指数CR8为92.33。

（六）冷链物流建设加快

2020年12月，湛江霞山全联集采冷链物流园区获批投资备案。霞山全联集采冷链物流园区将建设30万吨冷链物流综合体项目，第一期建设规划用地约100亩，第二期、第三期再增加200亩。项目总投资约11.3亿元，计划建设内容包括30万吨冷库库容（含恒温库、低温库、超低温库）、店仓中心、7个深加工中心及相关配套设施如排污环保设施。

二、湛江市物流业发展存在的主要问题

（一）航运业难以成规模发展

湛江市是港口大市，但航运业发展与港口规模不匹配，水运企业规模小，大型船舶少，运力结构发展失衡。目前，湛江市航运企业28家，单船最大载货量仅为6万吨，运力最大的广东宏策海运发展有限公司总运力仅12万吨。导致湛江航运业难以成规模发展的原因是多方面的：一是奖励政策与航运业发展较好的地区相比，扶持力度仍显不足，特别是税收返还机制仍未建立健全；二是营商环境仍需进一步优化，对落户湛江的航运企业在工商注册、住址租赁、税务检查、船检等方面予以大力支持；三是金融信贷方面仍需要倾斜扶持；四是货源不足，本地航运企业发展保障不足。

（二）货运市场发展落后

湛江市货运行业“多小散”特征明显，规模化货运企业较少，货运车辆（含挂车）保有量100辆及以上货运企业仅1家，个体户车辆数量庞大，其中个体户车辆数占总车辆数74%，缺乏龙头企业带动货运行业发展。货运市场集中度不足所带来的问题一方面是在物流网络不足时，利润不足以支撑管理成本，最终迫使司机铤而走险超载运输；另一方面是企业规模小，公路物流企业之间的竞争主要依靠比拼价格，市场整体秩序混乱，企业难以获取有利的发展环境。

（三）港口生产发展动力不足

与广西北部湾港等主要竞争对手相比，湛江市港口物流综合成本较高，大大削弱了港口的竞争力，间接腹地传统货源流失严重，拓展新货源压力较大。在集装箱货源方面，湛江产业结构不合理，本地企业产生的适箱货源较少，因为集装箱货源少，导致开通集装箱航线少，从而降低了集装箱货源聚集的吸引力，形成了不良循环；同时，湛江集装箱码头通过能力严重不足，也成为制约集装箱运输发展的一大瓶颈。另外，湛江港口后方配套设施建设滞后，也是港口生产发展动力不足的主要原因。如宝满港区和东海岛港区这两大重点开发港区，目前仍未配套港区铁路，港区公共航道仍未建设，港区进出港道路、供水、供电等配套设施建设也严重滞后，港口营运商投资意愿不强，导致东海岛港区杂货码头和日光通用杂货码头建设推进十分不理想。

三、促进湛江市物流业发展的措施建议

（一）促进湛江市港航业加速发展

港口是湛江的最大优势，做大做强湛江港航业也是高质量发展的必然要求。港航业发展需要政府“搭台”、企业“唱戏”，通过成立促进湛江市港航业发展领导小组，由市领导担任组长，成员单位包括市发展改革、财政、交通运输、商务、工业和信息化、税务、市场监管等部门及海关、海事、银行和港口、航运企业。领导小组负责研究制定扶持湛江市港航业发展的政策并监督落实，统筹港航业发展方向，协调解决港航业发展遇到的问题。同时，要大力确保已出台的港航业发展扶持政策落地兑现，增强港航企业和货主信心，推动港航业向前发展。

（二）规范湛江公路、水路运输市场

加强对公路、水路运输企业的管理，确保公路、水路运输安全，以优化提升营商环境整治作为契机，整顿公路、水路运输市场乱象，加大对公路、水路运输市场的事中事后监管力度，要求企业严格按照行业管理规定和要求，完善管理机制，将各项工作落实到位，着力提高行业的质量信誉，全面打造依法经营优质服务的行业环境，为公路、水路运输企业提供公平保障，促进公路、水路运输市场健康持续发展，确保公路、水路运输经济运行平稳上升。

（三）加快推动交通项目建设

动工建设合湛高铁湛江段，加快建设广湛高铁湛江段，推动湛海高铁建设，力争张海高铁桂湛段列入国家铁路“十四五”发展规划，打造中国南部沿海重要高铁枢纽。完成湛江吴川机场和深湛铁路机场段预埋结构工程，加快建设机场高速公路，确保与

湛江吴川机场同步建成使用。强化深水大港核心优势，完成湛江港 30 万吨级航道改扩建工程，加快升级改造霞山港区 30 万吨级散货码头。建成霞山港区通用码头，加快建设东海岛港区杂货码头，开工建设东海岛港区航道、宝满港区集装箱码头一期扩建、湛江港拆装箱一期等港航工程，完善提升港区集疏运体系。建成东雷高速、汕湛高速吴川支线、调顺跨海大桥和湛江大道，加快建设茂湛高速改扩建工程、环城高速南三岛大桥，开工建设湛徐高速乌石支线、广东滨海旅游公路雷州半岛段，推动玉湛高速雷州支线、南宁至湛江高速建设，大力实施普通国省道新改建和路面改造工程，构建“湾区成环、半岛成网”通达快捷大路网。

（四）加快落实交通基础设施项目

2021 年，湛江计划实施交通基础设施项目 58 项，完成投资额约 191 亿元，较 2020 年增长 20%。紧盯 58 个交通重点建设项目，压实各方责任，形成工作合力，主动协调跟进，严格落实重点项目领导负责制，安排专人全程跟进新开工项目前期工作，积极与省、市有关部门沟通协调，加快解决制约项目开工的立项、环评、用地用海报批等关键环节存在的问题。成立重点项目督导组深入在建重点项目施工现场，加强对项目施工进度的督导，跟踪收集施工遇到的问题，及时化解施工过程中遇到的难题，为项目“无障碍”施工创造有利条件。

茂名市物流业发展2020年回顾与2021年展望*

一、2020年茂名市物流业发展总体情况

（一）物流业总体发展稳中有进

2020年，茂名市公路运输总周转量1161432.9万吨公里，同比增长3.63%，其中货运量9604万吨，同比增长6.2%，货物周转量156.32亿万吨公里，同比增长7.1%。铁路货物发送量326.54万吨。水路运输总周转量累计715763万吨公里，同比下降7.47%，其中货运量累计698万吨，同比下降8.5%，货物周转量累计71.57亿万吨公里，同比下降7.3%。港口货物吞吐量为2682.73万吨，同比增长6.97%，其中内贸货物吞吐量为1282万吨，同比增长32.7%（茂名石化公司因生产需要，将滞销的成品油分销到华东等地区，导致内贸出港的成品油增多），外贸货物吞吐量为1401万吨，同比下降9.1%。集装箱吞吐量约为7.78万标准箱，同比下降11.47%。

（二）综合交通网络日益完善

一是"五横二纵"铁路网加速形成。2020年，茂名市铁路建设预计完成投资83.61亿元，新建里程55公里，电气化改造里程59公里，重点推进高快速铁路建设，稳步推进普通铁路扩能改造。茂湛铁路茂名段电气化改造完成；河茂铁路茂名段电气化改造完成；茂名博贺疏港铁路动工建设，港口集疏运体系持续完善。"十三五"时期末，茂名市铁路总里程达到319公里，对外通达时效和能力均显著提升。

二是高速公路骨架网络不断完善。2020年，茂名市高速公路建设预计完成投资261.93亿元，新建里程236公里，完善了东西向高速公路通道布局。云茂高速开工建设，投资累计完成85.12亿元，通车后将有力填补茂名市域北部无东西向高速公路通道的空白。沈海高速茂名段改扩建工程开工建设，建设累计完成投资23.4525亿元，通行能力大幅提升。阳春至信宜高速公路前期工作加快推进。"十三五"时期末，茂名市高速公路里程达到451公里，较"十二五"时期增长117%，实现每个市（区）至少通两条高速公路。

---

* 供稿单位：茂名市交通运输局。整理人：陈梓博，广东省现代物流研究院。

三是普通国省道网络持续升级优化。茂名市普通国省道建设完成投资 78.09 亿元，新改建里程 161.7 公里，路面改造 526.6 公里，国省干线公路危桥改造 37 座。完成化州市机场大道新改建工程、G207 线信宜至高州段路面改造、省道 S280 线高州石仔岭至茂南爱群段路面改造等项目，开工建设省道 S283 线汕湛高速金塘出入口至公馆段改建、G207 线化州塘岗岭至良光段路面改造等项目。城市快速路网建设加快推进。“六纵三横”城市组团间快速路网基本形成，西部快线、工业大道南段、潘州大道、南排大道、中德大道、茂化快线东延线相继建成通车。东环大道、复兴大道延长线、茂南大道东延线等重点规划交通项目正加快推进，北组团外围快速环线初现雏形。“四好农村路”建设预计完成投资 36.4 亿元，农村公路通达深度和通行品质全面提升。全市实施农村公路新改建及大中修路面工程预计超过 5600 公里，农村公路危桥改造 192 座，县乡道公路安全生命防护工程 2942 公里，农村公路总里程将达到 16500 公里，等级以上比率和铺装路面比率均达 100%，全面实现 100 人以上自然村通硬化路。

（三）水路运输能力结构和服务体系不断优化

一是港航建设取得突破性进展。全市港口航道建设完成投资 45.98 亿元，新增万吨级以上泊位数 4 个。一批港口航道基础设施有序推进，建成茂名博贺新港区东、西防波堤工程，完成万吨级通用码头扩建工程，推进博贺新港区 30 万吨级航道建设工作。茂名港生产用码头泊位数达 19 个，其中万吨级以上泊位数达 13 个，货物通过能力达 4579 万吨，较“十二五”时期末增长 99.35%，博贺新港区深水大港加快崛起，开启茂名“亿吨大港”建设新时期。

二是水路运输规模持续平稳增长，运输船舶向大型化、标准化、专业化方向发展，水路货物运输拓展覆盖普通货物、液货危险品、旅客、集装箱等运输，具备航行省内、沿海、港澳、国际航线的水路运输船队。全市运输船舶共 65 艘，其中国际航线运输船舶 2 艘，港澳航线运输船舶 2 艘，全市总运力 35.7 万载重吨。

（四）物流枢纽建设不断完善

茂名市目前在建的茂南区羊角镇茂名东货场物流枢纽（园区）已纳入茂名东站至博贺港区铁路建设计划，该物流枢纽计划占地 1000 亩，近期建设 5 条货物线，预留 5 条货物线。项目由中国铁路总公司和广东省政府联合批复立项，属省重点建设项目，总投资 41.65 亿元，计划于 2021 年年底建成并投入使用。计划主要发送煤、矿石、粮食、化工产品等货物，初步规划货场货物发送量 2025 年达到 150 万吨/年，到 2035 年达到 320 万吨/年，主要流向省内、湖南、西南地区等。

新建茂名东站至博贺港区铁路（茂名博贺港铁路）线路自益湛铁路茂名东站引出，至茂名博贺新港区博贺站，全长 51.78 公里，其中正线全长 49.842 公里，项目总投资 41.65 亿元。全线新设林头、仙桃园、电城、博贺 4 个车站，初期开放仙桃园、博贺 2

个车站。茂名东站至博贺港区铁路是一条以运输煤炭、铁矿石、粮食、化肥、化工产品、建材等大宗货物运输为主的货运铁路，新建洛湛铁路至博贺港铁路联络线 1.831 公里，本项目采用技术标准为单线，国铁Ⅱ级，设计速度 120km/h，预留电气化条件。项目投资估算总额为 41.65 亿元（含茂名东货场）。

（五）冷链物流发展加快

2020 年，茂名市推动冷链物流发展，将农产品冷链物流骨干网项目建设与农产品保鲜加工、“5 + 87” 新型乡村助农服务示范体系、社有企业及基层社经营网点融合在一起，架构供销工作“一张网”。一方面，引进田头冷库，如茂名高州谢鸡镇荔枝田头冷库示范点，由镇供销社运营，占地 500 平方米，采取六连箱货柜冷库（6 吨保鲜、2 吨预冷及速冻冷库），配套分拣包装场地，在荔枝采摘后短时间内完成预冷、分拣和包装，最大限度保证荔枝的新鲜度，有效延长荔枝销售期 5 ~ 10 天，同时可降低荔枝流通期间 5% ~ 10% 的腐烂损耗。另一方面，科学配置和引导各方资源参与冷链物流建设，打造“冷链 + 产品 + 服务”的公共信息服务平台，实现整体盈利、持续发展。积极加强与粤西农批在冷链物流方面的融合对接，争取将粤西农批冷链工程纳入供销社系统冷链物流体系。

（六）快递物流增幅平稳

2020 年茂名市快递物流增幅平稳。全年快递服务企业业务量完成 5208.48 万件，同比增长 36.33%；快递业务收入完成 8.26 亿元，同比增长 42.15%，快递业务收入在行业中占比基本稳定，快递业务收入占行业总收入的比重为 50.24%，比上年提高 6.49 个百分点。同城快递业务保持迅猛增长势头。全年同城快递业务量完成 1046.42 万件，同比增长 53.93%；实现业务收入 1.05 亿元，同比增长 72.68%。异地快递业务增长态势平稳。全年异地快递业务量完成 4139.31 万件，同比增长 33.15%；实现业务收入 5.00 亿元，同比增长 45.84%。国际/港澳台快递业务小幅度下降。全年国际/港澳台快递业务量完成 22.75 万件，同比下降 28.74%；实现业务收入 0.13 亿元，同比下降 23.17%。同城、异地、国际/港澳台快递业务量分别占全部快递业务量的 20.09%、79.47% 和 0.44%；业务收入分别占全部快递收入的 12.77%、60.58% 和 1.55%。2020 年，快递与包裹服务品牌集中度指数 CR8 为 93.89。

二、茂名市物流业发展存在的主要问题

（一）对外主要交通干道数量不足

目前茂名市对外的主要交通干道等基础设施不够，影响了茂名与周边城市甚至国内外的物资交换效率，提高了茂名与外界物资交换的运营成本。一是铁路方面，目前

茂名市东西向高快速铁路通道仅有深茂铁路与茂湛铁路，南北向受地形等因素影响，暂时没有高快速铁路通道，导致茂名与周边区域核心城市的联系效率不高。二是高速公路方面，目前茂名市仅有两条与粤港澳大湾区连接的高速公路；茂名市中、西部以及南部靠海等大片区域目前尚未有高速公路覆盖；茂名市与北部湾城市群连接的高速公路较少且多为两车道；茂名市与湛江国际机场等重要交通节点的高速公路联系通道尚未建设。

（二）市域交通基础设施存在短板

茂名市不断进行交通设施建设投入，但受历史经济、地形地貌等多方面影响，茂名市域内交通基础设施存在不少明显短板。一是茂名市市域公路整体技术等级偏低，二级及以上公路里程占比仅为10.38%，二级及以上公路少，难以适应各种汽车特别是载重货车大量通行的场景，在大工矿区、港口等地体现明显，严重影响货物运输效率，阻碍经济发展。二是茂名市内普通干线公路网与高速公路的衔接口较少，衔接点不够便利，车辆从各个区县主城区出发到高速公路的平均耗时约为25分钟。三是茂名市中心城区尚未形成一个外联内畅的快速路网，整体缺乏规划，市区内部的交通阻塞情况相对严重。

（三）港口基础设施建设亟须加强

茂名市港口建设的整体格局仍旧是港口规模小，运能不足，泊位等级偏低，集疏运体系偏弱。目前茂名港尚未建设疏港铁路，水东港区的集疏运方式主要为管道运输和公路运输，这也符合茂名港当前以油气产品和其他散杂货为主要货类的特点，但对其他货物的多式联运转换则相对滞后。博贺新港区铁路建成前，水铁联运中间环节较多，时间成本较高，不利于优化货主运输成本与转换效率，严重制约港口吞吐量提升；博贺新港区铁路建成后，站场等级偏低，仍旧需要在运输站场、信息网络建设等各个方面加大基础设施的投入，保证货物运输成本与转换效率相匹配，提高服务质量，尽可能多地将货物运输引进来。

三、促进茂名市物流业发展的措施建议

（一）着力推进各项交通规划工作

2021年是加快建设交通强国和实施“十四五”规划的开局之年，茂名市应当紧抓深化供给侧结构性改革的主线，围绕交通强国战略和茂名市委“1+4+6”工作布局，进一步改革创新、开拓进取，扎实做好“六稳”工作、全面落实“六保”任务，着力构建优化综合立体交通网络，着力发展现代物流，着力提升服务供给质量，着力统筹发展和安全，奋力建设人民满意的交通，为茂名市经济社会发展当好先行者。按照各个规划的时间节点，高水平完成《茂名市综合交通运输体系中长期发展规划》《茂名市

综合交通运输体系“十四五”规划》《茂名市国家公路国土空间控制规划》等各项交通规划编制相关工作。

（二）着力加快交通物流基础设施建设

一是推进重点高速公路建设。加快阳春至信宜高速和化州至广西北流高速公路开工建设进程；推进化州至广西北流高速公路规划；加快沈海高速公路改扩建；加快云茂高速公路茂名段建设。二是推进国省道、中心城区交通项目建设。加快汕湛高速公路金塘出入口至公馆段改建；推动东环大道一期改造、茂南大道东延线（一期）、复兴大道延长线和潘州大道茂名东货场支线、吉港大道（一期）项目规划建设；制订包茂大道改扩建工程方案。三是推进“四好农村路”建设。推进单车道改双车道共约600公里、危桥改造108座，进一步为乡镇物流提供更完善的交通基础设施。四是推动港口基础设施建设。做好博贺新港区东、西防波堤工程验收各项工作，推进博贺新港区粤西LNG造陆工程、东区油品码头、港政码头等项目建设。加快推动吉达港区开发建设前期工作。

（三）着力提升运输服务保障水平

一是重点培育一批大型龙头骨干运输企业，鼓励整合物流设施资源，着力支持企业向现代物流企业转型升级，不断提高运输服务能力。二是积极推进多式联运发展，特别是集装箱、大宗物资的多式联运发展，发挥好临港铁路的作用，做好货物运输配套，提高运输服务水平。三是加强煤炭、石油、粮食、化肥等物资运输监管，推进优化危化品运输车辆监管平台建设。四是推动水运企业转型升级，增强港口码头污染防治能力，进一步提高茂名市绿色港口发展管理水平。五是完善鲜活农产品运输绿色通道，进一步推动农业物流的运输服务保障水平提升。

阳江市物流业发展 2020 年回顾与 2021 年展望*

一、2020 年阳江市交通物流发展总体情况

（一）货物运输稳步增长

阳江市公路货运持续恢复，通行效率较新冠肺炎疫情期间明显提升。2020 年，阳江市完成公路货运量 5407.5 万吨，同比下降 10.2%，较前三季度收窄 3.85 个百分点；公路货物周转量 324675 万吨公里，同比下降 9.3%，较前三季度收窄 1.79 个百分点。水路货物运输逆势增长，水运经济交出亮眼成绩单。2020 年，阳江市水路货运量为 91.36 万吨，同比增长 71.5%；水路货物周转量为 46084.72 万吨公里，同比增长 55.5%。港航建设不断加快，吞吐量呈增长态势。2020 年，阳江市完成港口货物吞吐量 3349.77 万吨，同比增长 3.6%，较第三季度增长 1.16 个百分点。阳江市全市加强港口整治，加快资源整合，助推阳江港口逐步规模化、专业化、现代化，港口吞吐能力大大提升。全市铁路运输量略有下降。2020 年，铁路货运量为 734.6 万吨，同比减少 8%，铁路货运周转量为 47014 万吨公里，同比减少 8%。

（二）物流运输经济态势持续向好

一是阳江市公路货运量回升态势得到巩固拓展。由于受到新冠肺炎疫情影响，公路客货运量较上年同期有所下降，但随着复工复产有序推进，阳江市政府积极采取措施巩固拓展公路客货运量回升态势。同时，2020 年 10 月“国庆”和“中秋”双节同庆，致第四季度出行人数上升，物资供需增大，促进阳江市公路物流持续增长。二是持续实施水路货运增量政策。阳江市交通运输局加强运输组织，及时把握水运企业存在的困难，提供精准服务，科学组织港口和航运企业复工复产，迅速恢复港口装卸生产和水路运输能力，实现了疫情和经济下行双层压力下的逆势增长。这是阳江市面对疫情认真落实“六稳”“六保”决策部署、持续实施货运增量行动的生动体现。

---

* 供稿单位：阳江市交通运输局。整理人：樊鸿钰，广东亚太电子商务研究院。

（三）货物运输主体活跃度下降

2020 年，阳江市相关部门统筹抓好新冠肺炎疫情防控和经济社会发展工作，认真落实扶持市场主体政策措施，全力推动市场主体复工复产复市，促进市场主体健康发展，但受到疫情影响，内部经济活力下降，公路运输从业主体数量出现小幅度下滑。从公路运输从业户数来看，2020 年阳江市公路货物运输从业户数总数为 8662 户，同比下降了 11.4%，普通货运从业户作为公路货物运输从业户的主体，从业户数较上年减少 1275 户，同比下降 13.3%，货物专用运输从业户数增幅较为明显，同比增长 156.6%，大型货物运输和危险货物运输从业户数也同比分别增长了 4.5% 和 20.0%，表明 2020 年货物运输领域特殊需求有所增长。从公路货物运输从业人员数量来看，2020 年阳江市公路货物运输经营从业人员总数为 42104 名，同比减少 876 名，下降 2%，公路货物运输驾驶员作为公路货物运输经营人员，同比减少 1288 名，下降 2%。

（四）交通建设项目稳步推进

2020 年，阳江市交通固定资产投资完成 110.983 亿元，超额完成计划。随着重点项目复工复产和下半年施工“黄金期”的到来，交通建设投资基本步入正轨，项目建设进度明显加快。广湛高铁阳江段 6 月 30 日全线动工后，于 9 月 14 日正式启动征地拆迁工作，11 月 10 日正式进场施工，正在开展临时设施建设、桥梁、隧道进洞口等先行工点施工。高速公路建设全面开启，怀集至阳江高速公路海陵岛大桥、中阳高速开平至阳春段分别于 12 月 28 日和 31 日顺利建成通车，沈海国家高速公路水口至白沙段改扩建工程、沈阳至海口国家高速公路阳江至茂名段改扩建工程分别完成投资 9.55 亿元、11.71 亿元，完成年度计划的 110%、106%，超额完成投资计划。国省道干线工程加快建设，国道 G325 线阳江市北惯至白沙段改线工程、省道 S540 线平冈至阳江港段改建工程已顺利完工通车，国道 G234 线双捷桥至海陵大堤段扩建工程、国道 G228 线阳江江城西平路至儒洞桥段路面改造工程、广东滨海旅游公路阳江海陵大堤至溪头段分别完成年度投资计划的 148%、134%、122%，超额完成投资计划。截至 11 月底，广东省下达阳江市的“四好农村路”攻坚任务 1626 公里，已按照时间节点全部完成。

（五）多措并举推进交通项目落实

一是领导挂点，有力推进。阳江市委、市政府高度重视支持交通重点项目建设，深入贯彻落实省委“1+1+9”工作部署安排，抢抓“双区”建设、“双城”联动战略机遇，大力实施重大项目驱动战略，将提升交通区位优势作为招商引资的重要抓手之一。阳江市交通运输局相关领导亲自带领工作专班挂点联系重点交通项目，督查到位，强化检查指导，定期分析研判，切实解决存在的困难和问题，推动项目加快建设。二是多方联动共同推动交通项目的建设落实。按照阳江市的工作部署，2020 年阳江市交通投资的目标为85亿元，实际到2020年结束，交通运输部门完成了111亿元的投资建设。阳江市有关职能部门以及交通沿线政府多方协调、多方联动、密切配合，提升了资金筹措的力度，项目审批工作更加有序推进，项目征地拆迁也得以加快进行，在各部门以及各单位的协同配合下，阳江市交通项目建设得以取得重大进展，2020年，阳江市交通项目完成年度投资111亿元，首次实现阳江市交通运输固定资产完成高位投资计划。

二、阳江市物流业发展存在的主要问题

（一）货物运输企业经营较为困难

2020年虽然国内疫情整体平稳，但国际疫情持续蔓延甚至加剧，疫情反弹不断上演，世界经济下行压力较大，国内疫情防控进入常态化，阳江市物流行业受到较严重的影响，物流企业面临着经营的阵痛期。一方面，中小物流企业的资金压力在2020年显得尤为严重，上游货主压价、下游运输成本增加，利益缩减、巨大的成本压力以及行业特殊的货款结算周期，使得作为直接操作最终端环节的中小物流企业经营承担着巨大的资金压力；另一方面，物流企业存在着融资难题，中小物流企业因为固定资产少、可抵押物受限、经营风险高、信用低且征信难等特性难以获得金融机构融资，最需要周转资金的中小物流企业反而最难获取周转资金融资，融资难、融资贵现象较为严重，部分企业出现生产经营困难、资金链断裂的风险。面对成本高、业务增速缓慢等经营压力，物流企业经营趋于困难，一部分物流企业的订单业务量在2020年下半年缓慢上涨，但仍低于往年同期水平，收入仍然有待提升，资金、劳动力趋紧，成本也在上涨，总体上2020年阳江市货物运输企业经营压力有所上升。

（二）建设资金短缺问题逐渐凸显

一是税务资金来源短缺，中央车购税资金是各地公路建设的重要资金来源，起着撬动其他资金来源的作用，受新冠肺炎疫情影响，车购税收入大幅度下降，加之阶段性免征进出口货物港建费和新能源车车购税，预计中央车购税资金会进一步减少。二是过度依赖地方财政，上级部门下达的交通投资建设计划任务盘子大，但目前项目补助资金比例低，地方政府为防范化解债务风险压力，配套资金难以完全保障到位，阳江市本身财政收入水平较低，2020年，阳江市全年税收收入为162.5亿元，同比下降0.9%，列广东省第16位。三是无法吸引社会资本，目前大部分交通建设项目社会效益好但经营效益不佳，融资能力不强，投资周期长且成本收回慢，成本收回过程中面临着诸多风险，对于市场和企业而言并非好的投资项目，难以吸引社会资本参与。

（三）交通运输发展质量有待提高

一是交通运输品质有待提升。交通运输发展仍存在质量不优、韧性不强以及发展

不平衡不充分等问题，影响到全社会物流效率。如各种运输方式衔接融合不够，高品质运输服务供给不足，难以满足多样化、个性化的出行需求和高价值、高频次的货运需求。二是企业主体竞争力不强。目前阳江市物流企业基本上是开展货运代理业务，分散、规模较小，靠单一的公路运输方式进行经营，中小型物流企业流动资金不足，生产经营受掣肘，缺乏市场竞争力，个别较大型物流企业运输货物类型和方式也非常单一，物流企业对自身在调整结构、转变经营方式、促进产业升级和提高服务效率上的认识有待提高。三是新业态发展不足。阳江市网络货运发展相对缓慢，目前尚无一家拿到网络货运经营许可证的企业；由于城市限制牌照发放及在绿色货运方面缺乏政策支持，城市绿色货运配送发展尚未起步。四是基础设施不足。货运枢纽站场（物流园区）规划起步较迟，缺少大中型货物集散场所，制约物流业的长足发展。

三、促进阳江市物流业发展的措施建议

（一）持续推进重点项目建设

抓好交通重点项目建设，抢抓各项机遇，力争完成 130 亿元投资。铁路方面，加快广湛高铁阳江段征地拆迁工作，推进项目建设。高速公路方面，加快沈海高速阳茂段改扩建工程建设进度，确保 2021 年建成通车；加快推进西部沿海高速公路阳江南联络线、阳春至信宜（粤桂界）高速公路建设相关工作，力争 2021 年动工建设。干线公路方面，抓好国道 G234 线双捷桥至海陵大堤段扩建工程、国道 G325 线阳江市江城坪郊至阳春轮水段新改建工程、省道 S540 线阳江雅韶至白沙段扩建工程等一批国省干线建设；加快推进国道 G325 线阳春轮水至马水新风段改建工程的前期工作；启动广东滨海旅游公路雅韶至山外东段建设。港航方面，力争 2021 年完成阳江港进港航道改造工程，加快推进阳江港吉树作业区和丰头作业区码头泊位建设工作。道路管养方面，推进普通国省道低等级路段提档升级，加快推进通建制村公路单车道改双车道工程、危桥改造等项目。

（二）编制谋划一批交通物流项目

一是构建多层次轨道交通网络。谋划阳江—珠海—深圳（赣深客专西延线），补齐珠江口西岸沿海高快速铁路“短板”；谋划城市轨道交通网，加强海陵岛与高快速铁路以及高铁枢纽的衔接，适时推动阳江站—海陵岛旅游集散中心等城市轨道交通线路建设；有序推进阳江空铁片区漠江西路至阳江北站等快速交通疏导项目，方便群众出行。二是推动阳江机场规划建设。加快推进阳江机场建设前期工作，力促“十四五”早期动工；推动海陵岛通用机场建设，满足游客旅游观光需求。三是建设互联互通高速公路网络。谋划深圳至南宁高速阳江段，沈海高速阳东支线、阳西支线，郁南至阳西高速公路，粤西沿海高速等项目，全面强化与粤港澳大湾区、北部湾和泛珠三角地区的

高速连接。四是加快打造“亿吨大港”。推进吉树作业区建设，打造海上风电运维母港，加快开发丰头作业区，完善港口集疏运体系；加快建设阳江港进港航道改造工程，谋划推进阳江港20万吨级航道改扩建、吉树作业区各泊位支航道疏浚项目前期研究。

（三）扩大固定资产投融资规模

创新投融资方式，落实资金保障，着力扩大交通固定资产投资规模。一是创新推进“政金企社”合作，建立政府主导、分级负责、多元融资、风险可控的资金保障和运行管理机制，利用政策性、开发性金融为重点项目提供投资、贷款、债券、租赁、证券等金融服务，加快推进交通基础设施项目建设。二是开放经营性交通项目投融资市场，全面清理铁路、高速公路领域现有资质资格限制性规定，破除社会资本进入壁垒，每年选择一批规模适度、经济可行的经营性交通项目向社会公开推介，建立滚动推进的政府和社会资本合作（PPP）项目库，营造机会平等的投资环境，通过市场化方式积极吸引中央企业、民营企业、外资企业等参与。三是强化间接融资支持。对经营性项目，充分发挥国家开发银行等金融机构作用，用好中长期、低成本资金；探索对中短期存量债务进行融资再安排，拉长负债期限，降低融资成本。定期开展重点项目银项对接工作，建立多部门协同机制，推动银行之间加强战略协作，为重大项目提供融资便利。

（四）减轻物流企业经营压力

支持中小物流企业做大做强，推动物流企业发展环境向上向好。一是改善物流企业融资困境，构建多层次、广覆盖、有差异的金融体系，端正发展理念，坚持以市场需求为导向，鼓励金融机构积极开发针对物流企业的个性化、差异化、定制化金融产品，利用供给侧结构性改革来缓解中小微企业的融资问题，鼓励金融机构加大对中小微企业的信贷支持力度，降低贷款利率，减少企业融资成本。二是降低企业运营成本。降低公路运输成本，对标准集装箱运输车辆高速公路通行费实行折扣优惠；精简铁路货运杂费项目，降低运杂费迟交金收费标准，取消货物运输变更手续费；适当放宽年检间隔时间，优化检验流程，降低收费标准。三是帮助企业做好潜在风险分析。在新冠肺炎疫情冲击下，参考非典时期的影响，在疫情结束后，高速公路行业、客货运输业仍需一段时间方能恢复正常，运输企业整体营收不乐观，应提早做好资金规划，充分利用近期货币宽松的宏观环境，降低企业财务成本，研究债务置换、增加融资等方式降低还本付息压力，避免出现流动性风险。

云浮市物流业发展2020年回顾与2021年展望*

一、2020年云浮市物流业发展总体情况

（一）全市物流业发展稳中向好

2020年云浮市邮政业务总量完成5.92亿元，同比增长9.50%，邮政业务收入完成6.41亿元，同比增长14.26%。其中，快递业务量完成1015.94万件，同比增长17.98%；快递业务收入完成2.73亿元，同比增长26.58%。截至2020年年底，全市取得许可的快递企业及分支机构共有74家，末端网点261个，包含EMS、顺丰、申通、中通、圆通、汇通、韵达、联昊通、优速、德邦等十余品牌，共有快递从业人员约1850人。乡镇快递实现100%通达。此外，2020年，云浮新港口岸实现货物吞吐量555万吨，与2019年同期的527万吨对比增长5.3%；集装箱吞吐量完成18.97万标准箱，与2019年同期的24.06万标准箱对比下跌21.2%；件杂货吞吐量完成44.4万吨，较2019年同期43.1万吨增长3.0%。

（二）农村物流服务体系规划不断完善

为建立农村新型流通体系、推进消费品下乡和农产品进城双向流通、扩大城乡消费的新渠道、促进供给侧结构性改革，云浮市编制了《云浮市农村电子商务发展规划（2020—2022年）》和《云浮市农村物流建设发展规划（2021—2025年）》。其中，《云浮市农村电子商务发展规划（2020—2022年）》指出搭建县域物流服务体系工程、搭建特色农产品上行渠道工程等推进农村物流高质量发展的重点工程，明确农村电商物流发展的主要任务和发展方向，并已由云浮市政府印发实施。同时，为更好推动全市农村物流服务体系发展，助力乡村振兴战略实施，云浮市正配套编制《云浮市农村物流建设发展规划（2021—2025年）》，为云浮市电子商务特别是农村电商全面发展提供物流领域软硬件的必要支持。

（三）物流服务体系建设取得良好成效

一是实现了“镇村通邮，村村通快递”。截至2020年年底，EMS、顺丰、“四通一

* 供稿单位：云浮市商务局。整理人：张嘉桀，广东亚太经济指数研究中心。

达”、品骏邮政快递（唯品会）、京邦达（京东）等131家快递企业及分支机构已进驻云浮市，各快递企业已覆盖全市55个乡镇及8个街道，乡镇及街道级网点覆盖率达100%，全市847个建制村基本通邮政快递服务。二是电商公共服务中心建设不断推进。通过政府引导，社会企业参与管理和运营的模式，云浮市创建县级电子商务公共服务中心。公共服务中心作为提供公共服务的线下实体，为入驻电商企业提供“一站式”配套服务。目前，已建成电商公共服务中心4个，并按要求具备县级物流服务中心功能。三是农村电商物流体系初步形成。云浮市依托已建有的县级电子商务公共服务中心和农村物流服务中心，在中心镇建设了物流配送中心、农村电商服务站点557个，为农民提供基础服务，促进农村消费，带动农产品销售，有效激活农村经济，助力电商精准扶贫取得新成效。如郁南县桂圩镇龙江电商服务站，该项目建立的电商平台依托县镇村三级电商物流网络，助力推广销售山区贫困村农产品，有效解决贫困山区农产品销售难的问题，被评为广东省首批“E网兴农”农村电商示范站。

（四）“菜篮子”配送中心顺利落地运营

粤港澳大湾区“菜篮子”产品云浮配送中心顺利上线运营。该项目总投资估算2.34亿元，占地约757亩，位于云浮市云城区腰古镇云朵村的云浮市警官培训基地内。项目一期占地约250亩，已建成的起步区包括信息平台、检测区和产品展示区三个基本功能区，未来将根据相关要求及粤港澳大湾区发展需要建设配套的仓储冷链物流功能区并进一步完善、升级现有产品展示区、信息平台区、海关检验检疫区等设施配置。

（五）快递业务较快增长

根据2020年云浮市邮政行业发展统计公报数据，2020年，云浮市全年快递服务企业业务量完成1015.94万件，同比增长17.98%；快递业务收入完成2.73亿元，同比增长26.58%。快递业务收入在行业中占比小幅上升。快递业务收入占行业总收入的比重为42.59%，比上年上升4.09个百分点。同城快递业务小幅下降。全年同城快递业务量完成124.59万件，同比下降2.19%；实现业务收入0.14亿元，同比下降0.46%。异地快递业务持续较快增长。全年异地快递业务量完成878.60万件，同比增长21.57%；实现业务收入1.23亿元，同比增长26.58%。国际/港澳台快递业务持续增长。全年国际/港澳台快递业务量完成12.74万件，同比增长16.06%；实现业务收入0.07亿元，同比增长36.50%。异地业务占比提升。同城、异地、国际/港澳台快递业务量占全部快递业务量的比率分别为12.26%、86.48%和1.25%，业务收入占全部快递业务收入的比率分别为5.09%、44.99%和2.43%。国有、民营、外资企业业务量占全部快递与包裹市场的比重分别为29.28%、70.72%、0%，国有、民营、外资企业业务收入占全部快递与包裹市场的比重分别为10.71%、89.29%、0%。快递与包裹服务品牌集中度指数CR8为93.44。

二、云浮市物流业发展存在的主要问题

（一）农村物流业发展仍然滞后

云浮市农村物流服务体系虽然取得一定成绩，但行业整体发展水平仍然滞后，仍存在问题与不足：一是农村物流点还比较分散，未能进一步整合，导致经营困难；二是基础薄弱、农产品冷链建设滞后，农村物流服务网点末端配送问题依旧未能完全解决；三是专业物流园区（中心）建设滞后，建设用地及建设资金等问题仍待解决。

（二）口岸物流受疫情影响较大

云浮新港由于受新冠肺炎疫情影响，石材客户无法到国外订货，大部分工厂延迟复工，房地产终端市场需求减少，加上美国对伊朗的制裁，伊朗货物发往国内的物流受阻，导致2020年外贸集装箱量下降明显，尤其是外贸进口石材受影响较大。受此影响，2020年，云浮新港口岸实现进出口货运量和进出口集装箱分别同比下降28.2%和25.0%。

（三）电商物流基础设施薄弱

目前云浮市电子商务相关物流发展仍处于初步阶段。物流配送制约云浮市电子商务发展，产品配送环节困难重重。这主要表现为电商物流缺少本土龙头物流企业，尚未形成适合电商发展的物流高效网络。云浮市内物流企业规模小，分布分散，物流操作标准化、智能化水平较低，导致本土特色产品难以通过电商物流的渠道建立有效的线上销售渠道。

三、促进云浮市物流业发展的措施建议

（一）联动推进农村物流服务体系建设

认真组织实施《云浮市农村电子商务发展规划（2020—2022年）》，理顺农村电商发展的总体思路和发展目标，确定农村电子商务发展的功能布局和重点领域，进一步加快农村电商的发展。发挥部门联动效应，加强与农业农村部门沟通协调，在现代农业产业园建设工作中同步推进冷链物流发展。积极推进电子商务、物流、商贸、邮政、快递等各类社会资源汇聚，实现优势资源的对接与整合。

（二）促进示范引领把载体做大做强

成立部门联动推进工作专班，结合全市乡村振兴和脱贫攻坚工作要求，加快各县（市、区）电子商务进农村综合示范项目的创建步伐。通过示范创建，力争实现镇村电

商服务站点全覆盖，不断扩大全市电子商务进农村综合示范项目辐射范围，逐步完善县域电商生态，切实发挥电商助力精准扶贫和乡村振兴实效。

（三）进一步完善物流服务体系建设

一是以罗定市（国家级）和云安区、郁南县、新兴县（省级）电子商务进农村综合示范县（市）创建为抓手，推动罗定、云安、郁南、新兴等地加快电商快递物流服务中心和冷链物流建设。二是加强与阿里巴巴、京东等大平台的项目合作，推动阿里菜鸟物流、京东物流等落地，借助阿里巴巴、天猫优品零售门店、京东便利店、苏宁小店等载体，充分发挥京东地方特色馆、京东便利店的物流快递辐射能力，助推全市镇村级电商物流服务站点建设，同时整合 EMS、顺丰、“四通一达”等物流快递资源，构建完善到村的电商物流服务网络。

（四）加快推进现代物流基础设施建设

一是加快推进云浮市农产品综合批发市场项目建成运营（该项目已于 2020 年 11 月动工建设），逐步形成一套高效管理体系和农产品准入标准，配备冷链物流存储、安全监控系统，大型农产品电子交易平台等硬件设施，落实食品安全供应保障、价格波动预警、仓储稳定供应、物流集散配送等职能。二是加快推进农产品冷库、冷链项目建设。扎实贯彻城乡冷链物流建设补短板工程的决策部署，借助供销系统资源加快云浮市农产品仓储保鲜冷链物流设施建设。目前，全市规划冷链物流骨干网建设匡算投资 6.9 亿元，规划库容 8.2 万吨。全力以赴推动云浮市冷链物流基地（该项目已于 2020 年 11 月动工建设）、罗定天泷冷链物流产业园、广东供销（新兴）天业冷链物流产业园等重点冷链项目动工建设，争取早日建成运营。

（五）积极推进云浮港都骑通用码头项目

为贯彻落实马兴瑞省长“要充分发挥西江黄金水道优势，将港口作为物流运输的重要节点，挖掘西江航道资源潜力发展内河航运，进一步带动粤西北地区经济产业发展”重要指示精神，持续扩大对外开放，促进云浮市开放型经济高质量发展，云浮市已于 2020 年向省商务厅申请将“云浮港都骑通用码头（广州云浮国际物流港）扩大开放”纳入广东省“十四五”口岸发展规划重点开放建设项目“扩大开放项目”。未来云浮市应以服务云浮及周边地区物流为主，推进云浮市与广州市产业融合、优势互补、融湾融珠为目标加快本项目的建设，加强南沙港—广州云浮国际物流港的区域联动，力争把云浮港都骑通用码头打造成为粤港澳大湾区外贸进出口高质量发展的重要配套物流基础设施。

粤北地区

韶关市物流业发展2020年回顾与2021年展望*

一、2020年韶关市物流业发展总体情况

（一）物流业发展保持平稳

“十三五”期间，韶关市物流产业总体发展良好，现代物流业增加值年均增长1.9%，交通运输、仓储和邮政业增加值年均增长约3.8%。2020年，韶关市交通运输、仓储和邮政业增加值44.8亿元，占GDP的比率为3.3%，公路、铁路、水路、仓储和邮政业增加值占比分别为64.9%、12%、0.5%和22.6%。全年公路货运周转量70.8亿吨公里，同比增长3.7%。水路货运周转量116.3亿吨公里，同比下降10.6%。年末公路通车里程1.71万公里，公路密度92.74公里/百平方公里。按路面类型分，高级路面公路1.71万公里。按技术等级分，等级公路1.71万公里，其中高速公路688.8公里、一级公路218.4公里、二级公路832.8公里。

（二）冷链物流布局脚步加快

2020年，韶关华南先进装备产业园、鑫金汇财富广场、华南农产品交易中心、曲江亚北农副产品冷链仓储物流中心等物流项目已建成投入运营；韶关港乌石综合交通枢纽、韶关天韶冷链物流园、广东中烟韶关片烟仓储库区等项目正加快建设，谋划的韶关现代综合物流园完成立项备案；南雄天雄冷链仓储物流基地（东）、翁源粤北农副产品批发市场（南）、乳源中农批农特产品电商物流商贸城（西）、莱丁·乐昌农产品电商物流园（北），基本形成了以市区为中心，南北贯通、东西联通的冷链物流服务网络。

---

* 供稿单位：韶关市交通运输局。整理人：陈梓博，广东省现代物流研究院。

（三）水路运输能力发展良好

2020年，韶关港承接煤炭装卸业务主要的码头有乌市港码头和永顺码头，年接卸量100万~200万吨。现有500吨级泊位4个，其中专业煤矿卸船泊位4个。2020年船舶装卸平均作业停时0.3天，日装船量最高0.4万吨，有2台装船机（250吨/小时），装、卸流程互不影响，可同时作业。煤主要来自珠三角地区。在码头转运煤炭的包括钢铁厂、电厂、热能厂等及一些煤炭经营企业。其中永顺码头（2021年4月码头进行升级建设，已停止对外装卸业务）现有500吨级泊位6个，其中专业煤矿卸船泊位2个。2020年大船平均作业停时2天，日装船量最高0.1万吨，有3台装船机（170吨/小时），装、卸流程互不影响，可同时作业。韶关市共18家水运企业，其中货运17家，客运1家。新增建造船舶84艘、载重吨为26.46万吨，同比分别增长44%和109%；全市营运船舶共计819艘、其中货运船舶803艘，载货量为118.79万吨。

（四）物流基础体系建设不断完善

截至2020年年底，韶关市初步形成公、铁、水三种运输方式共同发展的综合运输网络布局，全市公路通车总里程超1.7万公里，其中高速公路688公里；内河航道里程386公里（北江航道完成“五改三”扩能升级）；铁路通车里程462公里。随着2021年韶关丹霞机场建成复航，韶关市即将具备公、铁、水、空多式联运的条件。

（五）快递物流增速较快

2020年，全年快递服务企业业务量完成2286.35万件，同比增长13.07%；快递业务收入完成4.01亿元，同比增长19.32%。同城快递业务有所增长。全年同城快递业务量完成447.18万件，同比增长29.30%；实现业务收入3141.93万元，同比增长16.10%。异地快递业务持续增长。全年异地快递业务量完成1829.58万件，同比增长10.23%；实现业务收入2.01亿元，同比增长10.24%。国际及港澳台快递业务下降。全年国际及港澳台快递业务量完成9.58万件，同比下降41.49%；实现业务收入859.2万元，同比下降23.50%。同城业务占比提升。同城、异地、国际及港澳台快递业务量占全部业务量比重分别为19.56%、80.02%和0.42%，业务收入占全部业务收入比重分别为7.73%、50.12%和2.24%。2020年，快递与包裹服务品牌集中度指数CR8为90.51。

二、韶关市物流业发展存在的主要问题

（一）物流业发展规模效益不足

韶关市工业规模不大，原材料采购和产成品运出的需求量较小，没能给物流产业

发展提供强大的支撑和动力。物流企业普遍经营规模较小，服务对象单一，缺乏具有支柱性和带动性强的大项目，难以形成规模效应。物流业总体仍以传统运输、仓储为主，供应链服务、物流金融、物流咨询等高度增值业务较少。难以培育、引进大型龙头企业，多数物流企业技术力量和综合化程度较低。

（二）物流信息化建设滞后

目前，韶关市物流园区、货运站场信息化管理水平和技术手段相对落后，其信息化技术基本是仅用于部分货物监控和配载方面，尚未在整个物流市场推广。全市尚未建立统一的公共物流信息平台，区域性的、综合性的货运信息网也没有形成，物流企业未能打造具有韶关物流特点的信息平台，仅有简单对接企业的平台，一些运输公司甚至还停留在使用电话组织货源的层次，物流运作整体效能不高。

（三）物流重大项目推进缓慢

截至2020年，仅韶关华南先进装备产业园、华南农产品交易中心等物流项目建成投入运营，原“十三五”规划的“三港六园多节点”等重点项目建设推进缓慢。

三、促进韶关市物流业发展的措施建议

（一）着重规划，弯道超车

目前韶关整体工业经济发展动力不足，物流业随之举步维艰，因此要从政府牵头出发，做好工业产业规划，并充分意识到现代物流业的发展趋势及其地位作用，充分发挥韶关区位、交通等优势，以物流流通促进工业产业发展，实现弯道超车。

（二）统筹领导，科学发展

由韶关市发展改革部门牵头，商务、交通运输等相关部门配合，结合韶关市总体规划、土地利用规划、农业发展规划和产业布局规划，按照“整体规划、适度超前、分步推进”的原则，统筹考虑韶关市产业结构布局、环境保护、投资来源、运营组织以及建成后经营效率和效益等因素，科学编制《韶关市现代物流业发展“十四五”规划》，引导物流业平稳健康发展。

（三）积极改造，智慧突破

把加强物流综合信息平台建设作为推进商贸物流向现代物流迈进的突破口，重点扶持物流信息技术平台、科技网络平台等信息平台建设。积极引导物流企业加大信息化投入，规范业务流程，提高物流运作效率和服务水平。以提升物流信息化水平为契机，以“互联网＋”、大数据推动绿色高效智慧物流项目，打造智慧物流示范城市。

（四）理顺体制，高效发展

建议在市级层面设立物流管理专职机构，负责全市物流行业的管理工作。各县（市）区由政府牵头成立“现代物流业发展领导小组”。从上到下形成配套的组织机构，利于政府对整个物流业发展进行统筹和协调，使各项物流政策得到顺利贯彻实施。市级专职机构加强对各县（市、区）物流工作的指导，鼓励和支持各县（市、区）根据自身不同条件发展形式多样的物流产业；建立健全物流项目联系和服务制度，加大对在建和已建成未投运物流项目的协调服务力度；加强部门间横向联动、有机衔接，形成工作合力，协调解决重大工程项目推进中面临的困难和问题，为项目顺利实施创造良好条件。

清远市物流业发展2020年回顾与2021年展望*

一、2020年清远市物流业发展总体情况

（一）物流业规模稳定扩大

根据2020年清远市国民经济和社会发展统计公报，2020年，全市交通运输、仓储和邮政业增加值为41.6亿元，同比增长1.0%。全年公路货运量11874.7万吨，同比增长3.6%；货运周转量103.6亿吨公里，同比增长4.6%。水路货运量5531万吨，同比增长17.1%；货运周转量76.2亿吨公里，同比增长16.4%。全年港口完成货物吞吐量4126.8万吨，同比增长13.5%。港口集装箱吞吐量157956TEU（标准箱），同比增长34.9%。

（二）水、陆、空交通越发便利

2020年，清远市入珠融湾步伐持续加快，全力推进路网对接，全市交通基础设施建设投资增长21.1%，水、陆、空交通更加便利，已基本形成水、陆、空立体交通网络。铁路方面，清远市区范围现有广清城际轻轨、京广铁路和武广客运专线过境。年末境内公路通车里程20547公里，同比下降12.0%；其中高速公路里程846.6公里，增长9.9%，高速公路通车总里程居全省第3位。汕湛高速惠清段建成通车，广连高速、佛清从高速加快建设，广清永高铁列入粤港澳大湾区铁路规划，佛江高速北延线、清远至高明高速、韶贺高速等纳入省高速路网规划。水运方面，通过北江、连江水运沟通整个珠江水系，清远港码头设备完善，水陆货运可直通港澳。

（三）邮政行业保持较快发展

根据2020年清远市邮政行业发展统计公报，2020年清远市邮政行业业务总量完成109623.73万元，同比增长17.23%；全年邮政行业业务收入（不包括邮政储蓄银行直接营业收入）完成98256.20万元，同比增长19.82%。邮政寄递服务业务量累计完成3923.69万件，同比增长8.51%；邮政寄递服务业务收入累计完成4486.29万元，同比

---

* 供稿人：朱佳蕾，广东省现代物流研究院。

增长34.41%。快递业务快速增长，全年快递服务企业业务量完成3471.25万件，同比增长12.97%；快递业务收入完成62348.92万元，同比增长22.79%。目前清远市共有邮政公司1家（邮政物流业务到村），许可快递到村的物流企业36家，备案分支机构107家，备案末端网点193个，邮政普遍服务网点121个。2020年，全市邮政行业业务收入（不包括邮政储蓄银行直接营业收入）累计完成98256.2万元，同比增长19.82%。

（四）重点物流项目进展顺利

一是电商物流项目规模化发展。清远城区靠近广州白云机场、白云机场综合保税区，承接空港经济外溢辐射的区位优势明显。目前，中国南部物流枢纽项目一期工程已投入运营，跨境电商及国际物流业务有序开展，阿里巴巴集团旗下天猫商超华南区仓库、广东省邮政电商物流中心、广百物流云大数据中心均已开业运营，为华南地区电子商务企业提供跨境电商物流服务，清远地区电商物流业迈向数据化、规模化、专业化发展。二是冷链物流项目投资可观。广东天远冷链物流有限公司在广清空港现代物流产业新城内建设清远冷链物流基地，项目计划用地约110亩，总投资3亿元人民币。拟建设4座万吨冷库及配套物流中心仓库和1座现代智慧冷链物流运输调度及供应链交易结算中心，共计建筑面积约64000平方米，设计库容约8万吨。目前该项目已完成招投标工作。

（五）各部门积极推动物流业发展

2020年2月，《清远市商务局关于印发有效应对疫情促进商务领域企业平稳健康发展八项措施的通知》（清商务〔2020〕10号）出台，千方百计支持商贸企业稳定营运，积极稳定外贸进出口，为疫情期间商贸流通等企业稳定发展提供有力支撑。2020年5月，清远市邮政管理局发布《关于清远市2020年省级促进经济高质量发展专项资金（现代服务业发展用途）项目评审结果的公示》，充分发挥省级财政资金带动作用，分别对连山壮族瑶族自治县分公司邮件处理中心、清新区分公司太平投递部、清城区分公司禾顺塘揽投部、阳山县分公司黎埠邮政代办所进行更新改造；支持清远市申通快递有限公司、清远韵达速递服务有限公司等8家企业，进行快递绿色发展。2020年12月，根据《关于印发清远市农产品仓储保鲜冷链物流设施建设项目申报指南的通知》（清农农函〔2020〕392号），清远市农业农村局组织开展了清远市农产品仓储保鲜冷链物流设施建设项目申报评审工作，投入专项资金800万元，扶持3个农产品骨干冷链物流基地项目、7个乡镇田头仓储冷链物流设施项目建设。2021年1月，清远市商务局印发《清远市农村物流建设发展规划（2019—2025年）》，提出九大任务、八项工程，推动全市农村物流发展。

二、清远市物流业发展存在的主要问题

（一）物流市场基础依然薄弱

一是经济总量小，发展不充分问题较突出。人均地区生产总值分别只有全省的47%、全国的62%，居民人均可支配收入分别只有全省的62.4%、全国的79.3%。二是实体经济发展动力不足，主导产业缺乏，产业结构不合理。三是区域发展不平衡，北部地区、农村地区发展条件亟待改善。“三连一阳”地区生产总值、固定资产投资、一般公共预算收入分别仅占全市的21.4%、15%和12.1%。四是农业产业规模化、品牌化不足，促进乡村振兴、破解城乡二元结构的体制机制还不完善。这都制约了物流业发展。

（二）国际物流仍处于起步阶段

发展潜力较大的国际及跨境物流业因政策瓶颈导致发展滞后。例如，清远市缺乏跨境电子商务综合试验区政策支持，导致跨境电子商务行业、跨境物流行业报关、货物中转、金融、退税及国际仓储等业务开展的效率相对较低，加上广州市的虹吸效应明显，导致众多优质国际物流进出口业务在清远，经济数据在广州的情况，不利于行业转型升级。

（三）市场环境与政策环境相互制约

目前清远市内，外地物流企业占据大部分公路运输市场份额。清远市本地生产的产品（陶瓷、水泥、钢材等）以公路运输为主，物流运输和服务项目由外地物流公司承接，导致清远市税收严重流失。省内物流公司的货运车及仓储业务放在清远，但交易数据、税收数据等经济数据直接纳入物流公司所在的地方总部，地方应对中低端物流业的污染、道路损伤等投入远高于行业带来的税收，严重影响地方政府支持行业发展的积极性，导致清远市对物流业发展的政策支持不足。清远市缺乏土地指标及基础配套设施的支持，推动规模化物流园区建设困难较多。受限于土地指标、调规控规以及交通线路等政策问题，物流集聚区难以引进建设标准较高的电商、物流企业，人才引进与招商引资难度较大，不利于清远承接广州物流产业转移工作。

三、促进清远市物流业发展的措施建议

（一）加快构建便捷畅通的现代综合交通体系

积极参与“双区”建设，加快构建融入粤港澳大湾区、畅通省内外的“际铁公水”现代化交通体系。推动广连高速佛冈至阳山段、二广高速连州连接线建成通车，

加快佛清从高速、二广高速连山至贺州支线建设，清新至佛山南海高速动工建设，力争高速公路完成年度投资 115 亿元以上。推进广清城际清远至省职教城段、磁浮旅游专线加快建设。争取广清永高铁广东段控制性工程动工建设。积极推动广州地铁北延至清远。推进北江航道进一步扩能升级。加快广清大道南延线、太石路与花都红棉大道对接线等项目立项建设。

（二）积极发展现代物流产业

充分利用清远市优良的地理位置，大力发展现代物流业及配套产业，使清远市成为粤港澳大湾区的“后勤”基地以及交通内陆的重要通道，建设成为国家城乡融合发展试验区现代物流基地。以现代物流业为龙头，带动跨境电子商务及国际物流业的发展。实施“大市场、大流通、大商贸”战略，依托良好的区位与交通优势，公路（京珠高速、广清高速路、107 国道等）、铁路交通（京广铁路、武广客运专线）、水运航道、港口，以及依托广清空港现代物流产业新城、广州白云机场等大力促进国际现代物流业发展。

（三）推动各种物流业态融合发展

推动电商创新发展，深化与国内头部电商平台合作，推动零售业、农业、旅游业、餐饮业等行业数字化转型，培育壮大直播电商、社交电商、生鲜电商等新业态。推进电商进农村综合示范县建设，加快农村冷链物流配送体系建设。积极对接粤港澳大湾区，辐射粤桂湘，利用三省通衢的优势，发展走廊经济，努力突破冷链物流发展中遇到的瓶颈。落实稳外贸政策措施，积极培育贸易新业态。积极申建跨境电子商务综合试验区，推动保税物流中心（B 型）项目建设。

（四）加快推动园区等载体建设发展

以园区为载体，集群发展按照“产业发展园区化、园区发展集群化”思路，以清远市现代物流产业领域优势特色产业链为纽带，以源潭物流基地（园区）为载体，积极推进中国南部物流枢纽项目二期、三期开工建设，加快已经引进的现代服务业相关物流园区，如广百物流园、锦邦现代仓储物流园、城际物流园、宝供智慧物流园、广铁物流产业园、华南物流枢纽项目、苏宁物流园等的建设，以跨境电子商务综合试验区等国家级试验区为政策向导，通过大企业引领，大项目支撑，加强中小企业研发与服务配套，全面推动现代物流产业的集聚发展。

（五）加快物流配套基础设施建设

一是加快物流硬件基础设施建设。整合优化现代物流资源和要素市场，加快国家骨干现代物流基地、物流中心、信息网等物流基础设施建设，使清远成为南北物流的集散现代物流基地。利用联邦快递亚太区转运中心落户花都的契机，大力发展空港型现代物流业。围绕中心城区和佛冈、英德、连州等次中心城市，完善现代物流基础设施，优化现代物流基地布局。以源潭片区功能转换为契机，推进源潭镇现有产业转型升级，逐步淘汰落后的陶瓷企业，腾出空间发展现代物流产业，将源潭片区打造为国家骨干现代物流中心。采用现代物流技术和装备，构筑与清远区域经济发展及综合运输体系相适应的现代物流网络体系。二是努力打造现代物流业发展的信息平台。建立现代物流公共信息平台，实现上下游企业数据交换和信息共享，整合优化现代物流资源，全面提升现代物流业务管理的信息化水平。推广应用无线射频识别、二维码、电子标签、卫星定位系统、电子化运单、温湿度记录系统、物联网等信息技术，建立现代流通的全过程质量安全管理体系和信息追溯体系。

（六）加快现代物流业招商引资

大力引导投资建立第三方、第四方现代物流企业和现代物流配送企业，推进制造、批发、零售与运输、仓储、货运代理等现代物流链条联合，完善采购、加工、包装、储运、配送等多元服务，提高流通效率。支持较大型连锁企业、批发企业、第三方现代物流企业和大型现代企业的物流配送中心建设，逐步建立多层次的现代物流配送体系。

梅州市物流业发展 2020 年回顾与 2021 年展望*

一、2020 年梅州市物流业发展总体情况

（一）货物运输发展保持稳定

2020 年，梅州市交通运输、仓储和邮政业实现增加值 27.48 亿元，比上年下降 1.3%。公路、水路交通运输方式完成货物周转量 89.27 亿吨公里，比上年增长 0.5%，其中公路货物周转量 89.19 亿吨公里，增长 0.5%。

公路货运方面。梅州市公路网规划建设正处于快速建设阶段，基本形成以高速公路及国省道为主骨架，县乡道路为支线，沟通城乡、辐射周边的公路网络。对外公路运输通道主要依靠“两环三横三纵”高速公路网的高速公路和国省干线公路，对内运输通道主要依靠城市主干道。2020 年年末，全市公路通车里程 20756 公里，其中，高速公路通车里程 708 公里。每百平方公里公路密度为 130.7 公里。“县县通高速”“镇镇通三级路”“村村通硬化路”全面实现。2020 年，全市公路货运量约 9304 万吨，货运企业约 1475 家（5 台车以上普通货运企业 144 家、危货企业 21 家），货运车辆 9000 多辆。公路运输的主要货种包括水泥、医药及医疗器械、农林牧渔业产品、纺织品及服装、纸制品、化工原料及制品、化肥及农药、粮食、木材及其他货类，运输方向主要面向珠三角、潮汕揭和福建龙岩、江西赣州等地区。

水路货运方面。梅州内河航道里程 485 公里，其中五级航道 136 公里，六级航道 50 公里，六级以下航道 299 公里。2020 年，全市水路货运量约 6.3 万吨。目前，梅州市通过水路运输的货物主要有水泥、石粉等，通过韩江水上运往潮汕地区。

铁路货运方面。梅州市铁路网规划为“四纵两横”结构，其中“四纵”指鹰梅铁路、埔梅铁路、广梅汕客运专线梅州西至丰顺段、广梅汕铁路畲江至丰顺段；“两横”指“广梅汕铁路、梅坎铁路”和“广梅汕客运专线、南三龙梅铁路”。货运站场主要有梅州站、梅州西站、梅州北站、畲江站、长田站等。铁路运输货物品种主要包括矿石、建材、化肥、粮食、钢铁、机电产品、农产品及其深加工产品等。2020 年，全市铁路货运量约 90 万吨。

* 供稿单位：梅州市商务局，梅州市交通运输局。整理人：朱佳蕾，广东省现代物流研究院。

航空货运方面。梅州机场发展目标是成为粤、闽、赣交界地区重要的支线机场，年旅客吞吐量30万人次、飞机起降5825架次、货邮吞吐量143.9吨，延长、加宽后的跑道为2400米长、45米宽，飞行区等级由3C级上升为4C级，可满足A320、B737－800等主力机型的起降要求。目前，机场航线为10条，在飞航线8条。空运货物基本为旅客随身携带的行李，货运量极少，2020年货运量仅为0.0144万吨。

（二）重点项目建设进展顺利

交通基础设施建设方面。梅州市列入省运输结构调整重点项目的主要有梅州（大埔）至潮州港疏港铁路梅州段、蕉岭县铁路专用线、广东泰歌科技能源有限公司油库铁路专用线三个铁路货运专用线的规划建设。其中，梅州（大埔）至潮州港疏港铁路梅州段建设项目已列入2019年国家发展改革委等5部门《关于加快推进铁路专用线建设的指导意见》的重点项目和2020年广东省重点建设前期预备项目，目前该项目已完成预可研报告编制，现正开展预可研深化方案研究工作。蕉岭县铁路专用线建设项目已被列入广东省推进运输结构调整实施预备项目和2020年重点预备项目，项目已完成预可研和审查，现正开展项目可研报告编制工作。广东泰歌科技能源有限公司油库铁路专用线铁路建设项目已完成前期可研、设计工作，并与广铁集团、广梅汕铁路公司签订专用线接轨合同，进行前期三通一平、铁路股道铺设等配套施工。

商贸物流园区建设方面。梅州市加快与顺丰速运合作建设农产品销售“四维一体综合平台”，加快梅州海吉新城农副产品商贸物流园、广东汉光超顺农业股份有限公司农产品加工冷链物流园、五华县中农批农产品冷链物流集散中心等一批商贸物流项目建设，完善基础设施，增强服务功能。支持海吉新城商贸物流园、梅县区农产品冷链物流园等物流园区扩大建设规模，完善仓储、货物转运和分拨配送中心，孵化中心，电子商务中心，信息服务中心等配套设施，配备机械化、智能化装备设备，增强综合物流服务功能，如表2－1所示。

表2－1　梅州市重点商贸物流建设项目清单

序号	项目名称	项目投资金额（万元）	建设期限	主要经营产品	运输辐射区域
1	梅州海吉新城农副产品商贸物流园	177198	2014—2022年	水果、蔬菜、冻品、农机五金机电、粮油副食等	全国各地
2	梅州松栅铁路物流基地	53000	12个月	无水港集装箱运输、流通分拨库	全国各地
3	广东汉光超顺农业股份有限公司农产品加工冷链物流园	18000	2020—2021年	果蔬、肉类及团餐等	梅州，粤港澳地区

续　表

序号	项目名称	项目投资金额（万元）	建设期限	主要经营产品	运输辐射区域
4	兴宁市天业冷链物流园	12000	2020—2022 年	果蔬、肉类、冻品等	全国各地
5	平远县广东保灵食品生产和仓储中心	11250	2019—2022 年	食品生产和药品批发	福建、江西、河南、梅州、河源
6	兴宁市物流配送中心	5000	2019—2021 年	快递包裹	广东、福建
7	五华县中农批农产品冷链物流集散中心	2836	2020—2021 年	蔬菜、水果、肉类、冻品等农产品	梅州、龙川、河源、珠三角、福建、江西等
8	丰顺县农产品、快递仓储物流园	1500	2020—2021 年	蔬果、肉类、日用品、快递仓储	梅州、潮汕地区、福建、江西

（三）农村物流建设成效显著

梅州市交通运输、商务、邮政、农业农村等部门密切配合，加快推动农村物流建设发展。一是邮政快递“两进一出”工程成效显著。邮快合作、快快合作、快商合作、交快合作、快电合作不断加强，“快递下乡”和“快递进村”工程建设成果显著，全市 104 个乡镇共设有快递服务网点 727 个，快递服务覆盖率达 100%，建制村实现快递服务“村村通”。“快递入区”工程取得新进展，全市投入运营智能快件箱 308 组，箱递率超过 10%；全市高校实现快递服务规范化全覆盖。“快递向外”发展获得新机遇，梅州市已建成汕头关区规模最大的跨境电商清关中心，且中国（梅州）跨境电子商务综合试验区于 2020 年 5 月正式成立。二是农村电商服务体系建设继续加快。梅州市有效整合邮政、供销社、农村淘宝等资源，积极构建完善县、镇、村三级电商服务体系。截至 2020 年年底，全市所有县（市、区）均建有县级电子商务公共服务中心，乡（镇）有电子商务服务站、省定贫困村有电子商务服务点。且随着农村电商服务网点覆盖范围不断扩大，电商服务体系为当地贫困户提供助贫、扶贫服务的能力显著提高。三是县、镇、村三级农村物流体系建设得到加强。梅州市针对农村快递物流及农村客运的现状，经过多方调研及考察，选取试点，以农村客运班线网络为辐射，采取“农村客运 + 快递物流”的方式，引导客运公司与快递物流企业进行合作，通过快递网点接货、揽货，客运班车配送货物至目的地，有利于解决农村物流“最后一公里”及农产品“最初一公里”问题。

（四）物流服务能力逐步提升

一是物流龙头企业服务日趋成熟。梅州市积极加快物流业主体培育和资源整合步伐，引导物流企业整合优化服务功能，现有5部车辆以上的商贸物流企业144家，初步形成了顺速达、捷通物流、SPAR中国等集装卸、运输、仓储、分拨、信息处理、货运代理于一体的龙头物流企业。二是网络货运平台建设进展顺利。目前，梅州市报备省交通运输厅审核通过，并经注册许可的网络货运平台有1家，即梅州粤顺科技有限公司。平台注册车辆5955台，2020年网上交易116053单，年货运量389.5万吨。

（五）冷链物流建设进一步加快

2020年，梅州市商务局继续加大对全市农产品主产区冷链物流建设项目的扶持力度，以中央、省冷链物流发展和农商互联项目为抓手，鼓励李金柚、柚通柚美、乐得鲜、裕丰食品等一批龙头农产品生产加工、冷链物流、商贸流通企业改造或新建一批公用型果蔬菜预冷库、肉类冷链物流中心、储存保鲜库等适应现代流通和消费需求的冷链物流基础设施。积极引导物流企业使用各种新型冷链物流装备与技术，推广冻库节能技术的集成运用、全程温度监控设备，完善产地预冷、销地冷藏和保鲜运输、保鲜加工的流程管理和标准对接，逐步实现产地到销地市场冷链物流的无缝衔接，降低损耗，保障商品质量安全，服务解决梅州市外销生鲜农产品的仓储和运输问题。截至目前，全市累计建成冷藏冻库316个，容积超过11.5万立方米（可存储各类生鲜产品4.1万吨），配置冷链运输汽车117辆。

二、梅州市物流业发展存在的主要问题

（一）交通基础设施有待进一步完善

一是路网结构不够合理。全市公路技术等级较低，高等级路总量不足，国省道存在大量的低等级道路，全市二级以上国省道1831公里，仅占国省道总里程的六成，特别是新升省道等级普遍较低，升级改造任务艰巨。农村公路网大多呈发散型，射线多、环线少，县际快速路网尚未真正形成，域内交通网络“通而不畅”，节假日、高峰期拥堵问题突出。二是内河航运基础设施不足。梅州港口岸线总长约554公里，沿江河岸线开发程度较低，梅州辖区暂无港口企业，目前无规模化、成片开发港口岸线，绝大部分岸线处于自然状态。辖区通航水域水电站12座，目前仅蓬辣滩水电站、高陂水电站（在建）、东山水电站已建设船闸且可正常通航。青溪水电站、三龙水电站、龙上水电站、加州水电站、长潭水电站、青溪水电站等未建设船闸；西阳水电站、丙村水电站、单竹窝水电站均配套建设了船闸，但因平时无船舶通行，船闸几乎处于停止运营状态；茶阳水电站建有船闸，但配套设施未完善。

（二）各种运输方式衔接不顺畅

全市一体化的综合交通枢纽建设仍然滞后，客货运站场布局不够合理，各种运输方式衔接不够顺畅，公铁联运、公水联运、铁水联运、空陆联运等多式联运方式发展滞后，总体运输服务效率还不高。

（三）商贸物流竞争力较为不足

与珠三角经济发达地区和周边城市相比较，梅州市商贸物流业发展规模、服务能力、物流园区建设等还存在较大差距，未能完全满足梅州市社会经济发展需要。从园区建设来看，梅州市周边城市物流集聚区、货运市场较多，如漳州、汕头、惠州等市已建成漳龙物流园区、汕头广澳港国际物流园、金泽国际物流园等国家、省级物流园区，商贸物流业已经形成一定的规模效益，而梅州现代化的大型商贸物流园区还比较缺乏。从经营主体来看，本地物流企业“小、散、弱”等现象仍然存在，经常表现为一人一车一电话的作坊模式。拥有 10 部运输车辆以上的企业有 38 家，占 6.2%，其中 30 部车辆以上 12 家，占 2%，50 部车辆以上企业仅 7 家，占 1.1%。同时，企业间各自为政，普遍缺乏用于投入技术研发和扩大经营规模的资金，专业的运营思维欠缺，也制约了物流企业进一步做强做大。从服务水平来看，梅州市商贸物流业仍处于起步阶段，企业物流标准化和信息化设备设施应用程度较低，部分快递企业甚至还停留在依靠人工分拣的低层次发展阶段。同时，大多数物流企业只能简单地提供运输和仓储等单项或分段服务，缺乏能提供多式联运、一站式冷链、大区域网络化运营的大型物流企业，可以实现货运直达闽粤赣、江浙沪等省外城市的物流企业还很少。

（四）物流成本高、效率低

由于梅州市物流企业大部分还属于劳动密集型企业，对综合成本的变化有较高的敏感性。运输货源不足，燃料、劳动力、场地租赁等费用居高不下仍然是目前制约企业提高行业竞争力的重要因素。特别受 2020 年疫情影响，物流企业经营成本大幅增加，运输和临时用工等价格上涨，加上企业自身员工工资、贷款成本还要照常支付，现金流压力较大，影响了企业发展信心。此外，由于梅州市商贸物流货源少且分布较为分散，干线运输网络覆盖范围不广，造成当地货运满载率低，支线运输成本高，进而导致物流运营成本难以有效降低。运往省内其他地市的货物大部分仍需通过中转方式运抵，目前仅有广州、深圳、东莞、惠州、河源、汕头、潮州、揭阳和普宁等城市可以实现货运直达。运往省外同样也仅有漳州、厦门、龙岩、赣州、寻乌、武平、三明、永定、连城以及江浙沪等地区可以实现货运直达。

（五）交通发展约束性条件多

一是用地难。随着生态保护红线、永久基本农田的划定，部分交通物流建设项目面临用地、环评难落实，导致审批难、推进缓慢等问题。“十三五”期间，全市规划了一批客货运站场新建项目，因受制于基本农田、用地指标等问题无法推进，影响了客货运站场规划建设。二是资金难。由于砂石等原材料大幅涨价、转运距离长、征地拆迁标准提高、占补平衡费用等因素影响，项目建设工程造价上涨幅度大，在中央和省项目补助未明确落实的情况下，项目资金筹措困难，一些升级改造项目和新建项目难以落实到位。

三、促进梅州市物流业发展的措施建议

（一）持续完善物流基础设施建设

一是加快推进重点项目建设。加快推进梅州（大埔）至潮州港疏港铁路梅州段、蕉岭县铁路专用线、广东泰歌科技能源有限公司油库铁路专用线三个铁路专用线建设，推动各相关单位加强规划建设力度，密切配合，确保项目按进度推进。二是布局建设物流园区。合理规划建设若干物流园区，形成支撑梅州市商贸物流发展的物流园区网络，推动梅州市物流业聚集，发挥整体集聚效应，吸引物流相关企业入驻园区，将运输、配送、仓储、信息等所有物流资源有效融合，形成较为完善的物流系统，以此提高商品的周转速度，降低企业运营成本，推动商品高效流通，最终建立多层次、全方位、快捷高效的综合物流服务体系。

（二）继续落实运输结构调整任务

一是加快构建公转水、公转铁及联运机制。进一步探索公路运输与水路、铁路、航空运输的有效衔接，加快推进公转铁、公转水以及公水、公铁、铁水联运机制。二是鼓励企业进行运输结构调整。鼓励货物运输企业化、规模化、集约化发展，对企业筹建、管理和经营给予政策上的支持、管理上的指导。三是加强日常监督管理。加强部门执法和行业管理力度，严厉打击公路运输违法违规超限超载行为，促使企业尤其相关大型生产企业调整运输模式，促进由公路运输转为铁路、水路运输，确保运输结构调整工作向更深层次发展。

（三）继续推动农村物流体系建设

积极推动交通、邮政、商务、农业农村等部门联动，整合客运企业、邮政快递、电子商务、农业等资源，加快一体化发展，延伸拓展服务功能，积极构建完善县、镇、村三级工业品下乡，农产品入城配送体系，探索解决农村物流“最后一公里”及农产

品“最初一公里”问题，补齐物流配送及农产品销售的短板。

（四）提高商贸物流服务能力

一是整合商贸物流市场。整合本地商贸物流市场，培育发展头部厂商，提高产业集中度，优化资源配置，增强综合物流服务能力，减少重复建设，达到实现物流行业整体降低成本提升效率的目的。二是推动商贸物流绿色发展。加大对全市物流企业绿色物流装备、技术、仓储等设施推广使用力度，完善再生资源回收体系，促进资源循环利用，推动商贸物流绿色发展。引导企业创新绿色物流运作模式，通过信息技术优化物流资源配置和仓储配送管理，实现节能降耗。鼓励物流企业建立绿色节能低碳运营管理流程和机制，加快淘汰落后用能设备。发展绿色仓储，建设节能环保绿色物流园区，加强仓库建筑创新与节能减排技术应用。推广节油技术和绿色节能运输设备，鼓励快递物流企业使用新能源汽车、经济型节油车、轻量化起重搬运设备。推进一批充电站、充电桩规划建设，推广可循环利用、可降解的新型包装材料，使用绿色循环低碳产品。

（五）制定出台专项扶促政策

针对人才缺乏、融资难、研发投入不足等制约企业自身发展的困难和问题，研究出台有针对性的、促进商贸物流业发展的专项资金政策，充分发挥政策资金导向引领作用，吸引物流行业龙头企业投资落户梅州，提振企业发展信心，引导企业加大先进物流设备设施资金投入力度，提高物流标准化和信息化发展水平，充分发挥示范带动作用。

河源市物流业发展2020年回顾与2021年展望*

一、2020年河源市物流业发展总体情况

（一）交通基础建设平稳向好

2020年，河源市公共财政交通运输支出14.09亿元，同比增长98.2%；河源市交通基础设施建设共完成投资124.6亿元，为年度计划的104%，同比下降11.5%。其中，高速、高铁完成投资81.8亿元、普通国省道完成投资21.5亿元、农村公路及其他完成投资21.3亿元。同时，重大项目如国道G205线河源市热水至埔前段改线工程、盐田东源共建现代物流园（首期）、河源市高铁新城河源东站综合交通枢纽项目顺利开工建设；河惠莞高速公路紫金至惠阳段、东江大桥（紫金桥）重建等3个项目相继竣工或投产。

（二）快递物流发展迅速

2020年，河源市快递服务企业业务量累计完成2552.98万件，同比增长29.69%；业务收入累计完成5.19亿元，同比增长24.09%。其中，同城快递业务量累计完成310.43万件，同比增长23.97%；异地快递业务量累计完成2231.8万件，同比增长30.55%；国际及港澳台快递业务量累计完成10.74万件，同比增长25.24%。同城、异地、国际及港澳台快递业务量分别占全部快递业务量的12.16%、87.42%和0.42%；业务收入分别占全部快递收入的5.13%、47.41%和4.12%。与上年同期相比，同城快递业务量的比重下降0.56个百分点，异地快递业务量的比重增加0.58个百分点，国际及港澳台业务量的比重下降0.02个百分点。

（三）货运物流发展速度趋缓

2020年，河源市交通运输、仓储和邮政业增加值15.66亿元，同比下降6.7%。交通运输、仓储和邮政业规模以上企业营业收入同比下降10.8%。货物运输总量4372万吨，较上年下降5.7%，其中，公路货物运输总量为4339万吨，同比下降5.8%；水路

* 供稿人：张嘉桀，广东亚太经济指数研究中心。

货物运输总量为 33 万吨，同比增长 14.7%。货物运输周转量 36.39 亿吨公里，较上年下降 3.3%，其中公路货物运输周转量为 35.59 亿吨公里，同比下降 3.6%，水路货物运输周转量为 8000 万吨公里，同比增长 13.6%。

（四）加强货运市场秩序管理

2020 年，河源市交通运输系统全力落实市货运行业乱象整治工作会议精神，通过政府网、电视台或报纸形式，公布河源市 60 家重点货物运输源头单位（其中矿山类 5 家、钢铁类 3 家、水泥类 26 家、沙石类 18 家、普货类 8 家），强化装载源头监管力度，督促各重点单位规范货物装载行为，并根据路面查处的违法车辆信息倒查违法货物运输装载源头，深挖严打货车“非法改装点”，严防货运车辆“带病上路”。交通交警联合行动，通过采取日间巡查、夜间突击等执法方式，突出路面定点执勤和流动巡查“双尖刀”作用，严查货车超载、改装、扬洒等违法行为。截至 2020 年 10 月，河源市共查处超限超载案件 109 宗（“百吨王”1 辆），卸载转运货物 2426.15 吨；立案查处货运源头企业 4 家，责令改正 6 家；立案查处维修企业 2 家，责令改正 2 家；查处非法改装车辆 88 辆。

（五）提升农村寄递服务水平

2020 年，积极推进河源市快递行业协会和中国邮政集团有限公司河源市分公司“邮快合作”下乡进村项目。2020 年 7 月 8 日，河源市快递行业协会和中国邮政集团有限公司河源市分公司在市交通运输局的见证下，现场签署了《邮政快递合作下乡进村战略框架协议》。根据协议，邮政快递企业要以邮政普遍服务网络为基础，利用现有的农村服务平台，利用县级生产处理场地、县级以下邮运和投递网络，为当地快递企业处理和运送农村地区快件，将快递服务延伸到乡镇和建制村，这为有效整合邮政行业资源、完善城乡配送体系、更好地满足人民群众日益增长的寄递需求提供了重要助力。

二、促进河源市物流业发展的措施建议

（一）打通乡村振兴“快车道”

2021 年市交通运输局计划推进“四好农村路”建设 180 公里，村道生命安全防护工程 119 公里，改造公路桥梁 56 座；计划完成 40 公里通柳坑、北坑、畲乾等建制村单车道改双车道工程公路建设；推进龙川县闽粤赣边五兴龙县苏维埃政府旧址、连平县工委旧址等共 4 公里红色旅游公路建设；推进紫金县瓦溪镇现代农业产业园、源城区春沐源等 20 公里公路建设，切实把“四好农村路”建成特色致富路、平安放心路、美丽乡村路、美好生活路。

（二）完善“融深”“融湾”通道

积极布局“融深”“融湾”高速通道，凸显河源位于沪广、京深港通道交会点的区位优势。加快推进河源至广州、深圳“2+2+1”高快速通道建设，即到广州有赣深—广汕高铁、广河客专2条高铁通道，广河、广紫2条高速公路通道，广州—惠州—河源1条城际轨道；到深圳有赣深、深河2条高铁通道，长深、深河2条高速公路通道，深圳—惠州—河源1条城际轨道。

（三）协调推进物流园区建设

协调工业和信息化、发展改革、商务等部门及各县区推进物流园区建设，重点推进高新区综合物流园区（综合保税区）建设，主动承接粤港澳大湾区现代物流外溢，打造粤东北物流枢纽；协调推进源城现代物流基地、龙川现代生态物流园、城东物流园区、东源盐东共建物流园规划建设，支撑县域产业物流配送。按照货运“无缝衔接”的要求，完善货运枢纽（物流园区）周边衔接路网，强化货运枢纽集疏运功能，提高货物换装的便捷性、兼容性和安全性，降低物流成本。

（四）构建高效的货运物流体系

一是加强物流规划引领。修编河源市货运枢纽规划，重点支持具备多式联运、干支衔接等功能的货运枢纽（物流园区）建设，强化重要枢纽节点与干线铁路、高等级公路和城市主干道间的连接。鼓励依托公路货运站场拓展现代物流服务功能，推动公路货运枢纽与物流园区的融合发展，支持公路货运站场新建和改建甩挂运输、城市配送功能区。二是打造物流节点融入大通道。依托综合立体交通骨干网和交通枢纽站场布局，发挥沪广、京深港通道节点优势，加快粤苏皖赣物流大通道河源节点建设，将河源打造成大通道上的物流节点以及国家物流网络区域节点，凸显河源市物流中心集散中转作用。三是搭建物流公共信息服务平台。以物流企业和物流园区为依托，借助深圳对口帮扶的力量，构建资源共享的物流信息服务平台，对接深圳河源市物流公共信息服务平台及广东省物流公共信息平台，推进物流信息资源整合和开放共享，为多式联运发展提供技术支撑。

第三部分 理论探讨

双循环新发展格局下现代物流业促进区域经济协调发展研究*

当今世界正经历百年未有之大变局，我国处于重要战略机遇期和民族复兴窗口期，也面临着国内外众多的机遇和挑战，在这一背景下，中央提出加快构建以国内大循环为主体、国内国际双循环相互促进的新发展格局战略构想。这既是与时俱进地回应我国经济高质量发展诉求、深化拓展供给侧结构性改革效能、塑造我国参与国际经济合作和竞争新优势的重大战略决策，也是应对新冠肺炎疫情全球大流行和逆全球化趋势的中长期战略布局。新发展格局既强调谋求更高水平的国际循环，又注重实现更高质量的国内循环，为我国当前和今后一个时期的经济发展提供了根本指向。

流通作为连接采购、生产、消费等诸多环节的"纽带"与"通道"，也是一种生产力。有学者指出，在社会再生产过程中，90%的时间都是花费在流通过程之中。现代流通体系在国民经济中发挥着基础性作用，是国内统一市场的重要组成部分，能够在更大范围内通过资本流、商品流、信息流将社会化大生产中的各个环节联系起来，可以在拓宽交易范围、推动分工深化、提高生产效率的同时，促进市场供需对接、降低交易成本、推动产业结构优化，实现资源优化配置和经济协调发展。特别是在外部风险显著、国内经济下行压力加大的形势下，现代流通体系在引导生产、促进消费、活跃市场、促进经济高质量发展方面具有重大作用。推动生产、分配、消费和流通之间的循环畅通是双循环新发展格局的重要特征，"构建新发展格局，必须把建设现代流通体系作为一项重要战略任务来抓"。流通产业作为市场经济中承载流通功能的产业体系，既是国内大循环的基础骨架，也是国内国际双循环必须借助的市场接口，流通水平在很大程度上决定着国民经济大循环的速度与质量。在整个社会化大流通中，物流成本越来越成为流通总成本的主体部分，从这个意义上说，发展现代物流产业是实现双循环新发展格局的关键环节。区域经济强调特定区域内的地域要素与经济发展要素通过有机结合构成一个经济系统，它是由具有特定结构和功能的经济活动相互作用形成的。在双循环新发展格局视域中，推动区域经济协调发展，从根本上来说就是要有效实现区域经济体内部以及跨区域经济体之间生产力的合理布局、生产要素的自主有序流动和市场的一体化建设。现代物流业是生产和消费之间重要的一环，在优化区域

---

* 供稿人：廖毅，西南财经大学；汤咏梅，四川城市职业学院。发表于《经济纵横》2021 年第 1 期。

资源配置和区域经济结构方面有着十分显著的作用。有研究认为，现代物流业主要通过扩大经济规模、降低贸易壁垒以及促进相关产业的发展，从而对区域经济发展产生有力的促进作用。近年来，随着区域经济一体化进程的不断加快，现代物流产业凭借优化产业结构、降低交易成本、提高经营效率等功能日益成为提升区域竞争力的关键。新冠肺炎疫情给区域经济发展带来十分显著的冲击，中国人民大学应用经济学院孙久文教授认为，疫情对区域经济的影响主要体现在区域产业结构和区域经济格局上，也有的学者认为疫情会导致区域竞争优势、产业链、地区发展动能、市场格局以及政府职能的重构。从中长期看，产业一体化发展、基础设施建设、区域中心城市建设等，无疑会呈现新的发展形态和特点。同时，疫情也使整个物流行业的成本、效率、运行模式都面临前所未有的冲击、挑战和机遇。疫情改变了人们的消费方式和经济运行模式，线上经济规模显著扩大，实体产业和电商行业的发展衍生出大量的物流需求，不仅体现在数量上，还对新型物流配送模式产生新要求，既给现代物流产业发展注入了新动能，也预示着现代物流业在提升经济发展质量效益方面将发挥更重要的作用，还给现代物流业的发展带来许多新情况和新问题。

本文着眼发展现代物流产业对实现双循环新发展格局的战略意义，结合双循环新发展格局下区域经济特点，在归纳阐释现代物流业促进区域经济协调发展作用机理和运行现状的基础上，分析其中存在的问题并提出政策建议。

一、现代物流业促进区域经济协调发展的机理

党的十九届五中全会明确提出，要推动生产性服务业向专业化和价值链高端延伸，加快发展现代物流等服务业。经过改革开放40多年的发展，我国物流业逐渐形成“多主体、多渠道、多业态、多模式”发展格局，发展现代物流业已成为落实国家区域发展整体战略和优化产业布局的重要支撑。

（一）现代物流业有利于培育区域经济增长点

现代物流业作为市场经济流通的衍生物，是区域经济一体化进程中不可或缺的要素，是产业链、供应链中的重要一环。通过有效的经营和发展，现代物流业可以带动就业、刺激消费、吸引投资，有利于培育区域经济增长点。Mirjam 等人将新加坡经济增长的经验在一定程度上归因为对物流业的大力投资，认为物流产业集聚通过区域溢出效应降低企业间的交易成本和加快资金流动，从而对区域经济增长速度产生正向的促进作用。Pablo 等人的实证分析显示，在不考虑其他指标变化的情况下，物流绩效指标每增加1%，会使区域经济产出效率提升0.59%。据统计，美国物流业年投资规模占美国 GDP 的10%以上，而日本在近二十年内其物流业每增长2.6个百分点就会为经济总量贡献1%的增加值；相反，据测算，社会物流总费用占 GDP 比重降低1个百分点，就可节约7500亿元。国内学者陈荣通过对安徽省域经济与物流业相关关系的定量分

析，指出现代物流业对区域经济协调发展的影响更大。何新安通过构建耦合协调发展模型，分析了2006—2017年21世纪海上丝绸之路经济带区域经济与物流业发展的协调关系，指出现代物流业的发展会影响区域经济一体化进程。改革开放以来，随着我国社会主义市场经济的持续健康发展，物流业呈现蓬勃发展态势。据统计，2019年全国社会物流总额298.0万亿元，2019年物流业总收入10.3万亿元。现代物流业正加速与制造业、现代农业融合，已从附属服务转变为降低企业成本、提升企业利润空间的重要行业，融合形成订单配送、仓配一体、售后维修、嵌入式供应链等多种模式。2019年，全国快递服务制造业业务收入超百万元的项目有510个，年支撑制造业产值超1万亿元，快递服务现代农业"一地一品"年业务量超百万件项目有163个，"寄递+农村电商+农特产品+农户"产业扶贫模式取得良好成效，帮助销售农产品3.67亿元，成为农村增收新源泉。可以说，通过现代物流业促进经济增长已成为区域经济协调发展的重要战略。

（二）现代物流业是带动区域经济高质量发展的重要产业

区域经济规模的扩大、产业结构的优化以及发展质量的改善，往往伴随着物流业态的变革创新。随着现代物流业成本的降低和运营效率的提高，区域经济体内部产业布局、空间结构趋于合理化，经济融合程度显著增加，根源在于现代物流业的发展会对区域经济内部相关产业产生正向影响，具体体现在现代物流业的产业关联效应和聚集扩散效应。邹潜等人基于对2008—2018年成都经济区地级市面板数据的实证分析，认为物流产业集聚对成都经济区经济增长存在正向影响。现代物流业与其他相关产业有着极强的关联性，其通过区域经济产业链、供应链在空间上前向、后向、旁侧的波及效应，可以有效推动或带动包装、仓储、交通运输、生产加工、新材料、新技术、金融保险等相关产业发展。从成本视角看，现代物流相关产业以及对现代物流依赖性比较大的企业在选址及布局上，呈现出较为显著的网络化布局趋势和聚集效应。现代物流业还能以关联产业"协调者"和"推动者"身份，改善区域内基础设施条件，打通市场壁垒，促进跨区域资金流、商品流、信息流的高效流通，带动不同产业之间的资源流动，减少企业在生产流通方面的成本，从而有利于调节优化区域经济结构，促进区域内部产业转型升级，为区域经济的快速发展提供强大动力。例如，长三角城市群区域经济发展水平的提升，极大地促进了产业细化分工，也直接扩大了物流业外包业务在数量、质量水平上的提升，进而提升了物流业产业聚集对区域经济发展的正向影响水平。在我国双循环新发展格局下，现代物流业既能够通过畅通国内"大循环"，在更大范围内促进国内生产、消费，激活我国14亿人口所蕴含的强大购买力，助力完整内需体系的培育，也能促使国内国际市场更好联通，建设更广范围、更深领域、更高效率的国际流通"大动脉"。

（三）现代物流业是对冲外部经济风险的重要工具

今后一个时期，我国区域经济发展仍然面临着诸多不稳定不确定的外部因素。陈文玲认为，从当前国际形势来看，世界陷入第二次世界大战以来最严重的经济大衰退。在国内外经济形势复杂多变的背景下，现代物流业在对冲外部风险对区域经济造成的冲击上扮演了“急先锋”的角色。在我国新冠肺炎疫情应急防控阶段，最先复工复产的就是物流业，仅在2020年2月底，全国物流企业复工比例就已经超过六成，道路货运市场持续回暖，车辆开工率已经恢复至七成左右，物流园区复工率接近九成，特别是一批国家物流枢纽、示范物流园区等复工复产情况较好。这一时期，网络平台消费带来了快递业的爆发式增长，京东到家消费数据显示，自2020年1月下旬至2月上旬，其销售额同比增长450%。疫情期间，邮政、顺丰、京东、苏宁等企业一直保持正常运营，通过网络重组优化、资源调配整合、业态模式创新等多种方式保障服务质量，在特殊情况下实现了整体服务不断网、时效有保证，物流业对新冠肺炎疫情防控的重要贡献不言而喻。可以说，在疫情防控期间，现代物流业在国计民生中的战略地位进一步凸显，对经济发展、社会就业、人民生活起到显著的支撑作用。同时，也意味着物流业在后疫情时代从组织方式、业态结构到服务能力等方面面临着创新发展的重要机遇，未来我国物流行业将迎来新一轮洗牌。

二、现代物流业促进区域经济协调发展效应仍待加强

一般认为，现代物流业与区域经济协调发展呈现从失序到有序、由单一到系统的动态过程，通过两系统各要素的协调运行，最终实现相互促进、共同发展的状态，产生“1+1>2”的整体效应。从目前看，我国物流体系促进区域经济协调发展的整体效应较弱。正如习近平总书记所强调的，我国流通体系现代化程度仍然不高，还存在一些堵点亟待打通。在实际运行中，流通业成本高、效率低、环节多、创新弱的问题还比较明显。物流费用占国内生产总值的比重是衡量物流业总体运行效率的重要指标，2019年我国该数据为14.7%，美国等发达国家则为8%~9%，比较而言，我国物流业整体运行效率仍然较低，提升空间还比较大。从地域分布情况看，现代物流业的发展也存在显著差异。宋爱华通过构建区域物流业与经济发展协调度评价模型并进行各区域间协同敏感度计算，认为我国物流业与区域经济发展的协调度总体呈上升趋势，但东、中、西部的协同发展水平存在一定的差异。东部地区物流业与同一时期经济发展速度不协同，物流发展仍处于传统运营模式；中部地区物流业与经济产业发展不协调，物流业基础设施建设存在不足；西部地区物流资源与经济产业还处于分散的状态。

（一）政策环境有待持续优化

现代物流业的高质量发展离不开良好的体制、政策及市场环境等保障性条件。目前，受传统计划经济体制影响，“重生产轻流通、重制造轻服务”的片面认识依然存在，物流业的市场化程度还不够高，管理运行系统构成复杂，包括交通运输部、财政部、国家发展改革委以及中国铁路总公司等，内部联系不够顺畅、条块分割的行政性弊端仍然存在。无论是在区域经济体内部，还是区域经济体之间，均存在地区市场分割、区域壁垒、政策障碍以及监管和规制体系不协调等现象，导致市场在优化整合物流资源方面的作用发挥还不够充分。从根源看，作为区域经济协调运行框架的物流建设缺乏有效统筹，行业标准不统一，区域化的信息共享能力较为薄弱。有学者通过对21世纪海上丝绸之路经济带区域经济与物流发展耦合性的实证研究，认为区域经济发展与物流协调缺乏统筹考虑，存在物流基础设施薄弱、缺乏兼容性等问题。海上丝绸之路经济带各大经济区内的铁路、公路、水运等物流基础设施尽管比较完善，但连接各大经济区之间的物流枢纽、物流节点、物流园区以及港口等物流服务设施建设薄弱，互联互通不充分，竞争有余而合作不足，导致物流业与区域经济错位发展。

（二）产业聚集度不高

按照产业聚集的一般概念，物流产业聚集是指以物流企业为主体的，涵盖具备竞争和合作关系的相关企业或其他组织在特定区域内保持持续竞争优势的现象。在特定区域内物流产业聚集式发展，既可以降低交易成本、畅通资源配置、促进行业集约化经营水平，又可以产生知识、技术、外部规模经济等溢出效应，促进区域经济增长。然而，就我国主要区域经济体现状而言，受制于物流企业规模经济不够显著等的影响，其产业聚集效果并不理想，物流的运输、仓储、包装等不同环节以及区域与区域之间并未真正实现全面的有机统一，还存在一定的市场壁垒。对于一些企业而言，物流尚未成为外包业务，除了受物流市场发展程度影响以外，产业层面的专业化细分不足以及企业自身粗放式经营也是重要原因，这显然会增加企业运营成本，影响物流效率。数据显示，一些企业在生产期间物流投入成本占到总成本的40%左右。另外，在物流行业中，多数为中小型企业，在相对较高的物流成本和区域竞争压力下，中小规模物流企业没有充足的资金、技术以及人力资源投入促进物流产业发展的相关研究与实践中，多数物流企业的管理观念传统，缺乏先进的运营模式和技术手段，信息化水平较低，服务单一，缺乏与大型物流公司进行业务合作的意识，导致经营绩效难以提升。中小物流企业规模小、效益低、管理落后等弊端，不利于物流产业聚集，制约了物流业与区域经济的协调发展。

（三）区域物流信息化水平还需提升

运用大数据、互联网等现代技术重塑产业链、供应链、价值链是现代产业发展的必然趋势，信息化与物流业的有机融合则是现代物流业的重要标志，是物流产业转型升级的核心所在，若区域物流发展不能积极引入信息技术来加强自身对于物流信息的处理能力，则必然掣肘区域经济发展。就我国而言，具备完善的物流信息系统的区域经济体并不多，许多区域的物流信息平台规模小、交互性差，难以有效提供即时、准确、高效的信息服务。一方面，区域物流政策、基础设施、技术条件以及作业规范等标准化制度还不够健全；另一方面，各区域物流信息平台建设相对滞后，信息基础设施投入不足，物流业专用软件研发落后。郭明德、李红从物流业的信息化投入水平、信息化产出水平、信息化宏观发展水平三个维度对我国中、东部地区的区域物流业信息化水平进行测度，认为目前中、东部各省（区、市）的物流业信息化水平存在较大差异，主要原因在于物流业信息化基础设施资源分布不均匀，建议我国区域物流信息化水平还应不断提升。

（四）人才队伍建设亟须加强

随着新一轮科技革命和产业革命的交融发展，人才已成为推动产业、行业发展的核心。在物流行业，人才对于拓展物流业的产业关联效应发挥着非常重要的作用，物流从业人数的增加会对本地区的物流产业聚集水平产生显著的正向溢出效应。随着现代物流业的蓬勃发展，其人力资源需求也处于不断变化之中，既包括数量需求的激增，也对人才质量提出了更高的要求，例如物流信息化与智能化建设以及航空物流、冷链物流等新模式新业态的发展都需要人才支撑。从目前看，我国物流人才无论在数量上，还是在质量上，供给与需求均存在较大缺口，据统计，大专以上学历物流人才供需比达到1∶6，严重阻碍了物流业可持续发展。另外，物流专业人才培训教育体系不健全，所培养的物流专业毕业生综合能力不强。对大部分高校而言，虽然设置了物流专业课程，但教材较为陈旧且过于理论化，与市场需求联系不紧密，导致培养的学生与社会需求脱节。

三、双循环新发展格局下建设现代物流业促进区域经济协调发展的路径

2020 年 9 月 9 日，习近平总书记主持召开中央财经委员会第八次会议，研究畅通国民经济循环和现代流通体系建设，习近平总书记在会上发表重要讲话，强调要统筹推进现代流通体系硬件和软件建设，发展流通新技术、新业态、新模式，完善流通领域制度规范和标准，培育壮大具有国际竞争力的现代物流企业，为构建新发展格局提供有力支撑。新发展格局下，将区域经济协调发展融入国内“大循环”和国内国际双循环是促进区域经济高质量发展的重要战略，发展现代物流业则是促进区域经济协调

发展的重要路径。

（一）优化物流业发展环境

要坚持把现代物流业纳入区域发展战略重要组成部分，坚持顶层设计、科学统筹、统一协调，从更加宏观的层面规划区域内部及跨区物流业发展，不断优化“软环境”建设。要着力从转变政府职能、优化公共服务环境、完善多层次法律法规和政策体系入手，积极破除地区封锁、行业垄断、恶性竞争以及物流业条块分割等行政性弊病，消除区域经济体之间产品和要素流动的藩篱，进一步塑造市场化、法治化、国际化营商环境，不断强化市场公平竞争，加快完善国内统一大市场，降低流通环节中的交易成本，形成供需互促、产销并进的良性循环。积极培育优势现代物流企业、物流品牌，增强物流业龙头企业的产业发展引领效应，探索建立规范有效的激励约束机制，实现物流资源在更大范围的畅通循环。进一步扩大财政、金融等政策支持，不断整合优化物流基础设施运行效能。通过合理的税费减免、贷款支持以及土地使用等方面的优惠政策，加大网络通信、公路、铁路、机场交通中心等基础设施建设，加快城市群和都市圈轨道交通网络化，提高农村和边境地区交通通达深度，在综合交通枢纽、产业聚集区以及跨区域经济体之间合理布局物流园区、配送中心，不断提升我国物流行业的综合服务能力。针对我国经济欠发达地区物流业服务水平低于经济发达地区问题，要加大对经济欠发达地区交通基础设施建设的支持力度，加强区域经济体之间的交流合作和协同发展，充分发挥区域经济体内部中心城市和城市群的辐射作用，不断推动物流业在空间上均衡发展。要着眼于我国不同区域经济社会发展特点和自然条件，完善区域应急物流体系，确保突发事件下应急物流供应链的完整有效。

（二）提升物流业聚集效应

大量经济实践证明，现代物流产业作为区域经济价值链和供应链的有效载体，其聚集式发展对区域经济增长具有促进作用，对产业聚集具有空间溢出效应。因此，推动物流资源的合理配置和邻近地区物流产业的聚集发展，强化区域经济体内物流产业的聚集具有现实必要性。一方面，要通过整合物流企业运力资源、市场需求资源，着力解决物流服务分散化、碎片化以及成本高等问题，根据物流产业不同环节功能优化产业链配置和空间布局，不断推动物流的组织方式向供应链组织方式转型升级，即通过物流从上游生产端向下游的消费端逐渐衍生，形成由物流组织方式向供应链组织方式的转型升级，避免内部同质化竞争问题，最终实现向专业化经营要质量、向规模化经营要效益。还要大力发展物流业供应链金融，供应链金融已成为供应链上、中、下游企业特别是中小企业拓宽融资路径、破解融资困境的重要途径，其主要价值在于对供应链内企业的运营进行优化，降低运行成本和产权合理化，不断强化物流产业全流程的金融支持能力，进一步提升物流服务能力。另一方面，着眼于实现区域经济体内部跨区域经济体的兼容式、循环式发展，大力推进行业规则、产业标准、技术工艺等的协同，积极推动物流园区、货场、仓库等节点资源共建共享以及物流业与制造业融合发展，更好地助力区域经济协同发展。

（三）推进物流业创新式发展

党的十九届五中全会提出要“健全现代流通体系”，健全的现代流通体系意味着物流新模式、新业态，从产业动能上看离不开现代化的数字经济，后者成为物流业创新式发展的先导性要素，为现代流通体系插上智能翅膀，实现物流信息数字化。建设智慧型物流体系，有利于打通“大动脉”、畅通“微循环”。国内各区域经济体要充分抓住新一轮科技革命和产业革命的历史契机，紧跟“新基建”发展潮流，广泛运用互联网和现代信息技术、大数据技术，不断完善信息采集、存储、处理、交换与输出等功能于一体的智慧物流信息服务共享平台，深度挖掘、整合和利用物流信息数据经济价值，坚持将先进的数据算法嵌入物流业供应链、价值链，把离散的信息流、商流以及运输、采购、仓储、配送等物流功能模块数据流高度整合，进行无差别共享，不断提升物流信息的价值，促使物流业相关企业基于有效的信息沟通实现更为高效的分工与协作，推动整个物流行业的高质量发展。要积极适应物流业数字化、智能化、智慧化发展特点和“线上线下消费融合”发展趋势，持续强化现代物流服务模式创新，加快推动传统物流企业的信息化改革，广泛普及条形码技术、无线射频技术、基于互联网的电子数据交换技术以及 CPFR、SMI 等供应链库存管理技术，大力推广和应用无人机、无人车、无人仓、无人港、智能快递柜等先进物流装备技术，不断推动物流业态模式创新发展。

（四）加强现代物流人才培养

坚持把引进和培养专业化的物流人才作为推动现代物流业发展的重要工程，运用各类激励措施强化人才培养。鼓励不同层次的物流专业人才以知识、技术、管理等生产要素参与企业分配；积极引进具有现代化、国际化物流管理经验和产业化发展视野，熟悉物流业信息化发展的专业化、复合型、综合性人才；充分发挥高校和科研机构在人才培养以及物流企业在职人员多层级培训认证方面的重要作用，进一步优化高校物流专业设置，培养具备专业知识和专业技能的综合性实用型人才；建立并完善校企人才共育机制，通过整合双方优势资源，持续推动物流专业人员参加实习、培训，为提升物流企业人力资源水平提供良好的教育环境。

参考文献

[1] 陈文玲．当前国内外经济形势与双循环新格局的构建［J］．河海大学学报（哲学社会科学版），2020，22（4）：1－8，105.

[2] 吴灼亮，黄敏芳．国内区域经济与物流业关联机理及政策研究综述［J］．吉林工商学院学报，2016，32（3）：23－25，46.

[3] 肖金成，沈体雁，凌英凯．疫情对区域经济发展的影响及对策——“中国区域经济50人论坛”第十五次专题研讨会纪要［J］．区域经济评论，2020（4）：140－145.

[4] Mirjam Iding，Remmelt Thijs，Bart Kuipers. The Relation between Economic Zone and Logistics［J］. TNO Imo Report，2001（20）：253－264.

[5] Pablo Coto－Millán，Xose Luís Fernández，Miguel ángel Pesquera，et al. Impact of Logistics on Technical Efficiency of World Production（2007－2012）［J］. Networks & Spatial Economics，2016（4）：981－995.

[6] 张奎霞．供应链模式下区域经济与物流产业发展研究［J］．当代经济，2017（27）：150－151.

[7] 陈荣，鲍璐媛．区域物流与区域经济关系的实证分析——以安徽省为例［J］．物流科技，2017，40（11）：109－112.

[8] 何新安，查振祥．21世纪海上丝绸之路经济带区域经济与物流发展耦合评价研究［J］．北部湾大学学报，2019，34（11）：44－50.

[9] 国家发展改革委，中国物流与采购联合会．2019年全国物流运行情况通报［EB/OL］．搜狐网，https：//www. sohu. com/a/390432875_ 120104051.

[10] 中国快递协会.《中国快递业社会贡献报告2019》发布［EB/OL］．中国快递协会网站，http：//cea. org. cn/content/details_ 15_ 20630. html.

[11] 邹潜，崔露琼．物流业集聚对区域经济增长的空间溢出效应研究——基于成都经济区地级市数据的空间计量分析［J］．生产力研究，2020（5）：68－72.

[12] 刘丽萍，刘家树．生产性服务业集聚、区域经济一体化与城市创新经济增长［J］. 经济经纬，2019，36（5）：25－32.

[13] 陈恒，单英骥，曾涛．我国区域物流业发展方式及其影响效应分析［J］．商业研究，2020（5）：55－66.

[14] 吴秋余．人民日报人民时评：统筹推进现代流通体系建设［N］．人民日报，2020：09－21（05）．

[15] 王晔君．现代流通体系建设对“双循环”有何重要意义［EB/OL］．清华金融评论，https：//baijiahao. baidu. com/s？ id = 1677706139711917195 & wfr = spider & for = PC.

[16] 宋爱华．区域物流业与经济发展协调度评价［J］．统计与决策，2020，36（16）：126－129.

[17] 李剑，姜宝．物流产业集聚对区域经济增长影响研究——基于省际数据的空间计量分析［J］．中南大学学报（社会科学版），2016，22（4）：103－110，115.

［18］鄢飞，朱琳，王铁山．物流业集聚对区域经济收敛的影响［J］．西安邮电大学学报，2019，24（6）：92－99.

［19］郭明德，李红．区域物流业信息化水平测度——以我国中、东部省份为例［J］．科技管理研究，2019，39（9）：62－68.

［20］王筱欣，易华清，胡亚琦．重庆市城镇化进程与物流产业发展影响关系研究［J］．重庆理工大学学报（社会科学）．2020，34（4）：33－41.

［21］张伟，崔万田．互联网供应链金融的本质、模式及管理对策［J］．改革与战略，2018，34（4）：54－59.

国家物流枢纽体系下多式联运物流园区开发模式研究*

多式联运物流园区是指依托综合交通枢纽，有机衔接两种（含）以上运输方式，能够实现多式联运，提供大批量货物转运的物流设施。近年来，党中央、国务院积极部署推进运输结构调整，大力发展多式联运，统筹推进国家物流枢纽布局建设，多式联运物流园区正迎来前所未有的建设发展机遇。但由于我国多式联运尚处于发展初级阶段，园区建设领域的专业化管理能力较为薄弱，尚未形成一整套完整的全链条开发模式。加之该类园区往往涉及主体较多，开发模式复杂，建设周期长，导致企业参与的积极性不足，影响了多式联运行业的健康发展。因此，建立适于我国实际的园区开发模式，是当前推动多式联运发展的关键。

一、我国多式联运物流园区开发模式

（一）主要类型

按运输方式，我国多式联运物流园区一般分为公铁联运型、公铁水联运型、空铁联运型、陆空联运型四种。按主要功能，可以分为铁路物流基地、具备铁路运输功能的港口物流园区、公铁联运内陆港等。自 2016 年以来，交通运输部先后组织三批国家级多式联运示范工程，共有 70 个项目获得示范工程称号，基本囊括了全国典型大型多式联运枢纽。在这些枢纽中，按运输方式划分，公铁联运型物流园区占比 59%，公铁水联运型物流园区占比 39%；按枢纽功能划分，公铁联运型内陆港占比 33%，具备铁路运输功能的内河港口、沿海港口物流园区各占比 19%、20%，铁路物流基地占比 19%，如图 3－1 所示。总体来看，规划建设周期较短、建设主体相对简单、建设方式灵活的内陆港，已经成为我国多式联运物流园区的主力军。随着运输结构调整和长江经济带建设推进，依托长江沿线港口建设物流园区发展迅速。

（二）投资建设主体

园区投资建设主体一般有地方政府（或其平台公司）、物流运营企业、物流地产企

---

* 供稿人：刘溪，杨瑾，闫建华，龚艳侠（交通运输部规划研究院；中路港（北京）工程技术有限公司）。发表于《综合运输》2021 年第 1 期。

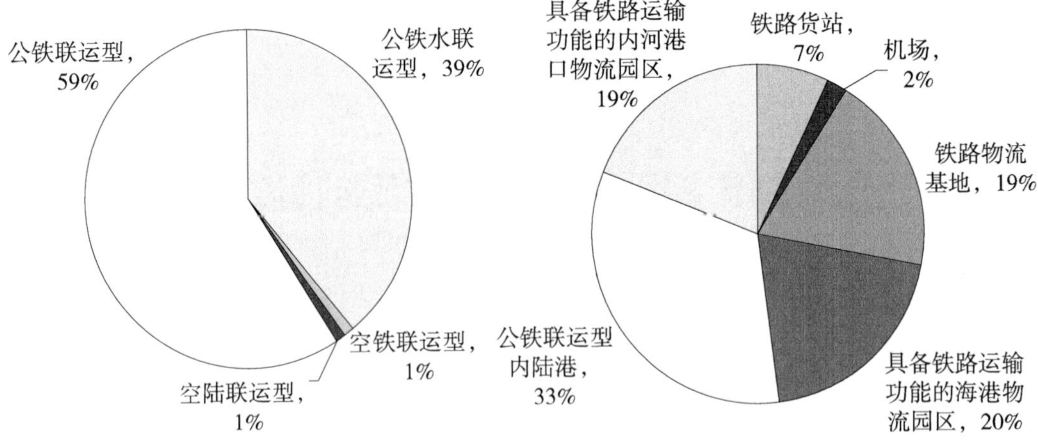

图 3－1　多式联运物流园区主要类型

业、政企联合等，其中物流运营企业包括一般物流运营企业、铁路货运企业、港口企业等。在上述物流园区中，由地方政府直接投资设立开发主体的占比 12%，一般物流运营企业占比 43%，港口企业占比 26%，铁路货运企业占比 19%，如图 3－2 所示。物流企业是园区投资建设的主要力量，港口企业也逐渐向综合物流园区运营商转变，铁路企业逐渐向公铁联运经营人转变。

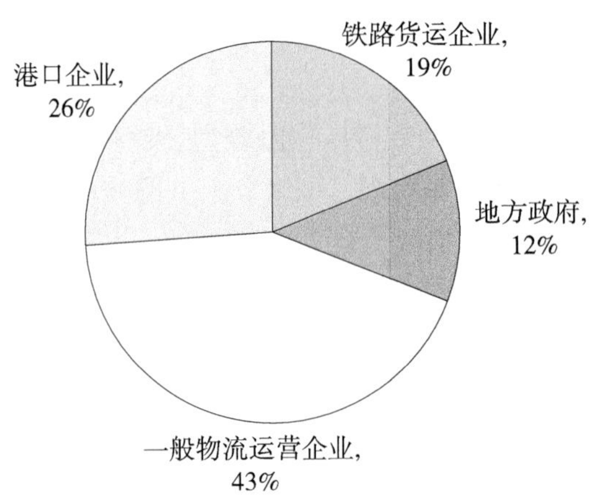

图 3－2　园区投资建设主体类型

从企业背景来看，在上述主导物流运营企业中，84% 的主体企业具有国有背景（见图 3－3）。一方面，多式联运物流园区投资规模大、规划审批难度大、具有显著的公益属性，市级政府掌握土地供应、项目审批等关键要素，且具有资金实力强劲的政府投资平台。另一方面，物流园区能够将城市的地缘优势、交通枢纽优势转化成为产业优势，对于吸引龙头企业、带动关联产业发展、促进形成新的经济增长点具有重要推动作用，因此市级政府的主动性、积极性明显较强。

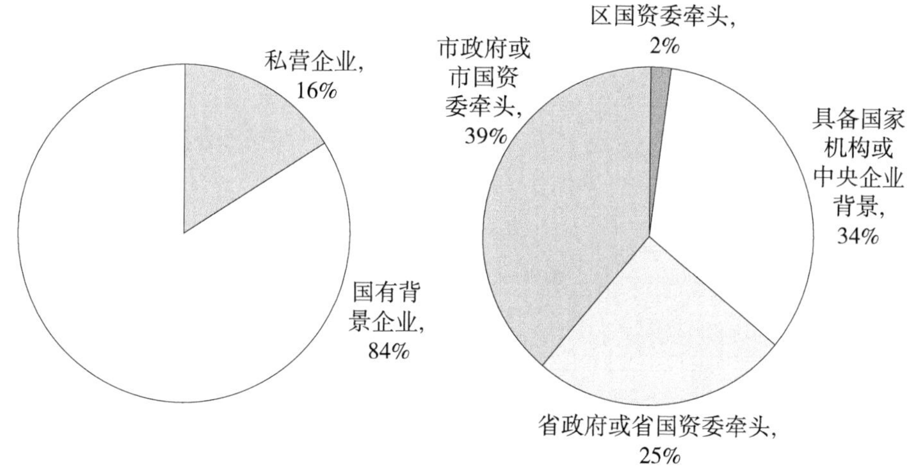

图 3－3　园区投资建设主体背景

（三）建设模式

1. 地方政府主导

该模式由政府直接成立政府投资平台公司作为园区的开发主体，负责筹措资金、前期规划、项目核准、征地拆迁、市政建设并组织实施，承担园区开发建设费用，并享有土地开发收益[1]。地方政府为进行大规模基础设施建设，往往需要银行借贷、发行城投债等形式融资，但由于缺乏物流运营经验，往往运营效益低下，容易引发债务危机。因此，政府往往将土地出让金收益、园区税收和地产开发经营收入反哺，以实现园区滚动开发。郑州国际陆港、兰州国际港务区、西安国际陆港即采取该模式。以郑州国际陆港为例，投资建设主体股权结构如图 3－4 所示。郑州市政府专门成立郑州国际陆港建设指挥部，由经开区新兴产业局负责具体事务，制定了《郑州国际陆港发展规划》，大力推动陆港建设。建成运营后，开通运营了郑欧国际货运班列，获批建设了汽车整车进口口岸、进口粮食指定口岸和海关多式联运物流监管中心，率先开展具有全球网购商品集散分拨功能的跨境贸易电子商务服务试点。得益于中欧班列及跨境电商的政策支持，陆港建设运营较为顺利。

2. 物流企业主导

该模式以资本实力强、物流技术能力高、经营管理能力强的物流企业为主体，主导园区的开发、建设和发展[2]。企业融资渠道灵活，具有较强的抗风险能力，能够充分发挥物流运作能力，确保园区运作的专业化、市场化。良好的市场环境，具备强大的融资能力和物流专业技术人才，才能确保园区顺利建设运营。因此，该模式适合拥有大量物流业务需求的大型企业，或物流运作能力强、提供综合物流服务的物流公司。除传统物流企业外，港口企业将港口及后方场站建设成为铁水联运型物流园区，积极发展多式联运经营人业务，如大连港、宁波港、武汉黄石新港、重庆果园港等；铁路

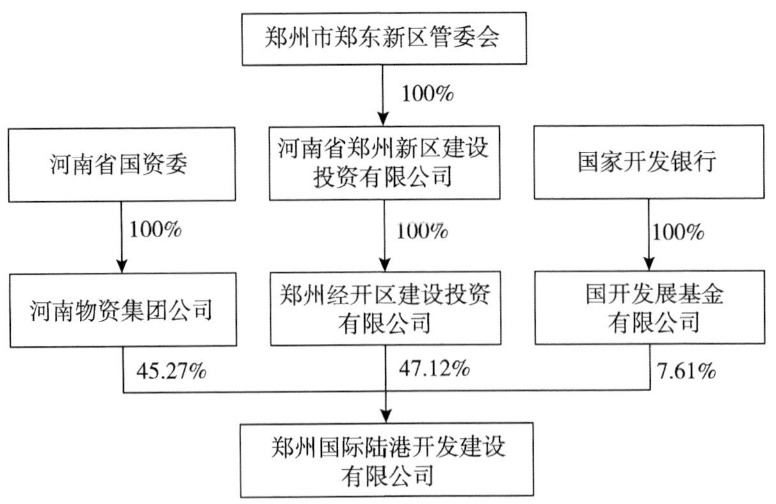

图3-4　郑州国际陆港投资建设主体股权结构

企业依托既有铁路货场、集装箱中心站等设施，新建或扩建仓储、堆存、加工等物流设施，形成公铁联运型物流园区，如山西中鼎物流园。总体来看，物流企业主导的园区物流运营能力强、业务基础良好，尤其是具有丰富物流运营经验的中央企业，依托强大的资金实力、政策支持和社会资源，具备先天优势。但由于多式联运在我国发展尚不成熟，面对国有资产保值增值压力，中外运、中储等物流行业央企往往谨慎投资。

3. **物流地产商主导**

该模式由物流地产商负责园区的物流设施、市政设施及配套设施的投资建设，并以租赁、转让等方式进行经营和管理[3]。物流地产商开发完成以后一般不自营物流，而是出租或出售给物流公司运作，其收益一般来源于物流设施的出让、出租和管理费，能够快速回笼资金。目前，普洛斯、安博、嘉民等大型物流地产商在我国主要投资通用集散型物流园区，尚未参与多式联运物流园区开发。主要因为该类园区投资规模大、建设周期长、投资回收期长，协调政府与社会资源难度大，后期运营管理复杂，资金周转较慢且收益不稳定。

4. **公私合作（PPP）**

公私合作（Public-Private Partnership）模式是指政府为增强公共产品的服务供给能力、提高供给效率，通过特许经营、购买服务、股权合作等方式，在基础设施领域及公共服务领域，与社会资本建立的利益共享、风险分担的长期合作关系[4]。PPP 模式在我国公共设施建设领域已经有了初步探索，但应用于多式联运物流园区开发仍存在诸多问题。一是多式联运项目比单一运输方式项目的投资规模更大、实施周期更长，涉及更多主体分工合作，利益相关方之间权利义务关系自带复杂属性。采用 PPP 模式后涉及主体更多，利益分配更加难以协调，尤其是社会资本方所面临的风险因素更具复杂性。二是与公共设施相比，物流园区是高度市场化运营项目，企业能力不足、市场发生变化、政策不稳定等都可能引发经营风险，导致园区收益低于预期，影响项目的可持续运行。

二、国家物流枢纽开发建设情况

（一）总体情况

2018 年 12 月，国家发展改革委、交通运输部联合印发《国家物流枢纽布局和建设规划》，是首次在国家层面提出的“物流枢纽”专项规划。国家物流枢纽分为陆港型、港口型、空港型、生产服务型、商贸服务型、陆上边境口岸型 6 种类型，以市场自发形成的物流枢纽设施为基础，选择基础条件成熟、市场需求旺盛、发展潜力较大的物流枢纽进行重点培育[5]。从建设要求来看，陆港型、港口型、陆上边境口岸型全部要求具备铁路专用线，商贸服务型、生产服务型具有铁路专用线的优先考虑，只有空港型由于空铁联运的应用范围较小，没有提出多式联运要求[6]。2019 年 9 月，首批 23 个国家物流枢纽建设名单公布，其中港口型和陆港型分别占比 33% 和 30%，东部和西部地区数量较多，公铁联运型枢纽 13 个，公铁水联运型枢纽为 9 个，如图 3－5 所示。

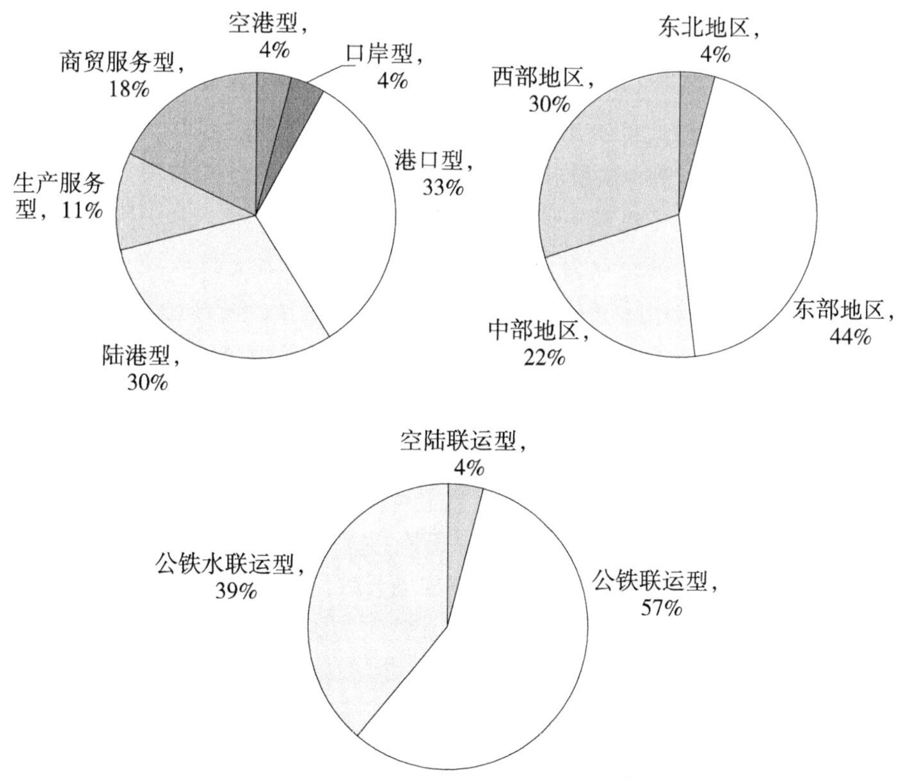

图 3－5　首批国家物流枢纽主要类型

（二）投资建设模式

首批国家物流枢纽的投资建设主体中，仍以地方政府、物流运营企业为主。此外，“地方政府 + 物流企业”组成联合体成为一大特点。

1. 地方政府主导

地方政府主导的国家物流枢纽占比约 26%。如以义乌商贸服务业集聚区为主体的金华（义乌）商贸服务型国家物流枢纽，由国内贸易物流片区、铁路口岸国际物流片区组成，其投资建设主体分别为义乌市商贸服务业集聚区管委会、义乌市陆港铁路口岸发展有限公司。前者是受市人民政府委托，负责集聚区开发、建设和管理工作的市政府派出机构，下设产业发展统计局、科技信息局、财政局、规划建设环保局、招商合作局、园区建设管理办公室、物流建设管理办公室、国际商贸城建设管理办公室、国际生产资料市场建设管理办公室等内设机构。口岸发展公司是义乌市国资委投资的义乌市国际陆港集团有限公司下属全资子公司，主要负责义新欧班列运营、海铁联运班列运营，以及指定口岸的招商、运营工作。

2. 物流企业主导

物流企业主导的国家物流枢纽占比约 57%，其中港口企业、铁路企业、一般物流企业分别占比 31%、4% 和 22%。港口企业主要是港口型国家物流枢纽的建设主体，如以物流加工区和新港北集装箱中心站为主体的天津港口型国家物流枢纽，以毗邻营口港鲅鱼圈港区的海铁联运区和综合物流服务区为主体的营口港口型国家物流枢纽。铁路企业主要是陆港型国家物流枢纽的建设主体，如以南宁国际铁路港为主体的南宁陆港型国家物流枢纽，其投资建设主体为广西宁铁国际物流公司，是中国铁路南宁局集团公司全资子公司。以物流企业为投资建设主体的国家物流枢纽，包括中通快递、圆通快递、上海西郊国际农产品交易有限公司等多家企业为主体的上海商贸服务型国家物流枢纽，山东顺和集团为主体的临沂商贸服务型国家物流枢纽等。

3. 政企联合主导

“地方政府 + 物流企业”组成联合体，或采用公私合作（PPP）模式的国家物流枢纽占比 17%。前者由地方政府（或政府投资平台公司）与物流企业以联盟或资本合作等形式，共同组成国家物流枢纽的投资建设主体。例如，金霞现代物流园、长沙新港、长沙国际铁路港、长沙金霞保税中心共同组成的长沙陆港型国家物流枢纽[7]，其投资建设主体由长沙市开福区人民政府下属湖南金霞发展集团有限公司，中铁广州局集团下属长沙湘通国际铁路港有限公司等主体组成，是“政府平台企业 + 铁路企业”的联合体；甘肃（兰州）国际陆港、兰州新区中川北站物流园共同组成的兰州陆港型国家物流枢纽，其投资主体由兰州国际港务区投资开发有限公司、兰州新区商贸物流投资集团有限公司组成，是“政府平台企业 + 物流企业”的联合体；青岛前湾保税港区、董家口循环经济示范区共同组成的青岛生产服务型（港口型）国家物流枢纽，其投资主体为青岛港口集团有限公司、董家口循环经济区管委会，是“开发区管委会+港口企业”的联合体。后者即地方政府采用BT、BOT等形式与相关企业达成项目合作。在首批国家物流枢纽中，以七苏木中欧班列物流枢纽为主体的乌兰察布—二连浩特陆港型（陆上边境口岸型）国家物流枢纽即采用该模式（项目结构见图3-6）。通过建立利益共享、风险共担的合作方式，解决了西部地区政府财政资金不足的问题，在国家重要陆路口岸加快了多式联运物流园区建设，并且以政府购买服务的方式满足了投资人的合理回报，是地方政府、社会投资人与公共利益的三方共赢。

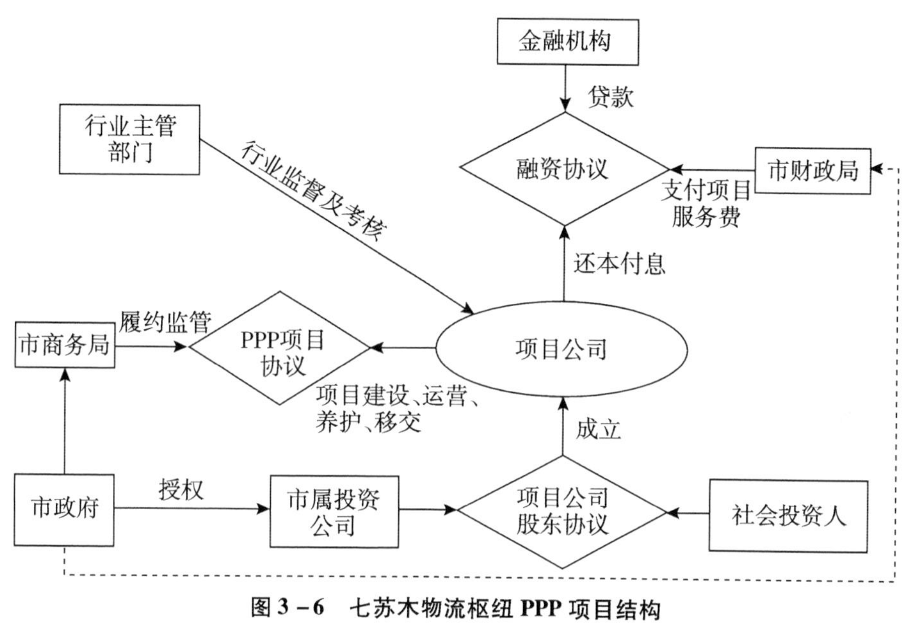

图3-6 七苏木物流枢纽PPP项目结构

三、国家物流枢纽体系下多式联运物流园区发展思路

（一）发展重点：以多式联运为核心集约化开发

我国现有物流枢纽设施大多分散规划、自发建设，部分物流枢纽存在同质化竞争、低水平重复建设问题。随着物流市场资源的加快聚集整合，大型物流企业集中度加快提高，物流园区的集聚化、集约化发展态势将更加明显。一般一个大型城市乃至城市群内，具备一个吞吐能力大、运营效率高、服务现代化的多式联运物流园区能够满足区域物流需求。因此，以多式联运为核心功能，优化基础设施存量，做“精”物流及配套服务，将是国家物流枢纽体系下多式联运物流园区发展的重心。

（二）发展核心：全要素多元化资源整合

我国供应链正从单一环节向全链条发展演变，物流场站也随之从单一功能、零散布局的小场站向全要素、集群化发展。国家物流枢纽要求充分与区域产业发展相融合，与人民生活需求相融合，只有通过全要素、多元化功能布局，才能在更大范围内集聚资源。因此，多式联运物流园区除具备传统物流功能外，国际物流、商贸物流、冷链物流、保税物流、跨境物流、物流金融等多元化功能也是其应有之义。通过国际物流、跨境物流、保税物流打通枢纽对外开放格局、满足区域外向型经济发展需要，通过商贸物流、冷链物流、城市配送满足人民品质生活消费需要，通过供应链物流与物流金融，满足生产制造企业、商贸企业对上下游供应链环节管控的需要。

（三）发展趋势：多枢纽多主体联合开发

部分国家物流枢纽采用了多片区、多主体联合开发的模式。一方面，物流市场集中化、规模化发展是市场经济发挥作用的必然过程。多枢纽、多主体联合开发顺应了市场化发展趋势，加速推动区域物流资源整合，促进干线运输、多式联运、城市配送、物流装备、物流科技等各类企业的分工协作，促进物流、商贸、生产制造等供应链上下游要素聚集。另一方面，该模式既减轻了单一企业独立承担大面积土地开发的压力，又以松散联盟或紧密资本合作等方式为园区搭建沟通协作平台，为探索运营管理新模式提供基础。

（四）发展途径：网络化布局协同共赢

构建国家物流枢纽网络的出发点和落脚点，是通过构建覆盖全国的物流体系，实现物流资源的优化配置和物流活动组织的系统化[8]。国家物流枢纽尤其强调干线与干线、枢纽与枢纽之间的连通协作，即通过干线通道连通国家物流枢纽，聚集形成大流量，再依托国家物流枢纽连通次级物流枢纽，做好支线运输、末端配送，最终搭建起干支配相衔接、覆盖全国、高效集约的国家物流体系。因此，多式联运物流园区应注重与不同地区大型物流枢纽间的协同联动。这既体现在“硬连通”上，即依托干线多式联运通道进行货物流动，还体现在“软连通”上，即打通信息壁垒、打破线上线下分割，建立信息互联互通机制，促进物流信息集成共享、全渠道融合、高效流动，提高物流供需匹配效率。

国外物流园区开发基本以私营企业为主，政府给予资金支持或成立园区管委会负责重大事项管理，基本不参与企业的具体运营。而我国城投、交投、资产管理等平台公司众多，与地方企业联合是获得地方政府支持的有效途径，能够确保营商环境的稳定性。同时，为了在更大范围争取铁路与物流资源，与铁路企业、大型货主企业联合能够有效降低前期建设难度、保障货源。充分发挥各方资源优势，通过资本合作建立政府和企业利益共赢、风险共担的合作纽带。

四、结语

地方政府与物流企业已经成为我国建设开发多式联运物流园区的中坚力量，尤其是地方政府主导投资的园区占比较大，这对我国多式联运物流园区开发兼具利弊。单一主体吸纳整合多方资源的能力不强，高度依赖行政力量支持也不符合物流行业的市场化规律。通过对国内主要多式联运物流园区开发模式进行梳理，结合当前国家物流枢纽建设背景，指出建立适于我国多式联运物流园区开发模式的关键，为社会主体参与园区开发提供方向指引，助推多式联运行业发展。

参考文献

［1］翟晓林．物流园区投资开发模式及应用研究［J］．工程建设与设计，2018（16）：250－251.

［2］陆成云．我国物流园区开发模式研究［J］．综合运输，2010（4）：50－52，80.

［3］李春助．产业园区投资开发建设商业模式探讨［J］．市场周刊（理论研究），2016（2）：17－18.

［4］白炜，杨勇，庞晓宇．物流园区项目 PPP 模式应用研究［J］．交通世界，2016（29）：120－123.

［5］贺登才．加强国家物流枢纽建设是现代物流业发展客观要求［J］．物流技术与应用，2019，24（2）：54－55.

［6］汪鸣．国家物流枢纽的首批之重［J］．物流时代周刊，2019（8）：32.

［7］夏文斌，庞燕．长沙市打造国家物流枢纽的思考——新起点、新挑战、新任务与新举措［J］．中南林业科技大学学报（社会科学版），2019，13（3）：52－57.

［8］王娟，杨勇，孙东泉．我国多式联运枢纽发展分析［J］．综合运输，2016，38（10）：42－45，54.

粤港澳大湾区物流业高质量发展的路径*

一、引言

（一）研究背景

物流是经济体系中的基础性、先导性、战略性产业。推动物流高质量发展，是推进物流业发展方式转变、结构优化和动力转换、实现物流业自身转型升级的必由之路，是降低实体经济特别是制造企业物流成本水平、增强实体经济活力的必然选择，是深化供给侧结构性改革、增强经济发展内生动力、提升社会经济运行效率的迫切需要，是构建现代化经济体系、实现国民经济高质量发展的内在要求，也是改善产业发展和投资环境的重要抓手、培育经济发展新动能的关键、提升区域经济和国民经济综合竞争力的突破口。粤港澳大湾区是我国开放程度最高、经济活力最强的区域之一，在国家发展大局中具有重要战略地位。粤港澳大湾区物流的高质量发展，对促进其经济发展、融入国家经济发展布局、民族团结统一、提升我国整体经济发展水平和人民生活水平具有重大战略意义。从地理区位看，粤港澳大湾区是我国通往世界的南大门，具有“泛珠三角”广阔腹地，是托举全国经济发展、实施全面对外开放最重要的门户之一；从国家经济发展布局看，提升粤港澳大湾区物流发展质量是落实粤港澳大湾区建设、“一带一路”倡议、深圳建设中国特色社会主义先行示范区和深化“泛珠三角”合作的重要抓手。物流是粤港澳区域经济增长的新引擎，对于发挥粤港澳大湾区龙头和辐射带动作用具有重要战略意义。

对统计数据分析发现，粤港澳大湾区物流发展质量虽在全国处于领先水平，但与美、日、欧等发达地区相比仍存在巨大差距，甚至与巴西、印度等发展中国家和经济体相比仍有不小差距。粤港澳大湾区物流业的高成本，每年蚕食了数千亿元的经济成果；2018 年世界银行公布的世界物流绩效指数（LPI）排名，中国列世界第 26 位，物流发展质量的多项指标与世界先进水平存在 20% 的差距，粤港澳物流业发展质量与世界先进水平仍有较大差距。如何提高粤港澳大湾区物流业发展质量、促进物流业高质

* 供稿人：肖建辉，广东女子职业技术学院经贸学院、中山大学管理学院。发表于《中国流通经济》2020 年第 3 期。

量发展是极具研究价值的重要课题。

（二）文献综述

国内关于物流高质量发展的研究不多，为达到更好的研究效果，本文除了研究“物流高质量发展”的文献之外，还研究了“经济高质量发展”文献。首先，关于经济高质量发展。何伟认为，经济发展质量是指经济社会发展过程中表现出的有效性、创新实力、稳定性、协调性等特征的综合优劣程度。中央党校省部级干部进修班课题组等认为，经济发展质量广义上是一个国家或地区经济总量提高、经济效益提升、经济结构优化、经济发展可持续和经济发展成果共享的结果；狭义上是产品和服务满足居民需求的程度。该观点具有代表性，国内其他学者对于经济发展质量的观点与此基本一致。迟福林分析了经济社会进入高质量发展阶段在产业结构、产品结构、经济效益、生态环境四个方面的具体特征，他认为在产业结构方面，技术和知识密集型产业会逐渐获得主导地位；在产品结构方面，高技术和高附加值产品占比将持续上升；在经济效益方面，降本增效将成为常态；在生态环境方面，将向环境友好型经济转变。张占斌认为，经济要实现高质量发展，必须在创新实力、协调程度、环境友好、开放共享等方面均达到较高的发展水平。任保平认为，经济高质量发展的内涵是经济数量增加和质量改善的有机统一，经济发展高质量的评判标准是经济发展的有效性、协调性、创新型、持续性和分享性。以上研究提出了经济高质量发展的概念、内涵、特征等。其次，关于物流高质量发展。陈方健认为，其内涵必须包括低成本、高效率、高服务水平、绿色发展四个方面。专门研究物流高质量发展的概念和内涵的文献目前仅此一篇，其他文献中也偶有涉及，但不够深入。

综上所述，笔者认为，物流高质量发展包括两层含义：一是物流业发展质量高；二是物流业能高质量地满足经济的发展和人民的需求。物流高质量发展的表现是物流成本低、效率高、服务水平高、效益好、绿色无污染；物流高质量发展的特征是高效性、创新性、协调性、持续性和分享性；物流高质量发展内在特点是物流系统化程度高、技术先进、产业结构和产品结构合理、内生动力强。目前全世界比较通行的评判物流水平的指标是社会物流成本占国内生产总值的比重。综上所述，参考经济发展高质量的科学内涵和评判标准，结合物流行业自身特点及国际通行做法，笔者认为，可以从物流成本、物流服务水平与能力、物流生产效率、物流经济效益、物流业内生动力和绿色环保六方面，用单位 GDP 的社会物流成本、单位物流成本的物流增加值、物流服务水平、技术创新能力、绿色发展等指标评价物流业发展质量。

汪鸣分析了我国物流产业高质量发展的趋势与路径。何黎明分析了我国物流业高质量发展中存在的问题和对策。杨守德从物流业自身经营是否持续降本增效、物流行业对经济社会整体发展的贡献水平是否持续上升两方面衡量物流业发展或运行质量，用物流经营绩效变动和经济总量变动两个指标分析了技术创新对物流运行质量的影响，指出降低单位物流服务费用是提高物流业发展质量的关键和焦点。另有文献从不同行业、物流不同分支、环保等角度对物流高质量发展进行了分析。以上分析对我国物流高质量发展提供了有益的参考，但定量研究不足，物流高质量发展的形成原因不明，仍缺乏清晰路径，尚未有粤港澳大湾区物流高质量发展的研究。本文通过对相关数据进行定量分析，揭示粤港澳大湾区物流业存在的问题，分析成因，提出粤港澳大湾区物流业高质量发展的对策建议。

（三）数据来源

文中所用数据，如无特别说明，全国数据均来源于国家统计局，广东数据均来源于广东省统计年鉴，香港数据均来源于香港特别行政区政府统计处，澳门数据均来源于澳门特别行政区统计暨普查局；美国数据均来源于美国商务部经济分析局。

二、粤港澳大湾区物流业发展现状及问题

2018 年广东省物流运行稳中有升，社会物流总额达到 23.93 万亿元，占全国的 9.18%（香港、澳门 2018 年的相关数据尚未公布）。社会物流总额继续增长，2018 年社会物流总费用占 GDP 的比重为 14.2%[①]，比 2017 年降低 0.3 个百分点，物流费用规模增速放缓，提质增效和物流业降本增效效果有所显现，物流业运行质量有所提高，增速换挡，结构优化，动力转换，有序推进。但物流业仍呈现出物流服务水平较低、成本高、生产效率较低、经济效益偏低、污染与浪费严重等问题。总体而言，粤港澳大湾区物流整体发展质量不高。

（一）现状

1. 政府高度重视、统筹规划，地区协调发展见成效

国家部委和地方政府高度重视粤港澳大湾区发展，高密度地出台了一系列粤港澳大湾区及物流发展相关的规划、政策、措施和行动方案等，仅 2017 年，中共中央、国务院就推出《粤港澳大湾区发展规划纲要》（以下简称《规划纲要》）等十余个相关文件，粤港澳三地政府均积极行动，促进大湾区及物流发展的力度之大前所未有。粤港澳大湾区的发展越来越重视统筹规划，《规划纲要》从战略定位、发展目标和空间布局等方面进行了统一规划，有助于粤港澳大湾区协调与高质量发展。地区协调发展见成效，“一带一路”倡议的基础设施建设、国际航空枢纽、世界级港口群建设取得重大进展，已开通中欧、中亚等班列，对沿线国家进出口年均增长 8%[②]，物流网络体系不断完善，社会物流产值保持增长；物流业降本增效显成效，粤港澳大湾区中的广东 2018 年单位 GDP 的物流成本比 2017 年降低 0.3 个百分点；物流业经营环境持续改善，“一国两制”和三个关区下的体制机制创新取得进展，基本实现粤港澳服务贸易自由化，物流通关较便利，物流产业转型升级加快，物流运行质量有所提高。

2. 粤港澳大湾区是我国物流业的排头兵

2017 年粤港澳大湾区社会物流总费用占 GDP 的 14.4%，低于全国 0.4 个百分点，其物流水平高于全国。其中的广东省物流发展规模、水平领先于全国。从发展规模看，广东省 2018 年社会物流总额达到 23.93 万亿元，占全国的 9.18%，物流规模全国第一，是我国名副其实的物流大省。从发展水平看，2018 年全省社会物流总费用占全省 GDP 的 14.2%，较全国的 14.8% 低 0.6 个百分点③；2015 年以来，广东省社会物流总费用占 GDP 的比重均低于全国，物流水平高于全国平均水平（见表 3－1）。粤港澳大湾区内，深圳物流发展水平最高，2017 年其社会物流总费用占 GDP 的 12.65%，接近于印度和巴西；香港物流发展水平次之，2017 年社会物流总费用占 GDP 的 14.1%（见表 3－2），低于全国 0.7 个百分点。从物流发展的规模、水平和速度等来看，粤港澳大湾区是我国物流发展的排头兵。

表 3－1　　广东与全国社会物流总费用占 GDP 的比重对比　　单位:%

区域	年份			
	2015	2016	2017	2018
全国	16.0	15.0	14.6	14.8
广东	15.0	14.8	14.5	14.2

资料来源：据国家统计局网站相关资料和历年广东省物流业发展报告整理。

表 3－2　　2017 年粤港澳大湾区及全国物流发展水平统计

地区	GDP（亿元）	社会物流总费用（亿元）	社会物流总费用占 GDP 比重（%）
香港	23050.87	3252.89	14.10
澳门	3572.72	164.15	4.60
广东	89879.20	13023.50	14.50
粤港澳大湾区	75710.15	16440.54	14.40
深圳	22490.06	2838.27	12.65
全国	900309.00	121000.00	14.80

注：港币按 2017 年港币对人民币的平均汇率 115.52 换算，澳门元按 2017 年澳元对人民币的平均汇率 113.58 换算。

资料来源：香港特别行政区政府统计处、澳门特别行政区统计暨普查局、广东省统计局和《2017 年国民经济和社会发展统计公报》。

（二）问题

粤港澳大湾区物流业发展质量与世界先进水平存在较大差距。从经济指标分析，作为我国物流发展排头兵的粤港澳大湾区以及作为我国物流大省的广东，从物流业发展质量与速度来看，无论与发达国家相比，还是与一些发展中国家相比，都存在较大差距。这种差距体现在物流成本高、服务水平较低、生产率偏低、经济效益较低、物流资源浪费和环境污染等方面。

1. 物流成本仍处高位

社会物流总费用与GDP的比值，即单位GDP的物流成本，是国内外较通行的评价物流水准的指标。从发展水平看，2017年粤港澳大湾区的社会物流总费用占GDP的14.4%，与2017年美国7.5%④的水平相比仍高出6.9个百分点（见表3-3），与巴西、印度等发展中国家的12%⑤相比仍高出2.4个百分点，粤港澳大湾区的物流业仍处于高消耗区域。粤港澳大湾区内物流发展水平最高的深圳，社会物流总费用约占GDP的12.7%，接近印度、巴西等发展中国家，但与美、日、欧等发达经济体先进水平仍相去甚远。广东省的经济体量占粤港澳的77%（见图3-7），其社会物流总费用占全省GDP的比重为14.5%，基本与粤港澳大湾区相当，与美国、日本、欧洲等发达经济体8%~9%的水平相比高出5~6个百分点，物流高成本大大蚕食了经济发展成果。以2017年GDP规模为例，同等规模GDP下，粤港澳大湾区支出的物流费用比美、日、欧和印度、巴西分别最少高出5441亿元和2247亿元⑥。以上数据表明，粤港澳大湾区物流产业降低成本、提高物流发展质量存在巨大空间。本文以单位社会物流总额的物流成本和单位GDP的物流成本指标衡量物流成本水平。单位社会物流总额的物流成本，是指每单位社会物流总额所耗费的社会物流总费用的平均分摊额，即社会物流总费用与社会物流总额之比，是衡量物流成本水平高低的指标，单位社会物流总额的物流成本=社会物流总费用/社会物流总额。单位GDP的物流成本，是指每单位GDP所耗费的社会物流总费用的平均分摊额，即社会物流总费用与GDP之比，既是衡量物流成本高低的指标，也是衡量物流水平高低的指标。从单位物流服务所需物流成本水平看，2016—2018年，以粤港澳的广东为例，单位社会物流总额的物流成本均逐年下降（见表3-4），但单位物流服务所需成本并没有显著下降。这说明粤港澳的物流业发展质量有提高的趋势，但提高的成效不显著。单位物流服务成本下降的速度与全国相比较慢，粤港澳物流成本还有较大下降空间。

表3-3　粤港澳与全国和美国的社会物流总费用占GDP比例的对比　单位:%

年份	香港	澳门	广东	粤港澳大湾区	深圳	全国	美国
2018	—	—	14.2	—	—	14.8	—
2017	14.1	—	14.5	14.4	12.7	14.6	7.5

注：因澳门的GDP大比例来自博彩业，而博彩业与物流成本相关关系不具代表性，所以粤港澳大湾区单位GDP的社会物流成本以粤港两地为统计对象；因大部分国家和地区的2018年相关数据尚未公布，故主要以2017年的数据进行分析。

资料来源：香港特别行政区政府统计处、广东省统计局、深圳市交通运输委员会、广东省物流行业协会等。

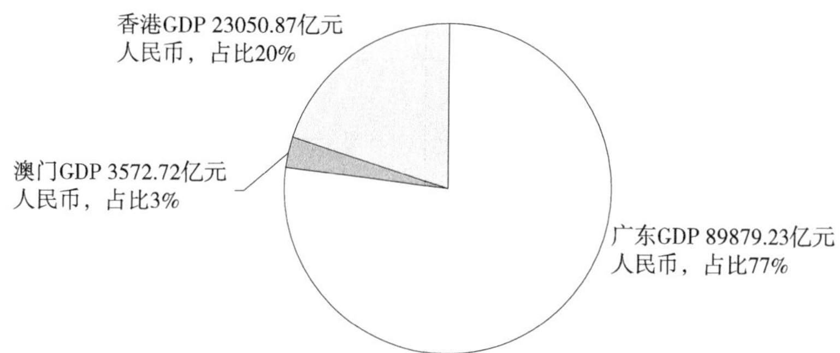

图 3－7　2017 年粤港澳三地经济体量比较

资料来源：香港特别行政区政府统计处、澳门特别行政区统计暨普查局、广东省统计局。

表 3－4　　2016—2018 年广东和全国单位社会物流总额的物流成本　　单位：元

地区	2016 年	2017 年	2018 年
全国	0. 04832	0. 04802	0. 04698
广东	0. 06611	0. 05769	0. 05774

资料来源：根据国家统计局的数据计算得出。

2. 物流服务水平差距显著

由世界银行发布的 2018 年世界物流绩效指数（LPI）显示，反映我国 2018 年整体物流服务水平的物流服务质量与能力、物流运输及时性、国际运输便利性、货物可追溯性、海关效率等所有指标值均低于世界前十名的平均值。从单项指标来看，海关效率、物流服务质量与能力和货物可追溯性的指标得分，比世界最高水平分别低 20%、17% 和 16%，比世界前十的平均水平分别低 15%、12% 和 11%；物流运输及时性指标得分比世界最高水平和世界前十的平均水平分别低 13% 和 11%。表明我国物流整体水平偏低，与世界先进水平还有较大的差距，特别是海关效率、物流服务质量与能力两个方面的差距相对更大。世界银行的物流绩效指数虽以中国作为研究对象，但结合其他指标可看出粤港澳大湾区的物流水平在全世界的大致排位。从单位 GDP 的社会物流成本指标来看，2018 年我国社会物流总费用占 GDP 的比重为 14. 8%，广东为 14. 2%，2017 年粤港澳大湾区为 14. 4%，2017 年美国为 7. 5%，相对而言，粤港澳大湾区的物流水平与我国整体水平接近（见表 3－5），与世界先进水平仍有较大差距。

表 3－5　　2018 年世界银行物流绩效指数排名前十位国家与中国比较

国家	LPI 排名	LPI 得分	国际运输便利性	物流服务质量与能力	货物可追溯性	物流运输及时性	海关效率
德国	1	4. 20	3. 86	4. 31	4. 24	4. 39	4. 09

续　表

国家	LPI 排名	LPI 得分	国际运输便利性	物流服务质量和能力	货物可追溯性	物流运输及时性	海关效率
瑞典	2	4.05	3.92	3.98	3.88	4.28	4.05
比利时	3	4.04	3.99	4.13	4.05	4.41	3.66
奥地利	4	4.03	3.88	4.08	4.09	4.25	3.71
日本	5	4.03	3.59	4.09	4.05	4.25	3.99
荷兰	6	4.02	3.68	4.10	4.02	4.25	3.92
新加坡	7	4.00	3.58	4.01	4.08	4.32	3.89
丹麦	8	3.99	3.53	4.05	4.18	4.41	3.92
英国	9	3.99	3.67	3.89	4.11	4.33	3.77
芬兰	10	3.97	3.56	4.07	4.32	4.28	3.82
前十位均值		4.03	3.73	4.07	4.10	4.32	3.88
中国	26	3.61	3.54	3.59	3.65	3.84	3.29
	与世界最高水平差（分）	0.59	0.45	0.72	0.67	0.57	0.80
	与世界最高水平差（%）	14.00	11.00	17.00	16.00	13.00	20.00
	与世界前十平均水平差（分）	0.42	0.19	0.48	0.45	0.48	0.59
	与世界前十平均水平差（%）	10.00	5.00	12.00	11.00	11.00	15.00

资料来源：世界银行发布的《世界银行物流绩效指数（2018 年）——联结以竞争：全球经济中的贸易物流》。

3. 物流生产效率需提升

生产效率是固定投入量下实际产出与最大产出两者间的比值，也可指单位生产要素下完成的工作量。本文以单位物流成本的货物周转量作为评价物流生产效率的指标。单位物流成本的货物周转量，是指每一单位物流成本所完成的货物周转量，即货物周转量与社会物流总费用之比。物流生产效率 = 货物周转量/社会物流总成本。单位物流成本下完成的货物周转量越大，则物流生产效率越高；反之同理。以粤港澳大湾区内的广东省为例（因香港和澳门未做货物周转量的统计，且广东省具有一定代表性），2014—2018 年，广东省物流生产效率最初低于全国水平，但整体保持了增长趋势，到 2018 年年底明显高于全国平均水平（见图 3 – 8）。另外，粤港澳大湾区内物流生产效率不均衡。以深圳为例，2017 年深圳物流生产效率为 0.81 吨公里/元（见表 3 – 6），低于广东平均水平。虽然广东的物流生产效率在全国相对较高，但仍有较大提升空间，特别是局部地区的物流生产率提升空间更大。

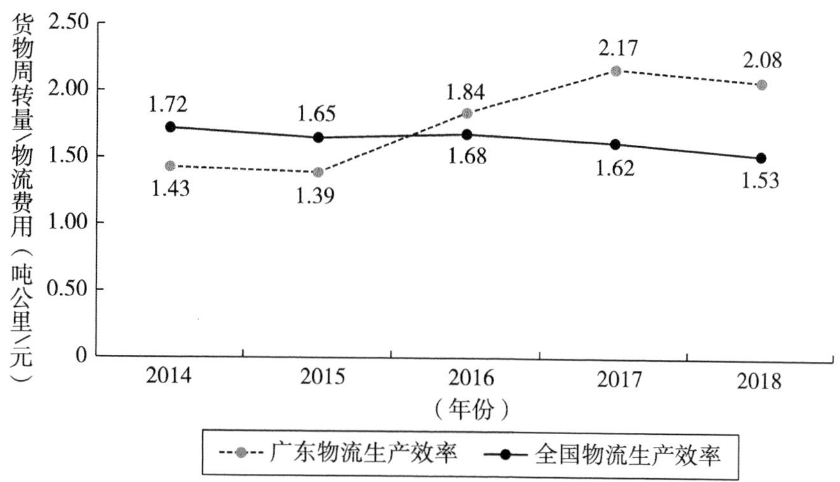

图 3-8 广东省物流生产效率走势

资料来源：根据国家统计局网站及广东统计信息网数据计算得出。

表 3-6 2017 年广东等地区与全国物流生产效率分析

地区	货物周转量（亿吨公里）	社会物流总费用（亿元）	单位物流成本的货物周转量（吨公里/元）
广东	28199.90	13023.50	2.17
粤港澳大湾区	—	16440.54	—
深圳	2302.53	2838.27	0.81
全国	196130.00	121000.00	1.62

资料来源：香港特别行政区政府统计处、澳门特别行政区统计暨普查局、广东省统计局、深圳市统计局和《中华人民共和国 2017 年国民经济和社会发展统计公报》。

4. 物流经济效益较低

经济效益是以尽量少的劳动耗费取得尽量多的经营成果，或者以同等的劳动耗费取得更多的经营成果。本文以单位物流成本的物流增加值指标为主，以单位物流成本的 GDP 和世界银行发布的物流绩效指数指标为辅，衡量物流经济效益。单位物流成本的物流增加值，是指每单位社会物流费用所产生的物流增加值的平均分摊额，即物流增加值与社会物流总费用之比，单位物流成本的物流增加值 = 物流增加值/社会物流总费用。单位物流成本的 GDP，是指每单位社会物流费用所承担的 GDP 的平均分摊额，即 GDP 与社会物流总费用之比，单位物流成本的 GDP = GDP/社会物流总费用。单位物流成本下物流增加值越高，则物流生产效率越高；反之同理。单位物流成本的 GDP 同样如此。集中度加快提高，物流园区的集聚化、集约化发展态势将更加明显。一般一个大型城市乃至城市群内，具备一个吞吐能力大、运营效率高、服务现代化的多式联运物流园区能够满足区域物流需求。因此，以多式联运为核心功能，优化基础设施存量，做“精”物流及配套服务，将是国家物流枢纽体系下多式联运物流园区发展的重心。

首先，从单位物流成本的物流增加值看，2017 年粤港澳大湾区单位物流成本的物流增加值为 0. 48，香港、澳门、广东分别为 0. 39、0. 39、0. 50，2018 年广东省单位物流成本的物流增加值为 0. 52⑦，粤港澳大湾区物流效益与全国持平，其中广东略高于全国平均水平，2018 年物流效益获得进一步提升。其次，世界银行发布的物流绩效指数研究报告显示我国物流业总体运行绩效略有上升，2018 年我国物流绩效指数排名从 2017 年的第 27 位上升至第 26 位，但与发达经济体对比，我国在物流发展绩效上仍有较大差距。最后，从单位物流成本的 GDP 看，粤港澳大湾区指标值为 7. 09，略高于全国，大大低于美国的 12. 09。整体而言，粤港澳大湾区物流经济效益略高于全国，与世界先进水平仍有较大差距（见表 3 –7）。

表 3 –7　　2017 年部分地区物流效益对比分析

国家/地区	生产总值（亿元）	物流增加值（亿元）	社会物流总费用（亿元）	单位物流成本的物流增加值	单位物流成本的 GDP	社会物流总额/社会物流总成本
香港	23050. 87	1284. 43	3252. 89	0. 39	7. 09	138. 00
澳门	3572. 72	64. 53	164. 15	0. 39	21. 77	0. 00
广东	89879. 23	6489. 28	13023. 50	0. 50	6. 90	17. 00
粤港澳大湾区	116502. 82	7838. 24	16440. 54	0. 48	7. 09	41. 00
中国	820754. 30	9000. 00	121000. 00	0. 48	6. 78	21. 00
美国	194854. 00（美元）	—	16114. 43（美元）	—	12. 09	—

资料来源：世界银行、香港特别行政区政府统计处、澳门特别行政区统计暨普查局、广东省统计局和《中华人民共和国 2017 年国民经济和社会发展统计公报》。

5. 物流资源浪费和污染问题依然严重

党的十九大提出打好治理污染的攻坚战，国家多部委和地方政府已出台政策治理物流资源浪费和污染，比如用新能源车取代燃油车、综合治理快递包装等，相信这些政策措施一定会发挥积极作用。但目前物流资源浪费和污染依然严重，物流业每年产生数量巨大的物流包装垃圾不能有效处理，造成资源浪费和环境污染。另外，汽车尾气排放污染环境，托盘、周转箱等物流工具尚未普遍循环利用造成资源浪费。粤港澳的广东物流规模位居全国第一，特别是近年来随着电子商务的迅速发展，物流废弃包装数量呈倍速增长。而物流包装中普遍使用的塑料材料在自然界需要几十年甚至上百年才能降解，给环境带来较大压力。而且目前废弃物处理的两种主要方式焚烧和填埋，将继续造成资源浪费和二次污染。填埋既浪费了可利用的废弃物资，还需占用土地资源，焚烧除浪费资源外还造成空气污染，两种处理方式都与环境保护的宗旨和目标相冲突。废弃塑料的处理是全世界面临的难题，物流业造成的环境污染和资源浪费对社会可持续发展构成严重挑战。

三、粤港澳大湾区物流发展质量偏低的成因

粤港澳大湾区物流业发展质量相对偏低，表现为物流成本高、物流服务水平和物流生产率较低等，主要是由粤港澳大湾区和广东省物流业在技术创新、物流产业集聚、第三产业比重、物流技术应用程度、物流一体化程度、物流组织管理技术、铁路物流系统、海关效率等多方面的问题造成的。

（一）技术创新不足

技术促进生产力是理论界与实业界的共识。熊彼特、阿罗（Arrow KJ）等多数学者均认为，新工具的发明和新技术的使用必然会带来生产效率的提高，进而提升产业发展质量。产业结构派学者认为，技术创新能够推动产业结构优化升级，技术创新的生命周期直接影响产业兴衰更替，间接影响关联产业和消费者需求变动，且两方面的影响长期共同决定经济社会的产业结构。杨守德实证了物流技术专利平均每增加一万件，物流业经营绩效提高 0.79%，经济总量就同比增长 2.53%，证明了 2013—2017 年我国物流业技术创新提高了物流业发展质量。技术决定产业结构，产业结构决定物流业发展质量，技术创新是物流业发展质量提升的关键。

技术创新决定产品技术含量，产品技术含量决定产品价值率，产品价值率决定单位 GDP 的物流成本，单位 GDP 的物流成本是衡量物流业发展质量的重要指标。单位 GDP 的物流成本水平，除了受物流运作水平影响，还受物流对象价值率（即价值高低）的影响。本文以单位物流成本的社会物流总额衡量物流对象的价值率，单位物流成本的社会物流总额 = 社会物流总额/社会物流总成本。同等物流运作水平下，物流对象价值越高，单位 GDP 的物流成本越低，物流水平越高；反之同理。粤港澳大湾区特别是广东、澳门产品价值不高，产业链居于全球价值链的中低端。从表 3 - 7 可看出，2017 年广东的单位物流成本的社会物流总额值只有 17，低于粤港澳大湾区的平均水平 41，远低于香港 138；从单位物流成本的物流增加值看，香港、澳门、广东分别为 0.39、0.39、0.50。另外，世界银行发布的 2018 年物流绩效指标排行榜中我国排第 26 位。以

上数据表明广东的产品价值包括物流服务的价值不高，仍处于产业链的中低端。产品价值不高是造成粤港澳单位 GDP 的物流成本偏高、物流发展质量相对偏低的重要因素。

产品价值与产品的技术含量正相关，产品的技术含量取决于技术创新的数量和质量，单位 GDP 的物流成本与产品价值量负相关，因而技术创新是降低物流成本和物流高质量发展的根本动因。产品的技术含量越高，则同等物流运作水平下，单位 GDP 的物流成本越低；产品的技术含量越低，则单位 GDP 的物流成本越高。以美国为例，2017 年美国单位 GDP 的物流成本为 7.5%，比粤港澳大湾区的平均水平低 6.9 个百分点。除了美国物流水平比较高之外，美国的高端产业发达、产品技术含量高。以世界专利数量分析，美国专利体量大，且每年新增专利量在全世界遥遥领先，2017 年、2018 年美国新增专利数量分别约为我国的 13 倍和 11 倍，此其一。其二，美国企业技术创新力强，2017 年、2018 年世界专利榜单前十名均为以美国为首的外国企业，而中国无一家企业上榜。美国的技术创新大大降低了单位 GDP 的物流成本，提高了物流发展质量。我国的专利总量及每年新增量均远远落后于美国，尚无企业进入世界专利榜单前十名，技术创新的数量与美国还有很大差距，说明我国技术创新总量不足。粤港澳大湾区技术创新总量同样不足，影响了物流业发展质量。

技术创新不足，是粤港澳大湾区物流业质量不高的关键因素之一。

（二）第三产业欠发达

第三产业比重较低，导致产品价值率不高，因而单位 GDP 的物流成本高。一般而言，如果第三产业比重大，则单位 GDP 的物流成本低。因为第三产业尤其是高科技产品的价值往往高于第一、第二产业，所以单位 GDP 的物流成本相对较低。如 2017 年美国的第三产业比重高达 80.2%，其单位 GDP 的物流成本比粤港澳大湾区低 6.9 个百分点，低了 47.9%。再如粤港澳大湾区内的澳门，2018 年，其第三产业在国民经济中的比重为 90.5%，以同样方法计算的单位 GDP 的物流成本仅为 4.6%，远低于我国物流水平最高的深圳（12.65%）及美国 2017 年的水平（7.5%）。粤港澳大湾区 2017 年的第三产业比重为 62%[⑧]，虽然广东省第三产业比重持续上升，至 2018 年第三产业比重达 54.2%（见表 3-8），但仍比美国 2017 年第三产业比重 80.2% 低 32.4%，差距巨大。广东省的第三产业比重较低，是影响物流业高质量发展的另一重要因素。

第三产业比重较低，从表象和整体上反映了第三产业发展规模不足，其深层次的问题是第三产业发展结构、水平等问题。第一，粤港澳大湾区第三产业发展呈现明显的地区不均衡态势。香港、澳门的第三产业最发达，均占 GDP 的 90% 以上，其中澳门达 95%。广州和深圳属于第二梯队，2018 年广州第三产业比重为 71.7%[⑨]；深圳的工业仍占较大比重，第三产业比重相对较低，2018 年第三产业比重为 58.8%[⑩]。第三梯队是东莞、珠海、中山和江门，其第三产业比重与第二产业比重相当。第四梯队是佛山、惠州和肇庆，三个城市的工业仍占主导地位，第三产业比重较低。第二，粤港澳大湾区内核心城市第三产业发展定位不准确。《粤港澳大湾区发展规划纲要》对大湾区四个核心城市均有明确的功能定位，但具体到第三产业发展状况，四个核心城市仍存在定位不准、差异化不明显、同质化严重等问题。以广州为例，其定位是国家中心城市、综合性门户城市、国际大都市、科技教育文化中心等，这种定位不够清晰，不具鲜明特色，在深度挖掘广州城市优势上明显不足。第三，第三产业中的企业（如金融、传媒、文化产业等第三产业企业）竞争力不强。以金融业为例，金融业是粤港澳大湾区具有代表性的优势产业，背靠香港和深圳的两大证券交易所，拥有包括全球金融中心香港、国内重要金融中心深圳及区域性金融中心广州在内的三个金融中心，在金融发展上具备显著优势，但粤港澳大湾区内的金融科技企业综合实力不强，甚至不及国内其他湾区。2017 年全球金融科技 100 强中，只有 1 家企业上榜且位列第 36 位，而前三名分别是浙江蚂蚁金服、上海众安保险和北京趣店。2018 年中国金融科技竞争力 100 强中，广东入围企业数量分别仅为北京和上海的 20.27% 和 71.43%。更多数据表明，粤港澳大湾区第三产业企业的综合竞争力不强。第四，创新度不够，不能满足市场需求。作为内地代表的广东地区银行业务创新能力不强，银行超七成的收入来自利息，非利息收入不超过三成，银行业务创新发展缓慢。从经济方面看，随着新一轮技术革命和创新创业的发展，涌现出许多新的产业服务需求，同时催生了多种业态和模式，第三产业的服务项目和内容、数量等均与现实需求存在差距。例如，虽然粤港澳大湾区的金融资本市场已经具备竞争优势，但在解决中小企业融资问题、支持创新科技发展等方面仍比较欠缺，需进一步完善。从生活方面看，随着人们对美好生活的追求以及社会分工等多种原因，人们需要更多更便利的服务。总体来看，粤港澳大湾区第三产业的发展不能满足新增需求。

表 3-8　　广东省产业结构比重　　单位：%

产业	2000 年	2010 年	2015 年	2017 年	2018 年
第一产业	9.1	4.8	4.3	4.0	4.0
第二产业	46.8	50.1	45.5	42.4	41.8
第三产业	44.1	45.1	50.2	53.6	54.2

资料来源：广东省统计信息网。

（三）物流产业组织集聚度不高

粤港澳大湾区的定位是国际一流湾区和全球物流枢纽，同时还有“一带一路”倡议、深圳中国特色社会主义先行示范区等多个国家战略汇聚，这就要求大湾区的物流系统和物流企业要有辐射全球的高水平物流组织能力和服务能力。深圳、香港是我国跨国公司总部集中地，需要能提供全球物流服务的企业，随着粤港澳大湾区的不断发展，这种需求也将随之增长。2019 年 5 月，物流领域意外事件——美国联邦快递集团（FedEx）扣押华为货物事件，更说明了粤港澳大湾区培育和发展全球性物流企业的重要性和紧迫性。华为的业务分布在全球，有全球物流服务需求，需要能覆盖全球范围的、高水平的物流企业为之服务。如果我国本土企业不能为华为提供其所需的物流服务，那么其只能在全球范围内寻找物流合作伙伴。一是国内物流企业失去了与像华为这样的高水平全球领军企业的合作机会；二是华为的物流命脉如果掌握在外资企业手中，那么企业可能由于政治等原因而面临经营风险，发展受到掣肘，甚至生存受到威胁。粤港澳大湾区内许多从事国际经营的企业与华为有着同样的需求。

粤港澳大湾区尚未出现全球性的物流龙头企业，物流产业组织集聚程度仍不高。粤港澳大湾区物流企业“小而散、多而弱”、业务不够全面、全球物流网络设施和服务能力较弱，特别是电子商务物流市场集中度不高，竞争激烈。近三年在“中国物流企业 50 强”榜单上榜的广东企业有三家，即顺丰控股、招商局物流集团和广州（铁路）集团。招商局物流集团 2017 年和 2018 年的营业收入分别增长了 39. 1% 和 59%，顺丰控股分别增长了 23. 7% 和 19. 5%，两家企业保持了快速的增长势头，加速物流产业集聚；广州（铁路）集团虽连续三年进入“中国物流企业 50 强”榜单，但 2017 年和 2018 年的营业收入比 2016 年分别下降了 12% 和 6%，年营业收入呈现下降趋势，企业的经营规模在缩减；2016—2018 年，广东省有两家企业因经营规模缩减跌出了“中国物流企业 50 强”（见表 3 - 9）。特别是 2016—2018 年三年间广东省入围“中国物流企业 50 强”的企业由 5 家减少到 3 家，本质上是个别企业经营业绩滑坡，并非物流产业组织集聚的结果。因为 3 家企业的经营规模降低与快速增长的 2 家企业的业务内容重叠和替代度很小或者基本不相关，即 3 家企业的经营规模降低与 2 家企业的集聚发展没有实质关系。作为粤港澳大湾区物流龙头企业的顺丰控股，虽规模较大，在我国快递市场有一定的竞争力，但属于主要集中在部分产品的快递领域的区域性物流公司，尚未形成一体化的物流综合服务能力，与全球物流龙头企业仍有较大差距。招商局物流集团相对而言规模较大、业务品种多，但全球物流网络覆盖、技术及管理水平等与全球物流龙头企业相距甚远。目前来看，粤港澳大湾区尚缺乏具备全球化经营能力的物流龙头企业。粤港澳大湾区物流产业集聚度不高，导致物流业发展质量不高。

表 3 - 9　2016—2018 年广东省“中国物流企业 50 强”企业名单及其营业收入　单位：亿元

排名	2016 年	2017 年	2018 年
5		顺丰控股有限公司（574. 8270）	顺丰控股有限公司（710. 9430）
6	顺丰控股有限公司（481. 0000）		

续　表

排名	2016 年	2017 年	2018 年
14		招商局物流集团有限公司（131.9112）	
15			招商局物流集团有限公司（150.8239）
18	广州（铁路）集团公司（101.3000）		
19	招商局物流集团有限公司（94.8081）		
22		广州（铁路）集团公司（89.1000）	
25			广州（铁路）集团公司（95.2000）
36	广东省航运集团有限公司（42.0427）		
37		广东省航运集团有限公司（39.9334）	
49		广州发展能源物流集团有限公司（30.1193）	
上榜企业（家）	4	5	3
进入门槛（亿元）	22.5150	28.5439	29.6458

（四）物流领域新技术应用不足，劳动力成本上涨

物流领域新技术应用不足，导致物流效益低，影响了物流业发展质量。首先，劳动力成本上涨。随着经济发展和人民生活水平的提高，劳动力成本也相应增加。2016 年和 2017 年香港运输、仓储、邮政等行业雇员平均薪酬分别为 32 万元/年和 32.4 万元/年（见表 3－10）。这也解释了为什么香港 2017 年的单位物流成本的社会物流总额为 138，远高于广东省的 17，但是单位物流成本的物流增加值为 0.39，低于广东省

0.50，因为香港的劳动力成本高于内地，故从物流成本与效益角度来说，最终香港与广东省的物流业水平和质量比较接近。其次，物流行业新技术应用不足、劳动力比重大。物流业自动化、智能化甚至在某些区域或企业的机械化技术使用率都低，如在重视物流业发展的南沙自贸区的多家企业货物储存仍是最传统的地面堆码，在配送中心等场所机械化设备并未普遍使用，人工、手工作业比较普遍。物流业仍属劳动密集型产业，劳动力所占比重较大。物流行业新技术应用不足、劳动力比重大、劳动力成本上涨导致了物流业成本高企，生产效率、经济效益及物流质量较低。

表 3－10　粤港澳运输、仓储、邮政及速递服务业从业人员年均薪酬统计　单位：万元

年份	香港	澳门	广东	粤港澳平均
2016	32.00	18.10	8.00	10.48
2017	32.40	16.60	9.50	11.75

注：2016 年澳门元对人民币的平均汇率为 115.00，2017 年澳门元对人民币的平均汇率为 113.58；2016 年港币对人民币的平均汇率为 111.12，2017 年港币对人民币的平均汇率为 115.52；香港统计的是行业雇员数据，平均薪酬较从业人员数据稍高；根据香港政府统计处、澳门统计暨普查局和广东省统计公报计算得出。

（五）物流一体化程度不高

粤港澳大湾区战略的本质是粤、港、澳三地经济一体化，其中物流一体化是经济一体化的重要部分。物流一体化是物流业发展的高级阶段和成熟阶段，通过消除利益冲突、协调运作，实现物流整体化、系统化、最优化，达到降本增效、提高竞争力、扩大竞争优势的目的。物流一体化的标志是货物流通壁垒被削弱或消除，物流要素趋于自由流动，区域内物资流通无障碍。

近十年粤港澳大湾区的 GDP 基本保持高速增长，说明物流业成本高的症结在物流业本身。GDP 的高速增长是物流业降本增效的基础。2009—2018 年，粤港澳大湾区的 GDP 均保持高速增长态势，其中珠三角、香港和澳门的 GDP 年均增长分别为 8.7%、11.43% 和 11.06%[11]。尽管粤港澳大湾区的 GDP 高速增长，但物流业成本仍较高，其症结在物流业本身。

粤港澳大湾区物流的高成本，说明了其物流系统效益偏低，原因之一是粤港澳大湾区物流一体化程度不高。当前最突出的问题是存在多种货物流通壁垒，粤港澳大湾区内物流协调运作不足，表现为物流要素的协同与衔接不足和非标准化问题，体现在物流设施、设备、工具的兼容性、配套性、系统性不强。多种运输系统之间难以实现无缝化衔接，高效、便捷、畅通的综合交通运输网络还没有形成，以致物流系统内耗、物流生产效率较低，从而增加了成本。二是因为制度、机制、体制等环境壁垒增加了粤港澳三地合作的难度，制约了物流发展。粤港澳大湾区内有两种制度、三个关区，

广东与香港和澳门存在显著的管理制度差别。粤港澳广东省的层层行政审批制、多方管制、程序烦琐、信息不透明等，不利于港澳物流资源在粤港澳大湾区内的自由流动及合理配置，严重制约了粤港澳大湾区物流一体化和系统化程度，降低了区域内物流服务水平和效益。粤港澳大湾区内的多种货物流通壁垒导致物流一体化程度不高，严重制约了粤港澳大湾区物流业发展质量提升。

（六）物流组织管理技术有待提高

粤港澳大湾区仍存在铁路运输比重低、多式联运程度不高、管理理念与经营模式落后等问题，导致物流成本居高不下，物流服务水平、服务质量、服务能力较低，与国外物流巨头存在较大差距。第一，铁路运输所占比重低。首先，从运输结构看（见表3－11），广东省公路运输一直以来承担了60%～70%的货物运输；从表3－12可看出，水路运输是广东省货运周转量的主力军。作为国民经济大动脉和运输中坚力量的铁路，自2000年至2018年承担的货运量和货运周转量比重均较低，且年年下降，2017年和2018年连续两年，广东省铁路货运量所占比重仅为1.8%，2016—2018年平均承担的货物周转量仅1%左右，2018年更是降到了1%以下。其次，从铁路运营主体广州（铁路）集团公司经营数据看，该公司近三年在粤港澳大湾区及全国GDP、物流业务规模等不断扩大的背景下，营业收入不增反降，且降幅高达12%。最后，从市场反馈看，客户普遍反映铁路物流存在服务差、价格高等问题。上述问题的根源在于，铁路物流系统的经营理念、经营模式、物流运营组织及管理等落后，市场普遍对铁路物流服务印象不佳，以致在物流市场不具备竞争力。第二，多式联运程度不高。2017年铁水联运的货物占比尚不足2%。不同运输方式及市场发展程度不一、多式联运节点设施缺乏、转运能力不足、转运信息系统缺乏协同、各种运输子系统相互割裂不兼容等多种因素，导致运输系统联而不通或联运成本高昂，制约了多式联运的发展。第三，供应链组织与管理技术有待提高。2018年世界银行公布的物流绩效指数排名，中国仅列第26位。从以上数据可看出，物流服务质量和能力等所有衡量物流绩效的指标值与世界最高水平的差距均超过10%，其中半数指标的差距达到20%，说明物流绩效较低，物流组织与管理技术有待大力提高。另外，物流管理理念、经营管理模式等在新一轮技术革命浪潮下，需要与时俱进地创新和发展。

表3－11　广东省货运量分布　单位：%

年份 物流方式	2000	2010	2015	2017	2018
铁路	12.7	5.9	2.7	1.8	1.8
公路	63.2	69.4	74.4	72.1	71.7

续　表

物流方式 \ 年份	2000	2010	2015	2017	2018
水运	21.6	21.0	20.7	23.7	24.1
民用航空	—	0.1	—	0.0	0.1
管道输油（气）	2.5	3.5	2.2	2.3	2.4

资料来源：根据国家统计局网站数据进行处理而得。

表 3－12　　广东省货运周转量分布　　单位：%

物流方式 \ 年份	2016	2017	2018
铁路	1.2	1.0	0.9
公路	15.3	12.9	13.6
水运	82.4	85.1	84.4
民用航空	0.3	0.2	0.3
管道输油（气）	0.8	0.8	0.8

资料来源：根据国家统计局网站数据进行处理而得。

（七）海关效率较低

粤港澳三地特别是广东海关效率偏低影响了粤港澳物流业发展质量。世界银行公布的 LPI 指数中，我国海关效率指标得分仅为 3.29 分，比世界最高水平德国低了将近 20%，比世界前十的平均水平低了约 15%，是反映物流服务水平所有指标中差距最大的一项，即海关效率较低是当前影响物流业服务水平和发展质量最重要的原因。如粤港澳大湾区内的香港海关货物通关时间有的长达 5 天之久。在与企业界人士座谈中反映最集中的问题和诉求，就是通关速度慢、海关效率要提高。2018 年 10 月，全国报关系统实行“单一窗口”改革已一年，有效地简化了报关作业程序，方便了报关作业，但海关的改革力度仍显不够，加之部分政策并未落实，以致海关效率仍不能满足市场期望和需求。

（八）物流的环保问题突出

物流业对社会可持续发展构成严重挑战的原因在于环保意识不强造成的过度包装、包装材料不环保、回收使用率低等。首先，环保观念不强。消费者特别是企业并未深刻意识到环保的重要性，虽然我国倡议绿色包装几十年，但“大材小用”、大包装、豪华包装、里三层外三层的过度包装问题依然严重，导致产生更多物流废弃包装材料。

其次，包装材料不环保。近年来塑料包装的使用量越来越大，非常不利于再生利用。资料显示，塑料在自然界中需要几十年甚至上百年才能降解。另外，不环保的废弃包装处理也是难题，无论是焚烧还是填埋，都将造成二次污染。最后，物流废弃包装回收再生利用率低。资料显示，物流中可回收利用的包装材料，如纸质包装、塑料包装等回收利用率不到10%，包装物总体回收率不到20%（日本的包装回收利用率达到70%以上），与世界先进水平存在巨大差距。每年产生数量庞大的物流包装废弃材料，造成了资源的巨大浪费和严重的环境污染，对社会可持续发展构成严重威胁。

四、粤港澳大湾区物流高质量发展的路径选择

粤港澳大湾区物流高质量发展，应针对其技术创新不足、第三产业欠发达、物流产业组织集聚度相对不高、物流一体化程度低、物流组织管理技术不强、铁路物流发展滞后、海关效率较低和物流不环保等影响物流质量发展的症结，对症下药。

（一）创建粤港澳大湾区创新生态系统

强化技术创新成效，创建活力强、产出高的创新生态系统。创建包括创新人才培育体系、技术革新研究基地、技术创新孵化器、创新成果转化加速器、高技术产品市场化机制、科技金融体系、技术创新制度保障体系在内的粤港澳大湾区创新生态系统，并使其各部分充分发展、紧密配合，形成技术创新合力，强化技术创新和创新成果转化，提高粤港澳大湾区技术创新整体水平，从而提高物流业发展质量。第一，整合创新人才培养体系。重组广州、香港、深圳、澳门等粤港澳大湾区内各高校资源，建立层次分明、分工明确、定位合理、结构完备的“三层次”创新人才体系：高水平研究型大学培养研发型、创新型、综合型具有创新思维和能力的高端人才，为粤港澳大湾区创新体系输送科学家、研发者等技术创新领军人才；应用型本科大学培养高水平的应用型、管理型专业人才及创新体系中的工程师，为粤港澳大湾区创新体系输送管理人才和高水平专业技术人才；高职及中职学校培养具备创新素养的技术技能人才，为粤港澳大湾区创新体系输送高级技术和技能型工人。第二，建立研究型大学、科研院所和高新技术企业高度合作的技术革新研究基地，促进各主体自行研发、各大学跨学科和多校（院、所）联合合作研究、校（院、所）企合作研究，激发大学内部、校企之间的创新生态系统，校（院、所）与产业建立合作伙伴关系，促进技术创新和研究成果商业化。第三，技术创新孵化器和创新成果转化加速器专业化。在现有众创空间的基础上，企业、大学、研究院所、实验室等成立专业的技术创新孵化器和创新成果转化加速器，为中小型创业公司提供高性价比的办公或实验空间、设备、网络、咨询、培训和投资者接洽等技术创新一条龙服务。第四，完善服务于技术创新的科技金融体系。充分发展科技金融，针对科技型企业特点，进行金融产品和服务模式创新，建立为高科技企业提供全阶段融资及相关配套服务的融资体系，为技术创新提供从研究、成果转化到产品成功市场化的全过程支持。第

五，完善技术创新制度保障体系。国家、粤港澳大湾区、省（区）市各级政府，要优化科研资金分配制度，完善知识与专利保护法律，提供有吸引力的税收优惠减免政策，优化专利申请程序，制定促进科技成果转化的法律法规及促进高新技术产品市场化的政策措施等。

（二）加速第三产业发展

加速粤港澳大湾区第三产业发展，提升物流业发展质量。第一，按照整体部署、准确定位、错位互补原则加速发展。粤港澳大湾区第三产业的发展应以《规划纲要》为指引，服从整体部署和战略分工。各城市特别是香港、澳门、广州、深圳四大中心城市，要紧紧围绕在大湾区整体中的“职能定位”发展第三产业；以服务于第一、第二产业经济发展和人民美好生活为目标发展第三产业，拓展第三产业服务，深化第三产业内涵；依托各城市优势，找准定位，错位发展，避免同质竞争。第二，丰富第三产业服务内容。从经济方面看，新一轮技术革命和创新创业发展，涌现出许多新的产业服务需求，同时催生了多种业态和模式，第三产业的服务项目和内容、数量，均与现实需求存在差距，应创新第三产业服务项目和内容，丰富服务形式和数量；从生活方面看，随着人们对美好生活的追求等，人们需要更多更便利的服务。总体来看，应丰富第三产业服务内容，满足经济、生活新需求。第三，“兼顾全局、重视薄弱”，即全面深化粤港澳大湾区第三产业发展，以第三产业薄弱的城市为重点发展对象。第三产业比较发达的香港、澳门，应依托优势深度挖掘第三产业发展潜力，提高第三产业发展质量，发挥中心城市对大湾区、全国乃至全球的辐射引领作用。第三产业比较薄弱的深圳、东莞、珠海、中山、江门、佛山、惠州和肇庆，要大力发展第三产业，以第三产业服务经济与满足人民生活需求为导向，优化本地第三产业结构，提升第三产业发展质量。第四，重视第三产业创新发展。粤港澳大湾区以科技金融、文化产业等为代表的第三产业创新程度不够、创新力仍不强，如金融业在解决中小企业融资问题、支持创新科技发展等方面仍有欠缺。要重视粤港澳大湾区以科技金融、文化产业等为代表的第三产业的创新发展，以市场需求为导向，探索产业新技术、经营新模式和新业态。

（三）加快物流产业集聚，培养具有世界领先水平的全球性物流龙头企业

按照科学规划、政策引导、企业主体、市场选择的原则，培养一批综合实力强、模式先进、技术领先、管理科学、超越或达到世界领先水平的物流标杆企业，形成立足粤港澳、面向全世界的强大的全球物流服务能力。

首先，经营规模和业务范围方面。2018 年美国联合包裹有限公司（UPS）、美国联邦快递和敦豪（DHL）全球三大快递巨头占据了国际快递市场 90% 的份额，国际业务收入占比分别达到 42%、20% 和 21%。我们应以这样的企业为标杆，有计划地培育数量适宜的大型物流龙头企业。鼓励物流企业采用跨行业、跨区域、跨企业性质合并重

组、组建联盟、市场融资等多种方式实现规模扩张，提高物流产业组织和资源集聚程度。引导有条件、有实力、有潜力、有意愿的企业，立足粤港澳、面向世界形成强大的全球范围的物流综合服务能力。其次，经营内容和管理水平方面。引导物流企业转型升级和转换动能，优化自身战略布局和业务架构，完善物流服务功能和经营内容，加快向多元化、专业化和规模化的综合物流服务商转型，形成一体化的物流综合服务能力。鼓励企业打造物流品牌，采用物流新技术、新设备，探索物流新业态、新模式，提高物流组织管理技术。再次，企业功能类型方面。培育能整合上下游供应链、功能齐全、具有一体化服务能力的综合性物流企业，培养供应链、海运、航运、铁路运输、多式联运等企业类型齐全又适应市场需求的物流龙头企业群。以粤港澳大湾区的广东为例，目前其物流龙头企业招商局物流、顺丰控股、广州（铁路）集团、广东省航运分别是综合性物流企业、快递物流企业、铁路物流企业、水路运输物流企业，分属不同类型，均可作为物流龙头企业的培育对象；但市场需求的供应链企业、航空物流企业等还无典型的代表，所以粤港澳大湾区的物流龙头企业类型还需补充。最后，政策支持方面。制定物流龙头企业培育方案，出台相关政策，鼓励物流企业做大做强，提高粤港澳大湾区全球物流服务能力。

（四）加快物流领域先进技术的推广应用

再先进的技术，只有在实践中才能产生效益。针对全国普遍出现的底层用工荒、粤港澳大湾区劳动力成本上涨造成的物流成本高企，以及近年来新技术为物流领域设备取代人工提供了基础和可行性，建议加快物流网络信息化、物流活动信息化、智能化步伐。一是提升物流网络化信息化水平。加快推进物流信息基础设施建设，实现物流园区、配送中心、仓储基地、车站、机场等物流节点设施及托盘、集装箱、车辆、船舶等运输工具数字化；提高二维码、传感器、自动识别、物联网等先进技术应用的普及度，实现物流网络全面信息化。二是物流活动信息化。物流活动信息化即电子化经营活动，如使用电子单据、电子合同、电子调度、物流交易电子化，实现物流运营平台化以及平台间的协同等。三是推广自动化、智能化技术。顺应物联网、云计算、大数据、人工智能技术发展趋势，逐步在条件允许的情况下采用高效率的设施设备和工具，如建立智能化立体库等。应加快“机器换人”步伐，物流生产要素成本高与劳动密集型的区域和领域，如粤港澳大湾区劳动力成本最高的香港，劳动力密集的配送中心、码头等，可考虑推广使用自动化和智能技术。通过智能机器人的使用，缓解劳动力不足和成本上涨的压力，降低物流成本和提高物流发展质量。

（五）提升粤港澳大湾区物流一体化水平

从物流基础设施、体制制度、营商环境等方面入手，提高粤港澳大湾区物流一体化水平，减少物流系统内耗，提高物流发展质量。第一，提高物流基础设施一体化程度。首先，统筹规划、整体部署物流基础设施建设，畅通对外联系通道，提升内部联通水平，错位发展、优势互补、良性互动，形成布局合理、功能完善、衔接顺畅、运作高效的基础设施网络。特别是粤港澳大湾区有国家和区域的多个战略和定位叠加，如深圳建设中国特色社会主义先行示范区和全球性物流枢纽、“一带一路”建设及广州市定位为国家级物流枢纽等，这些战略均与物流相关。粤港澳三地在区域物流系统中的地位及功能等需统一筹划，避免漏洞和重复建设。系统检查各地物流设施现状，查漏洞、补短板，进一步完善公路、铁路、航空设施，提高物流设施的兼容性和互通性。应从两方面做好物流实体网络的互联互通工作，一方面是物流设施内部的互联互通，如铁路物流系统、航空物流系统等内部互联互通；另一方面是物流设施、物流工具、设备等两两之间的互通。让各种类型及各个物流设施、设备和工具联得上、联得好，提高物流实体网络系统性，实现物流实体网络内货畅其流。第二，深化“放管服”改革，突破制度、体制、机制差异，提高粤港澳大湾区物流一体化程度。广东省应该深化“放管服”改革，树立全员服务理念；改革管理制度，在社会制度不变的基础上突破制度、体制、机制束缚，建立全面开放型经济新体制；变革政府职能，精简政府审批事项，简便办事程序；健全相关法律法规；打破部门分割，强化部门协同；改进政府对外服务标准，分层推进大湾区相关公共政策一体化、区域内协同机制和在社会保障等公共服务方面的无缝对接，形成推进物流高质量发展的合力；不断完善市场经济体制，强化市场监管手段，切实维护公平竞争市场环境，建立开放、自由、公平的物流市场体系，与香港的国际标准市场体系接轨。

（六）提升物流组织管理技术

物流服务质量和能力、物流运输及时性、国际运输便利性和货物可追溯性等物流服务水平指标均与物流组织管理技术直接相关，但目前粤港澳大湾区物流的上述指标均低于世界前十名的平均水平，而物流组织管理技术是提高物流服务质量的关键之一。针对大湾区物流发展战略规划及存在的供应链主导能力不强、铁路运输比重低等问题，要鼓励企业抓住新一轮技术革命契机，提升物流组织管理技术。第一，用技术推动物流商业模式和经营业态创新。世界正处于新一轮产业革命时期，区块链、物联网、大数据、人工智能等新技术为物流业变革带来新的契机，必将深入影响物流业的经营业态和经营模式。在新技术层出不穷的当下，物流业从业者应该拥抱新技术，积极转变观念，探索战略转型，探索物流新模式、新业态，将区块链技术用于优化作业流程、货物追溯、协同物流与供应链发展等，加强无车承运人试点示范，鼓励“互联网＋”等新型物流组织方式发展，提高物流发展质量。将政府鼓励和企业主导相结合，政府部门应发挥政策引领和监督作用，解决新技术、新模式、新业态出现的数字化治理和政策障碍等问题。第二，提升全球供应链的组织技术。理论上，主导供应链的能力是决定在全球产业链中地位的关键因素之一，供应链是物流业迈向价值链中高端的重要选择，关系到一个国家或地区物流及经济发展质量。现实中，粤港澳大湾区的企业供应链主导能力不强、供应链管理绩效不高；作为我国外贸的龙头，粤港澳大湾区受到的当前国际贸易摩擦冲击最大，面临提高供应链主导能力、筑牢供应链、提升全球供应链地位的现实需求。供应链发展要站在助力产业向全球价值链高端发展和推动产业转型升级的高度，以服务企业—行业—产业“三业”为本，以新技术为突破口，以供应链组织技术为途径，走供应链品牌化发展道路，提升供应链资源整合能力、运营能力和全程管控能力，构建链路最短、精简高效的供应链，形成支持经济发展的核心竞争力。此外，针对广东省 2016—2018 年运输结构中铁路运量极低的特点，粤港澳大湾区应提高多式联运组织管理水平，重点发展公铁联运、水铁联运和公铁空联运。

（七）大力推动铁路物流系统改革

铁路物流系统改革势在必行。铁路物流系统改革的关键在于服务意识、服务水平、铁路物流系统与其他运输物流系统的联动与配合、铁路物流运营的组织与管理等方面。建议铁路物流系统改革强化现代化服务意识，高层牵头、顶层设计、全面统筹、系统规划，做好整体部署。铁路物流系统的设施要补足短板、填补空缺，连接公路、水路、航空运输、物流中心、工业园等物流系统，完善铁路物流系统实体网络；发展公铁、海铁、空铁联运，融入物流大系统；铁路物流要创新经营模式，优化业务流程，提高作业标准。在提高物流服务水平方面，重点要提高铁路物流运营组织管理技术。铁路物流系统除了提升自身经营水平，还需协同其他物流子系统，共同提高粤港澳大湾区整体物流服务水平，助力粤港澳大湾区发展、“一带一路”建设等。

（八）加大海关改革力度

粤港澳三地海关应从创造口岸良好营商环境、优化通关模式、提高技术检测能力、加大通关监管力度等方面提高海关效率。首先，在创建口岸良好营商环境方面，广东海关应落实海关总署各项政策，将“一口对外、一次申报、一单通关”的“单一窗口”政策落到实处，深化“放管服”改革。其次，优化通关模式和作业流程，减少货物通关时间，提高通关效率。如实行“审结和验放分离”的通关模式，即在货物进场之前完成货物申报、缴税、审结等一切程序性工作，货物进场之后直接查验放行。再次，提升技术检测能力。海关官员应研究、学习和提高货物检测技术，提高检测速度，压缩通关时长。最后，采用先进的检验设备取代人工开箱查验，解决人工查验速度慢、精准度不高及人手不足导致货物在海关长时间逗留的问题，提高海关查验的效率、精准度和威慑力，提升安全准入风险防控效率。

（九）发展绿色物流

全面发展绿色物流，落实物流包装标准化、建立通用型物流周转工具循环利用机制或共享利用机制，减少资源浪费和环境污染。第一，从范围和对象上看，绿色物流除了针对快递行业，还应覆盖到整个物流行业如仓储、运输、加工、配送等，物流全过程都要以降低污染、减少浪费为目标。第二，落实物流包装标准化。建议将落实标准、监督执行和奖惩相结合，切实减少资源浪费。同时，尽可能采用可降解的绿色包装材料、可循环使用的包装工具、轻便包装等。第三，建立托盘循环共用、集装箱及挂车共享租赁等绿色装备共享共用机制。如全面推广托盘、集装箱等单元工具使用，并通过有效的机制实现循环利用和共享，减少资源和能源耗费。第四，逐步推广使用新能源货车，对造成资源浪费或环境污染的技术、产品、工具、设备，要有计划地逐步淘汰，优先安排高排放货车有步骤地退市。第五，通过技术创新促进绿色物流发展。研发取代塑料等非环保材料的物流新材料及新工具、新设备，减少资源耗费和环境污染。

五、总结与展望

物流高质量发展的内在特点是物流系统化程度高、技术先进、产业结构和产品结构合理、内生动力强。可用单位 GDP 的社会物流成本、单位物流成本的物流增加值、物流服务水平、技术创新能力、绿色发展等指标评价物流业发展质量。粤港澳大湾区是我国物流业的排头兵，其物流业发展质量虽然在全国处于领先水平，但与美、日、欧等发达经济体的先进水平相比仍有较大差距。物流业发展质量偏低主要表现为物流成本高、物流服务水平较低、物流生产效率偏低、物流经济效益较低和资源浪费、环境污染等。其原因在于技术创新不足、产业结构不合理、产业链处于全球价值链的中低端、物流产业组织集聚程度不高、物流系统性不强、物流组织管理技术不强、海关效率低等。提高粤港澳大湾区物流发展质量，要坚定不移地，持续、深入地推动技术创新、产业升级和产业结构调整，加快物流产业集聚，培养具有世界领先水平的物流龙头企业，提升物流实体网络系统性，提高物流组织管理技术，大力推动铁路物流系统改革，加大海关改革力度和发展绿色物流。

未来可就物流业高质量发展的评判指标体系及相关实证进行深入研究，也可研究世界其他三大湾区和世界先进国家的物流发展成功经验，为粤港澳大湾区乃至全国物流高质量发展提供借鉴。

注释：

①③数据来源：广东省物流行业协会。

②数据来源：2018 年广东省政府工作报告。

④⑤数据来源：根据世界银行公布的 2017 年各国 GDP 和社会物流费用计算得出。

⑥数据来源：根据美国商务部经济研究分析局公布的数据及国家统计局网站数据计算得出。

⑦资料来源：根据广东省物流行业协会提供的资料计算而得。

⑧数据来源：中国统计数据库和香港立法会。

⑨数据来源：《2018 年广东省国民经济和社会发展统计公报》。

⑩数据来源：《2018 年深圳国民经济和社会发展统计公报》。

⑪数据来源：根据 2018 年广东省统计年鉴、香港政府统计处、澳门统计暨普查局的 GDP 数据计算而来。

参考文献

[1] 国家发展改革委，中央网信办，工业和信息化部，等. 关于推动物流高质量发展促进形成强大国内市场的意见［A］. 北京：国家发展改革委员会，中央网信办，工业和信息化部，2019.

[2] 国务院. 粤港澳大湾区发展规划纲要［A］. 北京：国务院，2019-02-18.

[3] 何伟. 中国区域经济发展质量综合评价［J］. 中南财经政法大学学报，2013（4）：49-56.

[4] 中央党校省部级干部进修班课题组，吴清海. 关于经济发展质量若干问题的思考［J］. 中国领导科学，2017（8）：7-10.

[5] 迟福林. 以高质量发展为核心目标建设现代化经济体系［J］. 行政管理改革，2017（12）：4-13.

[6] 张占斌. 完善制度体系，为经济高质量发展保驾护航［J］. 人民论坛，2018（9）：34-35.

[7] 任保平. 新时代中国经济高质量发展的判断标准、决定因素与实现途径［J］. 中国邮政，2018（10）：8-11.

[8] 陈方健. 也谈推进我国物流业高质量发展［J］. 物流技术，2019，38（7）：1-4，88.

[9] 汪鸣. 我国物流产业转型发展路径研判［J］. 北京交通大学学报（社会科学版），2019，18（3）：9-15.

[10] 何黎明. 推进物流业高质量发展面临的若干问题［J］. 中国流通经济，2018，32（10）：3-7.

[11] 杨守德. 技术创新驱动中国物流业跨越式高质量发展研究［J］. 中国流通经济，2019，33（3）：62-70.

[12] 广东省现代物流研究院. 广东省物流业发展报告（2017—2018）［M］. 北京：中国财富出版社，2019：9.

[13] 中国物流与采购联合会，中国物流学会. 中国物流发展报告（2018—2019）［M］. 北京：中国财富出版社，2019：6.

[14] 彭克宏. 社会科学大词典［M］. 北京：中国国际广播出版社，1989：596.

[15] 约瑟夫·熊彼特. 经济发展理论［M］. 北京：商务印书馆，1990：30-71.

[16] ARROW K J. The economic implications of learning by doing［J］. The Review of Eco-

nomic Studies, 1962, 29 (3): 155 - 173.

[17] 李瑞吉. 电子商务环境下推动物流业高质量发展的策略研究 [J]. 商业经济研究, 2019 (12): 174 - 176.

[18] 刘文萃, 刘玲玲. 城市快递包装废弃物协同治理: 现实困境与推进策略——基于天津滨海新区的调研分析 [J]. 甘肃理论学刊, 2018 (6): 98 - 104.

[19] 陈镜波. 日本废塑料有效利用率超过 70% [J]. 中国包装, 2008, 8 (5): 55 - 57.

[20] DHL、联邦、UPS, 高走低开的国际三巨头 [EB/OL]. [2019 - 10 - 06]. http: //www.sohu.com/a/345212446_ 115035.

[21] 龙建辉. 粤港澳大湾区打造全球物流枢纽的战略思考——新起点、新挑战、新任务与新举措 [J]. 广东经济, 2017 (12): 78 - 82.

两业联动布局与物流业高质量发展*

一、引言

物流业高质量发展是国家政策势能引导的一个重要趋势，涉及微观企业、中观产业和宏观区域乃至国际物流活动诸多范围，工业、农业、社会生产与消费等诸多领域，区域“十四五”规划编制和实现也涉及这一内容。物流业的服务业性质说明物流业不可能孤立地高质量发展，基于两业联动布局是物流业高质量发展的基本和典型形式，也是产业联动布局的代表形式，搞清楚两业联动布局机理有利于明晰产业联动在高质量发展中的相互促进作用。物流业服务质量不仅涉及交通、物流企业战略，而且涉及以产业联动的基础设施、载运工具、业务流程、监控手段和信息平台等所形成的网链，为了方便探讨，在不产生歧义的情况下也可简称链网。改革开放 40 多年来，物流业在多个领域高级化发展的绩效与经验，往往与部际联席会议制度等政策引导有一定联系。无论是最初的九部委、单位还是后来的十余个部门及单位集中研讨，都在影响物流业高质量发展实践。为了避免区域物流业发展规划空泛、导向难以落实的现象，需要深刻认知物流业与其所服务的产业对象等的关系要点。因此，如何利用两业联动模式机理引导区域产业布局、利用产业联动布局发展区域经济，以发挥物流业在其中的联动引导作用，显得十分重要。

我国物流业与制造业联动的产业布局同物流业高质量发展有密切关系，其研究还需进一步深入进行。目前，两业联动集成体对产业联动资产所有、收益和经营权关系、运行机制认识不深入；在物流与制造基核的微观网链布局不够科学合理、业务不够流畅；在通道、枢纽和宏观链网的构建上，资产、技术、功能协作与优化不够平顺，业务链网运行系统不够稳定；连接键所支撑的信息平台集成创新与新技术发展不匹配，产供销用物流服务衔接面不够广、服务不够深入等问题，都影响物流业高质量发展。多个链网形成的物流枢纽集群对区域经济、产业链联动发展有重要影响，特别是经济欠发达地区产业存量较少，如何通过产业联动吸引新的增量、关注物流业高质量发展为产业联动提供集成创新机制，都成为政府规划政策势能需要解决的范围，同样影响物流业高质量发展机制及其应用。在应对国际经济竞争、抗击新冠肺炎疫情和推动复

---

* 董千里，长安大学，发表于《中国流通经济》2021 年第 4 期，有删改。

工复产期间，供应链应对突发事件反映出弹性不足、产业链协同性不强、物流业与制造业联动运行的稳定性有待提升等问题，不仅影响物流业高质量发展，而且影响区域经济和产业运行的平稳性以及正常生产生活秩序。以两业联动布局促进物流业高质量发展格局与机制形成，在编制和落实“十四五”规划过程中值得认真研究探讨。

当前，不推动两业联动将“无物可流”已成为共识，但关于如何利用两业联动机理进行产业布局，以物流业高质量支撑并推动区域经济高质量发展的认识还很肤浅。从物流集成、两业联动、产业联动到“一带一路”产能合作，两业联动是物流集成运作的基础形式，是产业联动发展的典型形式，而基于两业联动布局的产业集群对物流业高质量发展有基础性影响。准确把握两业联动发展模式及其运作机理、内容结构和发展机制，从集成场视角考察两业联动，有利于更好把握物流业高质量发展的理论，完善产业联动机制；有利于培育地方产业链成长为国家产业链，走向“一带一路”产能合作。

二、物流业高质量发展需要面对的问题

物流业是服务业，其高质量发展需要微观经济动能和实体发展动力，利用物流基核硬件与软件技术实现物流服务高质量要求，能够得到相关基础设施等社会环境的支持。

（一）联动模式深化应用

两业联动是指物流业与制造业分别在组织化基础上进行精准对接、协同适应、共享绩效和融合发展的过程。为相互适应进行集成创新，是产业联动过程相互适应的产业升级过程，也是两业乃至产业联动的必要前提。两业联动是产业联动的代表机制，重点解决在产业联动中联动实体、硬件和软件的配合问题，以解决物流业满足市场需求的质量、效率、成本等问题。以集成场合成场元表达的两业联动发展模式（见图3－9)，体现了两业联动（产业联动）的集成体、基核和连接键的基本内容结构和机制，体现了物流业与制造业等不同类型的核心企业作为集成体主导物流链与制造供应链，以组织起来的物流链与供应链再集成，即供应链集成为两者之间奠定的是基核，协同发展的是连接键衔接。多条供应链集成可以形成效率更高的产业链。例如，电子商务的成功，就是电子交易技术与物流过程精准对接、协同运作、共享绩效的成果。事实上，集成体、基核、连接键形成了物流链、供应链产业链基本的、稳定的网链关系，不仅是持续发展的组织机制，而且是市场竞争的基石。两业联动发展对两业互动适应、升级和融合机理进行概括，反映了两业联动简要的产业链要素发展关系，即集成体、基核与连接键相互间从微观网链到宏观链网结构关系，从中体现物流业高质量发展的作用机理。

从两业联动发展模式的结构可以看到，两业集成体可以选择四种典型的联动关系，

即紧密融合、战略联盟、合作伙伴和市场选择，物流与制造集成体之间的关系逐级紧密，其中，在集成体间紧密融合是通过股权或产权建立联系，是最稳定的关系，与自营物流不同，它是各自在专业化自主经营基础上的再集成优化；物流与制造基核间至少有融合型、连接型和公共型三类典型联动关系进行基础设施、设备配合，作为业务协同运作、技术创新、联动网络的载体，两业基核之间运营可构成同址运营、近址运营等基核关系，联动业务流程可在统一标准、制度下统一耦合；在所形成的集成体、基核之间可以有六种（概括为三类，即资源类、功能类和综合类）连接键关系来构建相应的链网，从而使集成体、基核和连接键形成一个完整的竞合体系，具有稳定、抗压和进取能力。基核、连接键是微观链网承载技术创新、集成创新的重要载体，新兴信息技术如因特网、物联网、大数据、云计算都要通过基核与连接键发挥链网作用，都是通过连接键集成创新体现的供应地、生产地、市场、消费地之间的联系。而在区域产业经济发展过程中，除了专用物流基核网络以外，公共型基核网络成为地方政府发展区域经济关注的重点对象，既是发展存量产业经济的资源，也是吸引新兴产业的资源，这就是从网链上升至链网地位的必要性，在更大范围实现集聚吸引、辐射延伸的产业链，链网集成优化范围升级的必要条件是物流业所支持的产业联动所需要的转型升级机制。

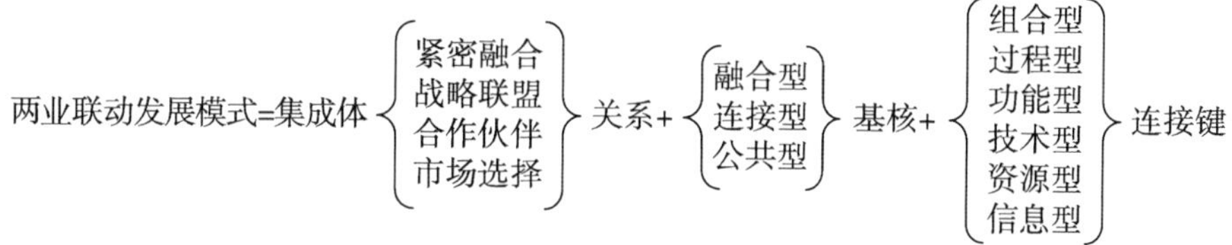

图 3－9　两业联动发展模式

（二）政府规划政策势能

各级政府规划所体现的宏观政策势能，影响着产业特别是区域产业发展定位和物流业高质量发展过程。宏观政策势能重点解决物流产业发展规划和物流产业政策，形成支持生产性服务业发展的环境，使其构成包括前两项内容的一个大系统。宏观政策势能能否通过规划、政策制定得以确立并推动实施，在西部许多城市已经展开探索。例如，甘肃省嘉峪关市研讨如何依托既有产业以两业联动、产业联动方式实现陆空物流与产业布局。更为紧密的物流与制造集成体之间协同形成的物流链与供应链两链对接，通过集成体、基核和连接键之间的关系构建物流链与供应链、供应链集成到产业链联动机制，并通过场线体现两链耦合运作绩效，体现产业价值链。按照两业联动发展模式，可以在构建供应链集成和产业链的过程中形成两业联动的集成体主导两链耦合机制，在两业联动集成创新中引导两链耦合过程中形成精准对接、协同运作和共享绩效要求，在两业联动不同发展阶段体现对接、适应、共享和融合作用机制。政府政策势能赋能两业联动主要体现如下：第一，支持物流业与两业联动高质量发展的基核、连接键构成的网链，从微观网链到区域物流业交通基础设施、物流基础设施，以及装卸设备、载运工具、信息平台等构成的链网；第二，物流业所服务产业对高质量发展的要求，以及区域物流业对产业规模需求、耦合要求，协同运作对链网构建的要求；第三，物流业与关联产业联动的高质量发展形成物流集群、产业集群，通过两业联动实现物流业与区域经济高质量发展相互支撑。

上述方面及相应的物流链、供应链、产业链，其构成基本范畴的合成场元都是集成体、基核和连接键，其中，支持基核、连接键的新兴信息技术已经出现从东部信息技术企业向西部地区持续拓展的现象，这是构成产业联动链网的必要内容。

（三）联动链网结构布局

两业联动发展模式是产业联动的简要代表，其链网结构都包括微观经济动能、中观产业运行和宏观政策势能及其影响作用。

首先，微观经济动能是两业联动的市场动力来源，也是产业联动的代表，其所涉及的运行机制对产业联动也有借鉴和引导作用。例如，极兔物流与拼多多的合作就是在很短时间迅速发展起来的物流电商联动机制，很显然，产业联动机制使得两业联动发展更为迅速和普及，成为产业联动优化升级的典型代表。微观经济动能重点解决两业联动发展战略目标与动力机制问题。微观经济动能体现在企业实体战略、执行和利益上。物流业高质量发展需要面对三个主要方面：其一是微观经济动能；其二是产业运行优化；其三是政府政策势能。国家发展和改革委员会、工业和信息化部等 14 个部门和单位联合印发《推动物流业制造业深度融合创新发展实施方案》（以下简称《实施方案》），从企业主体等 5 个关键环节，就促进物流业与制造业联动全方位融合提出明确要求，这 5 个关键环节都属于集成场链网结构的合成场元所包含的内容，即集成体（企业主体）、基核（设施设备和业务流程）、连接键（标准规范、信息资源），其目的是推动解决制约物流业制造业深度融合的主要障碍。物流链与供应链在形成供应链集成过程的微观经济动能方面，主要涉及企业间、基核间和连接键间的影响机理关系。从图 3－10 可见，在微观经济动能和宏观政策势能作用下，区域产业集群、经济所体现的是市场、政策两种赋能的综合效应，宏观政策势能主要作用于市场、经营、标准、制度和产业园区，具体体现在微观链网与宏观政策及量、质融合的物流主通道、物流枢纽与全球网络的对接，支持全球价值链。例如，陕西省的延安、榆林和安康等地，通过国际物流通道网络枢纽进行产业集聚与辐射，加盟中欧班列，货源基础正源于两业联动和国际中转港机制。

其次，根据两业联动发展模式，物流集成体与制造集成体之间因企业及产品市场规模有“一对一”“多对一”“一对多”等方式。“一对一”方式可以是集成体主导物流链提供集成物流服务，例如准时制（JIT）服务到生产线工位；“多对一”方式是多个物流集成体服务一个制造集成体，例如产品库到最终用户的功能型物流服务；“一对多”是物流集成商服务于多家制造企业。更多的是通过物流外包使用第三方物流实现两业联动，使用公共型基础设施、设备完成物流链支持供应链、产业链业务，这正是从企业联动“网链”提炼成产业“链网”，从国内大循环走向国际大循环。

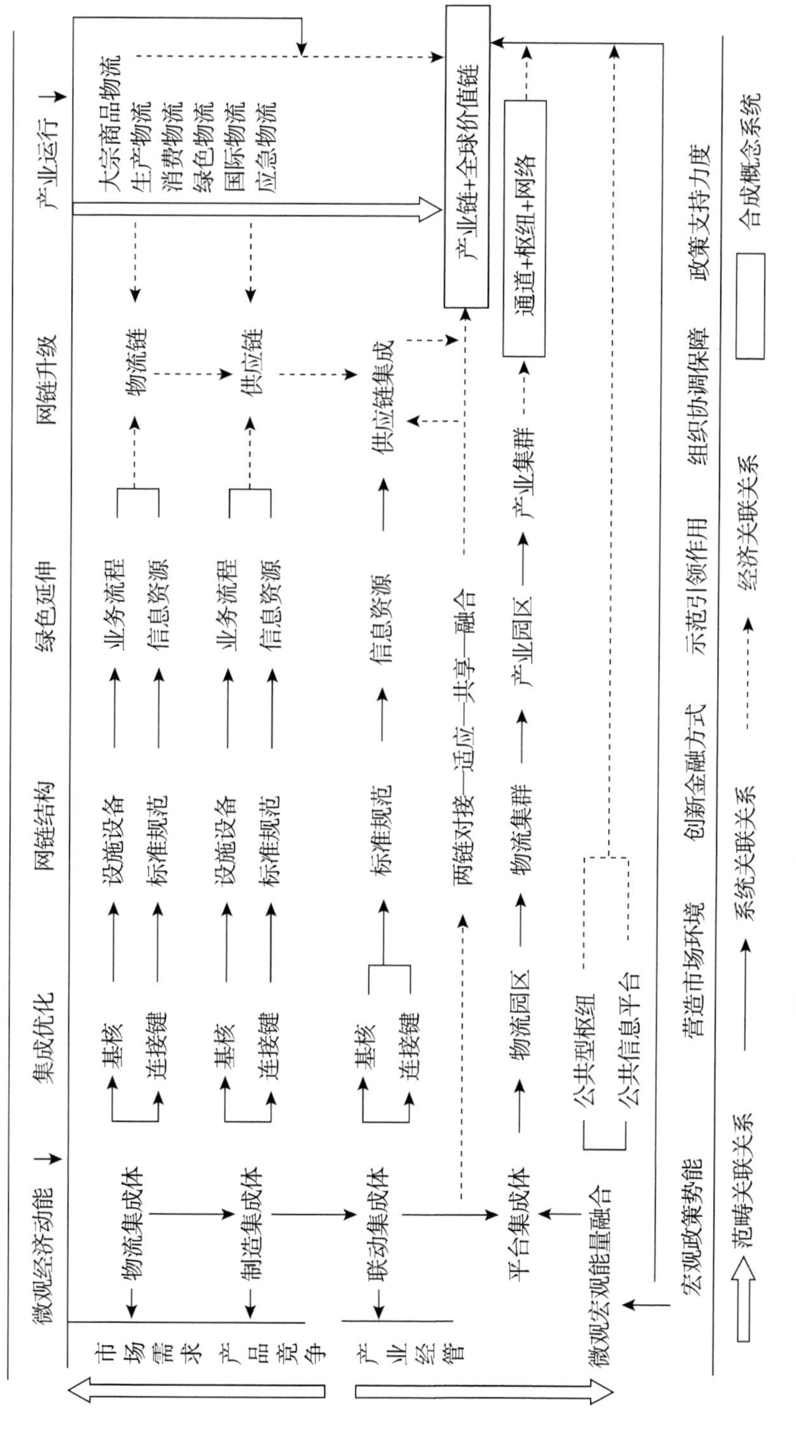

图3-10　两业联动微观经济动能与宏观政策势能的结构关系

资料来源：根据参考文献［6］和《实施方案》整理。

再次，根据两业联动发展模式，在基核业务流程、链网连接键技术创新、信息平台的支持下，以基核为载体形成链网集成创新为基础的集成物流服务过程，可依托国际物流主通道走向全球产业链、价值链。

最后，根据两业联动耦合关系延伸发展产业联动关系，要求物流业服务业性质与所服务的产业形成稳定、协同发展，可以用物流链导入供应链形成的供应链集成反映微观网链基本结构，即集成体、基核、连接键间的两业联动发展模式，还可拓展到分析中观乃至宏观国际产业联动链网结构。

三、产业联动引导产业布局及转型升级

产业的组织化有产业集聚、产业集群等形式，物流链、供应链、供应链集成能够支持两业联动把握物流链与制造供应链的组织过程，而多条两链对接及其扩展可形成产业链，链网的形成基于集成，如物流集成形成物流链，集成具有主动优化的内涵，进而使链网具有其核心竞争优势和比较优势。两业联动形成不同产业集成体主导的基核和连接键构成的链网进行对接，因而具有集成基础上的再集成，优化基础上的再优化，有利于形成集成体主导链网的物流业高质量发展体系。

（一）链网结构布局性质

两业联动或产业联动所形成的物流链、供应链、供应链集成布局所体现的主要性质有布局的主动性、产业的集成性、运行的稳定性和优化的系统性。

（1）布局的主动性。适应两业联动新的实体链网关系，需要建立集成体主动优化的性质，能够承担联动责任、主导升级发展方向、确保两业联动一体化场线绩效。

（2）产业的集成性。两业联动均是两个以上链网要素、功能的整合，产业集群使具有不同功能、性质的链网彼此耦合，以充分适应产业集成创新过程。

（3）运行的稳定性。两业联动的精准对接、协同运作达到优化目的，需要构建一个相互适应、相对稳定的链网关系，这样才有利于提高两业联动场线绩效，保障效率、降低成本、提高质量。

（4）优化的系统性。体现为两业联动链网实体组织内外资源的集成优化作用形成一个整体，满足链网结构系统，是可以分为若干层次的集成系统整体。

近年来一个显著的变化就是出现由龙头企业主导的物流链、供应链等网链结构，现在有地方政府关注两业联动在区域的集聚、集群，网链再通过两业联动组织物流链升级成为链网，推动区域产业链提升为国家产业链，形成国内国际双循环。需要注意的是，网链、链网的集成体都是企业性质，政府规划、制定政策仍只具有势能作用，起推波助澜作用。产业链具有区域性、跨界性和跨国性，了解产业链特征有利于网链到链网的转变，打造我国高质量现代产业体系，增强我国对全球产业链、价值链的把控力。

（二）两业联动链网升级

物流业高质量发展是物流链通过合成场元集成优化机制，有利于所联动产业实现工艺升级、功能升级、产品升级乃至链网升级，促进产业链升级高质量发展。

（1）两业联动要形成两链彼此适应的发展机制。物流链作为生产性服务业参与产业链过程是保障物流效率、降低物流成本和提高物流服务质量的基础。

（2）两业联动要形成两链耦合的资源配套链网体系。物流基核与生产基核形成配套网络以及物流通道、载运工具、运输方式、物流服务等是支撑物流链升级、高质量发展的基础。

（3）两业联动通过两链资源发展链网升级机制。在两业联动中形成并完善物流业升级机制，以物流业高质量发展形成的物流功能、物流平台支撑产业链产品升级、链网升级。

（三）产业联动优化布局

两业联动不仅在流水型生产的汽车制造、家电制造等产业中十分流行，在西部区域煤炭、水泥等大宗产品及其大宗商品物流应用中都有联动机理应用于产业布局，往往可支撑起区域产业、区域经济高质量发展过程。但是认识其两业联动、两链耦合特性，充分发挥产业链集成作用，还需理论结合实际的努力提炼，以起到指导作用。如某省国资委管辖的煤化集团，用运销集团作为集成体，构建煤炭电子销售平台，实现40多家煤矿产品统一销售物流系统，形成了煤炭采掘业与煤炭物流业两业联动体系，分别将煤炭采掘和煤炭物流都做到最优；用物资集团作为集成体，对60余家企业采购供应进行运作，形成了采购供应物流与生产制造两业联动，形成沿海与内陆物流一体化运作。这样煤炭销售物流链网涉及区域物流乃至国际物流、公路运输乃至公铁水联运物流系统构建；采供物流网络涉及更广范围的最优运作。显然，只有深度进行两业联动、产业联动，才能带动其区域产业链，类似浩吉铁路等基础设施、物流网络、产业布局等才能形成一个完整且相对稳定的大物流、大通道、大网络体系。

利用总结改革开放40多年实践提炼的理论，高质量发展需要保持链网进一步主动优化的机能。产业联动成为区域产业链网布局的重要机理，产业空间布局微观上反映了集成体主导产业链循环的空间范围，中观支撑了产业高级化发展，宏观上有利于“双循环”资源、产品优化布局、高质量发展决策。产业联动可发挥当地产业资源优势，形成物流通道、枢纽、网络，成为形成产业集聚、产业集群的依据，进一步发挥物流业规模经济、范围经济效应，提升物流业务效率、绩效。制造供应链属制造业，物流业属服务业，两业联动的空间分布决定了产业联动的国内国际循环空间。

国际物流通道、网络的枢纽，成为区域产业利用通道网络的条件。基于这样的“通道、枢纽、网络”枢纽产业集聚作用，体现物流业与产业经济高质量发展的内在联系，便于在国内国际循环中进行优化抉择，进而使集聚、联动、绿色、共享机制影响区域产业布局、产业转移和产能合作优化范围。产业布局、区域发展正是依托国际物流通道网络的枢纽进行产业集聚，优化布局，而微观经济动能为产业链转型升级提升了生产性服务的条件，特别是在我国西部产业布局国际物流枢纽中起到重要的基核作用。

四、链网布局涉及“双循环”的高质量运行

两业联动形成的物流链、供应链集成，在产业链布局过程中涉及原料地、生产地和市场所在地。布局范围大小、渠道宽窄涉及原料、生产和商品仓储、市场等特征，直接影响“双循环”的范围。

（一）产业物流与“双循环”

当前疫情和国际经济环境对地方产业链成长为国家产业链走向“一带一路”产能合作有重要的影响，对国际物流、“双循环”等都有相应的影响。有的商品可长期储存，有的商品不可长期储存，这些特征就会影响到物流链、供应链和产业链分布范围，区域物流服务的主要范围除了微观网链到中观、宏观链网以外，还与区域产业链在区域经济系统中运输枢纽、运输通道和配送网络的基本布局相关，在两业联动链网布局机理作用下，会形成国内国际双循环网络，相互促进并拓展产业链新发展格局形成，因此，需要提升产业链、供应链的安全性、稳定性和竞争力。

以陕西耀州水泥生产资源利用为例。耀州历史上就是水泥生产基地，现在可以构建起特种水泥供应链。依据陕西省水泥产业资源与市场分布，其物流需求特点是汽车作为载运工具，公路运输作为主要运输方式。水泥产品受生产、储存和运输过程等方面制约，以及受原料和产品运输量大、运费占售价比重高、产品保质期较短等因素的影响，在销售范围上存在一定的地域限制。水泥产业布局一般可靠近原料地形成水泥生产布局，耀州因具有水泥生产的主要原料而成为水泥的主要生产基地。该地“十四五”期间规划在两条万吨水泥生产线基础上，重点利用既有公路运输能力形成两业联动机制，支持高端水泥产业链布局，形成以产业链引导区域物流业高质量布局的思路。两业联动与水泥产业链物流链联动关系如图 3 – 11 所示。从集成场角度分析，水泥两业联动导致两链耦合发展，微观经济动能是两家水泥供应链龙头企业各自作为竞合集成体主导链网建设，地方政府作为区域经济、产业规划政策制定的集成主体，起着宏观规划和提供政策势能的作用。

图 3 – 11 反映了水泥产品性质、质量等决定其系列产品的使用空间和时间范围。两业联动中的物流链重点支持水泥产品链仓储、运输服务，支撑供应链功能升级、市场普及和链网升级；物流链依托的物流通道、物流基核、节点、载运工具、运输方式等构成的物流网络，上连原料地，下连消费地，重点支撑水泥产品链网升级、产业链

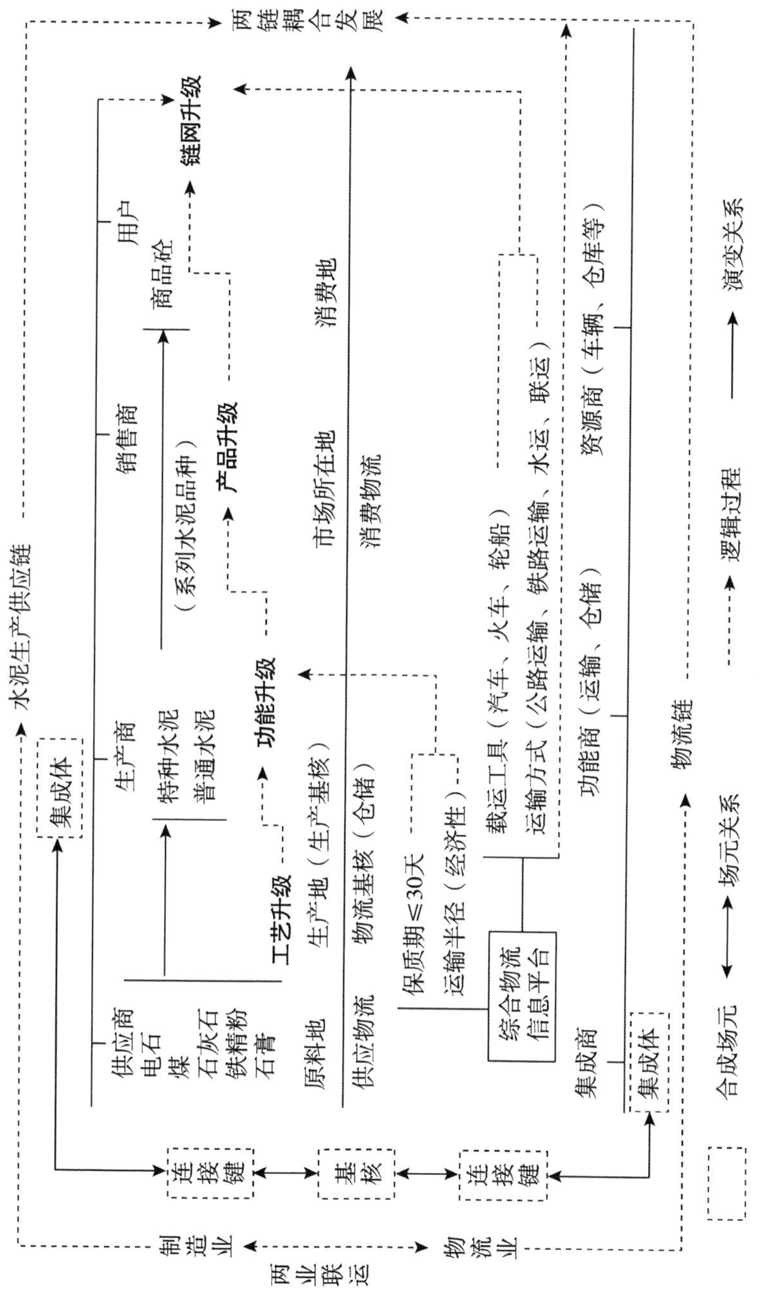

图3-11　两业联动与水泥产业链物流链联动关系

升级。例如，能以最高效率支持水泥在保质期（30 天）以内使用，确保水泥黏结能力。作为特种水泥物流链服务，要求提供水泥储存时间、合理运输半径（平均运距）等基本要求。例如，普通水泥汽车运输的合理运输半径为 150 ~ 300 公里，铁路运输的合理运输半径为 300 ~ 600 公里，水路运输的合理运输半径在 600 ~ 1000 公里，某些特种水泥由于生产技术难度较大，产品附加值及销售价格较高，其运输半径超过普通水泥。可见原料、生产、产品性质等物流指标基本决定了相应的载运工具、运输通道和配送网络。显然这是有企业、区域和全国乃至国际范围层次的。本案例说明，原料产地、产品销售的地域性直接决定了国内水泥行业区域集中度不断提高的市场格局。在两业联动模式机理布局过程中是分阶段、分层次的，为了保障水泥产品运能存储池，还需要拓展汽车后市场，显然仅仅作为一个产业链发展过程给予支持往往业务量缺乏保障，需要物流集群、产业集群给予支持，这就是政府规划、政策势能的环境保障作用。

贯穿水泥供应链的原料地、生产地、市场所在地及最终用户，原料、成品运输半径、载运工具、运输通道等决定了运输成本，所涉及公路、铁路和水路运输等不同的载运工具、运输通道和运输配送效率，决定了水泥产品的物流成本。基于两业联动机理布局的成品出厂价、运输成本在合理价位，否则产品到达客户的成本过高，缺乏市场竞争力。一般就水泥而言，公路运输成本最高，铁路次之，水路或海运更低，例如我国沿海的水泥厂出口的水泥就运输到日本、中东地区甚至美国。根据国际水泥行业的发展规律，在区域物流业高质量发展规划布局过程中，从案例分析可知，普通水泥物流辐射半径主要是载货汽车合理的运输半径，而特种水泥市场需求范围更广、平均运输半径会更大，物流辐射半径也会更大，更容易在物流枢纽附近形成物流集群，在生产基核附近形成产业集群，在区域物流业发展规划中物流与产业集群在经济高质量发展中占据重要角色。当龙头水泥企业在区域市场中的市场份额达到 60% 以上时，就能起到稳定区域价格的作用。产业布局因为受市场半径限制，核心企业一般在区域市场占据主导地位，这也是基于形成“双循环”格局和供给侧结构性改革，物流业高质量发展促进经济高质量的主要经济动能。

（二）两业联动与竞争力

两业联动与提升链网竞争力的机理是，物流与制造业的专业化提升了效率、质量和能力，规模效益降低了成本，两业联动形成链网的对接，要求在更高水平上进行竞争与合作，即集成基础上的再集成所形成的链网竞争力更强。两业联动是产业间相互适应，形成物流链与供应链集成共赢机制，依托产业链布局规划，形成两业联动的物流链与供应链耦合，可以有效提升产业链、价值链，通过物流链与供应链耦合，提升重点产业链核心竞争力。

两业联动的竞争力是通过两链协同运作提升的。以水泥产业案例说明，物流链效率有利于提升水泥供应链价值，物流链网络有利于拓展水泥供应链市场，显然这是一个从供应链到产业链转型升级的互促双赢过程。

当前国际贸易竞争激烈等说明有效的供应链、产业链与产业布局结合在一起才具有竞争力。在这一过程中，物流链、供应链、供应链集成乃至产业链都要靠集成体、基核和连接键形成的链网结构来抗击来自境外技术、经济和政治方面的打压，因而要科学布局链网结构。依据产业链布局来规划物流业发展，是通过物流业作为生产性服务业确保重点产业链科学、安全、稳健的高质量发展过程。

（三）物流业布局高质量

物流业规划要全力确保物流链、供应链高质量发展，需要物流集群提高两业联动关联产业配套服务，形成集成服务发展能力，协同打造基于两业联动激励布局的物流链、供应链乃至产业链集成创新。

（1）确保关键供应链、产业链基于基核布局的自主创新、可持续发展。着力构造两业联动两链耦合的产业风险抵抗力。产业链是区域经济稳定发展的基石，产业链是引导生产性服务业发展及区域经济合作发展的基础。

（2）保障物流业支持产业发展基本规模、能力和增值服务的特性。如利用物流业服务性质所形成的物流链与水泥生产形成的供应链进行对接，使得两业联动发展模式及机制得以很好利用。依据主导产业链进行两业联动组织，将物流业组织与水泥生产组织协同发展。

（3）加强物流业运能的储水池建设，需要将载运工具、信息服务等汽车后市场服务结合起来布局。特别是汽车后市场组织及其物流链拓展，汽车服务业发展还很难满足企业、车主的需求，车辆维修保养等后市场服务环节往往存在一定问题。基于两业联动机理，建立布局供应链、产业链安全有效维护机制，建立维护供应链、产业链安全的宏观管理机制、协调服务机制、信息畅通机制、风险评估机制，建立维护产业链安全的预测预警机制，建立维护产业链安全的国际合作机制。

（四）两业联动机理汇总

用集成场理论考察两业联动促进产业转型升级，物流业也会获得高质量发展。在此过程中，两业联动模式机理可汇总如下。

（1）龙头企业作为两业联动的动力源。以企业专业化经营为基础的链网，是两业联动形成两链对接发展机理、专业化经营、链网之间形成协同发展、共享绩效机制。

（2）两业联动基核布局层次逐渐延伸。“一对一”“多对一”或“一对多”的企业联动基核往往是仓库（原料库、成品库等）、货场、物流中心等形式；多个链网集聚运作的联动基核往往是集装箱货运站、物流园区、产业园区等形式；产业集群、物流集群往往是以海港、陆港和空港及其经济区等形式出现，有针对性地形成了不同层次覆盖的产业联动进而形成链网集成创新机理，以两业联动促进产业转型升级。

（3）物流集群、产业集群是发展趋势。基于两业联动布局的物流集群、产业集群理论与经验，均已纳入政府规划、政策支持措施体系，通过提升链网竞争力的产业布局的两业联动机理，诸如两链组织创新、运行制度创新、承载技术创新和链网转型升级创新机理等，都在产业联动中发挥作用。

（4）链网组织、运行制度创新机理。物流链集成体通过制度创新、组织创新、机制创新提升供应链竞争能力，在两业联动的产业竞合过程中组织化、集成化可以在各自专业化、组织化基础上协同运作，需要建立两业联动的集成体主导两链协同运作统一制度，协同步伐，提升绩效。

（5）承载技术创新、链网转型升级机理。两业联动的链网在基核、连接键等方面都需要大量承载集成创新来改变现状，以“互联网＋”、大数据、物联网、云计算等技术创新及其扩散作用，使得不同性质链网相互传递，实现绩效共享。从物流链、供应链、供应链集成到产业链的延伸，将以物流集群的拓展体现在两业联动、产业联动发展过程中，政府规划的政策势能可引导物流业发展规划和区域经济发展规划协同共进。

五、主要结论及启示

（一）主要结论

通过两业联动案例研究归纳形成的基于两业联动产业布局理论体系，结合上述案例研究讨论，可以得到以下主要结论。

（1）应强化集成体主动的产业优化机理。不同产业实体间产业过程的自然轮动，不等于两业联动发展机制。两业联动发展模式具体体现在集成体主动优化链网结构，实现基核的协调配合性网络与产业布局的市场、生产地、销售地和综合平台之间连接键的无缝衔接，系统体现着产业转型升级的特点。

（2）应强化链网基核竞合能力机理。不同产业实体间形成链网基核集成优化，体现集成体、基核和连接键的系统性。集成体优化的主动性、链网基核结构关系的稳定性、连接键的无缝衔接，是主导两业联动布局与集成创新的条件，应促进链网基核转型升级的具体作用机制形成。

（3）应强化链网集成创新、转型升级能力。物流链与供应链集成的链网结构，体现着新的合成场元关系。这种新的合成场元间关系可导致新的场线产出绩效，说明多项两业联动过程会改变产业链的耦合性质，并与产业链运行效率密切相关，可构成提升产业价值链的一种前提。

（4）应认识从网链构建到链网布局之间的阶段性升级趋势。这是两业联动、产业联动由企业拓展到区域和全球的过程，即从企业物流高质量发展到区域物流业高质量发展，再到全球价值链打造。两业联动、产业联动已成为区域产业、区域经济发展高质量的组成部分。所不同的是，两业联动布局还涉及集成主体规划，集成主体是政府，重点承担规划和制定政策、保障和监督职能，构建、启动微观链网支撑保障体系。

（二）启示

关于两业联动布局机理对产业集群促进物流业高质量发展的研讨结论，有以下几方面的认识启示。

（1）基于新兴技术加强物流业的组织化发展。物流链、供应链等从网链到链网构成都必须由核心企业作为集成体主导完成。集成体是主导优化的决策者和物流链形成的组织者，当前作为两业联动的实施者，要积极通过新兴且成熟技术主导集成创新，优化两业联动过程，引导产业升级，这是政府政策势能关心的范围。

（2）从产业链需求来追求物流业高质量发展。要明晰产业链的物流服务需求，否则物流业高质量缺乏具体动力。因此，进行物流业发展规划需要将其服务的产业对象搞清楚，实现两业联动、产业联动、集成创新、转型升级，促进物流业高质量发展。同时，物流业高质量发展也要融入产业链发展之中。

（3）两业联动促进两链连接，通过两链相互适应促进高质量联动。从两业联动到两链融合的主动性、集成性、稳定性和系统性，可以支持物流业高质量发展在微观利益、长期战略中获益。

（4）两业联动微观基核与产业联动通道、枢纽和网络进一步融合，是促进物流业高质量发展的一大战略措施，物流集群导致产业集群引导网链转化为链网，对区域经济高质量发展形成支持，使得西部中小城市也可依托国际物流枢纽、陆路（陆海）通道和网络加入中欧班列等循环的行列。

参考文献

［1］中共中央关于制定国民经济和社会发展第十四个五年规划和二〇三五年远景目标的建议［J］．上海建材，2020（6）：1－12.

［2］国家发展改革委，工业和信息化部，公安部，等．关于印发《推动物流业制造业深度融合创新发展实施方案》的通知的通知［J］．交通财会，2020（10）：78－81.

［3］董千里．改革开放40年我国物流业高级化发展理论与实践［J］．中国流通经济，2018，32（8）：3－14.

［4］董千里．集成场视角：两业联动集成创新机制及网链绿色延伸［J］．中国流通经济，2018，32（1）：27－37.

［5］周子勋．科学高质量谋篇布局“十四五”规划［N］．中国经济时报，2020－08－11（1）．

［6］董千里．集成场理论：两业联动发展模式及机制［M］．北京：中国社会科学出版社，2018：1－6.

［7］董千里．集成场：“一带一路”产能合作网链研究［M］．北京：中国社会科学出版社，2020：1－6.
［8］JR C J L. 2020 24th third party logistics study：the state of logistics outsourcing［R］．Paris：Capgemini，2020.
［9］JR C J L. 2018 22th third party logistics study：the state of logistics outsourcing［R］．Paris：Capgemini，2018.
［10］JR C J L. 2019 23th third party logistics study：the state of logistics outsourcing［R］．Paris：Capgemini，2019.
［11］董千里，闫柏睿．物流业高质量发展机制的集成场认识［J］．中国流通经济，2020，34（5）：8－21.
［12］GEREFFI G. Global value chains in a post－Washington Consensus world［J］．Review of International Political Economy，2014，21（1）：9－37.
［13］董千里，杨磊，常向华．基于国际中转枢纽港战略理论的中欧班列集成运作研究［J］．科技管理研究，2016，36（22）：230－236.
［14］董千里，董展．提升国际陆港物流集成力的战略思考［J］．综合运输，2011（8）：25－29.
［15］董千里．“一带一路”背景下国际中转港战略优势、条件及实现途径［J］．中国流通经济，2017，31（2）：46－54.
［16］董千里．基于集成场理论的制造业与物流业网链融合发展机理研究［J］．物流技术，2013（5）：1－3.
［17］董千里．基于集成场的省域制造业与物流业联动发展水平研究［J］．物流技术，2013，32（3）：1－4.
［18］董千里，江志娟．物流链——产业联动研究的理论基石［J］．物流技术，2015，34（3）：8－11.
［19］董千里．基于“一带一路”跨境物流网络构建的产业联动发展—集成场理论的顶层设计思路［J］．中国流通经济，2015（10）：34－41.
［20］GEREFFI G，LEE J. Economic and social upgrading in global value chains and industrial clusters：why governance matters［J］．Journal of Business Ethics，2016，133（1）：25－38.
［21］屈凌．构建现代化煤炭大物流体系——浩吉铁路开通助力陕煤集团高质量发展的探索与研究［J］．中国煤炭，2020，46（6）：16－21.
［22］郭占山，徐功武，汪峰，等．利用物流一卡通优化水泥企业物流系统［J］．新世纪水泥导报，2019，25（2）：78－80.
［23］徐永模．水泥工业发展新常态与转型升级新思维［J］．中国建材，2015（5）：44－51.

［24］殷召飞．协同战略："新常态"下中国水泥产业发展之路［J］．安徽科技，2015（10）：22－24.

［25］周鸿锦，冯帅．新常态下的水泥产业企业组织结构变化［N］．中国建材报，2015－02－04（002）.

［26］吕占斌．新常态下水泥产业市场特性及其内在逻辑——关于水泥企业成长驱动力［J］．散装水泥，2015（6）：57－65.

［27］吕占斌．新常态下水泥产业市场特性及其内在逻辑——关于当今水泥产业发展阶段的认识［J］．散装水泥，2018（3）：61－74.

第四部分
典型案例

案例一　侨益物流——大宗农产品“仓储 +”模式促进产业深度融合*

一、企业概况

侨益物流股份有限公司（以下简称“侨益物流”）成立于2010年，是一家专注于大宗农产品供应链物流的新三板挂牌民营企业，总部在广州市黄埔区，现共有分子公司30多家，是华南地区最大的农产品物流龙头企业之一。侨益物流通过建立全国物流网络体系、全流程信息化平台、非标服务标准化体系等，深入融合农产品生产加工企业的业务流程，搭建了一个规模化、标准化的大宗农产品供应链物流平台，解决了大宗农产品生产加工企业流通组织效率低、安全体系不完善、非标产品突出等问题。目前侨益物流为100多家农产品生产加工企业在国内提供优质可靠的服务，年运营农产品物流量超过1000万吨。

二、业务概况

侨益物流通过创新发展“仓储 +”模式，将物流与农产品加工制造业进行有效联结，密切服务大众农产品企业加工制造需求，为其提供从原料采购、原料装卸、仓储、运输等一体化的供应链解决方案，解决大宗农产品流通效率低问题。同时，侨益物流通过在大宗农产品产区建立“益粮库联”管理模式，将难以标准化监管的农产品通过验库标准、安全保障标准、质检标准等进行标准化服务，并创新性开创“物流履约交付”系统，进而保障大宗农产品流通安全。

通过深入大宗农产品加工制造企业的采购、加工、销售等环节，在大宗农产品上、中、下游全链条提供“专家级 + 管家式 + 平台式”全程供应链物流服务，有效促进大宗农产品物流降本增效。侨益物流与大宗农产品企业之间的“物流业与制造业融合”，通过“仓储 +”模式创新与先进信息平台建设，有助于农产品下游企业得到有保障、安全且成本较低的物流服务，提高大宗农产品标准化物流操作，降低货物损耗，减少粮食物流浪费，实现粮食及农产品溯源。

* 供稿单位：侨益物流股份有限公司。整理人：吴乐燕，广东省现代物流研究院。

三、主要做法

（一）在全球范围内布局物流网络，保障物流服务能力

农产品季节性强、交易量大，对物流运输效率和流通保鲜提出了较高要求，农产品物流供应保障需要以完善的农产品物流节点网络体系、现代化的物流基础设施等为依托。侨益物流通过20年的成功运营，在珠三角区域（深圳、珠海、东莞）、西南区域（湛江、防城港、北海、钦州）、东南区域（厦门）、长江流域（上海、南通、武汉、岳阳、重庆）、东北区域（营口、锦州等）、香港和美国等地区建立了30多个分支网点。

侨益物流充分发挥全国完善的供应链物流网络布局优势，积极响应国家“北粮南运”及“散改集”政策，结合农产品全流程供应链系统，为客户提供多种运输方式方案，被评为2019年“广东省多式联运示范工程项目”。目前有“东北至华南”“东北至西南”及“华南至西南”三大主要多式联运线路，推动建成高效、环保及创新的大宗农产品多式联运物流通道。多式联运开展的具体内容如表4－1所示。

表4－1　多式联运开展的具体内容

序号	运输起点	运输终点	运输方式	实际承运人
1	东北产区库	港口库/北方港口	公路/铁路	车队/哈局/沈局
2	北方港口	南方港口	海运	内贸船公司
3	南方港口	珠三角工厂	汽运/铁路	协议车队等
4	南方港口	广西内河码头	驳运	驳船公司
5	南方港口	湖南/江西工厂	铁路	广铁集团

（二）采用“前仓后厂”规划，建立实施“仓储+”模式

为解决农产品流通不畅的痛点问题，给农产品加工企业的供应链生产提供有效物流支撑，侨益物流实施“仓储+”模式，即“仓储+采购、加工、分拣、包装”等，将物流与农产品加工制造业进行有效联结，在物流仓库设施布局、库容建设规划等方面结合农产品加工厂生产制造流程需要，为其提供专业化定制化的物流服务，并依托自身的仓容能力，增强企业柔性制造能力。在供应链物流园区规划建设过程中，侨益物流引入“前仓后厂”的规划理念，引入农产品供应链的上下游企业，如农产品深加工企业、上游农产品贸易客户、终端面粉厂、终端饲料厂等，通过不断创新“仓储+”，密切服务大宗农产品企业加工制造需求，也为其提供从原料采购、原料装卸、仓储、运输等一体化的供应链解决方案，形成高效的流通体系，打造互利共赢的大宗

农产品生态圈。目前侨益物流“仓储 + ”项目有如下三个。

（1）华南物流枢纽——广州开发区惠安明珠物流加工中心。项目总仓容 18 万吨，共 32 个筒仓和 18 个星仓，能为政府粮食储备仓及为粮食加工和贸易企业提供年 200 多万吨高品质粮食的仓储服务。

（2）西南物流枢纽——广西钦州保税物流加工园区项目。项目总仓容 18 万吨，有 30 个圆筒仓、20 个星仓、7 个平仓、4 个钢板仓，1 个 25 万吨/年的膨化大豆加工厂、1 个 18 万吨/年的饲料加工厂、1 个 12 万吨/年的脱壳大麦加工厂等，2019 年一期已投产。

（3）东北物流枢纽——营口内贸大宗农产品综合物流项目。计划投资 1 亿元（目前已经投资 3000 万元），旨在使营口港形成内贸玉米等货物的多式联运枢纽及站点。

（三）通过产区“益粮库联”模式，实现服务标准化

针对粮食的大产区及销区，通过“产业 + 互联网”的模式整合仓库及运力资源，形成能快速发展的产销两端供应链物流网络。在粮食产区，侨益物流创新了“益粮库联”模式，实现非标产品的标准化。从验库标准（五权（库权、使用权、作业权、粮权、支付权）分立模式、WMS + 智能闸口系统 + 数据服务、驻库 + 飞行检查）到区块链应用的安全保障标准和 24 小时全程可视（系统 + 手机推送）等方面提供多重标准化产品。例如，侨益物流与合作伙伴在东北产区协助客户（如温氏集团或厦门建发）收购潮粮或者直接收购干粮，负责质量检验、确认货权、潮粮烘干、存入专属仓库，与合作伙伴在产区提供仓储、装卸汽车/火车、装集装箱等服务，整合物流资源，提供产区仓库到港口集港物流服务。

另外，侨益物流持续有效降低大宗农产品供应链物流成本，推动物流标准化的实施和改进。由于农产品在密封性、安全性等方面有特殊的要求，侨益物流针对大宗农产品创新改造，设计相应的装卸、运输物流箱体，有效提升整体物流效率，增强物流过程的密封性，减少洒漏，降低损耗，保证货物的温度、湿度能符合要求，保证货物品质，同时也针对此类创新改造和设计申请相应的专利。

（四）以信息平台建设为纽带，搭建“四流合一”闭环

侨益物流根据大宗农产品交易流通特点，以客户视角为系统研发出发点，创新性提出“物流履约交付”的理念，建设了一套大宗农产品供应物流信息平台，面向大宗农产品加工制造企业提供及时、准确的物流信息服务，成功搭建了农产品“四流合一”闭环，通过系统实现真正的全程可视和货物的履约交付，有效促进制造企业与物流企业高效协同。侨益物流沿着“信息化—在线化—智能化”的发展路径，持续加强数字化技术的投入，数据驱动、智能管理，强化互联网、大数据和区块链等信息技术的研发和应用，优化装卸工艺，打造智能仓库的软硬件技术等，保障货物安全，降低货物

的物流损耗率，并以此持续开拓新老客户的业务。目前已获得发明专利 1 项、实用新型专利 4 项、软件著作权 3 项，并已设立技术研发中心。信息平台的主要创新点如下。

（1）实现从订单到结算的全流程平台化运营。通过自主研发及实施，上线 LFS 系统（物流履约交付系统），QLog（供应链物流客户端），WMS，TMS（粮运通、粮运小哥、船老大等移动应用），“益粮”平台等可视化、可跟踪的综合物流管控系统。

（2）IoT 应用。投入及研发粮情监控、智能监控系统（闸口智能抬杆，农产品体积计算，温度、湿度监控）。

（3）大数据 + BI 研究及应用。供应链全程数据分析以降低物流成本；销售预测 + 采购价格数据分析。

（4）全程可视 + AI 应用。GPS + 视频 + 数据采集 + 人脸识别 + AI 控制。

例如，为了满足客户温氏集团的业务需求，侨益物流在港口开展仓储资源建设，并提供货物集港、装箱及配套服务，通过 IT 系统控制，为温氏等客户提供在途物流跟踪服务、数据对接和分析，为温氏集团提供最优的物流模式及相关的货物采购信息。

四、借鉴意义

（一）“仓储 +”模式推动物流降本增效

传统的大宗商品物流偏向关注产业链后端环节业务，与大宗产品制造业深化加工环节脱节，本案例通过在物流园区规划建设之初就充分考虑大宗农产品客户加工制造需求，与制造企业在设施设备、业务流程、标准规范方面进行充分有效的衔接融合，减少了后期实际业务操作环节的磨合，能够有效提高商品流通效率，降低物流成本。本案例的“仓储 +”模式具备较好的可复制性，成功实施后可在全国范围进行复制和推广，有利于大宗农产品供应链物流的持续发展和提升，另外，不仅可以在大宗商品物流行业进行复制，还可以复制到其他制造行业，推动物流业与更多制造行业融合发展。

（二）通过技术创新保障产品流通安全

侨益物流关注大宗农产品非标特点及供应链安全保障难点，通过智能物流系统研发及物流创新工艺研发，强化互联网、大数据和区块链等信息技术在大宗农产品供应链的研发和应用，优化装卸工艺，打造智能仓库的软硬件技术等，有效保障了货物安全，降低货物的物流损耗率。侨益物流自主研发的“物流履约交付系统”能够在行业进行推广应用，通过技术创新提升商品在国内国际双循环市场中的流通安全性及效率。

五、发展计划

（一）推进大宗商品“散改集”进程

在全国范围内推广大宗农产品集装箱化运输，将大宗农产品装入密闭的集装箱，整个运输过程只需要进行一次换装，将大大减少大宗农产品在运输过程中的货损，且提高物流整体运行效率和现代化水平，还能有效降低对环境的污染。

（二）利用区块链技术完善大宗农产品溯源

区块链具有适合农产品溯源的功能——去中心化、不可篡改等。利用区块链、大数据、云平台等提供精准的生产、加工、流通各环节的数据信息，可实现从生产到消费全过程的有效监管和可溯源，保障农产品质量安全。推广区块链技术在农业交易数字化方面的应用。

（三）推广“一单制”构建多式联运系统

多式联运是一种现代高效的货运组织方式，通过一个统一的运输服务组织者，实现运输组织一体化，利用现代信息技术、金融服务等组织手段，实现运输交易透明化和便利化，将多种运输方式高效衔接和精准匹配，提供“门到门”全程运输服务。进一步推广“一单制”，建立多式联运提单，完善国际物流和结算规则，在集装箱铁水联运、公铁联运两个领域，推动“一单制”便捷运输。

案例二　马帮城配——标准化物联网同城配送*

一、公司发展概况

东莞市马帮信息科技有限公司（以下简称“马帮城配”）成立于2017年7月，开发出区别于传统物流模式的“大城配+新能源+互联网”同城配送平台。马帮城配将互联网与自有运力相结合，缔造标准化的新能源物流车同城配送服务，有效解决同城配送领域普遍存在的需求信息不对称、车辆返程高空驶率、货物安全无保障、服务标准不统一等痛点问题，为用户提供安全、便捷、低碳、智能的同城配送解决方案。马帮城配在2017年被中国交通运输协会评为“2017年中国城市物流配送诚信企业”。随着用户体量和司机规模的逐渐匹配和叠加，马帮城配现已购置和租用的新能源货箱车辆达到2700多台，平台签约合伙人司机达到1500多名，软件高级研发和管理人员10人左右。在东莞、深圳、赣州、西安等地已设立近20个场站，并成立了深圳分公司、天津分公司、赣州分公司等，对外投资2家公司，具有1处分支机构。

二、商业模式

马帮城配基于对城市配送领域的深入研究，推出了有别于传统物流的“大城配+新能源+互联网”解决方案。马帮城配的业务范围已覆盖城市配送的全产品品类和全场景模式，形成了“大城配”的格局。货运载体方面，马帮城配全部启用新能源货车，降低城市车辆尾气污染的排放。此外，马帮城配基于互联网自主研发的智能综合管理与服务平台，在快速实现新能源货车与货运需求精准匹配的同时，实现了订单、司机、车辆、调度、营销和财务的智能化综合管理，为客户提供价格、时效、车型和司机的标准化服务体验。马帮城配商业模式如图4-1所示。

（一）产品模式

目前多数“互联网+”城配企业采用的O2O共享模式是通过“信息平台”实现货运需求与社会运力的匹配。马帮城配不仅是一个互联网信息平台，还以自有的新能源物流车替代社会闲散运力，是“自有运力”与“互联网智能综合管理与服务平台”的

* 供稿单位：东莞市马帮信息科技有限公司。整理人：胡文玥，广东省现代物流研究院。

有机结合。该模式除替代了传统的货运信息传播模式，汲取了 O2O 模式货运需求实时共享和物流车辆智能调配等优势外，在车辆紧急调度、企业定制化服务、车辆和司机监管等方面更胜一筹。对于货运需求企业而言，货品运输安全和时效更有保障，企业货运成本大幅度降低；对于平台合伙人司机而言，节省了货运车辆的购置和保养成本，打破了货主端与司机端的信息壁垒，使司机运单量得到保证。

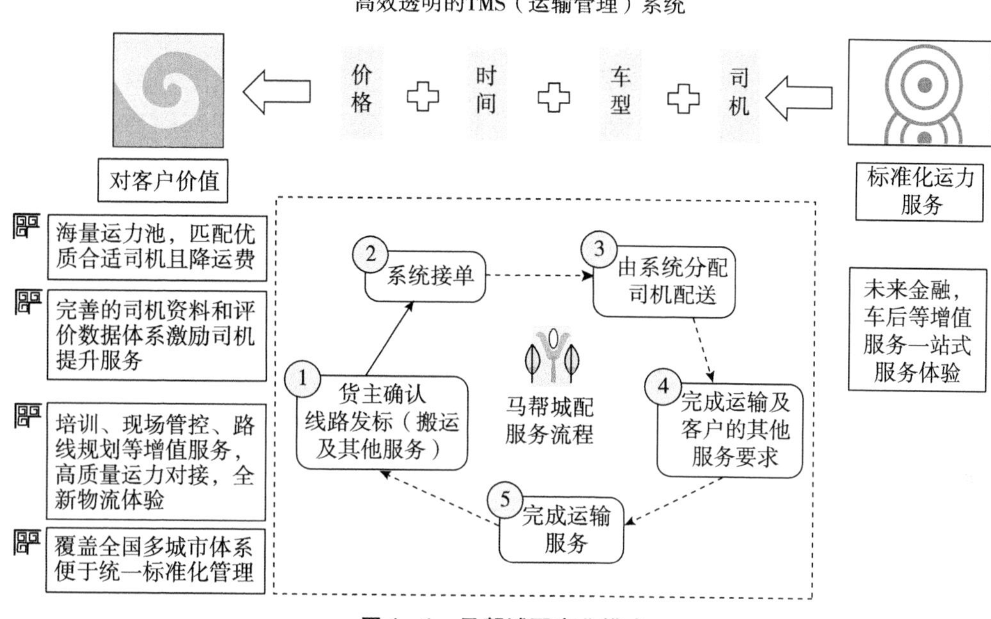

图 4－1　马帮城配商业模式

1. **新能源物流车**

马帮城配购置和租用全国各大新能源车企的新能源货车，打造出一支覆盖莞、深、惠地区的新能源纯电动物流车队，车型主要包括大运、江陵、中通、东风等。借助莞、深、惠地区的充电网络及主快速充维服务，几乎实现了车辆的无限续航。马帮城配的运营车辆类型如表 4－2 所示，不同续航里程的电动物流车占比如表 4－3 所示。

表 4－2　　马帮城配的运营车辆类型

车型	载重（吨）	容积（立方米）	长×宽×高（米）	车型占比（%）
小面包车	0.94	3.7	2.05×1.37×1.22	—
小型货车	1.6	10	3.55×1.85×1.75	约 50
中型货车	2.9	13.9	4.15×1.95×1.75	约 50

表 4 –3　　不同续航里程的电动物流车占比

续航里程（公里）	车辆占比（%）
150	80
150 ~ 250	10
>250	10

在新能源货车充电方面，马帮城配采用“自建 + 战略合作”的电动物流车充电模式，自建充电场站 11 个，具体参数如表 4 –4 所示。与松山湖科旺科技合作充电场 1 个，其中设有 9 个马帮城配专用的密码充电桩，还与深圳爱充充科技确立了战略合作关系。马帮城配未来将减少充电场站建设方面的投入，而主要利用社会充电桩实现物流车辆的充电，并与车厂积极合作，通过车型的标准化设计推进换电模式的尽早落地。

表 4 –4　　马帮城配自有充电桩参数

充电场站	电费（元/度）	服务费（元/度）	充电桩数量（个）
横沥镇—江夏站	0.65	0.5	3
长安镇—厦岗站	0.65	0.5	3
万江街道—添盛物流园站	0.65	0.5	5
虎门镇—北栅站	0.65 ~ 0.85	0.5	4
高埗镇—北王路站	0.65	0.5	5
高埗镇—建成站	0.65	0.5	4
清溪镇—沃泰通站	0.65	0.5	2
清溪镇—朗泰通站	0.85	0.5	1
凤岗镇—广源站	0.65	0.5	14
大朗镇—益众科技站	0.65	0.5	6
南城—百音电子站	0.65	0.5	3

2. 智能综合管理与服务平台

马帮城配围绕着客户痛点和城配企业智能化管理需求，利用海量数据及人工智能技术，构建了兼具订单管理、司机管理、车辆管理、调度管理、营销管理和财务管理的智能化综合管理与服务平台，实现了调度智能化、营销智能化和财务智能化。该平台包含 1 个智能可视化运力管理系统和司机端、客户端、营销端、司机管理端 4 个 App 端口。

（1）智能可视化运力管理系统。

马帮城配自主研发的智能可视化运力管理系统已达到每 10 秒一次的信息更新速度和每秒 1000 单的订单处理效率，并通过深度优化车货匹配算法，不断提升客户需求与海量运力池的匹配效率和精度，目前已实现车货实时匹配和无缝衔接。基于大数据、车联网和物联网技术，系统做到了订单、司机、车辆和运输过程可视化、可监督和可控制。此外，系统还提供订单智能排线、配送路径规划、充电桩实时定位、返程订单匹配等增值服务，在实现高质量运力对接的同时为客户提供全新的物流体验。

车辆和司机状态监控：马帮城配的运营车辆类型包括小面包车、小型货车和中型货车三种，在系统中显示运营车辆类型及其当前状态（包括签到、请假、修车和线下出车等）。系统还具有司机日程监控和查询功能，如图 4－2 所示。

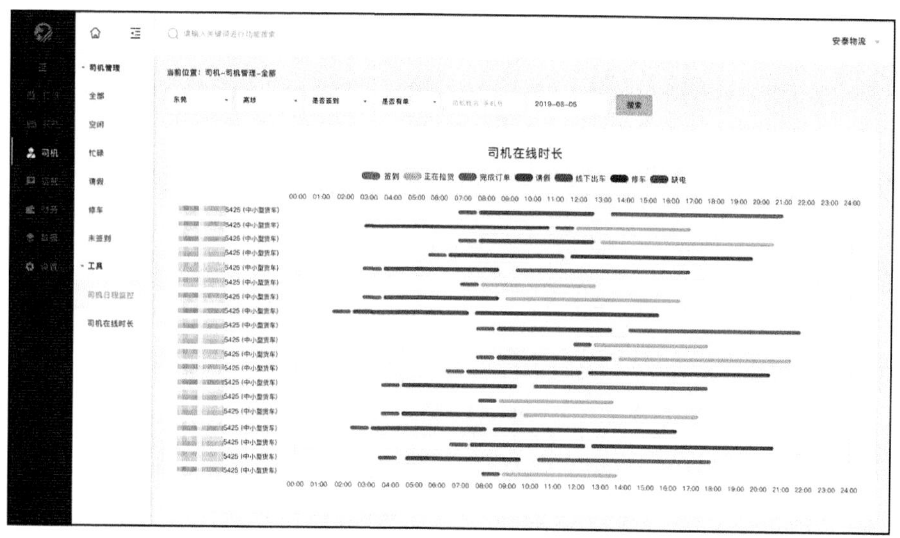

图 4－2　司机日程监控

订单状态监控：对应三种运营车辆类型，系统将客户订单区分为三类，并提供装卸、带尾板等增值服务，以便快速精确匹配优质车辆为其服务。此外，从订单发起时刻起系统便会对其处理的关键节点进行详尽记录，从而确保订单轨迹可查询、问题订单可追溯、数据信息有积累。

订单智能排线：司机一人一车，系统根据需求车型、车辆状态和位置，向司机推送线路标书，由司机报价竞标。对于客户收藏的优质司机，系统会优先 30 秒为其推送订单。接单模式方面，App 即时订单由司机自行接单，项目客户计划订单由业务部发出运力需求标书，场站经理指定相应熟悉该业务场景的司机接单。

返程订单匹配：马帮城配在全面覆盖莞、深、惠的高密度高频率客户订单的基础上，配合系统先进的订单实时提醒、返程订单优先推送、返程路径智能规划等功能，在降低空载返程率方面已卓有成效。据统计，目前返程车辆能够匹配到订单的概率已达到 50%，而采用人工调度时这一数据仅为 20%。

运输过程监控：通过与 GPS 定位系统、高德地图等连接，客服能通过系统实时监控车辆的在途状态，包括司机状态、车辆电量、运行轨迹等主要参数。当新能源货车电量不足、无法满足客户需求时效、交通堵塞、车辆安全出现异常、司机违反公司规章制度等情况出现时，系统会向司机发出警告信息。

数据统计：系统还具有数据统计功能，主要包括提供订单里程分布图、订单热力图等。

（2）司机端 App。

司机端 App 为司机提供一键抢单、实时查看充电桩、配送线路导航、车贴补助领取、违章查询等功能。使货运司机通过手机轻松获取订单的同时，通过最佳导航线路快速准确地将货物送达收货点。

（3）客户端 App。

客户端 App 为客户提供快捷下单（只需选择车型、特殊规格（是否带尾板）、起运地、到达地、额外服务（装卸、回单、回款等））、添加优选司机、实时跟踪订单详情、多种方式支付、评价司机服务、订单分类查询等功能，完美地规避了传统物流通过电话找车或熟人介绍等的烦琐事宜，降低了物流成本。

（4）营销端 App。

营销端 App 的主要功能是营销推广、客户管理、标书管理和团队管理等。

（5）司机管理端 App。

司机管理端 App 的主要功能是司机调度和管理、车辆管理、违章管理和事故管理等。

（二）用户模式

根据客户类型和配送需求的不同，马帮城配将客户订单分为即时订单和计划订单两类。其中，即时订单主要集中在物流园、工厂等小 B 端客户，其配送需求的路线、时间、货物类型等随机性大；计划订单主要来源于天猫、百果园、华为等大 B 端客户，其配送需求的线路和时间较为固定，但在“双 11”等特殊时期物流车辆需求的波峰现象明显。

马帮城配将近 60% 的订单来源于企业合作项目，其中包括华为等拥有庞大自身供应链体系的大客户，催生出大量跨区域、跨城市的物流需求。为满足这种长距离、强互通的物资配送需求，马帮城配提出“大城配”的概念，即 100～250 公里范围内的货物流通互动。在此模式下，马帮城配通过大覆盖范围的运力匹配有效降低返程空载率，并通过大业务共享促进司机和消费市场的持续发展。

马帮城配为城市消费企业和消费者提供了各个品类、各种温区的配送服务，包括快消品类、服装鞋品类、冷冻产品类、蔬菜水果类、耗材类、医药类、汽车后市场类等。根据配送场景的不同，马帮城配涉及快递、商超类配送、即时配送、进仓场配送、加工配送、代入电商仓配送、商超总仓配送、搬家搬厂、零担快运、专线落地配、综合落地配等十几种配送模式。马帮城配已服务于上百个国内知名的电商、仓储、运输、商超等企业，如表4－5所示。

表4－5　马帮城配主要服务企业

企业类型	企业名称
电商类	天猫、京东、苏宁、唯品会
仓储类	普洛斯、安博物流园
物流类	顺丰、跨越、德邦、韵达、德坤等近100家
生鲜类	百果园、顶鑫、天智、全果通、花果山等约30家
生产加工类	旺盈、建力、建盈等200多家
品牌类	可口可乐、格力、农夫山泉等近100家
商超连锁类	华润、美宜佳、天福、万家、7+1等近20家

三、核心竞争力

（一）缔造标准化物联网同城配送

基于以“质量、成本、效率、服务、诚信”五大元素为核心的先进管理理念和高效透明的运力管理平台，马帮城配从车型、价格、时效和运力管理四个方面为客户提供标准化运力服务。

1. 车型标准化

马帮城配在深入调研挖掘城配市场需求和用户使用习惯的基础上，兼顾车辆运行的安全性、高效性和节能性，选用小面包车、小型车和中型车三种车型，如表4－6所示。

2. 价格标准化

司机和货主以平台计价的标准公里数进行结算，这彻底解决了传统物流行业运费不透明的痛点问题。在客户端App中，选择车型并输入起讫点后，系统将自动对运输价格进行核算，并在页面中标出价格与明细。明细栏内，行程总公里数、起步价、里程费等一目了然，整个过程标准而透明。根据客户需求车型和所选增值服务不同，马帮城配的订单计价标准会有所差别，具体如表4－6所示。

表 4－6　　马帮城配订单计价标准

车型	载重（吨）	容积（立方米）	长×宽×高（米）	5 公里内起步价（元）	里程费（元/公里）	免费等候（分钟）	超时等候费（元/15 分钟）
小面包车	0.94	3.7	2.05×1.37×1.22	—	—	—	—
小型货车	1.6	10	3.55×1.85×1.75	68	4	120	—
中型货车	2.9	13.9	4.15×1.95×1.75	78	5	120	—

3. **时效标准化**

针对即时订单客户，马帮城配全力推行“3 个 3”服务理念，即“3 分钟接单，30 分钟到达，3 小时完成”。基于海量的运力资源和高效的车货匹配策略，为客户实时匹配优质车辆，实现高质量的运力对接，并通过订单智能推送和车辆优化调度方案，引导周边司机在 3 分钟内接单；通过司机培训、路线动态规划、车辆状态监控、即时维修保障等增值服务，确保司机在 30 分钟内到达装货地点并在 3 小时内完成此单交易，显著提升了管理时效，为企业降本增效，为客户提供了全新的物流体验。

4. **运力管理标准化**

马帮城配采用线下与线上相结合的管理模式为客户提供安全、稳定、高效的运力服务。在线下管理方面，立足场站对车辆和司机进行网格式管理，构建了覆盖全国多城市的标准化运力管理体系。通过对海量历史需求数据的深入挖掘，并考虑电动物流车的续航里程完成场站选址。每个场站配置 50～150 辆物流车，为确保车辆故障情况下能够及时补充和替换，各场站配置 10% 的备用车辆。在人员配备方面，各场站设总控调度、场站调度、场站业务经理和场站经理等 4～5 名管理人员，主要负责调度计划制订、紧急调度协调、故障处理维护等相关工作。场站调度人员会重点关注远距离返程司机，并通过调度系统的配合确保返程有货。

在司机管理方面，年龄在 25～40 周岁、持有 C1－A1 驾照、身体健康、3 年之内无交通事故记录、无犯罪记录者方可入职。入职后考取《道路运输从业资格证》，再经过 1 个月的货运知识礼仪培训后方可上岗。较好的个人素质、良好的服务意识、娴熟的驾驶技术，造就了马帮城配过硬的司机队伍。

在线上管理方面，马帮城配以用户评分为依据，利用完善的司机资料和评价数据体系激励司机提升服务。系统将 4.95 分作为合格分数，对于高于或低于合格分数的司机给予相应的奖励和惩罚，客户的错误评分操作可通过申诉流程得以处理。客户收藏的优质司机较其他司机具有 30 秒的优先抢单权。在严格的评分考核和激励制度下，司机的服务水平和质量持续提升，得到了客户的认可和肯定。

货物装载完成后，要求司机填写货品交收单据并由交货人签字，对货物进行封签后拍照上传至 App，客服会对上传的照片进行筛查，一旦发现问题马上责令司机纠正。

马帮城配还构建了基于“司机端 App + GPS 定位 + 订单轨迹追踪”的信息化司机监管体系，利用后台监控系统及数据，对运输过程中的司机状态、车辆轨迹、订单数据进行多维度的分析和判断。完成运输服务后，要求司机填写货品验收单并由验收人签字，拍摄交货现场照片并上传至 App。通过上述“确认装货 + 运输过程监管 + 确认收货”的全流程监管有效规范货运安全。

（二）构建智慧城市最佳居住环境

为积极响应国家环保政策号召，马帮城配依托全国市场占有率最高的新能源物流车厂家，组建了全国最大的纯电动物流车队，实现了绿色货运在城配领域的提前布局。与此同时，马帮城配充分利用全面覆盖的快速充维服务网络和高效的运力管理系统，率先实现了车队几乎无限的续航能力。

马帮城配为合伙人司机提供物流车辆，为其省去了车辆购置成本。在此前提下，电动物流车的低运营成本为司机大大节省了开支。由表 4 – 7 可知，电动物流车在能源消耗、维修保养和保险费用等方面的成本较传统燃油车可节省 1061 元/月。马帮城配的快速发展也会反作用于新能源物流车领域，有助于对落后产品的淘汰，催生高性能、高稳定性、高续航里程、高技术含量的新能源物流车推向市场，进而推动城市物流的低碳健康发展，为城市居民构建绿色环保的宜居环境。

表 4 – 7　新能源车和传统燃油车运营成本对比　　单位：元/月

项目	传统燃油车	新能源车	对比差价	备注
能源消耗费用	2548	1820	728	按每月 28 天，日均 130 公里计算；燃油车 0. 7 元/公里，新能源车 0. 5 元/公里
维修保养费用	500	300	200	新能源车核心部件 5 年内保修
保险费用	633	500	133	燃油车年保险费用 7600 元，新能源车年保险费用 6000 元
总计	3681	2620	1061	新能源车较燃油车每月节省 28. 8% 的费用

（三）搭建司机创业平台

马帮城配招募的司机是以签约合伙人的方式加入平台，而非单纯的雇佣关系，使司机更有归属感。值得一提的是，这些签约司机中月收入超过 1 万元的占比达到 60%，高于物流行业司机的平均月收入。这主要得益于两个方面，一方面，后台系统能够及时获取司机位置并精准推送合适订单，基于返程优先策略有效降低返程空驶率，从而实现订单收入的增长；另一方面，新能源物流车较传统燃油车的低运营成本优势促成了运输成本的锐减。马帮城配还为司机提供了充电补助、维修服务、货源信息分辨、优质司机奖励、配送线路规划等增值服务，在提升司机服务质量的同时切实确保司机的正当利益，解决司机的后顾之忧。未来随着平台覆盖面和订单量的增加，司机收入将得到进一步提升。

四、未来发展规划

马帮城配计划在2021年形成贯通大珠江三角洲城市的绿色同城配送网络，并利用未来两到三年的时间完成对全国一、二、三线城市的初步布局。在配送业务方面，将以业务经理开发业务和App平台推广业务为主；在增值服务方面，提供车身广告内容投放共享、数据资源共享、一站式物流个性化定制、场站场地办公用地共享等；在配送模式方面，马帮城配将通过固定时间、固定线路、固定司机的批次配送减少无效配送里程和降低司机差错率，进一步提升配送效率。

案例三　九方通逊——跨境电商物流信息化建设*

一、公司发展概况

深圳市九方通逊电商物流有限公司（以下简称“九方通逊”）是国内最早一批从传统国际货代转型并定位于服务跨境电商卖家的物流服务商，以“让跨境物流更轻松智能”为使命，通过多年的探索与创新，自主打造出包括国际“空运 + 派送”、国际“海运 + 派送”、国际小包等多条优质稳定的电商物流专线渠道，线路已覆盖美、加、日、英、德、法、意、西、澳、印、新等主流跨境区域市场，长期服务数千家海内外的跨境电商卖家。

公司总部位于深圳，在广州、厦门、宁波、青岛、美国、英国、法国、日本设有分公司，在泉州、郑州、济南、香港设有办事处，有员工数百人；拥有上万平方米的国内集运仓和国外转运仓；国内自有数十台揽收车辆，海外自有拖头与卡车；自主开发物流 ERP 用以适应多变的市场与客户需求。拥有遍布全球的清关代理网络，自建多条极具优势的专线物流产品。

九方通逊从传统货代企业转型而来，现拥有一支跨界互补的国际型复合团队，熟知物流、平台、技术、关务与税务，核心团队均有超过 10 年的从业经验。持续不断地投入和优化软硬件设备，扩大自有海内外网点布局，且不断在管理模式和渠道服务上合规创新。

二、服务板块

九方通逊的主要服务板块有 FBA（亚马逊物流服务）头程物流、国际小包、海外仓，业务遍及世界各地。

（一）FBA 头程物流——实效稳定，走九方

九方通逊根据产品时效定位，甄选匹配的优质航空、船东运力资源，签订长期的运力采购合约，在亚马逊各大站点的主要国际机场、港口附近建立转运仓。货物落地或抵港后，能够快速转运至本地仓，分配给不同末端派送渠道（本地的快递、卡车，

* 供稿单位：深圳市九方通逊电商物流有限公司。

或自营货量集中的卡车线路），由本地承运商送至亚马逊仓库。用此方式将从揽收到派送全段集成一个物流产品，并将全程物流轨迹集成通过系统或 App 反馈给客户。

1. FBA 头程海运

九方通逊已完成全国至全球 FBA 仓库的海运路线搭建，与全球 TOP10 的船东均有良好的合作，在全国各大港口均可以提供海运整箱和拼箱出口服务，本地派送方式灵活多样，操作团队熟知亚马逊仓库的预约与入仓等流程。

2. FBA 头程空运

“空运 + 派送”是九方通逊的优势渠道，为跨境电商卖家专门开发的快件“清关 + 快递/专车派送”的专线服务，范围覆盖了所有亚马逊站点，各路线发货频次更高，时效更稳定。

（二）六脉小包——提供安全的直发物流服务

六脉小包是九方通逊旗下倾力打造的直发类物流品牌，定位于“提供安全的直发物流服务”，为广大平台及自建站卖家提供稳定、快捷、高性价比的直发类小包及小货专线的物流服务。

（三）海外仓——中大件海外仓服务

自 2014 年起，九方通逊应全站点运作的大卖家要求，开始在欧美日等各国寻求和部署相应的本地仓配套服务，为客户最大限度地减少不必要的费用和损失。九方通逊海外仓为广大卖家提供多样复合的海外仓本地需求，主要包括 FBA 退货换标、FBA 暂存转运、中大件一件代发业务等，仓库管理更规范，流程更专业，处理时效有保障，另配有移仓至其他国家 FBA 和退货至香港的配套方案。跨境物流操作流程如图 4 －3 所示。

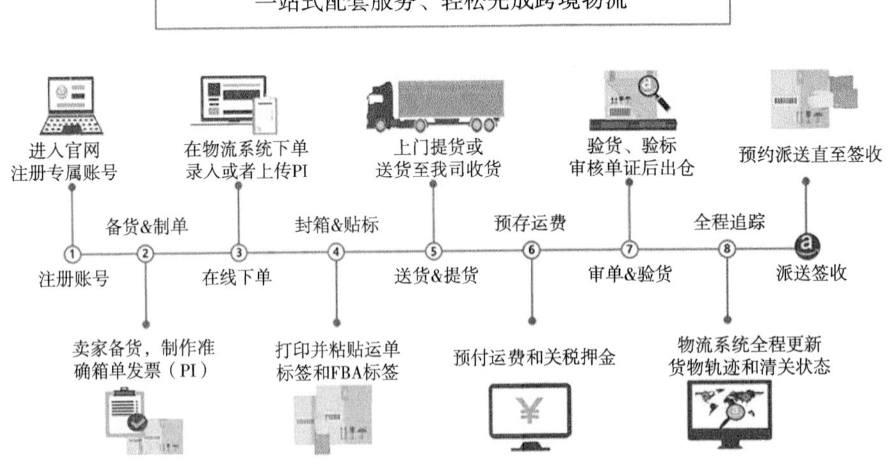

图 4 －3　跨境物流操作流程

（四）服务优势

（1）干线运力更有保障。具有超10年传统货代经验的核心团队，与多家船东航司签订长期运力合约。

（2）渠道安全性更高。渠道自建，更可控，响应更强，多重关务及品类审核与风控，全渠道门到门商业保险承保。

（3）网点及硬件覆盖更广。全球11个网点，数十台揽收车辆，国内外上万平方米仓储面积；亚马逊全站点优质海外合作网络。

（4）软件系统更强大。自有软件研发团队，与上下游API对接，数据交互更快捷，全程轨迹查询和推送，多渠道单证处理精准高效。

三、转型跨境电商物流

九方通逊从2012年涉足跨境电商物流，是国内最早一批从传统国际货代企业转型的跨境电商物流服务商。在2020年已有大量的传统货代企业通过业务转型升级来实现企业的持续发展，然而面对思维变革、组织迭代、模式创新等一系列的新兴课题，客户群体、客户需求发生了变化，国际贸易的形态发生了变化，订单来源发生变化，来自线上的贸易订单所要求的物流和过去线下的物流截然不同，差别如表4－8和表4－9所示。

表4－8　跨境电商物流与传统货代表层的差别

	跨境电商物流	传统货代
资源	以平台为导向，平台要求什么，我卖什么	以上游为导向，上游卖什么，我卖什么
定位	我有什么，就卖什么	客户要什么，我卖什么
服务链条	服务链长、环节多、纵深广	服务链短、面窄
产品	品类繁杂、多变	品类单一、稳定
交互	全流程线上可视或成标配	线下占主导
竞争点	比价格、时效、方案、系统综合体验	比价格、比账期
责任	产品是我做的，所有问题都是我的问题	多数是船东和航司的责任
创新	无时无刻不发生着变化	做了10年没什么变化

表4－9　跨境电商物流与传统货代背后的差别

	跨境电商物流	传统货代
基因	要有平台思维与互联网思维	没有平台思维和互联网思维
核心驱动力	渠道＋信息化＋服务创新驱动	上游关系＋销售驱动

从根本上来说，时代背景快速变化，整个互联网给九方通逊带来新的客户群体，跨境电商内许多客户群体是 90 后，线上解决问题、提供数据反馈是客户的基本需求。另外，针对效率问题，九方通逊以效率为先，在线上做到物流运营、信息处理等环节标准化处理。九方通逊不断开拓创新，进行信息化建设，提高系统的能力、用户的体验，提升公司的核心竞争力。

四、信息化建设

九方通逊自 2016 年开始组建软件开发团队，深度挖掘跨境电商物流需求，自主研发了一整套可高效解决自助下单、入仓测量、集货分货、轨迹跟踪、费用分摊、账单导入、多渠道管理、数据推送、数据分析等各环节问题的所有跨境仓到仓集货类需求的物流 ERP，逐步搭建信息化物流体系。九方通逊物流 ERP 具有以下特点。

（一）全程物流轨迹集成可视化

九方通逊物流软件准确及时更新物流节点，并在客户端及小程序上同步推送。操作人员、客户、平台可通过九方通逊物流软件 PC 客户端、移动小程序等查看货物全程轨迹及在各个节点的状态。货物数据文件可自由配置，轨迹时效图形化阅览。九方通逊跨境电商全程物流轨迹如图 4 –4 所示。

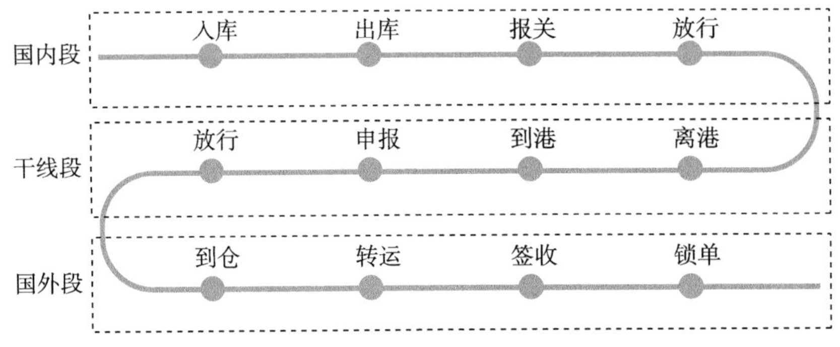

图 4 –4　九方通逊跨境电商全程物流轨迹

（二）内部数字化高效协同管控

九方通逊物流软件将仓储、销售、渠道、财务、海外的各个板块全部集成到线上，运单全程在线处理，多渠道单证处理高效，内部跨部门高效协同，操作规范，减少错误，实现物流规范运营。

（三）上下游平台化信息共享

九方通逊物流软件已逐步打通上下游各环节，包括对接客户、对接服务商、对接船东与航司、对接海关和平台，数据交互更便利，操作更快捷高效。

跨境电商品类繁多，海外申报数据复杂，未来可通过品类申报的数据沉淀，将不同国家、不同监管部门、不同品类的相关监管条件形成数据库，为卖家提供准确的申报数据和解决方案。

在未来的跨境电商物流的管理和操作场景中，硬件和设备的参与度会越来越高。尤其当5G广泛应用后，智能设备和系统的连接才能更好地发挥出数字化和智能物流的效能。

五、经验做法

九方通逊的跨境电商物流运营经验做法主要体现在以下5个方面。

（1）坚持在经营业务上以直接卖家为主要目标客户，紧跟卖家和平台的需求变化。

（2）坚持自建物流渠道，以渠道为本，最大限度地做到对渠道运营的自主把控，在团队架构和人员分配上注重产品团队的投入，建立强中台。

（3）坚持合规货物操作，没把握的货物不接，不合规的货物不接，严重低申报的货物不接，坚持做到风险前置，以保持物流渠道的稳定性和安全性。

（4）坚持自主开发物流系统，让所有岗位都在系统内工作，通过系统打通上下游，提高内部管控的效率和准确性，降低人为的错误率，提高日常与客户的交互体验。系统可以随着外部变化而不断优化迭代。

（5）坚持认为客户的核心诉求首先是货物安全，其次是时效稳定、与时效承诺一致，最后才是相对优惠的价格。九方通逊是市场第一家将商业保险引入FBA头程的物流公司，解决了客户的核心诉求，同时也规避了公司的经营性风险。然后在物流渠道各环节资源配备上，坚持以稳定可控为首，通过系统和团队保障时效的稳定性。

案例四　东立物流——推动家电行业物流业制造业深度融合创新发展*

一、企业概况

（一）广东东立商贸物流有限公司

广东东立商贸物流有限公司（以下简称“东立物流”），是从事原材料 JIT、VMI、生产物流、CDC 与 RDC 仓储管理、成品干线运输、城市配送等业务的物流与供应链企业。公司总部设在惠州，并在深圳、广州、珠海、江门、中山、佛山、长沙、武汉、宁波、常州、西安、海南等地设立分公司与办事处。公司高峰期曾有 26 个全国家电 RDC 与 CDC 仓库、9 个家电客户第三方物流发货站，服务的家电行业品牌有格力、美的、三星、LG、东芝、TCL、大长江豪爵集团、格兰仕、志高等。

经过多年的努力，东立物流形成了电子信息行业强大的资源整合能力与竞争优势，并积累成功经验，在电子信息供应链物流行业建立了相对领先的地位。目前，东立物流是全国 4A 级物流企业、惠州市现代物流龙头企业、第 8 批全国税收试点企业，广东物流协会副会长成员单位、广东省湖南商会副会长单位，并于 2010 年被列入惠州惠城区民营企业 50 强。

（二）惠州科享网络科技有限公司

东立物流根据公司科技物流的发展需求，结合实际应用场景，投资成立了惠州科享网络科技有限公司（以下简称“科享科技”）。该公司主要从事智慧供应链平台建设，计算机、通信、电子、物流领域技术咨询等业务。科享科技以东立物流服务的世界 500 强、行业品牌企业为基础，以服务东立物流货运部、车队、司机为延伸，挖掘中小制造企业以及传统电商、新零售电商需求，导入电商平台、新零售平台物流数据，建立了连接制造业与物流业订单物流数据管理中台——单多多订单管理平台。

* 供稿单位：广东东立商贸物流有限公司。整理人：朱佳蕾，广东省现代物流研究院。

二、业务概况

单多多订单管理平台是服务于制造业的订单一体化服务云平台，解决了制造业与物流方、供货方订单信息流转不透明的难点问题，实现了货物订单全流程数字化、透明化，并实现了产品溯源。由于系统的极简设计与操作的简便性，减少了操作人数与人工培训时间，大大降低了制造业的物流成本。平台技术优势还表现在强大的对接功能，可与不同制造业、不同类别的系统进行对接，生成不同的物流订单格式。平台条码“一码到底”的功能，不仅适用于运输，还适用于各类仓储、分拣中心，实现货物入库与分拣高效。

单多多订单管理平台具备以下特点。一是多部门跨企业全流程协同。不同企业、不同部门，在平台上角色相互独立，通过平台协同业务场景，实现线上线下业务一体化。二是低成本管理操作。系统使用费用低，一体机替代商务助理，协助人工核查，能够减少 80% 的仓库扫码员。三是操作便捷高效、信息安全。平台使用非常便捷，方便操作员与司机进行操作；角色较为独立，方便运单信息根据企业需求进行传递。四是运输订单可视化。从生成订单到客户签收全流程可视化，信息实现全面对接，货物在途情况、异常情况、回单签收、货损货差等信息能够全面即时反馈，方便客户一链掌握各类信息。

单多多订单管理平台特别适合“牛奶取货”、JIT 方式的生产物料供应链管理。该平台在服务东立物流客户格力、大长江、TCL 等生产物流与成品物流的同时，发挥自身技术优势，面向市场进行推广。TCL 控股的速必达希杰物流有限公司购买了单多多订单管理系统，运用于 TCL 传统物流与新零售物流，从制造业到 B 端、C 端订单跟踪服务中，实现了从制造业到终端客户订单流转全流程的跟踪。

单多多订单管理平台多次参加创客比赛，荣获广东省“创客广东”三等奖、第八届中国创新创业奖三等奖。

三、主要案例与做法

（一）格力生产物流与销售物流案例

1. 生产物流案例

2016 年格力最先进的自动化生产基地对外招标试点，东立物流中标。该项目管理仓储面积 12000 平方米，管理范围有电子仓、物资库管理，电子仓、物资库的格力物料供应商内外仓管理，JIT、VMI 管理，原材料打单入库、仓储管理、拆包分拣、一装一配上线。其中，SKU1000 个以上，东立物流搭建项目团队共计 160 人。

（1）管理模式与经验。

精益生产管理模式。以“秒”为单位计算工时，加强作业管理。实行电子仓精益化管理，自2017年3月1日起，调整物料库位管理方式，由原来的对供应商库位管理，调整至对应产线进行库位管理，提高了运作效率；同时对工装车进行统一改造，应用统一标准容器、标准托盘，订单入库单据、收货流程与标准全部采用格力标准操作；仓库管理系统由格力提供，东立物流进行数据采集与运营数据录入工作。电子仓管理现场如图4－5所示。

图4－5　电子仓管理现场（左：PCB板拆包，右：齐套物料核对）

优化管理流程。在原格力内仓与外仓管理的基础上，协助格力供应商外仓与格力内仓管理全面打通，减少原材料周转次数，降低了成本，提高生产效率。为提高仓库利用效率，建立高位立体库管理模式，80%原材料采用立体库管理模式，节约了仓库面积（见图4－6）。

图4－6　格力物资库管理现场

采用原材料JIT配送模式。创新线边包材JIT配送。将包材从格力工厂仓库直接改放在线边，以订单拉动生产，一装一配。原线边仓面积不变，容量从50万套增加到现在的600万套，极大提高了效率。使用单多多订单管理系统，对珠三角地区到达长沙基地的物料进行跨省JIT配送。大胆创新了跨省JIT配送。从2018年2月16日，用不到一个月的时间，建立了长沙格力JIT跨省服务机制，做到了珠三角城市至长沙宁乡格力基地次日达快运模式，对比超越快运，时效同等，但为格力物料供应商节约了500%以上的成本。为此，东立物流专项建立了“格力车队”服务体系，购买了17.5米、9.6米、7.6米、4.2米的车型，为格力配套服务。

（2）应用效果。

降本增效显著。电子仓由原供应商的库位管理改为面对产线管理，提高齐套效益，减少齐套型号与数量错误。在面积不变的前提下，包材线边仓容量由每年 50 万套增加至 600 万套，效益提高了 1100%。实现了内外仓打通，节省格力内仓管理人力 50 多人。跨省 JIT 服务，为格力供应商降低成本 500%，提升速度 100%。

试点示范效果显著。格力代表中国家电行业最先进的制造水平，东立物流外包格力生产物流，不仅投入了公司供应链与物流管理系统，也投入了单多多订单管理平台及物流设备，项目成功运营成为格力生产基地的榜样工程，也是中国家电行业的样板案例。东立物流服务的其他家电客户通过此案例分享，进行各自生产物流的改造，取得了良好的降本增效效果。该项目试点示范、行业带动作用显著。

2. 销售物流案例

东立物流从 2010 年开始，为格力提供第三方物流服务，主要为格力服务的基地有珠海、中山、长沙、武汉、石家庄、合肥、郑州等基地，同时为广州、长沙、石家庄销售公司提供城市配送服务，管理格力总部仓库、基地仓库及销售公司仓库，高峰期达 100 多万平方米。

销售物流仓库管理创新。东立物流根据格力与 TCL 等家电客户第三方物流需求，自主开发了“东立供应链物流管理系统”，进行仓库数据交换，确保了每天出入库数据及库存数据的正确性，将每天销售数据当天传回格力销售公司，将每天物流数据当天传回珠海格力总部物流部，每月进行盘点，准确率达 100%，而且盘点的时间由原来的 3 天缩短至 2 小时。

物流技术运用到仓库管理。在格力广州仓管理中，东立物流使用夹抱机作业，有效提高了作业效率。格力广州仓占地 3 万平方米，仓库使用面积远比不上格力珠海总厂，但装卸量与珠海总厂装卸量一样。由于夹抱机的使用，广州仓装卸工的人数只有珠海的十分之一。格力对该种作业方式非常认可，用了一年时间在全系统推广使用夹抱机作业，仅在珠海格力总厂就减少 100 多名装卸员工。

进行物流运输全方位服务与管理。一是组建格力家电大车队。东立物流自购 17.5 米大货车 50 多台，外聘请车辆 3000 台，为格力提供干线运输服务。同时，为了降低成本，通过数据分析，东立物流开展家电班车循环对开服务，开通如珠海至长沙、长沙至广州、广州至武汉等线路，纳入 TCL、美的、格兰仕等整车家电客户，在家电行业中形成强大的物流整合能力。二是开展城市配送服务。东立物流自购城市配送车辆，在广州、佛山、长沙等城市为格力提供城市配送服务。采用“牛奶送货”方式，为格力节约了配送成本，提高配送时效。同时将数据推送给安装公司，让其按预约时间上门安装。三是全程信息化管理。使用单多多订单管理系统，为格力提供车辆到达时间通知、在途实时跟踪、订单上传等服务。

实现在途信息即时反馈。为方便客户查询车辆动态，公司开发了“货车在哪”小程序，方便货主方——制造业企业、第三方物流公司、车主查询车辆轨迹，不再另行安装其他设备，减少了设备投入；同时，不需要与司机直接联系获取信息，减少了司机接听电话等可能导致交通事故的行为，且查询费用低。为制造业企业、第三方物流管理车辆提升安全性。没有 GPS 信号的车辆存在不同安全隐患，避免使用这些车辆所带来的安全风险（见图 4－7）。

图 4－7　“货车在哪”小程序增值服务

（二）速必达希杰物流有限公司案例

速必达希杰物流有限公司前身是 TCL 旗下合资子公司，主要是为 TCL 集团提供物流服务，后与韩国希杰公司合作，开始对外开展 TCL 集团以外的外部业务。广东东立商贸物流有限公司从成立起为 TCL 提供服务至今，为 TCL 集团所有产品提供销售物流服务。

1. TCL 小家电生产物流与销售物流服务

2005 年起，东立物流为 TCL 小家电提供包括 JIT、原材料仓库管理、拆包、上线、成品仓库管理、运输等在内的生产物流与销售物流全链条服务。主要仓库面积为 2.6 万平方米，SKU 达 2500。

东立物流对 TCL 小家电仓库中的电子物料与小件物料全部采用自制立体货架式管理，使物料管理从账实混乱，改善至账实一致。拣货过程采用超市推车，提高了作业效率，降低了作业强度，缩短了作业时间，人员减少了 20%。

2. TCL 彩电、白色家电销售物流服务

从 2000 年起至今，东立物流为 TCL 提供 TCL 彩电、白色家电、电脑、照明销售物流服务。主要服务内容包括干线运输、城市配送，以及 CDC、RDC 仓储管理。东立物流将单多多订单管理系统嵌入 TCL 速必达系统中，支撑速必达希杰物流有限公司的新零售渠道、传统渠道、城市配送渠道等传统物流与新零售物流的订单管理。

单多多订单管理平台与速必达希杰物流有限公司合作流程如图 4－8 所示。

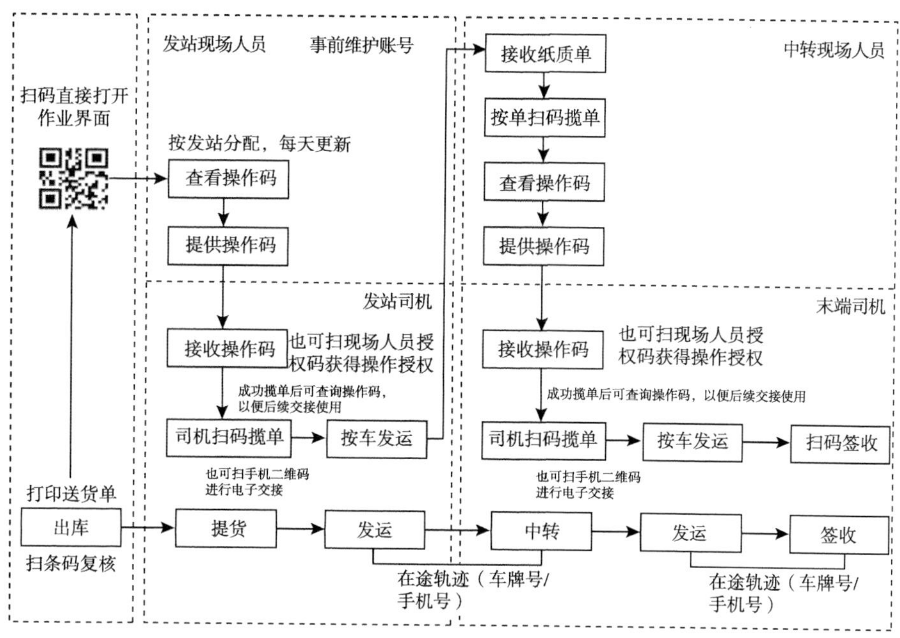

图 4－8　合作流程

扫码揽收。司机通过扫二维码进行揽货，根据面单码的编码规则，可选择三种揽货方式：按运单揽货、按整车揽货、按货品面单揽货。

发运。司机可以对已揽件的运单确认发运，并定位发货位置。还可批量确认发运。

签收。签收方式有以下三种，可以根据实际情况选择更便捷的方式。一是电子签收。单多多平台通过对接易签宝平台，司机出示签收二维码，收件人扫码进行电子签名，完成签收。单多多平台通过 API 同步至 SPD 系统。二是拍照签收。司机上传回单的照片，完成签收。单多多平台通过 API 同步至 SPD 系统。三是验证码签收。司机发送验证码到收件人手机上，收件人告知司机验证码，司机可进行回单照片上传，完成签收。单多多平台通过 API 同步至 SPD 系统。

（三）东芝销售物流案例

作为东芝物流的长期战略合作伙伴，东立物流从 2008 年开始了与东芝物流的合作，在全国范围内与东芝物流合作建立了 22 个 RDC、3 个 CDC，为东芝产品在全国的推广作出了贡献。其中广州 CDC 面积超过 5000 平方米，上海 CDC 3500 平方米。为提高仓储管理效率，东立物流为东芝专门定制了仓库管理系统，通过与东芝销售系统的对接，实现了即时出入库信息 EDI 传输、准确的先入先出（FIFO），并提供即时库存，提高了销售订单的准确性，避免了空单的发生，为产品销售提供了支持。尤其在展示品、质检样品的管理上，东立物流做到了逐件机身号管理，从入库扫描到出库追踪，提供了准确的货物信息档案。

第五部分
政策资料

国家物流业主要政策文件

国务院办公厅转发国家发展改革委交通运输部关于进一步降低物流成本实施意见的通知

国办发〔2020〕10号

各省、自治区、直辖市人民政府，国务院各部委、各直属机构：

国家发展改革委、交通运输部《关于进一步降低物流成本的实施意见》已经国务院同意，现转发给你们，请认真贯彻执行。

国务院办公厅

2020年5月20日

（此件公开发布）

关于进一步降低物流成本的实施意见

国家发展改革委　交通运输部

物流是畅通国民经济循环的重要环节。近年来，物流降本增效积极推进，社会物流成本水平保持稳步下降，但部分领域物流成本高、效率低等问题仍然突出，特别是受新冠肺炎疫情影响，社会物流成本出现阶段性上升，难以适应建设现代化经济体系、推动高质量发展的要求。为贯彻落实党中央、国务院关于统筹疫情防控和经济社会发展的决策部署，进一步降低物流成本、提升物流效率，加快恢复生产生活秩序，现提出以下意见。

一、深化关键环节改革，降低物流制度成本

（一）完善证照和许可办理程序

加快运输领域资质证照电子化，推动线上办理签注。优化大件运输跨省并联许可服务，进一步提高审批效率。（交通运输部负责）

（二）科学推进治理车辆超限超载

深入推进治超联合执法常态化、制度化，细化执法流程，严格执行全国统一的治超执法标准。分车型、分阶段有序开展治理货运车辆非法改装工作，逐步淘汰各种不合规车型。组织开展常压液体危险货物罐车专项治理行动。（交通运输部、公安部、工业和信息化部、市场监管总局按职责分工负责）

（三）维护道路货运市场正常秩序

建立严厉打击高速公路、国省道车匪路霸的常态化工作机制，畅通投诉举报渠道，重点规范车辆通行、停车服务、道路救援等领域市场秩序。（公安部、交通运输部、国家发展改革委、市场监管总局、省级人民政府按职责分工负责）

（四）优化城市配送车辆通行停靠管理

持续推进城市绿色货运配送示范工程。完善以综合物流中心、公共配送中心、末端配送网点为支撑的三级配送网络，合理设置城市配送车辆停靠装卸相关设施。鼓励发展共同配送、统一配送、集中配送、分时配送等集约化配送。改进城市配送车辆通行管理工作，明确城市配送车辆的概念范围，放宽标准化轻微型配送车辆通行限制，对新能源城市配送车辆给予更多通行便利。（交通运输部、商务部、公安部按职责分工负责）研究将城市配送车辆停靠接卸场地建设纳入城市建设和建筑设计规范。（住房城乡建设部负责）

（五）推进通关便利化

推动港口、口岸等场所作业单证无纸化，压缩单证流转时间，提升货物进出港效率。依托国际贸易“单一窗口”，开展监管、查验指令信息与港口信息双向交互试点，提高进出口货物提离速度。持续推进进出口“提前申报”，优化“两步申报”通关模式。梳理海运、通关环节审批管理事项和监管证件，对不合理或不能适应监管需要的，按规定予以取消或退出口岸验核。（交通运输部、商务部、海关总署按职责分工负责）

（六）深化铁路市场化改革

选取铁路路网密集、货运需求量大、运输供求矛盾较突出的地区和部分重要铁路货运线路（含疏运体系）开展铁路市场化改革综合试点，通过引入市场竞争机制，开展投融资、规划建设、运营管理、绩效管理、运输组织等改革。持续完善铁路货物运输价格灵活调整机制，及时灵敏反映市场供求关系。进一步放宽市场准入，吸引社会资本参与铁路货运场站、仓储等物流设施建设和运营。（国家发展改革委、交通运输部、财政部、国家铁路局、中国国家铁路集团有限公司负责）

二、加强土地和资金保障，降低物流要素成本

（七）保障物流用地需求

对国家及有关部门、省（自治区、直辖市）确定的国家物流枢纽、铁路专用线、冷链物流设施等重大物流基础设施项目，在建设用地指标方面给予重点保障。支持利用铁路划拨用地等存量土地建设物流设施。指导地方按照有关规定利用集体经营性建设用地建设物流基础设施。（自然资源部、中国国家铁路集团有限公司、省级人民政府负责）

（八）完善物流用地考核

指导地方政府合理设置物流用地绩效考核指标。在符合规划、不改变用途的前提下，对提高自有工业用地或仓储用地利用率、容积率并用于仓储、分拨转运等物流设施建设的，不再增收土地价款。（自然资源部、省级人民政府负责）

（九）拓宽融资渠道

加大中央预算内投资、地方政府专项债券对国家物流枢纽、国家骨干冷链物流基地等重大物流基础设施建设的支持力度。引导银行业金融机构加强对物流企业融资支持，鼓励规范发展供应链金融，依托核心企业加强对上下游小微企业的金融服务。充分发挥全国中小企业融资综合信用服务平台作用，推广“信易贷”模式。落实授信尽职免责和差异化考核激励政策，明确尽职认定标准和免责条件。鼓励社会资本设立物流产业发展基金。（国家发展改革委、财政部、中国人民银行、中国银保监会、国家开发银行按职责分工负责）

（十）完善风险补偿分担机制

鼓励保险公司为物流企业获取信贷融资提供保证保险增信支持，加大政策性担保对物流企业的信贷担保支持力度。发挥商业保险优势，支持保险公司开发物流企业综合保险产品和物流新兴业态从业人员的意外、医疗保险产品。（中国银保监会负责）

三、深入落实减税降费措施，降低物流税费成本

（十一）落实物流领域税费优惠政策

落实好大宗商品仓储用地城镇土地使用税减半征收等物流减税降费政策。（财政部、税务总局负责）

（十二）降低公路通行成本

结合深化收费公路制度改革，全面推广高速公路差异化收费，引导拥堵路段、时段车辆科学分流，进一步提高通行效率。深化高速公路电子不停车快捷收费改革。加强取消高速公路省界收费站后的路网运行保障，确保不增加货车通行费总体负担。鼓励有条件的地方回购经营性普通收费公路收费权，对车辆实行免费通行。严格落实鲜活农产品运输“绿色通道”政策，切实降低冷鲜猪肉等鲜活农产品运输成本。（交通运输部、财政部、国家发展改革委、省级人民政府按职责分工负责）

（十三）降低铁路航空货运收费

精简铁路货运杂费项目，降低运杂费迟交金收费标准，严格落实取消货物运输变更手续费。（中国国家铁路集团有限公司负责）大力推行大宗货物“一口价”运输。严格落实铁路专用线领域收费目录清单和公示制度，对目录清单外的收费项目以及地方政府附加收费、专用线产权单位或经营单位收费等进行清理规范。制定铁路专用线服务价格行为规则，规范铁路专用线、自备车维修服务收费行为，进一步降低收费标准，严禁通过提高或变相提高其他收费的方式冲抵降费效果。（市场监管总局、国家铁路局、中国国家铁路集团有限公司按职责分工负责）推动中欧班列高质量发展，优化班列运输组织，加强资源整合，推进“中转集散”，规范不良竞争行为，进一步降低班列开行成本。（国家发展改革委、中国国家铁路集团有限公司、财政部按职责分工负责）将机场货站运抵费归并纳入货物处理费。（中国民航局、省级人民政府负责）

（十四）规范海运口岸收费

降低港口、检验检疫等收费。对海运口岸收费进行专项清理整顿，进一步精简合并收费项目，完善海运口岸收费目录清单并实行动态管理，确保清单外无收费项目。研究将港口设施保安费等并入港口作业包干费，降低部分政府定价的港口收费标准。依法规范港口企业和船公司收费行为。降低集装箱进出口常规收费水平。（国家发展改革委、财政部、交通运输部、海关总署、市场监管总局按职责分工负责）

（十五）加强物流领域收费行为监管

对实行政府定价或政府指导价的收费项目，及时降低偏高收费标准；对实行市场调节价的收费项目，研究建立收费行为规则和指南。严格执行收费项目和标准公示制度，对不按公示价格标准收费或随意增加收费项目等行为，加大查处力度。依法查处强制收费、只收费不服务、超标准收费等违规违法行为。（国家发展改革委、市场监管总局、交通运输部、海关总署、省级人民政府按职责分工负责）

四、加强信息开放共享，降低物流信息成本

（十六）推动物流信息开放共享

在确保信息安全前提下，交通运输、公安交管、铁路、港口、航空等单位要向社会开放与物流相关的公共信息。按照安全共享和对等互利的原则，推动铁路企业与港口、物流等企业信息系统对接，完善信息接口等标准，加强列车到发时刻等信息开放。研究建立全国多式联运公共信息系统，推行标准化数据接口和协议，更大程度实现数据信息共享。（交通运输部、公安部、工业和信息化部、国家铁路局、中国民航局、中国国家铁路集团有限公司按职责分工负责）

（十七）降低货车定位信息成本

对出厂前已安装卫星定位装置的货运车辆，任何单位不得要求重复加装卫星定位装置。规范货运车辆定位信息服务商收费行为，减轻货运车辆定位信息成本负担。（工业和信息化部、市场监管总局、交通运输部按职责分工负责）

五、推动物流设施高效衔接，降低物流联运成本

（十八）破除多式联运“中梗阻”

中央和地方财政加大对铁路专用线、多式联运场站等物流设施建设的资金支持力度，研究制定铁路专用线进港口设计规范，促进铁路专用线进港口、进大型工矿企业、进物流枢纽。持续推进长江航道整治工程和三峡翻坝综合转运体系建设，进一步提升长江等内河航运能力。加快推动大宗货物中长距离运输“公转铁”“公转水”。（财政部、国家发展改革委、交通运输部、工业和信息化部、国家铁路局、中国国家铁路集团有限公司按职责分工负责）以多式联运示范工程为重点，推广应用多式联运运单，加快发展“一单制”联运服务。（交通运输部、国家发展改革委、国家铁路局、中国国家铁路集团有限公司负责）

（十九）完善物流标准规范体系

推广应用符合国家标准的货运车辆、内河船舶船型、标准化托盘和包装基础模数，带动上下游物流装载器具标准化。（工业和信息化部、商务部、交通运输部、市场监管总局按职责分工负责）加强与国际标准接轨，适应多式联运发展需求，推广应用内陆集装箱（系列2），加强特定货类安全装载标准研究，减少重复掏箱装箱。（交通运输部、国家铁路局、工业和信息化部、公安部、中国国家铁路集团有限公司负责）

六、推动物流业提质增效，降低物流综合成本

（二十）推进物流基础设施网络建设

研究制定2021—2025年国家物流枢纽网络建设实施方案，整合优化存量物流基础设施资源，构建“通道＋枢纽＋网络”的物流运作体系，系统性降低全程运输、仓储等物流成本。（国家发展改革委、交通运输部负责）继续实施示范物流园区工程，示范带动骨干物流园区互联成网。（国家发展改革委、自然资源部负责）布局建设一批国家骨干冷链物流基地，有针对性补齐城乡冷链物流设施短板，整合冷链物流以及农产品生产、流通资源，提高冷链物流规模化、集约化、组织化、网络化水平，降低冷链物流成本。（国家发展改革委负责）加强县乡村共同配送基础设施建设，推广应用移动冷库等新型冷链物流设施设备。（商务部、国家发展改革委负责）加强应急物流体系建设，完善应急物流基础设施网络，整合储备、运输、配送等各类存量基础设施资源，加快补齐特定区域、特定领域应急物流基础设施短板，提高紧急情况下应急物流保障能力。（国家发展改革委、交通运输部、省级人民政府按职责分工负责）

（二十一）培育骨干物流企业

鼓励大型物流企业市场化兼并重组，提高综合服务能力和国际竞争力。培育具有较强实力的国际海运企业，推动构建与我国对外贸易规模相适应的国际航运网络。（国务院国资委、交通运输部按职责分工负责）严格落实网络货运平台运营相关法规和标准，促进公路货运新业态规范发展。鼓励物流企业向多式联运经营人、物流全链条服务商转型。（交通运输部、国家发展改革委按职责分工负责）

（二十二）提高现代供应链发展水平

深入推进供应链创新与应用试点，总结推广试点成功经验和模式，提高资金、存货周转效率，促进现代供应链与农业、工业、商贸流通业等融合创新。研究制定现代供应链发展战略，加快发展数字化、智能化、全球化的现代供应链。（国家发展改革委、商务部按职责分工负责）

（二十三）加快发展智慧物流

积极推进新一代国家交通控制网建设，加快货物管理、运输服务、场站设施等数字化升级。（交通运输部负责）推进新兴技术和智能化设备应用，提高仓储、运输、分拨配送等物流环节的自动化、智慧化水平。（国家发展改革委负责）

（二十四）积极发展绿色物流

深入推动货物包装和物流器具绿色化、减量化，鼓励企业研发使用可循环的绿色

包装和可降解的绿色包材。加快推动建立托盘等标准化装载器具循环共用体系，减少企业重复投入。（商务部、交通运输部、市场监管总局、工业和信息化部、国家邮政局按职责分工负责）

各地区各部门要按照党中央、国务院决策部署，加强政策统筹协调，切实落实工作责任，结合本地区本部门实际认真组织实施。国家发展改革委要会同有关部门发挥全国现代物流工作部际联席会议作用，加强工作指导，及时总结推广降低物流成本典型经验做法，协调解决政策实施中存在的问题，确保各项政策措施落地见效。

关于印发《推动物流业制造业深度融合创新发展实施方案》的通知

发改经贸〔2020〕1315号

各省、自治区、直辖市及计划单列市、新疆生产建设兵团发展改革委、工业和信息化主管部门、公安厅、财政厅、自然资源主管部门、交通运输厅（局、委）、农业农村（农牧）厅（局、委）、商务厅（局、委）、市场监管局（厅、委）、银保监局，各地区铁路监督管理局，民航各地区管理局，邮政管理局，各铁路局集团公司：

为贯彻落实党中央、国务院关于推动高质量发展的决策部署，做好“六稳”工作，落实“六保”任务，进一步推动物流业制造业深度融合、创新发展，推进物流降本增效，促进制造业转型升级，国家发展改革委会同工业和信息化部等部门和单位研究制定了《推动物流业制造业深度融合创新发展实施方案》，现印发给你们，请认真贯彻执行。

国家发展改革委
工业和信息化部
公　安　部
财　政　部
自然资源部
交通运输部
农业农村部
商　务　部
市场监管总局
银保监会
国家铁路局
民　航　局
国家邮政局
中国国家铁路集团有限公司
2020年8月22日

推动物流业制造业深度融合创新发展实施方案

2020 年 10 月

物流业是支撑国民经济发展的基础性、战略性、先导性产业，制造业是国民经济的主体，是全社会物流总需求的主要来源。推动物流业制造业融合发展，是深化供给侧结构性改革，推动经济高质量发展的现实需要；是进一步提高物流发展质量效率，深入推动物流降本增效的必然选择；是适应制造业数字化、智能化、绿色化发展趋势，加快物流业态模式创新的内在要求。当前，我国物流业制造业融合发展趋势不断增强，在推动降低制造业成本水平等方面取得积极成效，但融合层次不够高、范围不够广、程度不够深，与促进形成强大国内市场，构建现代化经济体系的总体要求还不相适应。特别是应对新冠肺炎疫情和推动复工复产期间，供应链弹性不足、产业链协同不强、物流业制造业联动不够等问题凸显，直接影响到产业平稳运行和正常生产生活秩序。为进一步深入推动物流业制造业深度融合、创新发展，保持产业链供应链稳定，推动形成以国内大循环为主体、国内国际双循环相互促进的新发展格局，特制定本方案。

一、总体要求

（一）指导思想

以习近平新时代中国特色社会主义思想为指导，全面贯彻党的十九大和十九届二中、三中、四中全会精神，牢固树立和深入践行新发展理念，紧紧围绕高质量发展要求，以深化供给侧结构性改革为主线，充分发挥市场在资源配置中的决定性作用，更好发挥政府作用，统筹推动物流业降本增效提质和制造业转型升级，促进物流业制造业协同联动和跨界融合，延伸产业链，稳定供应链，提升价值链，为实体经济高质量发展和现代化经济体系建设奠定坚实基础。

（二）发展目标

到 2025 年，物流业在促进实体经济降本增效、供应链协同、制造业高质量发展等方面作用显著增强。探索建立符合我国国情的物流业制造业融合发展模式，制造业供应链协同发展水平大幅提升，精细化、高品质物流服务供给能力明显增强，主要制造业领域物流费用率不断下降；培育形成一批物流业制造业融合发展标杆企业，引领带动物流业制造业融合水平显著提升；初步建立制造业物流成本核算统计体系，对制造业物流成本水平变化的评估监测更加及时准确。

二、紧扣关键环节，促进物流业制造业融合创新

（三）促进企业主体融合发展

支持物流企业与制造企业通过市场化方式创新供应链协同共建模式，建立互利共赢的长期战略合作关系，进一步增强响应市场需求变化、应对外部冲击的能力，提高核心竞争力。引导制造企业结合实际系统整合其内部分散在采购、制造、销售等环节的物流服务能力，以及铁路专用线、仓储、配送等存量设施资源，向社会提供专业化、高水平的综合物流服务。（各部门按职能分工负责）

（四）促进设施设备融合联动

在国土空间规划和产业发展规划中加强物流业制造业有机衔接，统筹做好工业园区等生产制造设施，以及物流枢纽、铁路专用线等物流基础设施规划布局和用地用海安排。（发展改革委、工业和信息化部、自然资源部、交通运输部、国家邮政局、国家铁路集团按职责分工负责）积极推进生产服务型国家物流枢纽建设，充分发挥国家物流枢纽对接干线运力、促进资源集聚的显著优势，支撑制造业高质量集群化发展。（发展改革委、交通运输部、国家邮政局负责）支持大型工业园区新建或改扩建铁路专用线、仓储、配送等基础设施，吸引第三方物流企业进驻并提供专业化物流服务。（发展改革委、工业和信息化部、国家邮政局、国家铁路集团按职责分工负责）

（五）促进业务流程融合协同

推动制造企业与第三方物流、快递企业密切合作，在生产基地规划、厂内设施布局、销售渠道建设等方面引入专业化物流解决方案，结合生产制造流程合理配套物流设施设备，具备条件的可结合实际共同投资建设专用物流设施。加快发展高品质、专业化定制物流，引导物流、快递企业为制造企业量身定做供应链管理库存、线边物流、供应链一体化服务等物流解决方案，增强柔性制造、敏捷制造能力。（发展改革委、工业和信息化部、商务部、国家邮政局按职责分工负责）

（六）促进标准规范融合衔接

建立跨部门工作沟通机制，对涉及物流业制造业融合发展的国家标准、行业标准和地方标准，在立项、审核、发布等环节广泛听取相关部门意见，加强标准规范协调衔接；支持行业协会等社会团体结合实际研究制定物流业制造业融合发展的团体标准，引导和规范物流业制造业融合创新。鼓励制造企业在产品及包装设计、生产中充分考虑物流作业需要，采用标准化物流装载单元，促进 1200mm × 1000mm 标准托盘和 600mm × 400mm 包装基础模数从商贸、物流等领域向制造业领域延伸，提高托盘、包

装箱等装载单元标准化和循环共用水平。（发展改革委、工业和信息化部、交通运输部、商务部、市场监管总局、国家邮政局按职责分工负责）

（七）促进信息资源融合共享

促进工业互联网在物流领域融合应用，发挥制造、物流龙头企业示范引领作用，推广应用工业互联网标识解析技术和基于物联网、云计算等智慧物流技术装备，建设物流工业互联网平台，实现采购、生产、流通等上下游环节信息实时采集、互联共享，推动提高生产制造和物流一体化运作水平。推动将物流业制造业深度融合信息基础设施纳入数字物流基础设施建设，夯实信息资源共享基础。支持大型工业园区、产业集聚区、物流枢纽等依托专业化的第三方物流信息平台实现互联互通，面向制造企业特别是中小型制造企业提供及时、准确的物流信息服务，促进制造企业与物流企业高效协同。积极探索和推进区块链、第五代移动通信技术（5G）等新兴技术在物流信息共享和物流信用体系建设中的应用。（发展改革委、工业和信息化部、交通运输部、国家邮政局按职责分工负责）

三、突出重点领域，提高物流业制造业融合水平

（八）大宗商品物流

推动和支持钢铁、有色金属、建材等大型制造业企业和工业园区提高煤炭、原油、矿石、粮食等大宗商品中长期运输合同比例以及铁路、水路等清洁运输比例。扩大面向大型厂矿、制造业基地的“点对点”直达货运列车开行范围。鼓励铁路、水路运输企业与制造业大客户签订量价互保协议，实现互惠共赢。依托具备条件的国家物流枢纽发展现代化大宗商品物流中心，促进大宗商品物流降本增效。（发展改革委、工业和信息化部、交通运输部、国家铁路集团按职责分工负责）

（九）生产物流

鼓励制造业企业适应智能制造发展需要，开展物流智能化改造，推广应用物流机器人、智能仓储、自动分拣等新型物流技术装备，提高生产物流自动化、数字化、智能化水平。加强大型装备等大件运输管理和综合协调，不断优化跨省大件运输并联许可服务。加快商品车物流基地建设，优化铁路运输组织模式，稳定衔接车船班期，提高商品车铁路、水路运输比例；优化商品车城市配送通道，便利合规车辆运输车通行。（发展改革委、工业和信息化部、公安部、交通运输部、国家邮政局、国家铁路集团按职责分工负责）

（十）消费物流

鼓励邮政、快递企业针对高端电子消费产品、医药品等单位价值较高以及纺织服

装、工艺品等个性化较强的产品提供高品质、差异化寄递服务，促进精益制造和定制化生产发展。稳步推进国家骨干冷链物流基地建设，推动提高生鲜农产品产业化发展水平。推动构建全国性、区域性冷链物流公共信息平台，促进相关企业数据交换，逐步实现冷链信息全程透明化和可追溯。鼓励企业根据市场需求，提升港区及周边冷链存储能力。支持生鲜农产品及食品全程冷链物流体系建设，加快农产品产地“最先一公里”预冷、保鲜等商品化处理和面向城市消费者“最后一公里”的低温加工配送设施建设。（发展改革委、工业和信息化部、交通运输部、农业农村部、商务部、市场监管总局、国家邮政局按职责分工负责）

（十一）绿色物流

引导制造企业在产品设计、制造等环节充分考虑全生命周期物流跟踪管理，推动产品包装和物流器具绿色化、减量化、循环化。鼓励企业针对家用电器、电子产品、汽车等废旧物资构建线上线下融合的逆向物流服务平台和回收网络，促进资源循环利用以及逆向物流、再制造发展。支持具备条件的城市和制造、商贸企业开展逆向物流试点，探索符合我国国情的逆向物流发展模式。（发展改革委、工业和信息化部、商务部、国家邮政局按职责分工负责）

（十二）国际物流

发挥国际物流协调保障机制、全国现代物流工作部际联席会议等作用，加强顶层设计，构建现代国际物流体系，保障进口货物进得来，出口货物出得去。加强国际航空、海运、中欧班列等国际干线物流通道以及物流枢纽、制造业园区统筹布局和协同联动，支持外向型制造企业发展。支持制造企业利用中欧班列拓展“一带一路”沿线国家市场。加快培育与我国生产制造、货物贸易规模相适应的骨干海运企业和国际海运服务能力。围绕国际产能和装备制造合作重点领域，鼓励骨干制造企业与物流、快递企业合作开辟国际市场，培育一批具有全球采购、全球配送能力的国际供应链服务商。发展面向集成电路、生物制药、高端电子消费产品、高端精密设备等高附加值制造业的全流程航空物流，促进“买全球”“卖全球”。支持邮政、快递企业与制造企业深度合作，打造安全可靠的国际国内生产型寄递物流体系。（发展改革委、工业和信息化部、交通运输部、商务部、民航局、国家邮政局、国家铁路集团按职责分工负责）

（十三）应急物流

研究制定健全应急物流体系的实施方案，建立以企业为主体的应急物流队伍，在发生重大突发事件时确保主要制造产业链平稳运行。支持物流、快递企业和应急物资制造企业深度合作，研究制定应急保障预案，提高紧急情况下关键原辅料、产成品等调运效率。补齐医疗等应急物资储备设施短板，完善医疗等应急物资储备体系，提高实物储备和产能储备能力。在工业园区等生产制造设施、物流枢纽等物流基础设施规划布局、功能设计中充分考虑产品生产、调运及原辅料供应保障等需要，确保紧急情况下物流通道畅通，增强相关制造产业链在受到外部冲击时的快速恢复能力。（发展改革委、工业和信息化部、自然资源部、交通运输部、国家邮政局、国家铁路集团按职责分工负责）

四、加强统筹引导，优化融合发展的政策环境

（十四）营造良好市场环境

深入推进放管服改革，对物流业制造业融合发展新业态、新模式实施包容审慎监管。取消不合理的市场准入限制，确保各类市场主体平等参与市场竞争。严格落实国务院和相关部门已出台的物流降成本措施，为物流业制造业融合创新发展创造良好条件。支持行业协会加强行业自律和诚信建设，持续改善物流行业信用环境，增强制造企业与物流企业战略合作的信心和意愿。（各相关部门按职责分工负责）

（十五）加大政策支持力度

充分利用现有政策渠道支持物流标准化设施设备推广、铁路专用线建设、农产品冷链物流发展等。鼓励有条件的制造企业剥离物流资产成立独资或合资物流企业，符合条件的按照有关规定享受财税政策。支持制造企业在不改变用地主体和规划条件的前提下，利用存量厂房、土地资源发展生产性物流服务，其土地用途可暂不变更。加快修订铁路专用线管理相关文件，完善专用线共建共用机制，规范专用线收费项目标准和收费行为。（发展改革委、工业和信息化部、财政部、自然资源部、国家铁路局、国家铁路集团按职责分工负责）

（十六）创新金融支持方式

鼓励银行保险机构按照风险可控、商业可持续的原则，开发服务物流业制造业深度融合的金融产品和服务。鼓励供应链核心制造企业或平台企业与金融机构深度合作，整合物流、信息流、资金流等信息，为包括物流、快递企业在内的上下游企业提供增信支持，妥善促进供应链金融发展。支持社会资本设立物流业制造业融合发展产业投资平台，拓宽融资支持渠道。（发展改革委、银保监会按职责分工负责）

（十七）发挥示范引领作用

支持骨干物流、快递、制造企业兼并重组、做大做强，在危化品物流、逆向物流及服务先进制造等专业化程度高的领域培育形成一批技术水平高、服务能力强的企业，打造物流业制造业融合创新品牌。研究修订推荐性国家标准《企业物流成本构成与计

算》，选取若干企业开展物流成本统计核算试点，研究建立制造业物流成本核算统计体系。鼓励龙头企业发起成立物流业制造业融合创新发展专业联盟，促进协同联动和跨界融合。在重点领域梳理一批物流业制造业深度融合创新发展典型案例，总结推广物流降成本、改造提升传统制造业等方面的成功经验。（发展改革委、工业和信息化部、交通运输部、市场监管总局、国家邮政局按职责分工负责）

（十八）强化组织协调保障

依托全国现代物流工作部际联席会议机制推进物流业制造业融合发展，加强跨部门政策统筹和工作协调，及时研究解决物流业制造业融合发展面临的突出问题，营造良好政策环境。充分利用科研院校、骨干企业等社会研究力量，搭建覆盖产学研用的咨询服务平台，为促进物流业制造业融合发展提供智力支持。依托主要行业协会建立物流业制造业融合发展动态监测和第三方评估机制，研究制定融合发展统计和评价体系，定期发布研究报告，为相关政府部门决策提供参考，引导行业健康发展。（各相关部门按职责分工负责）

国务院办公厅关于以新业态新模式引领新型消费加快发展的意见

国办发〔2020〕32 号

各省、自治区、直辖市人民政府，国务院各部委、各直属机构：

近年来，我国以网络购物、移动支付、线上线下融合等新业态新模式为特征的新型消费迅速发展，特别是今年新冠肺炎疫情发生以来，传统接触式线下消费受到影响，新型消费发挥了重要作用，有效保障了居民日常生活需要，推动了国内消费恢复，促进了经济企稳回升。但也要看到，新型消费领域发展还存在基础设施不足、服务能力偏弱、监管规范滞后等突出短板和问题。在常态化疫情防控条件下，为着力补齐新型消费短板、以新业态新模式为引领加快新型消费发展，经国务院同意，现提出以下意见。

一、总体要求

（一）指导思想

在以习近平同志为核心的党中央坚强领导下，以习近平新时代中国特色社会主义思想为指导，全面贯彻党的十九大和十九届二中、三中、四中全会精神，坚持稳中求进工作总基调，坚持新发展理念，坚持以供给侧结构性改革为主线，坚持以改革开放为动力推动高质量发展，扎实做好“六稳”工作，全面落实“六保”任务，坚定实施扩大内需战略，以新业态新模式为引领，加快推动新型消费扩容提质，坚持问题导向和目标导向，补齐基础设施和服务能力短板，规范创新监管方式，持续激发消费活力，促进线上线下消费深度融合，努力实现新型消费加快发展，推动形成以国内大循环为主体、国内国际双循环相互促进的新发展格局。

（二）基本原则

坚持创新驱动、融合发展。深入实施创新驱动发展战略，推动技术、管理、商业模式等各类创新，加快培育新业态新模式，推动互联网和各类消费业态紧密融合，加快线上线下消费双向深度融合，促进新型消费蓬勃发展。

坚持问题导向、补齐短板。针对新型消费基础设施不足、服务能力偏弱等问题，充分调动中央和地方两个积极性，进一步加大软硬件建设力度，加强新装备新设备生产应用，优化新型消费网络节点布局，加快补齐发展短板。

坚持深化改革、优化环境。以深化“放管服”改革、优化营商环境推动新型消费加快发展，打破制约发展的体制机制障碍，顺应新型消费发展规律创新经济治理模式，系统性优化制度体系和发展环境，最大限度激发市场活力。

坚持市场主导、政府促进。使市场在资源配置中起决定性作用，以市场需求为导向，顺应居民消费升级趋势，培育壮大各类新型消费市场主体，提升新型消费竞争力。更好发挥政府作用，为新型消费发展提供全方位制度和政策支撑。

（三）主要目标

经过3～5年努力，促进新型消费发展的体制机制和政策体系更加完善，通过进一步优化新业态新模式引领新型消费发展的环境、进一步提升新型消费产品的供给质量、进一步增强新型消费对扩内需稳就业的支撑，到2025年，培育形成一批新型消费示范城市和领先企业，实物商品网上零售额占社会消费品零售总额比重显著提高，“互联网＋服务”等消费新业态新模式得到普及并趋于成熟。

二、加力推动线上线下消费有机融合

（四）进一步培育壮大各类消费新业态新模式

建立健全“互联网＋服务”、电子商务公共服务平台，加快社会服务在线对接、线上线下深度融合。有序发展在线教育，推广大规模在线开放课程等网络学习模式，推动各类数字教育资源共建共享。积极发展互联网健康医疗服务，大力推进分时段预约诊疗、互联网诊疗、电子处方流转、药品网络销售等服务。深入发展在线文娱，鼓励传统线下文化娱乐业态线上化，支持互联网企业打造数字精品内容创作和新兴数字资源传播平台。鼓励发展智慧旅游，提升旅游消费智能化、便利化水平。大力发展智能体育，培育在线健身等体育消费新业态。进一步支持依托互联网的外卖配送、网约车、即时递送、住宿共享等新业态发展。加快智慧广电生态体系建设，培育打造5G条件下更高技术格式、更新应用场景、更美视听体验的高新视频新业态，形成多元化的商业模式。创新无接触式消费模式，探索发展智慧超市、智慧商店、智慧餐厅等新零售业态。推广电子合同、电子文件等无纸化在线应用。（国家发展改革委、教育部、工业和信息化部、交通运输部、商务部、文化和旅游部、国家卫生健康委、广电总局、体育总局、国家邮政局、国家药监局等部门按职责分工负责）

（五）推动线上线下融合消费双向提速

支持互联网平台企业向线下延伸拓展，加快传统线下业态数字化改造和转型升级，发展个性化定制、柔性化生产，推动线上线下消费高效融合、大中小企业协同联动、上下游全链条一体发展。引导实体企业更多开发数字化产品和服务，鼓励实体商业通过直播电子商务、社交营销开启“云逛街”等新模式。加快推广农产品“生鲜电子商务 + 冷链宅配”、“中央厨房 + 食材冷链配送”等服务新模式。组织开展形式多样的网络促销活动，促进品牌消费、品质消费。（国家发展改革委、工业和信息化部、住房城乡建设部、农业农村部、商务部、国家邮政局等部门按职责分工负责）

（六）鼓励企业依托新型消费拓展国际市场

推动电子商务、数字服务等企业“走出去”，加快建设国际寄递物流服务体系，统筹推进国际物流供应链建设，开拓国际市场特别是“一带一路”沿线业务，培育一批具有全球资源配置能力的国际一流平台企业和物流供应链企业。充分依托新型消费带动传统商品市场拓展对外贸易、促进区域产业集聚。持续提高通关便利化水平，优化申报流程。探索新型消费贸易流通项下逐步推广人民币结算。鼓励企业以多种形式实现境外本土化经营，降低物流成本，构建营销渠道。（国家发展改革委、交通运输部、商务部、人民银行、海关总署、税务总局、国家邮政局、国家外汇局等部门按职责分工负责）

三、加快新型消费基础设施和服务保障能力建设

（七）加强信息网络基础设施建设

进一步加大5G网络、数据中心、工业互联网、物联网等新型基础设施建设力度，优先覆盖核心商圈、重点产业园区、重要交通枢纽、主要应用场景等。打造低时延、高可靠、广覆盖的新一代通信网络。加快建设千兆城市。推动车联网部署应用。推动城市信息模型（CIM）基础平台建设，支持城市规划建设管理多场景应用，促进城市基础设施数字化和城市建设数据汇聚。加大相关设施安全保障力度。（国家发展改革委、工业和信息化部、自然资源部、住房城乡建设部等部门按职责分工负责）

（八）完善商贸流通基础设施网络

建立健全数字化商品流通体系，在新兴城市、重点乡镇和中西部地区加快布局数字化消费网络，降低物流综合成本。提升电商、快递进农村综合水平，推动农村商贸流通转型升级。补齐农产品冷链物流设施短板，加快农产品分拨、包装、预冷等集配装备和分拨仓、前置仓等仓储设施建设。推进快递服务站、智能快件箱（信包箱）、无人售货机、智能垃圾回收机等智能终端设施建设和资源共享。推进供应链创新应用，开展农商互联农产品供应链建设，提升农产品流通现代化水平。鼓励传统流通企业向供应链服务企业转型。（国家发展改革委、住房城乡建设部、交通运输部、农业农村

部、商务部、国家邮政局等部门按职责分工负责）

（九）大力推动智能化技术集成创新应用

在有效防控风险的前提下，推进大数据、云计算、人工智能、区块链等技术发展融合，加快区块链在商品溯源、跨境汇款、供应链金融和电子票据等数字化场景应用，推动更多企业“上云上平台”。积极开展消费服务领域人工智能应用，丰富5G技术应用场景，加快研发可穿戴设备、移动智能终端、智能家居、超高清及高新视频终端、智能教学助手、智能学伴、医疗电子、医疗机器人等智能化产品，增强新型消费技术支撑。（国家发展改革委、工业和信息化部、人民银行、广电总局、银保监会等部门按职责分工负责）

（十）安全有序推进数据商用

在健全安全保障体系的基础上，依法加强信息数据资源服务和监管。加大整合开发力度，探索数据流通规则制度，有效破除数据壁垒和“孤岛”，打通传输应用堵点，提升消费信息数据共享商用水平，更好为企业提供算力资源支持和优惠服务。探索发展消费大数据服务。（国家发展改革委、工业和信息化部、国家统计局等部门按职责分工负责）

（十一）规划建设新型消费网络节点

围绕国家重大区域发展战略打造新型消费增长极，培育建设国际消费中心城市，着力建设辐射带动能力强、资源整合有优势的区域消费中心，加强中小型消费城市梯队建设。规划建设城乡融合新型消费网络节点，积极发展“智慧街区”、“智慧商圈”。深化步行街改造提升工作，鼓励有条件的街区加快数字化改造，提供全方位数字生活新服务。优化百货商场、购物中心、便利店、农贸市场等城乡商业网点布局，引导行业适度集中。完善社区便民消费设施，加快规划建设便民生活服务圈、城市社区邻里中心和农村社区综合性服务网点。（国家发展改革委、工业和信息化部、自然资源部、住房城乡建设部、农业农村部、商务部等部门按职责分工负责）

四、优化新型消费发展环境

（十二）加强相关法规制度建设

出台互联网上网服务管理政策，规范行业发展。顺应新型消费发展规律，加快出台电子商务、共享经济等领域相关配套规章制度，研究制定分行业分领域的管理办法，有序做好与其他相关政策法规的衔接。推动及时调整不适应新型消费发展的法律法规与政策规定。（国家发展改革委、工业和信息化部、司法部、商务部、市场监管总局等

部门按职责分工负责）

（十三）深化包容审慎和协同监管

按照包容审慎和协同监管原则，为新型消费营造规范适度的发展环境。强化消费信用体系建设，构建以信用为基础的新型监管机制。完善跨部门协同监管机制，实现线上线下协调互补、市场监管与行业监管联接互动，加大对销售假冒伪劣商品、侵犯知识产权、虚假宣传、价格欺诈、泄露隐私等行为的打击力度，着力营造安全放心诚信消费环境，促进新型消费健康发展。（国家发展改革委、工业和信息化部、商务部、市场监管总局等部门按职责分工负责）

（十四）健全服务标准体系

推进新型消费标准化建设，支持和鼓励平台企业、行业组织、研究机构等研究制定支撑新型消费的服务标准，健全市场监测、用户权益保护、重要产品追溯等机制，提升行业发展质量和水平。（国家发展改革委、工业和信息化部、商务部、市场监管总局等部门按职责分工负责）

（十五）简化优化证照办理

进一步优化零售新业态新模式营商环境，探索实行“一照多址”。各地对新申请食品经营（仅限从事预包装食品销售）的，可试点推行告知承诺制。各地可结合实际，在保障食品安全的前提下，扩大推行告知承诺制的范围。（市场监管总局牵头，国家发展改革委等部门按职责分工负责）

五、加大新型消费政策支持力度

（十六）强化财政支持

各级财政通过现有资金渠道、按照市场化方式支持新型消费发展，促进相关综合服务和配套基础设施建设。研究进一步对新型消费领域企业优化税收征管措施，更好发挥减税降费政策效应。（国家发展改革委、工业和信息化部、财政部、人力资源社会保障部、税务总局等部门按职责分工负责）

（十七）优化金融服务

深化政银企合作，拓展新型消费领域投融资渠道。鼓励金融机构按照市场化原则，在风险可控前提下，结合新型消费领域相关企业经营特点，积极开发金融产品和服务。优化与新型消费相关的支付环境，鼓励银行等各类型支付清算服务主体降低手续费用，降低商家、消费者支付成本，推动银行卡、移动支付在便民消费领域广泛应用。完善跨境支付监管制度，稳妥推进跨境移动支付应用，提升境外人员境内支付规范化便利化水平。支持符合条件的企业通过发行新股、发行公司债券、“新三板”挂牌等方式融资。发展股权投资基金，推动生产要素向更具前景、更具活力的新型消费领域转移和集聚。（国家发展改革委、财政部、人民银行、银保监会、证监会等部门按职责分工负责）

（十八）完善劳动保障政策

鼓励发展新就业形态，支持灵活就业，加快完善相关劳动保障制度。指导企业规范开展用工余缺调剂，帮助有“共享用工”需求的企业精准、高效匹配人力资源。促进新业态新模式从业人员参加社会保险，提高参保率。坚持失业保险基金优先保生活，通过发放失业保险金、一次性生活补助等多措并举，加快构建城乡参保失业人员应发尽发、应保尽保长效机制。（国家发展改革委、财政部、人力资源社会保障部、国家医保局等部门按职责分工负责）

六、强化组织保障

（十九）加强组织领导

充分发挥完善促进消费体制机制部际联席会议制度作用，加强组织领导和统筹协调，国家发展改革委牵头组织实施，强化部门协同和上下联动，加快研究制定以新业态新模式引领新型消费加快发展的具体实施方案和配套措施，明确责任主体、时间表和路线图，形成政策合力。（国家发展改革委等各有关部门按职责分工负责）

（二十）强化监测评估

加强新型消费统计监测，聚合各类平台企业消费数据，强化传统数据与大数据比对分析，及时反映消费现状和发展趋势，提高政策调控的前瞻性和有效性。完善政策实施评估体系，综合运用第三方评估、社会监督评价等多种方式，科学评估实施效果，确保各项举措落到实处。（国家发展改革委、商务部、市场监管总局、国家统计局等部门按职责分工负责）

（二十一）注重宣传引导

创新宣传方式，丰富宣传手段，加强支持新型消费发展相关政策宣传解读和经验推广，倡导健康、智慧、便捷、共享的消费理念，营造有利于新型消费良性发展的舆论氛围。（国家发展改革委、商务部、市场监管总局、广电总局、国务院新闻办等部门按职责分工负责）

各地区、各有关部门要以习近平新时代中国特色社会主义思想为指导，增强“四个意识”、坚定“四个自信”、做到“两个维护”，坚决贯彻党中央、国务院决策部署，充分认识培育壮大新业态新模式、加快发展新型消费的重要意义，认真落实本意见各项要求，细化实化政策措施，优化制度环境，强化要素保障，持续扩大国内需求，扩大最终消费，为居民消费升级创造条件。

国务院办公厅

2020 年 9 月 16 日

（此件公开发布）

国务院办公厅转发国家发展改革委等部门关于加快推进快递包装绿色转型意见的通知

国办函〔2020〕115号

各省、自治区、直辖市人民政府，国务院各部委、各直属机构：

国家发展改革委、国家邮政局、工业和信息化部、司法部、生态环境部、住房城乡建设部、商务部、市场监管总局《关于加快推进快递包装绿色转型的意见》已经国务院同意，现转发给你们，请认真贯彻落实。

国务院办公厅

2020年11月30日

（此件公开发布）

关于加快推进快递包装绿色转型的意见

国家发展改革委　国家邮政局　工业和信息化部　司法部
生态环境部　住房城乡建设部　商务部　市场监管总局

为贯彻落实党中央、国务院决策部署，进一步加强快递包装治理，推进快递包装绿色转型，现提出以下意见。

一、总体要求

（一）指导思想

以习近平新时代中国特色社会主义思想为指导，全面贯彻党的十九大和十九届二中、三中、四中、五中全会精神，深入践行习近平生态文明思想，认真落实党中央、国务院决策部署，坚持以人民为中心，落实新发展理念，强化快递包装绿色治理，加强电商和快递规范管理，增加绿色产品供给，培育循环包装新型模式，加快建立与绿色理念相适应的法律、标准和政策体系，推进快递包装“绿色革命”。

（二）基本原则

——坚持绿色发展。以绿色理念推动电商和快递行业高质量发展，建立健全市场主体激励约束机制，打造统一规范、竞争有序、监管有力的营商环境，推进快递包装管理制度和治理体系现代化。

——坚持创新引领。以技术创新和模式创新驱动快递包装绿色转型，开发应用新技术、新产品，培育发展快递包装新业态。以标准化和规范化为主线，优化快递包装产品供给结构，推动产业链、供应链转型升级。

——坚持协同共治。压实企业主体责任，强化政府监督管理，加强政策引导，形成法律、标准、政策相互协调，产业链、供应链前后贯通，政府监管、行业自律、社会参与三位一体的快递包装协同治理体系。

（三）主要目标

到2022年，快递包装领域法律法规体系进一步健全，基本形成快递包装治理的激励约束机制；制定实施快递包装材料无害化强制性国家标准，全面建立统一规范、约束有力的快递绿色包装标准体系；电商和快递规范管理普遍推行，电商快件不再二次包装比例达到85%，可循环快递包装应用规模达700万个，快递包装标准化、绿色化、循环化水平明显提升。到2025年，快递包装领域全面建立与绿色理念相适应的法律、标准和政策体系，形成贯穿快递包装生产、使用、回收、处置全链条的治理长效机制；电商快件基本实现不再二次包装，可循环快递包装应用规模达1000万个，包装减量和绿色循环的新模式、新业态发展取得重大进展，快递包装基本实现绿色转型。

二、完善快递包装法律法规和标准体系

（四）健全法律法规体系

推动电子商务、邮政快递等行业管理法律法规与固体废物污染环境防治法有效衔接，进一步明确市场主体法律责任和政府监管责任，加快形成有利于完善快递包装治理的法律法规体系。研究修订《快递暂行条例》，细化快递包装生产、使用、回收、处置各环节管理要求。制定《邮件快件包装管理办法》，进一步健全快递包装治理的监管手段和具体措施。（商务部、交通运输部、国家邮政局、生态环境部、司法部按职责分工负责）

（五）加强标准化工作顶层设计

建立快递绿色包装标准化联合工作组，统一指导快递包装标准制定工作。制定覆盖产品、评价、管理和安全各类别以及设计、生产、销售、使用、回收和循环利用各

环节的标准体系框架图。统一快递绿色包装、循环包装的核心关键指标要求，解决部分标准引用层次复杂、关键指标不清晰、内容互不衔接等问题。清理一批与行业发展和管理要求不相符的现行标准。强化标准实施效果评估，形成动态反馈、及时修订机制。（市场监管总局牵头，国家发展改革委、工业和信息化部、生态环境部、商务部、国家邮政局等部门参与）

（六）升级完善快递包装标准

抓紧制定快递包装材料无害化相关强制性国家标准，提高标准约束力。建立健全可循环快递包装、产品与快递一体化包装、合格包装采购管理、绿色包装认证等重点领域标准。研究制定可降解材料与包装产品标识标准，进一步完善可降解快递包装标准，加快实施快递包装绿色产品认证和可降解包装产品标识制度。开辟绿色通道，提高标准制修订效率。（市场监管总局牵头，工业和信息化部、生态环境部、商务部、国家邮政局等部门参与）

三、强化快递包装绿色治理

（七）推进快递包装材料源头减量

加强快递领域塑料污染治理，推动重点地区逐步停止使用不可降解的塑料包装袋、一次性塑料编织袋，减少使用不可降解塑料胶带。推动全国快递业务实现电子运单全覆盖，大幅提升循环中转袋（箱）、标准化托盘、集装单元器具的应用比例。推广使用低克重高强度快递包装纸箱、免胶纸箱。鼓励通过包装结构优化减少填充物使用。（国家邮政局和各地方人民政府按职责分工负责）

（八）提升快递包装产品规范化水平

统一规定快递封套、纸箱、包装袋等的规格尺寸、物理和安全环保性能，推动快递包装产品实现标准化、系列化和模组化，提高与寄递物的匹配度，防止大箱小用，减少随意包装。全面禁止电商和快递企业使用重金属含量、溶剂残留等超标的劣质包装袋，禁止使用有毒有害材料制成的填充物；违规生产、使用问题突出地区人民政府要对有毒有害的劣质快递包装生产企业、违规使用的电商和快递企业开展专项整治。（国家邮政局、商务部、市场监管总局和各地方人民政府按职责分工负责）

（九）减少电商快件二次包装

加强电商和快递企业与商品生产企业的上下游协同，设计并应用满足快递物流配送需求的电商商品包装。选择一批商品品类，推广电商快件原装直发，推进产品与快递包装一体化，减少电商商品在寄递环节的二次包装。（商务部、国家邮政局、工业和

信息化部按职责分工负责）

四、加强电商和快递规范管理

（十）严格快递操作规范

完善快递行业末端网点分拣、投递工作流程和封装操作规范。推动快递企业完善内部规章制度，建立快递包装治理工作体系和管理台账，将快递包装有关规范纳入从业人员上岗培训，提升快递员业务技能。支持快递企业推行智能化、集约化作业方式。将不规范分拣、投递、包装操作等行为纳入快递行业抽查事项目录，推动解决被动式过度包装问题，畅通公众投诉举报通道，规范快件投递“最后一公里”。（国家邮政局负责）

（十一）完善快递收寄管理

推动快递企业将包装减量化、绿色化等要求纳入收件服务协议，加强对电商等协议用户的引导。推动快递企业进一步规范散收件交付管理，引导用户使用合格包装产品。鼓励电商和快递企业在网络零售和快件收寄中为消费者提供绿色包装产品，并通过积分激励等方式引导消费者使用。（国家邮政局、商务部按职责分工负责）

（十二）推行绿色供应链管理

推动相关企业建立快递包装产品合格供应商制度，鼓励包装生产、电商、快递等企业形成产业联盟，扩大合格供应商包装产品采购和使用比例。快递企业总部要加强对分支机构、加盟企业的管理，建立针对分支机构、加盟企业采购和使用包装产品的引导和约束机制。（国家邮政局、商务部、工业和信息化部按职责分工负责）

五、推进可循环快递包装应用

（十三）推广可循环包装产品

在电商和快递业务中，结合相关应用场景和商品种类，组织开展公开征集、设计大赛等遴选推广一批快递包装减量和循环利用的新技术、新产品。鼓励在同城生鲜配送、连锁商超散货物流中推广应用可循环可折叠快递包装、可循环配送箱、可复用冷藏式快递箱，减少一次性塑料泡沫箱等的使用。（国家邮政局、商务部、国家发展改革委和各地方人民政府按职责分工负责）

（十四）培育可循环快递包装新模式

鼓励电商平台选择部分商品种类，设立可循环包装商品专区；支持快递企业和第三方机构通过信用质押、超期扣款、回投返款等多种模式，扩大可循环快递包装的使用范围。鼓励电商和快递企业与商业机构、便利店、物业服务企业等合作设立可循环快递包装协议回收点，投放可循环快递包装的回收设施，丰富回收方式和渠道。推行可循环快递包装统一编码和规格标准化，建立健全上下游衔接、平台间互认的运管体系，有效降低运营成本。鼓励通过股权合作、第三方运营等方式，开展可循环快递包装投放和回收设施共建联营。（国家邮政局、商务部、国家发展改革委、市场监管总局和各地方人民政府按职责分工负责）

（十五）加强可循环快递包装基础设施建设

各城市人民政府要结合智慧城市、智慧社区建设，在社区、高校、商务中心等场所，规划建设一批快递共配终端和可循环快递包装回收设施；在城市更新和存量住房改造提升、城镇老旧小区改造时，支持快递共配终端和可循环快递包装回收设施建设；破解相关设施进社区和公共场所的政策障碍，实行保障设施用地、减免设施场地占用费等支持政策。选择一批有条件的城市开展可循环快递包装规模化应用试点示范。（国家发展改革委、教育部、商务部、国家邮政局、住房城乡建设部和各城市人民政府按职责分工负责）

六、规范快递包装废弃物回收和处置

（十六）加强快递包装回收

鼓励在校园、社区等场所的快递网点开展快递包装纸箱集中回收，适度提升复用比例。推进快递包装材料和产品绿色设计，鼓励同类别产品包装使用单一材质材料，减少使用难以分类回收的材料和包装设计，提升快递包装可回收性能。鼓励发展“互联网＋回收”新业态，推进快递包装废弃物中可回收物的规范化、洁净化回收。（国家邮政局、教育部、工业和信息化部、商务部和各地方人民政府按职责分工负责）

（十七）规范快递包装废弃物分类投放和清运处置

推动已实施生活垃圾分类的城市在住宅小区、商业和办公场所合理设置分类收集设施，规范居民分类投放行为，保障快递包装废弃物及时得到清运。推进快递包装废弃物分类处置，提高资源化能源化利用比例，加强垃圾焚烧发电企业运行管理，确保污染物稳定达标排放。降低快递包装废弃物的填埋比例。（住房城乡建设部、生态环境部和各地方人民政府按职责分工负责）

七、完善支撑保障体系

（十八）加强监督执法

加大快递包装治理的监督执法力度，开展“双随机、一公开”检查和定期摸底调查，强化刚性约束。将快递包装相关标准实施情况纳入电商和快递行业管理。对违反相关法律法规和强制性国家标准的行为，依法依规进行查处。（国家邮政局、商务部、市场监管总局、生态环境部等部门和各地方人民政府按职责分工负责）

（十九）完善综合性支持政策

对绿色快递物流和配送体系建设、专业化智能化回收设施建设等项目，中央预算内投资予以适当支持。研究将绿色、可循环快递包装生产和规模化应用企业列入绿色信贷支持范围，在债券发行等方面予以支持。落实快递绿色包装政府采购需求标准，发挥政府采购引导作用。落实现有税收政策。中央财政通过现有部门预算资金支持开展快递包装生产、使用和回收处置统计监测分析平台、执法和监管能力建设。（国家发展改革委、财政部、住房城乡建设部、商务部、人民银行、税务总局、银保监会、证监会、国家邮政局等部门按职责分工负责）

（二十）强化科技支撑

开发智能打包、胶带与纸箱分离等新技术，加快绿色环保、功能包装材料研发应用。开发应用快递包装操作和分拣配送自动化、信息化、智能化设施，提升快递行业集约化管理水平。加强产学研衔接，加大快递绿色包装技术攻关和成果转化力度。（科技部牵头，各有关部门参与）

八、强化组织实施

（二十一）加强部门协同

各有关部门要加强协同配合和政策衔接，形成齐抓共管的工作合力，及时总结推广快递包装绿色转型的有效管理措施、商业模式和制度成果，协调解决实施中的问题，重大情况及时按程序向国务院请示报告。（各部门按职责分工负责）

（二十二）落实地方责任

各地要提高政治站位，进一步增强做好快递包装绿色转型工作的责任感和紧迫感。各省级人民政府要加强对本地区快递包装治理工作的统筹指导，细化任务措施，有力有序推进快递包装绿色转型。各城市人民政府要结合本地实际，加强日常管理，抓好组织落实。开展可循环快递包装规模化应用试点示范的各试点城市人民政府要组织编制试点实施方案，建立健全工作机制，及时总结可复制、可推广的制度和模式。（各地方人民政府负责）

（二十三）加强宣传引导

通过报纸、广播电视、新媒体等渠道，大力宣传快递包装绿色转型的典型做法和工作成效，营造良好社会氛围。充分发挥消费者、新闻媒体、行业协会等的监督作用，广泛凝聚社会共识，构建人人有责、人人尽责的快递包装社会治理体系。（各有关部门按职责分工负责）

广东省物流业主要政策文件

广东省交通运输厅　国家税务总局广东省税务局关于印发网络平台道路货物运输经营管理的实施细则的通知

粤交〔2020〕2号

各地级以上市交通运输局，国家税务总局广州、各地级市、珠海市横琴新区税务局，省道路运输事务中心：

为加强我省网络平台道路货物运输经营管理，维护道路货物运输市场秩序，根据《交通运输部　国家税务总局关于印发〈网络平台道路货物运输经营管理暂行办法〉的通知》（交运规〔2019〕12号），省交通运输厅、省税务局联合制定了《广东省交通运输厅　国家税务总局广东省税务局关于网络平台道路货物运输经营管理的实施细则》，经省司法厅审查同意，现印发给你们，请认真贯彻执行。

广东省交通运输厅　国家税务总局广东省税务局
2020年2月1日

广东省交通运输厅　国家税务总局广东省税务局关于网络平台道路货物运输经营管理的实施细则

第一条　根据《交通运输部 国家税务总局关于印发〈网络平台道路货物运输经营管理暂行办法〉的通知》（交运规〔2019〕12号，以下简称《管理办法》）规定，制定本实施细则。

第二条　在本省行政区域内从事网络平台道路货物运输（以下简称网络货运）经营，按本细则执行。

第三条　鼓励网络货运经营者与实体产业合作，共同推进供应链创新发展，实现降本增效。交通运输部门应向网络货运经营者提供道路货物运输相关信息查询和交互服务。

第四条 按照《管理办法》第六条规定申领道路运输经营许可证的，应当符合下列条件：

（一）网络平台注册有合法有效营运资质的车辆（从事普通货物运输经营的总质量 4.5 吨及以下普通货运车辆除外）；

（二）网络平台注册有合法有效从业资格的驾驶人员（使用总质量 4.5 吨及以下普通货运车辆从事普通道路货物运输经营的驾驶人员除外）；

（三）有健全的安全生产管理制度，包括安全生产责任制度、安全生产业务操作规程、安全生产监督检查制度、驾驶员和车辆安全生产管理制度、服务质量保障制度、道路运输（包括行车过程中）及网络安全相关的应急预案等。

第五条 从事网络货运经营的，应当按照《中华人民共和国安全生产法》第二十一条的规定设置安全生产管理机构或者配备专职安全生产管理人员。

第六条 从事网络货运经营的，应当具备《管理办法》第七条规定的线上服务能力。

（一）取得增值电信业务经营许可证（业务种类包含但不限于互联网信息服务）；

（二）取得三级及以上信息系统安全等级保护备案证明；

（三）互联网平台接入省级网络货运信息监测系统；

（四）互联网平台服务功能符合《网络平台道路货物运输经营服务指南》（交运办函〔2019〕1391 号）要求。

第七条 网络货运经营者应当将互联网平台接入省级网络货运信息监测系统，并依据《网络平台道路货物运输经营服务指南》（交运办函〔2019〕1391 号）向企业注册地县级交通运输主管部门提交线上服务能力材料，具体包括如下内容：

（一）线上服务能力申请表；

（二）《增值电信业务许可证》原件及复印件（公司名称与网络货运经营申请人名称一致）；

（三）网络货运平台和面向实际承运人的移动互联网应用程序（App）的信息内容和服务功能；

（四）配合监管部门依法调取查询数据的承诺书。内容包括对运单、资金流水、运输轨迹、服务评价、投诉处理等信息分类分户查询以及数据统计分析的能力；应建立相应的工作制度、明确责任机构和责任人及联系方式等；

（五）三级及以上信息系统安全等级保护备案证明及相关材料（公司名称与网络货运经营申请人名称一致）。

第八条 线上服务能力办理流程按照《交通运输部办公厅关于印发〈网络平台道路货物运输经营服务指南〉等三个指南的通知》（交办运函〔2019〕1391 号）规定执行。

第九条　网络货运经营者申领道路运输经营许可证的，应当依法向市场监督管理机关办理有关登记手续后，向注册所在地县级交通运输主管部门提出申请，并提交以下材料：

（一）网络平台道路货物运输经营申请表；

（二）负责人身份证明，经办人的身份证明和委托书；

（三）企业法人营业执照；

（四）主要负责人、专职安全管理人员证件及其复印件；

（五）安全生产管理制度文本；

（六）法律、法规规定的其他材料。

第十条　县级交通运输主管部门对网络货运经营申请予以受理的，应当自受理日期起 20 个工作日内作出许可或者不予许可的决定。县级交通运输主管部门对网络货运申请作出行政许可决定的，应发放《道路运输经营许可证》，经营范围为网络货运；对不符合规定条件的申请作出不予行政许可决定的，应当向申请人出具《不予行政许可决定书》。网络货运经营范围包括道路普通货运、道路货物专用运输、道路大型物件运输，不包括道路危险货物运输。

第十一条　网络货运经营者变更名称、地址、法人代表等，应当向作出原许可决定的交通运输主管部门备案。

第十二条　网络货运经营者设立子公司的，需要申请道路运输经营许可证的，应当按照本细则规定向设立地县级交通运输主管部门提出申请。

第十三条　网络货运经营者在《道路运输经营许可证》有效期届满申请换证时，省级交通运输主管部门应对其线上服务能力进行重新认定，县级交通运输主管部门应对其经营资质条件进行复核，符合条件的，予以换发。

第十四条　网络货运经营者暂停或终止运营的，应当提前 30 日向作出原许可决定的交通运输主管部门书面报告，说明有关情况，通告提供服务的车辆和驾驶员，并向社会公告。终止经营的，应当交回《道路运输经营许可证》。

第十五条　网络货运经营者设立分公司的，应当向设立地县级交通运输主管部门报备。提交以下材料：

（一）《网络货运企业设立分公司备案登记表》；

（二）分公司《企业法人营业执照》复印件；

（三）分公司负责人身份证明及其复印件；

（四）备案登记经办人身份证明及其复印件和委托书；

（五）分公司安全生产等管理制度；

（六）依相关规定需要提交的其他材料。省外网络货运经营者在广东省设立分公司的，应提供总公司《道路运输经营许可证》及副本，并达到本细则规定的线上服务能力要求。

第十六条 网络货运经营者应当在其网络平台首页显著位置，持续公示营业执照信息、行政许可信息。前款规定的信息发生变更的，网络货运经营者应当及时更新公示信息。

第十七条 网络货运经营者在其平台上开展交易撮合业务或者使用自有车辆完成运输的，应当以显著方式区分标记。实际承运人接受网络货运经营者委托后，不得将道路货物运输任务委托其他经营者。

第十八条 网络货运经营者应当按照《中华人民共和国合同法》的要求，与实际承运人订立道路货物运输合同，明确双方的权利和义务。鼓励网络货运经营者采用电子合同等信息化技术，提升运输管理水平。

第十九条 网络货运经营者使用12吨及以上的重型普通载货汽车和半挂牵引车承担运输任务时，应当督促实际承运人保持车载卫星定位装置在线。卫星定位装置出现故障不能保持在线的道路运输车辆，网络货运经营者不得安排其从事道路运输经营活动。

第二十条 网络货运经营者应遵照国家税收法律法规，依法依规抵扣增值税进项税额，不得虚开虚抵增值税发票等扣税凭证，并依法履行纳税或扣缴税款义务。

第二十一条 县级及以上交通运输主管部门应定期（每月至少一次）将网络货运信息监测系统中的监测数据传递给同级税务部门，税务部门要做好监测数据的分析运用。

第二十二条 负有道路运输监督管理职责的机构发现网络货运经营者，有下列行为之一的，纳入企业质量信誉考核：

（一）委托不具备资质的实际承运人从事运输；

（二）虚构交易、运输、结算信息；

（三）未采取承运人责任保险等措施保障托运人合法权益；

（四）不配合监管部门调取查阅相关数据信息；

（五）未实时、准确上传运单数据；

（六）引起行业聚集、停运、群众维权等群体性事件的；

（七）违反其他法律、法规或者规章的行为。

第二十三条 网络货运经营者已不具备开业要求的有关安全条件、存在重大运输安全隐患的，企业质量信誉考核低于AA级的，由县级及以上负有道路运输监督管理职责的机构依法限期责令改正。

第二十四条 县级行政区域未设置交通运输主管部门的，由市级交通运输主管部门实施网络货运许可、分支机构备案，受理网络货运线上服务能力材料。

第二十五条 本细则自2020年3月1日起施行，有效期两年。

公开方式：主动公开

广东省交通运输厅办公室
2020年2月3日印发

广东省商务厅关于印发广东省加快发展流通促进商业消费政策措施的通知

各地级以上市人民政府，省委宣传部，省发展改革委、省科技厅、省工业和信息化厅、省公安厅、省民政厅、省财政厅、省人力资源社会保障厅、省自然资源厅、省生态环境厅、省住房城乡建设厅、省交通运输厅、省农业农村厅、省文化和旅游厅、省卫生健康委、省应急管理厅、省政府外办、省市场监管局、省体育局、省地方金融监管局、省税务局，海关总署广东分署，人民银行广州分行，广东银保监局，省能源局、省药监局、省消防救援总队、省通信管理局、省邮政管理局、省烟草局、省供销社：

《广东省加快发展流通促进商业消费政策措施》已经省人民政府同意，现印发给你们，请认真贯彻落实。

当前，我省正深入贯彻落实习近平总书记重要讲话精神，统筹推进新冠肺炎疫情防控和经济社会发展工作。加快发展流通促进商业消费，对加快释放消费潜力，更好满足居民消费需求，切实维护正常经济社会秩序，努力把疫情影响降到最低具有重要意义。各地、各有关部门要高度重视，结合实际认真做好上述政策措施的组织实施工作，确保落地见效。省商务厅将会同有关部门加强业务指导和督促检查，每年将有关工作情况报告省政府。

广东省商务厅

2020 年 4 月 29 日

广东省加快发展流通促进商业消费政策措施

为深入贯彻落实习近平总书记关于统筹推进新冠肺炎疫情防控和经济社会发展工作的重要讲话和重要指示精神，落实《国务院办公厅关于加快发展流通促进商业消费的意见》（国办发〔2019〕42 号），加快流通创新发展，优化消费环境，激发消费潜力，努力把疫情影响降至最低，促进形成强大国内市场，制订以下政策措施。

一、促进流通新业态新模式发展

（一）加强商旅文体跨界融合

鼓励运用现代信息技术，探索推进文化和旅游5G场景运用示范项目建设。培育潜在需求大的体育消费新业态，提升体育场馆的信息化、智能化、网络化管理和服务水平，发展国家级体育旅游精品项目。（省发展改革委、工业和信息化厅、文化和旅游厅、体育局按职责分工负责）

（二）加快工业电子商务发展

培育省级产业集群电子商务园区和大型企业电子商务平台，鼓励制造业企业根据电商数据需求开展个性化设计和柔性化生产。培育服务型制造企业及平台，促进制造业由生产型向服务型转变。（省工业和信息化厅负责）

（三）支持推广便民新模式

鼓励大型超市、电商平台、社区生鲜连锁店开拓线上销售渠道，推广“线上下单、肉菜到家”模式。鼓励有条件的地市对为社区提供线上下单、线下体验、送货上门、无人销售等服务的连锁企业新增门店给予奖励。鼓励零售企业采取“直播带货”模式增加销售额。鼓励零售企业应用无人值守技术，实施传统零售门店“24小时”店铺托管服务。（省商务厅，各地级以上市人民政府按职责分工负责）

（四）推广无接触配送模式

鼓励大型超市、电商、餐饮企业及配送平台加强与小区、医院、商务楼宇等合作，开展无接触配送、“安心送”等服务，解决物流配送“最后一公里”问题。（省商务厅负责）

二、推动传统流通企业创新转型升级

（五）推动实体零售企业创新转型

以商业步行街、商圈为载体，鼓励引导线下经营实体加快商业模式创新，向场景化、体验式、互动性、综合型消费场所转型，提高消费者获得感。（省商务厅负责）

（六）鼓励新型消费载体发展

鼓励传统商贸载体、大型体育场馆改造为多功能、综合性、业态结构丰富的新型消费载体。加大对重大基础设施、民生设施等项目建设用地保障力度，进一步完善

“三旧”改造利益共享机制，优化审批流程，鼓励采取加建扩建、局部拆建等方式完善商业设施。（省自然资源厅、住房城乡建设厅、商务厅、体育局按职责分工负责）

（七）加快推进绿色商场创建工作

支持以建筑面积10万平方米（含）以上的大型商场为主体创建绿色商场，鼓励10万平方米以下的商场门店和其他各类零售业态积极参与创建，打造一批提供绿色服务、引导绿色消费、实施节能减排、资源循环利用的绿色商场，挖掘流通业发展潜力。（省商务厅、发展改革委按职责分工负责）

三、改造提升商业步行街

（八）推动商业步行街、商圈改造提升

有条件的地市可结合实际对商业步行街、商圈的基础设施、交通设施、信息平台和诚信体系等新建改建项目予以支持，对被商务部门认定为国家级、省级示范步行街（商圈）的，一次性给予奖励。鼓励步行街、商圈优化业态结构，建设智慧街区，推动步行街、商圈差异化、品质化、多元化发展。开展省级示范步行街、商圈评选，创建诚信消费示范步行街、商圈。加快推动广州北京路步行街等试点步行街改造提升。（省商务厅、自然资源厅、交通运输厅，各地级以上市人民政府按职责分工负责）

（九）完善商业步行街管理

支持鼓励各地主动探索创新商业步行街管理模式，完善商业步行街户外经营管理的配套政策，健全相关审批制度，在符合公共安全的前提下，支持具备条件的商业街区开展户外营销，营造规范有序、丰富多彩的商业氛围，提升城市商业活力。（省公安厅、住房城乡建设厅、商务厅，各地级以上市人民政府按职责分工负责）

四、加快连锁便利店发展

（十）简化连锁便利店登记注册程序

支持有条件的地市探索实行连锁便利店企业“一照多址”登记政策。对符合条件的经营单位，试行食品经营连锁单位食品经营许可告知承诺制。探索实行书报刊发行业务“总部审批、单店备案”制度。符合条件的连锁便利店申办药品经营许可证的，按照省药品零售企业开办许可标准执行；简化店铺投入使用、营业前消防安全检查，在广东自贸试验区实行告知承诺制。开展简化烟草经营审批手续试点。（省市场监管局、省委宣传部、省应急管理厅、药监局，省消防救援总队，省烟草局按职责分工负责）

五、优化社区便民服务设施

（十一）完善社区文化、医疗、养老等生活服务设施

大力推进“互联网＋医疗健康”示范省建设。推进全国居家和社区养老服务改革试点工作，鼓励社会力量兴办或运营居家社区养老服务设施，开展专业化、多样化的居家社区养老服务，落实有关税收优惠政策。推动全省具备条件的地区建立县级文化图书馆总馆分馆制，促进优质公共文化资源向基层延伸，提高基层公共文化服务水平。支持改善城市老旧社区环境，加强政策宣传指导。（省文化和旅游厅、卫生健康委、民政厅、发展改革委、财政厅、住房城乡建设厅、商务厅、税务局，各地级以上市人民政府按职责分工负责）

（十二）鼓励社会组织提供社会服务

建立健全社区社会组织分类登记管理制度，引导社区社会组织有序参与城乡社区治理。乡镇（街道）探索建立社会组织联合会、社会组织培育发展中心、社区基金会等枢纽型社区社会组织发展模式。（省民政厅负责）

六、加快发展农村流通体系

（十三）加快农村基础设施建设

建设乡镇运输服务站，加快农村公路提档升级，逐步推进通达自然村的村道路面硬化工作。提高农村光网、4G网络覆盖率，支持电信运营企业降低农村建档立卡贫困用户资费，进一步提高自然村的光纤网络覆盖率。（省发展改革委、工业和信息化厅、交通运输厅，省通信管理局按职责分工负责）

（十四）加快农村物流发展

进一步推动农村物流发展，构建以县级农村物流中心、乡镇农村物流综合服务站、村级农村物流服务点为支撑的县乡村三级农村物流网络布局。优化农村快递资源配置，推进电子商务与快递物流协同发展。（省发展改革委、交通运输厅、农业农村厅、商务厅、市场监管局，省邮政管理局、省供销社按职责分工负责）

（十五）推进电子商务进农村

完善农村电商公共服务体系，开展农村电商人才培训，提高农村电商发展水平，拓宽农产品线上销售渠道。深入实施“邮政在乡”工程，升级“快递下乡”工程，提升快递网点乡镇覆盖率。（省商务厅，省邮政管理局按职责分工负责）

（十六）推动乡村旅游提质升级

完善乡村旅游基础设施，推进旅游厕所、购物商店、停车场、医疗站、垃圾站、旅游标识标牌、A 级景区、旅游咨询服务中心建设，丰富乡村旅游产品，打造“粤美乡村”旅游品牌。（省文化和旅游厅、发展改革委、农业农村厅按职责分工负责）

七、扩大农产品流通

（十七）加强农产品流通设施建设

探索建立数字农业营销模式，推广应用“互联网 +”订单农业公益性平台。推动农商互联，完善农产品供应链，加强农产品产后商品化处理等流通设施建设，发展农产品全程冷链物流，提高农产品流通效率。加快城乡冷链物流基础设施建设，优化全省冷链物流网络布局。（省发展改革委、农业农村厅、商务厅按职责分工负责）

八、拓展出口产品内销渠道

（十八）支持内外销产品一体化营销

加快推动内外销产品“同线同标同质”，加大对假冒伪劣产品和侵犯知识产权不法行为的打击力度。支持出口企业宣传推广自有品牌，鼓励出口企业利用国内展览展销会逐步建立、拓宽国内营销网络。（省商务厅、市场监管局，海关总署广东分署按职责分工负责）

（十九）积极开展保税业务

在综合保税区积极推广增值税一般纳税人资格试点，制定有关试点工作方案，支持企业申请适用一般纳税人资格试点政策。支持企业利用区内产能开展委托加工业务。（省税务局、财政厅，海关总署广东分署按职责分工负责）

九、扩大优质消费品进口

（二十）支持企业依托海关特殊监管区域开展保税展示交易业务，在市区商业场所开展汽车等优质消费品的保税展示交易

推进跨境电子商务综合试验区建设，扩大跨境电商零售进口。（省财政厅、商务厅、税务局，海关总署广东分署，广州、深圳、珠海、汕头、佛山、东莞市人民政府按职责分工负责）

十、推动释放汽车消费潜力

（二十一）优化汽车消费环境

严格执行凭居住登记回执办理机动车登记手续。逐步优化广州、深圳市汽车限购政策，扩大准购规模。推进新能源汽车在公共领域的应用，落实新能源公交车及燃料电池汽车补贴政策，有条件的地市在使用环节对个人消费者购买新能源汽车给予综合性补贴。推进汽车更新换代，有条件的地市对置换或购买国六排放标准汽车的个人消费者给予资金补贴。（省发展改革委、公安厅、交通运输厅，各地级以上市人民政府按职责分工负责）

（二十二）促进二手车流通

2023 年 6 月 30 日前，珠三角各市在用国五排放标准轻型汽车可以互迁。（省公安厅、生态环境厅、商务厅按职责分工负责）

十一、活跃夜间商业和市场

（二十三）发展文化和旅游“夜经济”

鼓励各地打造夜间经济集聚区，完善配套服务和管理，丰富产品和服务供给。鼓励有一定夜间经济基础的地市新建、改造提升酒吧街、咖啡街、餐饮街，打造一批夜间经济示范商圈（示范街区）。鼓励主要商圈和特色商业街与文化、旅游、休闲等紧密结合，适当延长营业时间，增设 24 小时便利店等夜间消费场所。重点打造“文旅 + 演艺”模式，探索博物馆夜间开放，丰富夜间文化演出市场和其他消费热点。完善夜间交通、安全、环境等配套措施。（省商务厅、住房城乡建设厅、交通运输厅、文化和旅游厅、应急管理厅，各地级以上市人民政府按职责分工负责）

十二、拓宽假日消费空间

（二十四）促进假日消费

指导和鼓励有条件的地市建设集合文创商店、特色书店、小剧场、文化娱乐场所等多种业态的消费集聚地，组织开展特色文旅消费活动，鼓励开设节假日步行街、周末大集、休闲文体专区等常态化消费场所，探索培育专业化经营管理主体。（省文化和旅游厅、商务厅，各地级以上市人民政府按职责分工负责）

十三、搭建品牌商品营销平台

（二十五）加快培育建设国际消费中心城市

制定我省培育建设国际消费中心城市的实施方案，重点加大对基础好、消费潜力大、国际化水平较高城市的培育建设力度，积极推动国际品牌集聚，支持有条件的地市争取设立市内免税店，提升消费供给水平，完善消费设施，改善消费环境，在我省培育形成具有国际水准和全球影响力的消费中心城市。（省商务厅、发展改革委、工业和信息化厅、财政厅、住房城乡建设厅、交通运输厅、文化和旅游厅、卫生健康委、政府外办、市场监管局、地方金融监管局、体育局、税务局，人民银行广州分行按职责分工负责）

（二十六）支持实体零售品牌做大做强

鼓励各地创造条件吸引知名品牌开设首店、首发新品，带动扩大消费，促进国内产业升级。鼓励和支持老字号申报非物质文化遗产代表性项目，申请专项保护资金。（省商务厅、文化和旅游厅，各地级以上市人民政府按职责分工负责）

（二十七）积极搭建促消费平台

丰富消费节庆内容，重点推出促消费主题活动，加强省市联动，鼓励商贸流通企业参与，共同打造消费节庆品牌。（省商务厅，各地级以上市人民政府按职责分工负责）

十四、降低流通企业成本费用

（二十八）贯彻落实连锁经营企业增值税汇总纳税、跨地区经营汇总纳税企业所得税征收管理规定，降低企业纳税成本

对受疫情影响不能按时缴纳企业职工养老保险、医疗保险（含生育保险）、失业保险、工伤保险以及住房公积金的零售、餐饮、家政企业，允许延期至疫情解除后三个月内补办补缴。（省税务局、人力资源社会保障厅按职责分工负责）

十五、鼓励流通企业研发创新

（二十九）落实研发费用税前加计扣除等相关税收优惠政策

重点加强交通、新能源汽车、物流装备制造等领域技术创新，为现代物流业发展提供科技支撑。（省科技厅、发展改革委、工业和信息化厅、税务局按职责分工负责）

十六、扩大成品油市场准入

（三十）推动成品油零售经营资格审批权限下放，加强成品油流通事中事后监管，强化安全保障措施落实

支持盘活符合条件的集体存量土地建设加油站等，扩大成品油市场消费。（省能源局、自然资源厅、应急管理厅、市场监管局，各地级以上市人民政府按职责分工负责）

十七、发挥财政资金引导作用

（三十一）鼓励各地加强对创新发展流通、促进扩大消费的财政支持

有条件的地方对开展绿色、节能、智能电子电器产品促销活动、建设信息平台和回收体系等给予支持。（省财政厅、工业和信息化厅、商务厅，各地级以上市人民政府按职责分工负责）

十八、加大金融支持力度

（三十二）创新金融服务方式

发挥广东省中小企业融资平台作用，引导和督促金融机构加大资源倾斜力度，提高对中小企业的金融服务能力和水平，扶持优质中小企业发展。鼓励金融机构创新消费信贷产品和服务，推动专业化消费金融组织发展。鼓励金融机构加大对新消费领域的金融支持力度，发展绿色消费金融，探索提供多样化个人绿色金融产品。（省地方金融监管局，人民银行广州分行，广东银保监局按职责分工负责）

十九、加快市场流通信用体系建设

（三十三）加强信用体系建设

完善事前事中事后信用监管，建立全省信用联合奖惩一张网，推进重要产品信息化追溯体系建设，支持建设进出口商品溯源体系，提升消费者使用信心。（省发展改革委、农业农村厅、商务厅、市场监管局，海关总署广东分署按职责分工负责）

（三十四）加强“双随机、一公开”监管

公示消费领域的企业失信行为，依法实施惩戒。推行放心消费商家信用承诺制度，营造良好消费环境。（省市场监管局、商务厅，各地级以上市人民政府按职责分工负责）

二十、优化市场流通环境

（三十五）坚持日常执法与专项整治相结合

开展重点消费品监督抽查，严厉打击发布虚假广告等违法行为。推行经营者“放心消费承诺”活动，鼓励经营者结合自身经营情况，按照有利于消费者的原则，开展“线下无理由退货承诺”活动。（省市场监管局，各地级以上市人民政府按职责分工负责）

广东省人民政府关于印发广东省建设国家数字经济创新发展试验区工作方案的通知

粤府函〔2020〕328号

各地级以上市人民政府，省政府各部门、各直属机构：

现将《广东省建设国家数字经济创新发展试验区工作方案》印发给你们，请认真贯彻执行。执行过程中遇到的问题，请径向省发展改革委反映。

广东省人民政府

2020年11月3日

广东省建设国家数字经济创新发展试验区工作方案

为深入贯彻落实《粤港澳大湾区发展规划纲要》和党中央、国务院关于发展数字经济的战略部署，加快广东数字经济发展，实现经济发展质量变革、效率变革和动力变革，根据《国家数字经济创新发展试验区实施方案》要求，制定本方案。

一、总体要求

（一）基本思路

以习近平新时代中国特色社会主义思想为指导，全面贯彻落实党的十九大和十九届二中、三中、四中、五中全会精神，深入贯彻落实习近平总书记关于发展数字经济的重要指示要求，抓住建设粤港澳大湾区国际科技创新中心的有利机遇，坚持问题导向，围绕要素流通、核心技术产业发展、数字化转型、数字治理、数字经济基础设施建设等关键环节，强化数字经济创新要素高效配置，充分发挥数据作为数字经济关键生产要素的重要价值，适度超前布局新型基础设施体系，着力提升数字化生产力，深化5G、移动互联网、物联网、人工智能、大数据、云计算、区块链等新一代信息技术的融合应用，大力培育新业态新模式，加快经济社会各领域数字化转型步伐，探索数字经济创新发展新思路、新模式、新路径，总结形成一批可复制推广的创新发展经验，引领带动我国数字经济加快发展。

（二）建设原则

——系统布局、统筹推进。坚持系统思维和战略思维，按照粤港澳大湾区、深圳中国特色社会主义先行示范区以及“一核一带一区”等重大战略任务部署，统筹推进人工智能、区块链、大数据、工业互联网等数字经济领域各类试点示范，系统推进广东数字经济高质量发展。

——先行先试、率先发展。突出改革意识，着力打破与数字经济高质量发展不相适应的体制机制障碍，在数据要素市场培育、核心技术攻关、创新资源国际化配置等方面先行先试、率先突破，为全国数字经济创新发展起到示范引领和辐射带动作用。

——数据驱动、激发活力。充分发挥数据作为数字经济重要生产要素的关键核心作用，推动数据要素高效汇聚和有序流动，通过挖掘数据资源价值激发经济新活力，探索构建以数据驱动为关键特征的新经济形态。

——技术引领、抢占高地。着眼抢占新一轮科技革命和产业变革新高地，前瞻布局前沿引领技术，加快突破关键核心技术，促进数据链、技术链、产业链、政策链、资金链、人才链“六链融合”，加速集聚引领产业创新发展的高端要素，进一步提升数字经济核心产业竞争力。

——深度融合、助推转型。充分发挥信息技术对经济社会发展的引领赋能作用，打造全新数字经济发展生态，促进新技术、新业态与实体经济深度融合，加快经济社会各领域数字化、智能化转型步伐，提升数字化生产力。

（三）主要目标

通过 3 年左右的探索实践，国家数字经济创新发展试验区建设取得明显成效，把粤港澳大湾区打造成为全球数字经济发展高地。数字经济发展规模继续领先全国，到 2022 年，全省数字经济增加值力争突破 6 万亿元，占 GDP 比重超过 50%。在数据要素高效配置、数字经济核心技术攻关等方面实现新突破。数据作为关键生产要素的价值进一步显现。数字经济发展取得新进展，电子信息制造业营业收入达到 5 万亿元，软件和信息服务业收入超过 1.4 万亿元。率先建成支撑数字经济高质量发展的新型基础设施体系，5G 基站、窄带物联网基站规模保持全国第一，全省一体化、智能化、绿色化数据中心集群初步建成。传统产业和领域数字化、智能化转型深入推进。

二、重点任务

（一）建设数字经济新型基础设施全国标杆

1. 加速形成高速、泛在、融合的基础网络设施。大力推进 5G 网络建设，全面建设 5G SA（独立组网）。争取国家支持，探索打造以 1.4GHz 频段为主的全省无线政务专网，扩大700MHz频段广电5G网络在深圳、广州等地的试验和建设规模。到2022年，全省累计建成5G基站达22万个，建成珠三角5G宽带城市群，实现粤东粤西粤北城市、县城及中心镇镇区5G网络覆盖。围绕重点应用场景提升建设速度、融合深度和应用广度，打造全国5G区域创新应用高地。根据特殊行业应用需求，建设基于1.8GHz频段的4G－LTE无线专网，加快5.9GHz频段车联网试点推广。深入推进高水平全光网省建设，全省光纤用户免费、免申请提速至100M，全面推进新建住宅光纤到户，推进千兆宽带进住宅小区、商务楼宇。加快实现全省20户以上自然村光网全覆盖，农村用户光纤普遍提速到100M以上。进一步提升IPv6端到端贯通能力。改造升级工业企业内外部网络，推动工业互联网标识解析顶级节点扩容增能和二级节点建设。到2022年，共建成50个以上工业互联网标识解析二级节点，累计标识解析注册量超15亿。加快窄带物联网（NB－IoT）建设，积极发展低功耗广域网（LPWAN），深化工业物联网（IIoT）在工业制造领域的行业应用，推动设备联网数据采集。到2022年，实现NB－IoT网络在县级以上城市主城区普遍覆盖、珠三角地区深度覆盖。前瞻布局未来网络，加快建成广佛肇量子安全通信示范网，规划建设粤港澳量子通信骨干网，并实现与国家广域量子保密通信骨干网络对接，布局建设量子卫星地面站；积极探索布局新一代通信、卫星互联网、量子互联网等未来网络设施。（省工业和信息化厅、省通信管理局牵头，省发展改革委、省科技厅、省广电局按职责分工负责）

2. 打造协同高效的计算存储设施集群。加快国家超级计算广州中心、深圳中心升级改造。支持深圳鹏城“云脑”、珠海横琴先进智能计算平台、东莞大科学智能计算平台等智能超算平台建设。科学合理、统筹规划全省数据中心建设，支持广州、深圳主要建设低时延类小型或边缘数据中心，有序推动其他地区建设数据中心集聚区。加快全省直达通信链路改造扩容，为优化数据中心空间布局创造条件。引导数据中心向规模化、一体化、绿色化、智能化方向布局发展。顺应计算生态向移动端迁移的重大趋势变化，抓住交通、金融、电信、能源等行业建设新型数据中心的契机，鼓励国内领军企业牵头推动鲲鹏等创新生态发展，加快完善自主计算产业生态。到2022年，初步构建起涵盖“超－智－云－边”的梯次化、高效协同的国家级区域数据中心和智能计算中心集群。（省工业和信息化厅、省通信管理局牵头，省发展改革委、省科技厅、省能源局、有关市政府按职责分工负责）

3. 推动传统基础设施数字化、智能化升级。推进智能传感、大数据、云计算、边缘计算、人工智能、数字孪生等新一代信息技术与传统基础设施融合发展、集成创新。推动交通、能源、水利、农业、市政、环保、物流、广播电视网络等传统基础设施“数字＋”“智能＋”升级，加强传统基础设施智能化运行组织和管理方式的创新，在全国率先形成适应数字经济和智慧社会发展的融合基础设施体系。（省发展改革委、省工业和信息化厅、省生态环境厅、省住房城乡建设厅、省交通运输厅、省水利厅、省农业农村厅、省商务厅、省能源局、省邮政管理局按职责分工负责）

专栏 1　智能交通基础设施

加快推进新一代国家交通控制网和智慧公路试点工程（广东），结合 5G 网络部署，积极开展车路协同示范应用，在珠三角重点区域试点高速公路开展路侧智能感知设施建设，建成乐广高速、南沙大桥、深圳外环高速等示范路段项目。推动南沙国家级自动驾驶与智慧交通示范区建设，促进自动驾驶技术前沿探索和研发攻关、智慧交通产业圈形成发展以及城市和公路交通综合管控体系试点建立，推动新时期大湾区高速公路网运营管理向“一体化”“智慧化”发展。

加快广州白云、深圳宝安、珠海金湾等省内机场的建设运营管理全生命周期智慧化改造建设，积极推进省内重点航道完善智能感知网络，支持南沙港打造全数字化、智能化、无人化的湾区示范性港口，推动广州等地区开展综合客运枢纽管理服务智能化改造试点，支持广州打造全国智慧城市轨道交通标杆示范，建设智慧机场、智慧航道、智慧港口、智慧综合客运枢纽和智慧城市轨道交通。

加强交通大数据平台建设，推进广东省一体化数字平台、新一代智慧交通大数据平台、省高速公路视频云平台和深莞惠区域交通一体化公共信息服务平台建设，加强大数据综合应用和关联挖掘分析。

加快推进港珠澳大桥智能化运维技术集成应用项目建设，探索建立全息感知、高度智能的交通基础设施运行监测体系。

探索数字孪生和平行系统技术在交通智慧建设、智慧管养、智慧服务方面的应用，推进智慧机荷建设工作，形成机荷高速的智慧建设、智慧管养、智慧服务等应用体系，实现对机荷高速公路建管养运全过程的“可知、可测、可控、可服务”。

专栏 2　智慧能源基础设施

建设智能电厂。引导电厂集成智能传感、智能管控、智能管理等功能，构建智能发电运行管理系统。加快建设漂浮式海上风电、近海深水区海上风电柔性直流集中送出、明阳漂浮式海上风电海洋牧场和海上制氢综合开发、珠海兆瓦级波浪能等示范工程。

建设智能电网。推广变压器智能化系统、GIS 智能监测系统、开关柜智能诊断系统等在变电站的应用；统筹广州南沙粤港澳全面合作示范区、深圳前海深港现代服务业合作区、东莞松山湖高新技术产业开发区发展用能需求，建设智能电网示范工程。

建设能源数据平台。推进信息系统与物理系统的高效集成与智能化调控，发展智慧用能新模式，建设电力大数据平台；建立多方参与、平等开放、充分竞争的能源市场交易体系，建设能源区块链平台系统。

建设电动汽车智慧充电桩。到 2022 年，在全省范围新建充电桩超 8 万个，公共交通服务充电站超 1800 座，建立可转移负荷有序充电、V2G（车辆到电网）、充放储一体化运营体系，支撑负荷密集区域配电网高效安全运行。

建设多能互补综合能源网络。在广州等地区建设氢－电综合能源网络试点。

（二）率先形成数据要素高效配置机制

1. 培育建立数据要素市场。在数据生成、确权定价、流通交易、安全保护等方面制定地方性法规和标准规范，探索建立数据要素高效配置规则体系，加强个人信息保护和数据安全管理。引导培育大数据交易市场，依法合规开展数据交易，支持条件成熟的机构建设大数据交易中心。探索数字资产证券化，争取国家支持在广东建立数字资产交易所。完善数据交易、结算、交付、安全等功能，促进区块链技术在数据交易中的应用。（省政务服务数据管理局牵头，省委网信办、省发展改革委、省工业和信息化厅、省国资委、省地方金融监管局按职责分工负责）

2. 积极推动公共数据资源开发利用。选择经济效益和社会效益明显的教育、交通、生物安全、医疗健康等领域，在有条件的地市开展公共数据资源开发利用试点。加强数据分级分类管理，确定可开发利用数据资源范围，建立公共数据资源开发利用目录清单，明确公共数据资源开发利用的边界条件和监管措施。研究设立省公共数据资源交易机构和相关研究机构，探索建立市场化的公共数据资源配置模式，探索构建数据产品和服务价格形成机制及收益分配方式。（省政务服务数据管理局、省委网信办牵头，省发展改革委、省教育厅、省交通运输厅、省卫生健康委、省国资委、有关市政府按职责分工负责）

3. 推进政府数据开放共享。建立政务数据开放“负面清单”制度，进一步提升数据开放共享水平，建立以一体化政务大数据中心为主、公安大数据平台等为辅，汇聚各地各部门共享数据，形成自然人、法人、自然资源与空间地理、社会信用和电子证照等五大基础数据库。针对业务应用场景，建设主题数据库和专题数据库。到2022年，建立5个主题库和7个专题库，汇聚数据超过200亿条。建立数据中台，开展数据共享、开放、分析等服务，实现由提供数据向提供服务转变，为数据需求方提供精准化服务。统筹整合各方资源，明确数据管理责任，强化统筹规划、建设指引、标准规范和绩效评估，建立共治共享的数据开放共享体系架构。（省政务服务数据管理局牵头，省发展改革委、省公安厅、省自然资源厅、省市场监管局按职责分工负责）

4. 打造数据要素流通顺畅的数字大湾区。支持深港科技创新合作区深圳园区携手港澳共建粤港澳大湾区大数据中心，促进数据资源在大湾区充分汇聚、顺畅流动和深度应用。支持粤澳深度合作区建设和运营大数据交换中心、离岸数据中心。探索建设南沙（粤港澳）数据服务试验区。支持科研合作项目需要的医疗数据等数据资源在大湾区内有序跨境流动，争取国家允许粤港澳联合设立的高校、科研机构建立专用科研网络，实现科学研究数据跨境互联。健全大湾区网络与信息安全信息通报预警机制。（省政务服务数据管理局牵头，省委网信办、省发展改革委、省教育厅、省科技厅、省公安厅、省卫生健康委、省通信管理局、有关市政府按职责分工负责）

（三）打造数字经济创新高地

1. 构建高水平创新基础设施体系。抓住建设大湾区综合性国家科学中心的机遇，加快推进未来网络试验设施（深圳中心）建设，谋划新建太赫兹科学中心、工业互联网创新基础设施等重大科技基础设施。高水平建设通信与网络领域国家实验室及量子科学领域国家实验室基地，扎实推进网络空间科学与技术、人工智能与数字经济等数字经济领域省实验室建设。积极推动国家生物信息中心粤港澳节点建设。建设粤港澳大湾区新兴产业技术创新中心（综合类）；在第三代半导体、新型显示、未来通信高端器件、超高清视频等领域，布局新建国家产业创新中心、国家制造业创新中心、国家技术创新中心等国家级创新平台。推进粤港澳大湾区国家纳米科技创新研究院等高水平研究机构建设。推动港澳创新资源参与信息技术领域省实验室建设，加快推进大湾区交叉研究平台和前沿学科建设。（省发展改革委、省科技厅牵头，省教育厅、省工业和信息化厅、有关市政府按职责分工负责）

2. 加强重点领域核心技术攻关。争取国家在广东开展新型举国体制协同创新试点，加强创新资源向广东集聚，健全鼓励支持基础研究、原始创新的体制机制。持续推进实施重点领域研发计划，着力突破集成电路制造相关设备和材料、基础软件、工业软件等面临“卡脖子”风险的重点领域。在人工智能、区块链等新技术领域实施“强核”行动，重点开展人工智能和区块链技术基础理论、核心算法及关键共性技术研究。在新一代通信网络、8K、量子信息、类脑计算等前沿技术领域启动一批基础性、前瞻性重大专项。支持和引导港澳参与国家重点研发计划“宽带通信与新型网络”部省联动专项，参与广东在数字经济领域开展的重点研发计划等重大专项，共同开展核心技术自主攻关。支持在区块链与量子信息、半导体及集成电路等领域开展高价值专利培育布局。到2022年全省数字经济领域有效发明专利拥有量超16万件。（省科技厅牵头，省发展改革委、省工业和信息化厅、省市场监管局按职责分工负责）

3. 加快建设人工智能、区块链等新一代通用信息技术生态体系。支持广州、深圳推进国家新一代人工智能创新发展试验区和国家人工智能创新应用先导区建设，打造人工智能技术创新策源地、集聚发展新高地、开放合作重点区和制度改革试验田。推进人工智能开放创新平台建设，推动重点软硬件基础平台开源共享，支持深圳构建新一代国家人工智能基础开源平台，形成多元创新主体共同参与、协同创新平台有力支撑、场景应用深入融合的人工智能产业生态圈。突出发展智能无人机、智能无人船、智能机器人等智能产业，加快建设国家无人机系统质量监督检验中心，支持建设珠海无人船海测基地、湛江水下机器人测试基地等。加速培育人工智能辅助诊断、人工智能辅助医疗等智能医疗产业发展。支持建设一批区块链基础架构、安全保护、跨链互操作、链上链下数据协同、监管等区块链基础平台型重大项目，鼓励区块链领军企业建设自主区块链底层技术平台和开源平台。支持广州建设国家区块链发展先行示范区，支持打造广州、深圳、珠海、佛山、东莞等区块链产业集聚区。（省科技厅、省工业和信息化厅牵头，省发展改革委、有关市政府按职责分工负责）

专栏3　人工智能创新发展重点区

广州市。依托广州人工智能与数字经济试验区，打造琶洲核心片区（含广州大学城）、广州国际金融城片区、鱼珠片区，构建一江两岸三片区空间布局，高标准建设人工智能与数字经济广东省实验室（广州），支持实验室在条件成熟时创建国家实验室。建设国家集成电路设计高新技术产业化基地和国家工业互联网产业示范基地，集聚人工智能与数字经济领域知名企业总部。吸引大型企业信息化部门在试验区集聚发展，大力发展数字金融、数字贸易、数字创意以及各种消费新业态、新模式。建设智慧法庭、智慧交通等人工智能应用试点示范场景，探索建立人工智能复杂场景下规则体系。

深圳市。依托深圳高新区深圳湾片区和南山园区、深港科技创新合作区、罗湖人工智能产业基地、盐田人工智能产业基地、宝安立新湖智能装备未来产业集聚区、坂雪岗科技城、龙华人工智能产业基地、坪山人工智能产业基地、光明人工智能产业基地、深汕湾机器人小镇，形成“总部基地＋研发孵化＋高端制造”的“一轴两廊多节点”的空间格局。高标准建设人工智能与数字经济广东省实验室（深圳），支持实验室在条件成熟时创建国家实验室。支持智能芯片、智能传感器、智能机器人、智能无人机、智能医疗装备、智能网联汽车等关键零部件、智能产品的研发与产业化，为行业应用提供产品支撑，打造有国际竞争力的人工智能新兴产业集群。

珠海市。打造华为珠海人工智能创新中心、云计算数据中心、人才培训实践中心、数字经济产业和智慧城市展示中心以及人工智能云平台“四中心一平台”，推动人工智能、数字经济产业跨越发展。加快推进横琴先进智能计算平台建设，打造大湾区人工智能算力服务重要支撑。加强与澳门合作，与澳门科技大学、暨南大学、腾讯共建粤澳人工智能人才培训基地，推动人工智能领域人才聚集，为珠澳两地人工智能产业发展储备优质产业人才。

4. 提升关键基础产业发展水平。重点突破高端通用芯片设计，大力发展第三代半导体芯片，前瞻布局毫米波芯片、太赫兹芯片等；优先发展特色工艺制程芯片制造，支持先进制程芯片制造，积极推进数模混合芯片制造，探索发展FDSOI、异构集成等新技术路径。支持大型工业软件企业突破CAD、CAE、EDA等关键核心技术，开展工业App培育计划，鼓励骨干企业加快研发具有自主知识产权的通用基础软件和集成适配辅助软件，推动国家通用软硬件适配测试中心建设。以片式化、微型化、集成化、高性能为目标，重点突破关键材料、核心电子元器件研发瓶颈，向中高端电子元器件研发与产业化发展。推进超高清视频产业发展试验区建设，布局建设一批省超高清视频产业园区，建设广佛惠世界级超高清视频和智能家电产业集群，争取开通新的4K电视频道，建设100个以上超高清视频应用示范项目。（省发展改革委、省工业和信息化厅牵头，省科技厅、省广电局、有关市政府按职责分工负责）

专栏4　提升关键基础产业发展水平

加快半导体和集成电路发展。在深圳建设集成电路试验线。加快推进广州“粤芯”二期、深圳“中芯国际”、珠海英诺赛科氮化镓芯片等重点项目建设，推进模拟及数模混合芯片制造，大力发展MOSFET（金属－氧化层半导体场效应晶体管）、IGBT（绝缘栅双极性晶体管）、高端传感器、MEMS（微机电系统）、大功率LED器件、半导体激光器等产品。积极发展封测、设备及材料，大大力发展第三代半导体材料，积极发展电子级多晶硅及硅片制造，加快集成电路制造工艺关键材料研发及产业化。成立广东省半导体及集成电路和产业投资基金，支持集成电路重点产业项目发展。

重点突破基础软件和工业软件。持续推进重点领域研发计划，加大基础软件、工业软件等关键核心技术的研发投入力度，支持有实力的龙头企业突破 CAD、CAE、EDA 等关键核心技术。支持龙头企业积极对接国家战略，牵头承建国家级软件产业创新平台和重点实验室，发展一批非对称性“杀手锏”技术。开展工业 App 培育计划，鼓励骨干企业加快研发具有自主知识产权的通用基础软件和集成适配辅助软件。

大力发展超高清视频产业。加快推进超视堺 10.5 代 TFT－LCD 显示器件生产线、华星光电 11 代超高清新型显示器件、维信诺全柔 AMOLED 模组等重大项目建设。鼓励彩电企业生产 4K 超高清电视机，扩大 4K 电视市场占有率，以 8K 电视整机量产推动 8K 芯片、大尺寸面板、摄录设备的产业化配套。支持广州市花果山等超高清视频产业特色小镇或基地建设，做优做强 4K/8K 优质内容生产，推进 4K/8K 电视频道和节目制播系统建设，实现全省地级以上市广播电视台自办电视频道全高清信号播出。

5. 促进平台经济规范健康发展。聚焦发展专业化、精准化的电商服务，培育支持一批工业、农业、物流、商务等细分领域的垂直电商平台。聚焦电商、扶贫、应急、教育等领域，推动视频直播平台创新发展，培育 MCN（多频道网络产品形态）机构，壮大网红经济。鼓励传统商贸流通企业平台化发展，进行线上线下融合销售模式创新，发展协同经济、社交电商、无人零售等新业态。优化平台经济发展政策环境，合理设置行业准入规定和许可，降低“一照多址”和“一址多照”办理门槛，进一步简化平台企业分支机构设立手续，不断完善电子商务平台经营者数据库，提高“以网管网”能力，健全以信用监管为基础的新型监管机制，充分发挥平台企业对市场主体的组织、协调、规范、引导功能。（省商务厅、省市场监管局按职责分工负责）

（四）特色引领推动重点领域数字化转型

1. 强化智能制造高端供给。大力发展机器人产业，高水平建设一批机器人技术研发和成果转化平台，支持建设国家工业机器人检测与评定中心（广州）等检测评价服务平台。加快发展智能化基础制造与成套装备，推广工业互联网等数字化手段在工作母机类制造业、轨道交通装备业、高端海工装备等行业的应用，通过生产过程的数据驱动，推动供应链上下游实现协同采购、协同制造、协同物流。促进智能制造服务发展，支持具备提供数字化、智能化产品研发设计、生产流程优化、设备运营维护和供应链管理等系列服务的专业企业发展，助力行业内中小微企业和产业链上下游企业提升智能化水平，打造一批具有较强自主创新能力和集成服务能力的“广东服务”供应商龙头企业。（省工业和信息化厅牵头，有关市政府按职责分工负责）

2. 推动制造业数字化转型。聚焦战略性支柱产业和新兴产业集群，深入推动数字化、智能化、网络化转型。支持规模以上工业企业开展生产线装备智能化改造，重点实施以传统制造装备联网、关键工序数控化等为重点的技术改造，加快先进智能装备和系统普及应用，建设智能生产线、智能车间和智能工厂。推动5万家以上工业企业运用工业互联网实施软硬一体的数字化改造。推动龙头制造企业依托工业互联网平台，与上下游产业链企业实现深度互联，打造全产业链信息数据链，提升信息、物料、资金、产品等配置流通效率。进一步发展壮大省工业互联网产业生态供给资源池，培育超过500家具备较强实力的工业互联网服务商。推动企业“上云用数赋智”，开展数字化转型促进行动，争取国家支持，建设一批国家数字化转型促进中心，鼓励发展数字化转型共性支撑平台和行业“数据大脑”。培育发展一批跨行业跨领域和特定行业特定领域工业互联网平台，搭建平台企业与中小微企业对接机制。推动特色产业集群数字化转型，鼓励有条件的地区和企事业单位创建行业型、区域型、企业型数字化转型服务平台，提升产业集群工业企业整体数字化转型能力。实施“定制之都”示范工程，围绕定制家居、汽车、时尚服饰、智能终端、专业服务等重点领域，打造集总部经济、展示体验为一体的产业集聚园区。（省工业和信息化厅牵头，省发展改革委、有关市政府按职责分工负责）

专栏5　推动制造业数字化转型试点

汕头市。依托国家火炬计划汕头金平轻工机械装备产业基地、国家火炬计划输配电设备特色产业基地，探索智慧园区5G应用，以“中国工艺玩具礼品城”产业基地为依托，推动传统产业集群企业整体实施数字化、网络化、智能化升级，打造产业集群数字化转型标杆示范。

佛山市。推进高端家居产业向智能化转型。推动先进装备制造业向服务型制造跃升。推动生产性服务业数字化升级。大力发展数字化工业设计，支持广东工业设计城向网络化设计、智能化设计等方向发展，打造华南地区创意经济集聚高地和中国工业设计名城。

惠州市。推动省级“5G+工业互联网应用示范园区”建设，先行先试探索5G通信技术在制造业企业和工业园区的场景应用。打造一批工业互联网标杆示范项目，在家电、动力电池、汽车电子、印制线路板等多个行业领域建设不同场景、不同企业规模的工业互联网创新应用示范项目。

东莞市。加快建设滨海湾新区、松山湖科学城等重大发展平台，创建广东省制造业供给侧结构性改革创新实验区，构建支撑制造业高质量发展的现代产业体系，推动制造业数字化转型升级，打造广东高质量发展名片。

中山市。推动省工业互联网创新应用试点区建设，完善中山全生命周期公共技术服务平台体系，推动智能家电、智能锁等公共服务平台建设，大力发展智能产品。支持产业集群数字化转型，推动龙头企业、中小企业开展标杆示范和上云上平台。

3. 打造以智能网联汽车为核心的新一代汽车产业生态。推进车载高精度传感器、车规级芯片、智能操作系统、车载智能终端、高精度地图以及高精度定位系统等产品的研发和产业化，培育一批全国领先的解决方案和产品供应商。打造若干具有核心竞争力的智能网联汽车产业园，支持传统车企提升智能控制系统的安装比例和智能软硬件产品的集成程度，推动整车企业逐步成为智能汽车产品和服务提供商，鼓励整车企业、零部件企业、互联网和人工智能企业以及交通运营企业之间跨界融合、集成创新。推进智能网联汽车道路测试，发放测试车辆号牌，进一步提高对测试车辆的监管和道路安全保障。完善技术标准体系，支持省内龙头骨干企业加快制定智能网联汽车关键零部件生产和应用标准，加快建设广汽南方（韶关）智能网联新能源汽车试验检测中心。加快广州南沙国家级自动驾驶与智能交通示范区、深圳无人驾驶示范区等试点示范区建设，支持优势地区创建国家车联网先导区。（省发展改革委、省工业和信息化厅牵头，省公安厅、省交通运输厅、省市场监管局、有关市政府按职责分工负责）

4. 打造国家数字创意产业集群。高标准建设一批数字技术驱动型的省级数字创意产业园，培育一批具有全球竞争力的数字创意头部企业和游戏、动漫发行运营平台企业，推动大中小企业协调发展。强化技术攻关和数字文化产业装备制造发展。加快AI、VR/AR、MR（混合现实）、3D、动漫游戏、全息成像、实时渲染等应用软件开发及关键技术攻关；大力发展VR、可穿戴式、沉浸式等数字内容制作设备制造产业。开发用于对活化艺术品、文物、非物质文化遗产等文化资源进行数字化转化的软件。提高公共文化服务机构的数字化、智能化水平，利用数字技术创新交互体验，提升文化传播效果。实施原创优质IP培育工程，鼓励符合社会主流价值观和健康有益的游戏、动漫、视频、网络文学等数字内容生产，推动在线影院、数字博物馆建设。支持地方、互联网企业或4K/8K内容制作企业举办4K/8K视频创作大赛，丰富4K/8K内容供给。引导云游戏、电竞产业发展，建设数字创意产业公共服务平台，鼓励有条件的地区建设国际一流的赛事场馆，支持新建和改造一批电竞赛事场馆。加快培育建设国家和省级工业设计中心、研究院，建设工业设计数据资源中心，推动数据共建共享，支持工业设计软件研究开发，在优势地区打造设计力量集聚的工业设计基地，提高工业设计能力。发挥广州市国家文化出口基地以及龙头企业优势，促进粤港澳动漫游戏、网络文化、数字文化装备、数字艺术展示、数字印刷等数字创意产业合作。（省工业和信息化厅牵头，省委宣传部、省科技厅、省文化和旅游厅、省广电局、省体育局按职责分工负责）

5. 积极推进智慧金融发展。积极推动区块链、大数据、人工智能等新一代信息技术在客户营销、风险防范和金融监管等方面的应用。积极推进智慧银行建设，推广智能柜员机、无人网点、无人银行等新产品和新业态。支持在深圳开展数字货币与电子支付等创新应用，支持佛山探索开展大宗商品交易领域人民币数字货币应用试点。便利港澳居民在内地使用移动电子支付工具进行人民币支付，推动移动支付工具在粤港澳大湾区互通使用。（省地方金融监管局、人民银行广州分行、人民银行深圳市中心支行、广东银保监局、深圳银保监局牵头，有关市政府按职责分工负责）

（五）高质量推动“智慧广东”建设

1. 加快推动“数字政府”改革建设。进一步深化“管运分离”的“数字政府”改革建设模式，持续建设完善“1+N+M”的全省政务云平台，推动建立高可靠、智能化、云网一体的“数字政府”智慧网络。依托“粤省事”“粤商通”移动政务服务平台，全面升级一体化在线政务服务能力，创新服务方式和服务体验，提高“零跑动”“不见面”“免证办”服务事项比例。推出面向政府各级公务人员的“粤政易”平台，不断丰富完善高频应用场景，支撑政府内部跨部门的联合监管、协同指挥和并联审批。（省政务服务数据管理局牵头负责）

2. 打造大湾区新型智慧城市群。支持广州、深圳等地市建设“城市大脑”，构建“万物互联、无时不有、无处不在”的城市大脑神经感知网络。在有条件的城市和区域推进市政公用设施、应急广播等基础设施与5G网络、物联网、传感技术融合建设，推进智能生活垃圾转运站、智能逆向物流回收系统、医疗废物智慧监管系统、“互联网+废旧家电”回收体系、智慧化应急广播体系等建设。积极推进智慧灯杆建设，加快推进现有灯杆“一杆多用”改造。提升城市交通运行智能化管控水平，加快互联网数据和城市路口信号控制系统双向互通，实行交通控制随流量柔性调节。加快完善停车诱导系统和停车智能收费系统建设，推进停车泊位共享平台建设。坚持数字城市与现实城市同步规划、同步建设，支持广州和深圳探索建设具有深度学习能力、全球领先的数字孪生城市。（省发展改革委、省住房城乡建设厅牵头，省工业和信息化厅、省公安厅、省生态环境厅、省交通运输厅、省广电局、省政务服务数据管理局、省通信管理局、有关市政府按职责分工负责）

3. 建设数字乡村智慧农业。选取10个县和20个乡镇开展数字乡村发展试点，推进农业数字化转型，激发乡村发展新动能。实施广东数字农业农村发展行动计划，加强数字农业试点示范和数字农业产业园区建设，建设数字农业试验区，以国家级和省级现代农业产业园为重点，引导园区建云上云，建设一批数字农业产业园区。开展信息进村入户、农产品质量安全监管数字化、农业植保与病虫疫情防控治理智能化、畜禽养殖管理智能化、渔业智能化、现代数字种业发展、智慧农机发展、农田建设管理智能化、农村社会事业大数据、农村集体资产数字化、农村宅基地数字化等数字化和智能化提升工程，进一步夯实农业农村数字化基础。大力促进农村电商发展，完善农产品网络销售的供应链体系、运营服务体系和支撑保障体系，加快推进“菜篮子”车尾箱工程、“短视频+网红”等线上线下融合销售模式，促进农产品出村进城。（省委网信办、省农业农村厅牵头，省工业和信息化厅、省商务厅、省政务服务数据管理局按职责分工负责）

4. 突出发展智慧医疗。提升公共卫生管理数字化、智能化水平，加快公共卫生应急管理体系、公共卫生突发事件应对体系、疾病预防控制体系、公共卫生服务体系等信息化建设。深入推进“互联网+医疗健康”示范省行动，加快全省线上线下分级诊疗服务和医联体建设，鼓励医联体、互联网医院、药房、商业保险的信息共享，大力发展“互联网+医疗”“互联网+护理”、网约药师服务。加快智慧医院建设，提升医疗卫生机构5G网络覆盖率和信息化建设水平，加快开展网上预约、咨询、挂号、分诊、问诊、结算以及药品配送、检查检验报告推送等网络医疗服务。加快人工智能诊疗设备等智慧医疗设施的推广和应用。推进健康医疗大数据深化应用，支持利用大数据技术进行医疗服务协同创新以及临床和科研应用创新。（省卫生健康委牵头，省工业和信息化厅、省医保局、广东银保监局按职责分工负责）

5. 大力发展智慧教育。构建“互联网＋教育”大资源服务体系，建设智慧校园、智慧课堂，积极有序推进5G、超高清视频技术等在教育领域普及应用，探索发展人工智能、大数据、VR/AR等信息技术融合的新型教学模式，支持多终端在线教育。支持数字经济企业与各级教育行政部门建设网络教育平台。鼓励发展基于有线电视网的智慧教育。继续实施智慧教育示范工程，支持有条件地市和区域深入推进“互联网＋教学范式”试点。继续推进广东省教育科研网扩容提速，切实保障教育科研网核心网络及地市汇聚节点设备更新需求。深入推进广东省教育资源公共服务平台建设，推动“广东省名师在线”建设和微课程数字出版，推动优质资源共建共享，促进教育均衡发展。（省教育厅牵头，省科技厅、省工业和信息化厅、省广电局、省通信管理局、有关市政府按职责分工负责）

（六）打造数字经济开放合作先导示范区。

1. 促进创新要素国际高效流动。举办国际顶级学术交流会议，在新兴产业领域争取国际标准组织或国际协调组织落户广东，将广东打造成为数字经济国际顶级创新要素汇聚地。加大对外开放力度，积极争取进一步放宽信息传输、软件和信息技术服务业的外资市场准入限制，鼓励符合条件的境外企业提供数字内容增值等服务。深化数字经济领域国际前沿科技交流合作，加快推动中新国际联合研究院、中巴人工智能卓越中心、金砖国家未来网络研究院（中国分院）等创新平台规划建设。（省科技厅牵头，省委外办、省工业和信息化厅、省商务厅、省市场监管局、省通信管理局按职责分工负责）

2. 进一步壮大数字贸易。支持各市建设数字贸易交易促进平台，促进境内外数字经济资源、内容、产品、服务和项目的展示、交流和对接，提供数字版权确权、估价和交易流程服务。积极推进区块链贸易融资信息服务平台建设，推动参与银行以安全可靠方式分享和交换相关数字化跨境贸易信息。加快推进广州天河中央商务区国家数字服务出口基地建设，打造数字贸易的重要载体和数字服务出口的集聚区。（省商务厅牵头，省委网信办、人民银行广州分行、有关市政府按职责分工负责）

3. 打造数字丝绸之路核心战略枢纽。积极加强与“一带一路”沿线国家数字基础设施互联互通，鼓励相关地市与对应友好城市加强在信息基础设施、智慧城市、电子商务、远程医疗、“互联网＋”、人工智能、物联网等领域的深度合作。加快境外合作数字经济园区建设，鼓励和支持数字经济领域企业“走出去”和“引进来”，以数字经济国际化发展，辐射带动其他经济领域的深层次国际交流与合作，将广东打造成数字丝绸之路的核心战略枢纽。（省发展改革委牵头，省委外办、省科技厅、省工业和信

息化厅、省商务厅、有关市政府按职责分工负责）

三、保障措施

（一）加强组织协调

建立省推进国家数字经济创新发展试验区建设领导小组，由省政府常务副省长担任组长，相关分管省领导担任副组长，成员单位包括有关地级以上市人民政府和省发展改革委、省委网信办、省教育厅、省科技厅、省工业和信息化厅、省财政厅、省人力资源社会保障厅、省自然资源厅、省农业农村厅、省商务厅、省市场监管局、省地方金融监管局、省政务服务数据管理局、省通信管理局、人民银行广州分行等单位。领导小组办公室设在省发展改革委。各项工作牵头部门应制定具体工作方案或政策措施，明确阶段目标和时间节点，确保各项工作顺利推进。完善优化数字经济领域重大项目用地、用能等要素资源配置和保障，对列入国家和省级重大规划及纳入省重点项目管理的重大项目，由省按规定保障项目用地、用能等指标。（省有关单位、有关市政府按职责分工负责）

（二）加大财政金融支持

充分发挥省级专项资金作用，积极争取国家重大专项资金支持，加强对大数据、工业互联网、物联网、智能制造等领域的重大平台、重大项目及核心技术攻关的支持。充分运用政府采购政策支持数字经济相关创新成果，推动数字经济新技术新产品应用推广。发挥省产业投资基金、省半导体及集成电路产业投资基金、省创新创业基金等省级政府投资基金作用，积极支持数字经济发展。鼓励金融机构加大创新力度，充分运用金融科技手段，开发数字经济领域科技融资担保、知识产权质押融资等产品和服务，探索“云量贷”服务。支持符合条件的数字经济企业在境内外资本市场上市融资，拓展融资渠道。（省发展改革委、省科技厅、省工业和信息化厅、省财政厅、省国资委、省地方金融监管局、广东银保监局按职责分工负责）

（三）强化多元协同治理

建立健全对数字经济发展更具弹性的行业监管体制，建立完善信用分级分类监管制度，包容新业态新模式发展。推动构建适应新业态新模式特点的从业人员权益保护机制，探索建立新型灵活就业社会保障制度和从业人员技能培训体系。加强对数字经济的统计监测和评估，探索数字经济统计监测方法，定期发布数字经济运行监测分析及对经济社会发展贡献评估报告。（省发展改革委、省人力资源社会保障厅、省市场监管局、省统计局按职责分工负责）

（四）汇聚人才要素资源

鼓励省内高水平大学、高水平理工大学增设数字经济相关专业，支持省内高校和科研院所创建信息技术领域的国家重点实验室和“双一流”学科。鼓励高校和重点龙头企业采用“五业联动”的职业教育发展新机制，开展订单制、现代学徒制等多元化人才培养模式，培养应用型、技术技能型数字经济技术人才队伍，打造“数字工匠”。广泛吸引海内外数字经济领域高层次人才来粤创新创业，加快引进一批数字经济领域学科带头人、技术领军人和高级经营管理人才。（省委组织部、省教育厅、省人力资源社会保障厅按职责分工负责）

广东省重要物流企业名单

2020年评选的A级物流企业名单（广东省）

序号	所属城市	等级	企业名称	备注
1	深圳	AAAAA（6家）	深圳市九立供应链股份有限公司	
2	广州		广州广汽商贸物流有限公司	4A升5A
3	广州		广州港股份有限公司	
4	广州		中国外运华南有限公司	
5	广州		广东广物物流有限公司	
6	广州		广州金博物流贸易集团有限公司	
7	广州	AAAA（41家）	广州佳联迅物流有限公司	
8	广州		广东锐捷数智供应链有限公司	
9	深圳		深圳市金源浩进出口有限公司	
10	东莞		广东志邦速运供应链科技有限公司	3A升4A
11	深圳		深圳市华运国际物流有限公司	
12	深圳		中集多式联运发展有限公司	
13	广州		广州飞特物流有限公司	
14	广州		广州二运集团有限公司	
15	深圳		深圳市物联众卡科技有限公司	
16	深圳		深圳市美易国际物流有限公司	
17	深圳		深圳市诚和通供应链管理有限公司	
18	深圳		深圳市清泉物流有限公司	
19	深圳		深圳市利仓行运输服务有限公司	
20	深圳		深圳市中侨货运有限公司	3A升4A
21	深圳		深圳市佳裕达物流科技有限公司	

续　表

序号	所属城市	等级	企业名称	备注
22	深圳	AAAA（41家）	深圳市联递国际物流有限公司	
23	深圳		深圳市派格通运货运代理有限公司	
24	深圳		深圳市巨邦国际货运代理有限公司	3A升4A
25	深圳		深圳市嘉威讯物流有限公司	3A升4A
26	深圳		深圳市德诚达物流有限公司	
27	深圳		深圳市联宇天翼国际物流有限公司	
28	广州		广州市运输有限公司	
29	深圳		深圳前海飞特控股有限公司	
30	深圳		深圳市皇家物流有限公司	
31	深圳		深圳劲港跨境物流有限公司	
32	深圳		深圳市鸿捷国际货运代理有限公司	
33	广州		广州兴运邦物流有限公司	3A升4A
34	广州		广州交通集团物流有限公司	
35	广州		广州广交供应链管理有限公司	
36	中山		广东秦粤物流有限公司	
37	深圳		深圳永利八达通物流有限公司	
38	深圳		深圳市富润德供应链管理有限公司	
39	广州		广州市穗佳物流有限公司	
40	广州		中国广州外轮代理有限公司	
41	广州		广州中远海运物流有限公司	
42	广州		广汽丰通物流有限公司	
43	广州		广州中联环宇现代物流有限公司	
44	中山		中山港航集团股份有限公司	
45	广州		广州市宇轩物流有限公司	
46	广州		广州市长鹏实业有限公司	
47	广州		广州飞梭云供应链有限公司	
48	深圳	AAA（48家）	深圳市鑫宇货物运输有限公司	
49	珠海		珠海港百安物流有限公司	
50	东莞		广东东红物流有限公司	
51	深圳		深圳市安道隆物流有限公司	
52	深圳		深圳海带宝网络科技股份有限公司	

续 表

序号	所属城市	等级	企业名称	备注
53	深圳	AAA（48 家）	国沣供应链服务（深圳）有限公司	
54	深圳		深圳市庆达物流有限公司	
55	深圳		深圳市庆平运输有限公司	
56	深圳		深圳市弘恺润物流有限公司	
57	深圳		深圳市宇辉物流有限公司	
58	深圳		深圳市英达速国际物流科技有限公司	
59	深圳		深圳大疆物流科技有限公司	
60	深圳		深圳市鑫正达物流有限公司	
61	深圳		深圳市港丰顺兴物流有限公司	
62	深圳		深圳鑫和冠供应链管理有限公司	
63	深圳		深圳市鑫安达物流有限公司	
64	深圳		深圳市友众物流有限公司	
65	深圳		深圳市壹号专线供应链有限公司	
66	深圳		深圳鸿欣隆物流有限公司	
67	深圳		广东柯楚阳物流有限公司	
68	深圳		深圳市众鑫邦国际货运代理有限公司	
69	深圳		深圳市信佳物流有限公司	
70	深圳		深圳市腾飞货物运输代理有限公司	
71	深圳		深圳市鼎达成物流有限公司	
72	深圳		深圳市鸿润发快运有限公司	
73	深圳		深圳市顺杰物流有限公司	
74	深圳		深圳市欣欣物流有限公司	
75	深圳		深圳市湘鹏物流有限公司	
76	深圳		深圳市金鹏行物流有限公司	
77	深圳		深圳市沛达捷运国际货运代理有限公司	
78	深圳		深圳市嘉鸿国际货运代理有限公司	
79	深圳		深圳市名路行物流有限公司	
80	深圳		深圳市鑫大昌物流有限公司	
81	广州		广州广裕仓码有限公司	2A 升 3A
82	深圳		中联运通控股集团有限公司	
83	佛山		佛山市运输有限公司	

续　表

序号	所属城市	等级	企业名称	备注
84	佛山	AAA（48 家）	佛山市华信长城物流运输有限公司	
85	东莞		东莞市启盈国际保税物流有限公司	
86	深圳		深圳中远海运物流有限公司	
87	深圳		深圳市友和运输有限公司	
88	深圳		深圳联合国际船舶代理有限公司	
89	深圳		深圳市驰鹏物流有限公司	
90	深圳		深圳市金安物流有限公司	
91	湛江		中国湛江外轮代理有限公司	
92	广州		广州智德物流有限公司	
93	广州		广州市达特贸易有限公司	
94	广州		广东利通物流有限公司	
95	广州		益海嘉里（广州）物流供应链有限公司	
96	广州	AA（1 家）	广州金域达物流有限公司	

资料来源：中国物流与采购联合会。

2020 年度中国物流企业 50 强排名

排名	企业名称	物流业务收入（万元）	排名变化情况
1	中国远洋海运集团有限公司	24370441	未变化
2	厦门象屿股份有限公司	16344720	未变化
3	顺丰控股股份有限公司	10598300	未变化
4	中国外运股份有限公司	7765009	未变化
5	中国物资储运集团有限公司	4120000	上升 1
6	百世物流科技（中国）有限公司	3517589	新进入
7	中通快递股份有限公司	3508378	新进入
8	韵达控股股份有限公司	3440405	新进入
9	中铁物资集团有限公司	3261255	下降 2
10	圆通速递股份有限公司	3115112	下降 2
11	德邦物流股份有限公司	2592210	下降 1
12	上汽安吉物流股份有限公司	2356372	下降 3
13	申通快递有限公司	2234474	新进入
14	江苏苏宁物流有限公司	1510288	下降 2
15	中铁铁龙集装箱物流股份有限公司	1507200	上升 16
16	一汽物流有限公司	1290000	下降 2
17	福建省交通运输集团有限责任公司	1248298	下降 2
18	重庆交通运输控股（集团）有限公司	1101741	新进入
19	全球国际货运代理（中国）有限公司	1075528	下降 3
20	中国石油化工股份有限公司管道储运分公司	1046494	下降 3
21	日日顺供应链科技股份有限公司	1045063	下降 3
22	嘉里物流（中国）投资有限公司	1008550	下降 2
23	上海中谷物流股份有限公司	989985	下降 1
24	上海天地汇供应链科技有限公司	962715	新进入
25	准时达国际供应链管理有限公司	942095	下降 2

续　表

排名	企业名称	物流业务收入（万元）	排名变化情况
26	中集现代物流发展有限公司	911119	新进入
27	湖北交投物流集团有限公司	776408	新进入
28	湖南和立东升实业集团有限公司	712174	新进入
29	云南能投物流有限公司	687711	下降 4
30	四川安吉物流集团有限公司	663132	下降 2
31	武汉商贸国有控股集团有限公司	634059	上升 3
32	全球捷运物流有限公司	618228	下降 5
33	浙江物产物流投资有限公司	594975	上升 3
34	日通国际物流（中国）有限公司	580127	下降 2
35	中都物流有限公司	568084	上升 2
36	云南省物流投资集团有限公司	543742	新进入
37	林森物流集团有限公司	543038	下降 2
38	泉州安通物流有限公司	500686	下降 19
39	九州通医药集团物流有限公司	485867	上升 4
40	湖南星沙物流投资有限公司	478870	下降 2
41	北京长久物流股份有限公司	478254	下降 12
42	广东省航运集团有限公司	460313	下降 1
43	中创物流股份有限公司	451342	新进入
44	深圳越海全球供应链有限公司	449696	新进入
45	上海则一供应链管理有限公司	420948	新进入
46	希杰荣庆物流供应链有限公司	400156	上升 3
47	利丰供应链管理（中国）有限公司	396389	下降 2
48	包头钢铁（集团）铁捷物流有限公司	390880	新进入
49	中通服供应链管理有限公司	383936	上升 1
50	建华物流有限公司	370520	新进入

资料来源：中国物流与采购联合会

2020 年度全国优秀物流园区名单

序号	园区名称	所属城市
1	普洛斯北京空港物流园	北京
2	迁安市北方钢铁物流产业聚集区	河北迁安
3	邢台好望角物流园	河北邢台
4	石家庄市栾城区润丰物流园	河北石家庄
5	唐山海港物流产业聚集区	河北唐山
6	秦皇岛临港物流园区	河北秦皇岛
7	河北宝信物流园区	河北邯郸
8	河北新发地农副产品物流园	河北保定
9	承德国际商贸物流园区	河北承德
10	河北肃宁物流产业聚集区	河北沧州
11	安平县聚成国际物流园区	河北衡水
12	中鼎物流园	山西太原
13	山西穗华物流园	山西太原
14	山西万昌国际物流园	山西大同
15	宝特物流园	安徽芜湖
16	内蒙古红山物流园区	内蒙古赤峰
17	集宁现代物流园区	内蒙古乌兰察布
18	内蒙古鑫港源顺物流园	内蒙古包头
19	鄂尔多斯空港物流园区	内蒙古鄂尔多斯
20	札萨克物流园区	内蒙古鄂尔多斯
21	牙克石大兴安国际物流园区	内蒙古呼伦贝尔
22	满洲里国际物流产业园区	内蒙古呼伦贝尔
23	森富国际中俄跨境商贸物流园区	内蒙古呼伦贝尔
24	北方陆港国际物流中心	内蒙古乌兰察布
25	七苏木国际物流枢纽产业园	内蒙古乌兰察布

续　表

序号	园区名称	所属城市
26	沈阳国际物流港	辽宁沈阳
27	大连保税区（物流园区）	辽宁大连
28	深国际·沈阳综合物流港	辽宁沈阳
29	铁成（大连）物流园	辽宁大连
30	大连升运物流园区	辽宁大连
31	东北快递（电商）物流产业园	辽宁盘锦
32	香江物流园	吉林长春
33	哈尔滨龙运物流园区	黑龙江哈尔滨
34	上海外高桥保税物流园区	上海
35	洋山特殊综合保税区（一期）物流园区	上海
36	张家港玖隆钢铁物流园	江苏张家港
37	惠龙港国际物流园区	江苏镇江
38	南京龙潭综合物流园区	江苏南京
39	上合组织（连云港）国际物流园	江苏连云港
40	无锡西站物流园区	江苏无锡
41	禾健物流园区	江苏无锡
42	中储发展股份有限公司无锡物流中心	江苏无锡
43	江苏大成物流园	江苏徐州
44	江苏志宏物流港	江苏常州
45	如皋港现代综合物流园	江苏南通
46	江苏海安商贸物流产业园	江苏南通
47	盐城市现代物流园区	江苏盐城
48	江苏中运物流园	江苏盐城
49	泰州高港综合物流园	江苏泰州
50	江苏三江现代物流园	江苏泰州
51	运河宿迁港物流园	江苏宿迁
52	江苏通湖物流园	江苏宿迁
53	中国宿迁电商物流园区	江苏宿迁
54	杭州传化公路港	浙江杭州
55	嘉兴现代物流园	浙江嘉兴
56	宁波（镇海）大宗货物海铁联运物流枢纽港	浙江宁波

续　表

序号	园区名称	所属城市
57	宁波经济技术开发区临港工业与国际物流园区	浙江宁波
58	衢州工业新城物流园区	浙江衢州
59	嘉兴港区综合物流园	浙江嘉兴
60	德清临杭物流园区	浙江湖州
61	菜鸟网络浙江金义物流园	浙江金华
62	安徽合肥商贸物流园区	安徽合肥
63	安徽华源现代物流园	安徽阜阳
64	宝湾（合肥）国际物流中心	安徽合肥
65	京东亚洲一号合肥长丰物流园	安徽合肥
66	宝特芜湖现代物流产业园	安徽芜湖
67	福建福港综合物流园区	福建福州
68	厦门保税物流（区港联动）园区	福建厦门
69	漳州漳龙物流园区	福建漳州
70	鹰潭市现代物流园	江西鹰潭
71	江西奇佳物流园	江西南昌
72	江西红土地物流园	江西赣州
73	上饶市新华龙现代物流园	江西上饶
74	山东盖家沟国际物流园	山东济南
75	临沂经济技术开发区现代物流园	山东临沂
76	青岛胶州湾国际物流园	山东青岛
77	山东佳怡物流园	山东济南
78	威海国际物流园	山东威海
79	青岛华骏物流园	山东青岛
80	青岛胶州宝湾国际物流园	山东青岛
81	青州市泓德物流园	山东青州
82	金乡县鲁西南商贸物流园	山东济宁
83	山东岱岳经济开发区综合物流产业园	山东泰安
84	天源国际物流园	山东临沂
85	聊城盖氏邦晔物流园	山东聊城
86	郑州国际物流园区	河南郑州
87	豫东综合物流产业集聚区	河南商丘

续　表

序号	园区名称	所属城市
88	郑州乾龙现代物流园	河南郑州
89	鹤壁现代煤炭物流园区	河南鹤壁
90	武汉东西湖综合物流园	湖北武汉
91	宜昌三峡物流园	湖北宜昌
92	菜鸟网络武汉江夏物流园	湖北武汉
93	武汉汇通公路港管理有限公司	湖北武汉
94	湖南金霞现代物流园	湖南长沙
95	湘南国际物流园	湖南郴州
96	一力物流园	湖南长沙
97	湘潭荷塘现代综合物流园	湖南湘潭
98	湖南衡缘物流园区	湖南衡阳
99	雁城物流中心	湖南衡阳
100	衡阳铁路口岸综合物流园	湖南衡阳
101	林安物流园	广东广州
102	南方物流集团物流园	广东广州
103	深国际华南物流园	广东深圳
104	深圳正广通物流园	广东深圳
105	防城港市东湾物流园区	广西防城港
106	秀山（武陵）现代物流园区	重庆
107	重庆国际物流枢纽园区	重庆
108	重庆南彭贸易物流基地	重庆
109	中国西部现代物流港	四川遂宁
110	南充现代物流园	四川南充
111	成都国际铁路港	四川成都
112	泸州临港物流园区	四川泸州
113	宜宾临港国际物流园	四川宜宾
114	贵州省清镇市物流园区	贵州贵阳
115	云南腾俊国际陆港	云南昆明
116	陕西国际航空物流港	陕西西安
117	普洛斯西安航港物流园	陕西西安
118	陕西商山物流园	陕西商洛

续　表

序号	园区名称	所属城市
119	甘肃（兰州）国际陆港	甘肃兰州
120	甘肃省物产集团兰州物流园	甘肃兰州
121	嘉峪关多式联运物流园	甘肃嘉峪关
122	青海朝阳物流园区	青海西宁
123	宁夏众一物流园区	宁夏银川

资料来源：中国物流与采购联合会。

2020 年中国冷链物流百强（广东省）

顺丰速运有限公司
中外运冷链物流有限公司
大昌行物流（中国）
深圳市泛亚物流有限公司
佛山市粤泰冷库物业投资有限公司
广东新供销天业冷链集团有限公司
广州拓领物流有限公司
广州鑫赞冷冻运输有限公司
广东华雪冷链物流有限公司
深圳市清湖冷链有限公司
优合集团有限公司
广州长运冷链服务有限公司
广州保事达物流有限公司
广州蓝链集团有限公司
佛山市鼎昊冷链物流有限公司

资料来源：中国物流与采购联合会冷链物流专业委员会。

附 录

附录一 2020年广东省全社会交通运输邮电主要统计指标

附表1 2020年广东省全社会交通运输邮电主要统计指标情况对比

指标名称	单位	2020年	2019年	2019年（调整）	同比增长率（%）
一、货运量	万吨	356221	446018	374823	-5.0
铁路	万吨	7845	8185	8185	—
公路	万吨	231171	319279	239744	—
水路	万吨	103759	108371	113159	—
民航	万吨	238	238	238	—
管道	万吨	13209	9944	13496	—
二、货物周转量	亿吨公里	27575.18	29230.88	27635.28	-0.2
铁路	亿吨公里	278.44	297.35	297.35	—
公路	亿吨公里	2524.20	4113.62	2563.96	—
水路	亿吨公里	24404.83	24508.26	24432.75	—
民航	亿吨公里	85.93	82.98	82.98	—
管道	亿吨公里	281.78	228.67	258.24	—
三、客运量	万人	87777	155770	155892	-43.7
铁路	万人	22609	38213	38213	—
公路	万人	54946	101012	101012	—

续 表

指标名称	单位	2020 年	2019 年	2019 年（调整）	同比增长率（%）
水路	万人	1345	2614	2736	—
民航	万人	8878	13931	13931	—
四、旅客周转量	亿人公里	2617.23	4764.98	4765.31	-45.1
铁路	亿人公里	630.33	1023.05	1023.05	—
公路	亿人公里	556.31	1092.97	1092.97	—
水路	亿人公里	4.27	9.71	10.04	—
民航	亿人公里	1426.32	2639.26	2639.26	—
五、港口货物吞吐量	万吨	191819	202226	—	5.4
六、港口旅客吞吐量	万人	3021.14	1699.27	—	-43.8
七、邮电业务总量	亿元	16451.23	20833.11	—	26.6
邮政	亿元	4403.44	5807.81	—	31.9
电信	亿元	12047.79	15025.30	—	24.7

注：1. 邮电业务总量 1989—2000 年按 1990 年不变价格计算，2011—2016 年按 2010 年不变价格计算，2017 年起，电信业务总量按 2015 年不变价格计算，邮政业务总量仍按 2010 年不变价计算。增长速度按可比价计算。

2. 2017 年起，铁路客运量和货运量改为按发送量计算，客运量和货运量数据与往年不可比。增长速度按可比口径计算。

3. 从 2019 年起，港口统计数据采集方式改为企业一套表联网直报，统计范围是辖区内各港口，增长速度按可比口径计算。

4. 2020 年客货运输量中，公路货物运输量根据 2019 年道路货物运输量专项调查结果推算，海洋水路客货运输量统计方式改为企业一套表联网直报，管道运输纳统增加 6 家企业，增速按可比口径计算。

资料来源：《广东统计年鉴 2021》。

附录二　2020 年广东省各市货运量完成情况

附表 2　　2020 年广东省各市货运量完成情况对比

地市	货运量（万吨）		货运周转量（亿吨公里）	
	2020 年	2019 年	2020 年	2019 年
合计	356221	446018	27575.18	29230.88
广州	89191	132922	21525.32	21737.17
深圳	41150	33982	1987.07	2174.03
珠海	7575	12883	442.37	237.64
汕头	7704	7533	78.41	175.31
佛山	23779	33311	238.96	336.53
韶关	10298	22570	187.06	430.09
河源	4372	6879	36.39	97.83
梅州	9310	9070	89.27	195.06
惠州	21387	27853	375.63	505.40
汕尾	2260	3071	20.58	36.06
东莞	17139	17653	528.77	535.47
中山	10666	11529	74.55	98.83
江门	17921	16901	158.20	178.22
阳江	5499	10538	37.08	100.76

续 表

地市	货运量（万吨）		货运周转量（亿吨公里）	
	2020年	2019年	2020年	2019年
湛江	18652	22177	398.17	595.97
茂名	10303	12486	227.90	283.52
肇庆	8096	8509	67.78	84.95
清远	17594	19443	183.13	321.25
潮州	2795	6385	168.69	326.98
揭阳	2422	4813	23.96	89.13
云浮	6817	7141	79.77	81.69
不分地区	21291	18368	646.15	608.99

注：分市数据仅含公路和水路运输，铁路和民航运输在“不分地区”反映。

资料来源：《广东统计年鉴2021》。

附录三　2020 年广东省各市客运量完成情况

附表 3　　2020 年广东省各市客运量完成情况对比

地市	客运量（万人次）		旅客周转量（亿人公里）	
	2020 年	2019 年	2020 年	2019 年
合计	87777	155770	2617. 23	4764. 98
广州	18063	25658	180. 69	263. 18
深圳	5266	6907	60. 08	134. 93
珠海	1406	3121	22. 60	47. 94
汕头	1133	1676	17. 02	23. 42
佛山	1448	4359	16. 53	57. 88
韶关	2934	5638	15. 38	29. 17
河源	783	2980	11. 10	37. 55
梅州	863	2598	12. 17	35. 70
惠州	926	4686	10. 01	40. 80
汕尾	514	1221	6. 79	15. 66
东莞	831	3276	11. 46	42. 29
中山	523	1488	8. 75	23. 36
江门	5127	8935	33. 12	58. 54
阳江	532	1594	4. 13	10. 96

续 表

地市	客运量（万人次）		旅客周转量（亿人公里）	
	2020 年	2019 年	2020 年	2019 年
湛江	3729	9439	37.75	105.51
茂名	5783	6753	56.27	63.27
肇庆	1245	2722	6.36	12.73
清远	2390	3251	20.26	26.23
潮州	797	1953	11.13	24.93
揭阳	1381	2398	12.33	25.84
云浮	619	2972	6.63	22.77
不分地区	31487	52144	2056.65	3662.31

注：分市数据仅含公路和水路运输，铁路和民航运输在“不分地区”反映。

资料来源：《广东统计年鉴 2021》。

附录四　2020 年广东省各市港口货物吞吐量完成情况

附表 4　　2020 年广东省各市港口货物吞吐量完成情况对比

地市	港口货物吞吐量（万吨）	
	2020 年	2019 年
合计	202226	191819
广州	63643	62687
深圳	26506	25785
珠海	13367	13838
汕头	3351	3155
佛山	9285	9636
韶关	299	98
河源	—	—
梅州	—	—
惠州	9636	8956
汕尾	1274	1310
东莞	19857	19808
中山	1312	1547
江门	10698	6832
阳江	3350	3235

续　表

地市	港口货物吞吐量（万吨）	
	2020 年	2019 年
湛江	23391	21570
茂名	2683	2508
肇庆	4789	4057
清远	1864	1462
潮州	1366	824
揭阳	2370	1898
云浮	3186	2613

资料来源：《广东统计年鉴 2021》。

附录五　2020 年广东省港口货物和集装箱吞吐量完成情况

附表 5　　2020 年广东省港口货物和集装箱吞吐量完成情况对比

港口	港口货物吞吐量（万吨）		港口集装箱吞吐量（万 TEU）	
	2020 年	2019 年	2020 年	2019 年
合计	202226	191819	6728.95	6710.76
沿海港口	175499	167871	6027.89	5976.36
广州港	61239	60616	2317.10	2283.43
湛江港	23391	21570	122.54	111.53
汕头港	3351	3155	159.38	135.04
深圳港	26506	25785	2654.79	2576.91
内河港口	26726	23948	701.05	734.40

资料来源：《广东统计年鉴 2021》。

附录六　2020 年广东省各市邮电业务总量完成情况

附表 6　　2020 年广东省各市邮电业务总量完成情况对比

地市	邮电业务总量（亿元）	
	2020 年	2019 年
合计	20833.11	16451.23
广州	4707.38	3814.51
深圳	4917.38	3998.91
珠海	403.91	315.81
汕头	735.30	537.54

续 表

地市	邮电业务总量（亿元）	
	2020 年	2019 年
佛山	1336.25	1050.49
韶关	219.63	170.58
河源	217.26	170.72
梅州	255.72	207.09
惠州	786.86	606.36
汕尾	184.88	140.18
东莞	2562.96	1947.19
中山	784.05	628.18
江门	462.90	382.65
阳江	216.27	165.89
湛江	580.50	465.47
茂名	441.01	356.74
肇庆	342.96	270.97
清远	301.45	235.91
潮州	272.79	197.87
揭阳	830.84	575.54
云浮	164.37	130.19
不分地区	108.45	82.42

注：1. 邮电业务总量 1988 年及以前按 1980 年不变价格计算，1989—2000 年按 1990 年不变价格计算，2001—2010 年按 2000 年不变价格计算，2011—2016 年按 2010 年不变价格计算，2017 年起，电信业务总量按 2015 年不变价格计算，邮政业务总量仍按 2010 年不变价格计算。

2. 统计范围是辖区内全社会所有从事电信运营的企业和国家邮政企业，以及获得快递业务经营许可的快递服务企业。

资料来源：《广东统计年鉴 2021》。

广东省现代物流研究院成立于 2009 年 4 月 17 日，是根据中共中央政治局常委、原广东省委书记、现任全国政协主席汪洋关于促进物流业发展的批示，在广东省政府相关职能部门指导下组建成立的，由广东省民政厅主管的 5A 级民办非企业单位。广东省现代物流研究院已建设成一个既能为政府提供宏观决策依据，又能为企业提供物流与供应链管理解决方案和技术创新支持，在国内物流与供应链领域达到领先水平的研究机构，致力于打造我国现代物流与供应链研究和技术推广的高水平、跨学科、开放式平台。

（时任广东省副省长佟星为广东省现代物流研究院成立揭牌）

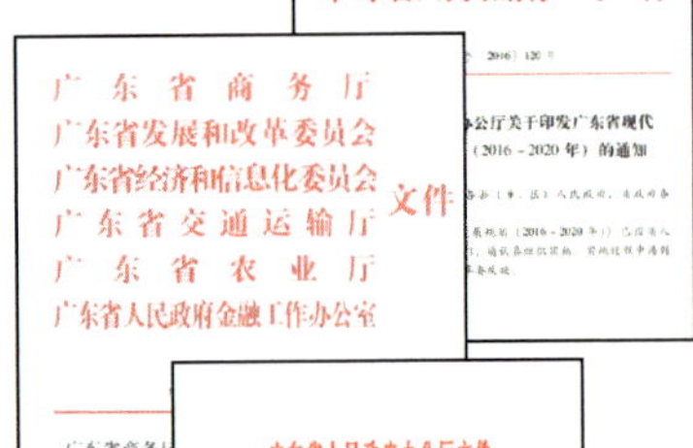

广东亚太电子商务研究院
ASIA-PACIFIC E-COMMERCE INSTITUTE

广东亚太电子商务研究院是在广东省商务厅等有关部门的指导下，于 2015 年 5 月 26 日在广东省民政厅登记成立，具备法人资格的独立第三方智库。发展目标：立足广东，致力成为面向亚太地区的一流电商智库。发展定位：电子商务发展的智慧高地，电子商务新模式和新业态的推动者，互联网 + 传统产业的交流平台，互联网高端人才培育与服务基地。广东亚太电子商务研究院集中于电子商务研究、电商培训、电商论坛展会等业务领域，已成功承办四届中博会跨境电商展。

广东亚太经济指数研究中心
ASIA-PACIFIC ECONOMIC INDEX CENTER

广东亚太经济指数研究中心（ASIA-PACIFIC ECONOMIC INDEX CENTER）成立于2016年3月，是独立的第三方指数研究民间智库（民办非企业法人单位）。指数中心以客观、科学和个性化需求为工作原则，深耕于工业经济、生产服务业、电子商务、物流等领域，研究分析先行指数与经济数据的关系，致力于先行指数的研究、编制、发布、应用和咨询等服务；满足政府、行业和企业对数据服务、经济运行分析的需求，以采集、加工、整理、编制、发布经济数据、指数及分析报告为主要任务，并做好政策咨询及研企合作项目。

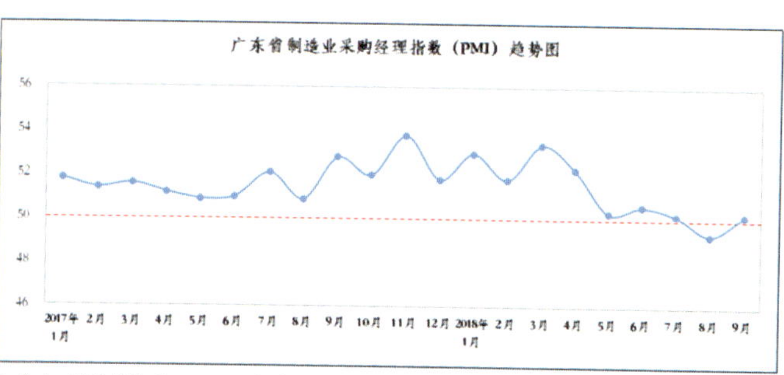

（广东省制造业PMI，广东亚太经济指数研究中心参与编制和发布）

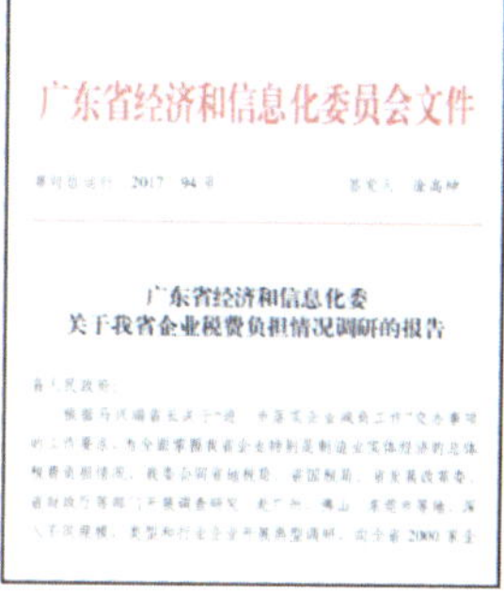

广东省经济和信息化委员会文件

广东省经济和信息化委
关于我省企业税费负担情况调研的报告

2019年度广东省中小企业生产经营运行监测分析报告

广东省商圈（步行街）建设研究报告

2019年上半年广东省生产服务业运行情况分析

2018年广东省中小企业生产经营运行监测年度报告

2018年度广东省制造业采购经理指数（PMI）编制、发布、研究等服务项目验收材料

广东省中小企业服务中心（广东省生产服务业促进中心）生产服务业运行监测项目验收材料

广东省物流与供应链学会
SOCIETY OF GUANGDONG LOGISTICS & SUPPLY CHAIN

广东省物流与供应链学会成立于2014年1月，是由广东省不同种经济性质的物流与供应链服务企业以及有关联的事业单位、社会团体或热爱本行业的专家和学者自愿组成的非营利性社会团体组织，是广东物流与供应链学术研究的重要集聚中心。